杨　晔　杨大楷　主编

公共经济与管理 · 投资学系列

# 中级投资学

## Intermediate Investments

复旦大學出版社

# 序

上海财经大学公共经济与管理学院是一个既富有历史积淀，又充满新生活力的多科性学院。其前身财政系始建于1952年，是新中国成立后高校中第一批以财政学为专业方向的教学科研单位。经过60多年的变迁和发展，财政学科不断发展壮大，已成为教育部和财政部重点学科，为公共经济学的学科发展和人才培养做出了重要贡献。2001年，在财政系基础上，整合投资系，新建公共管理系，组建了公共经济与管理学院，从而形成了以公共财政、公共管理和公共投资三个方向为基本结构，以公共事务为纽带，以培养具有国际化视野的公共管理人才为使命，以公共经济与公共管理学研究为核心的跨学科教学和研究机构。

公共经济与管理学院具有海纳百川的悠久文化渊源。半个多世纪以来，创立和推动学科发展的知名教授中既有毕业于美国、日本和法国等著名国际高等学府、具有极高学术声望的海外归国学者，如杨阴溥、冯定璋、曹立瀛、席克正、周伯康、尹文敬教授等；也有长期致力于中国财政经济、投资经济研究、具有重要社会影响的著名教授，如苏挺、李儒训、葛维熹、俞文青教授等。他们曾引领了我国财政学科的发展，奠定了学科人才的培养基础，也为上海财经大学在公共经济领域开拓了一片沃土，培育了一批财政、投资和税收学科的学术带头人。

经济体制改革掀开了中国历史新的一页，也给学院的发展注入了勃勃生机。目前学院已经发展成为由财政、投资、税收、公共管理、社会保障与社会政策五个系组成的本科、硕士和博士学位的人才培养体系，拥有10个本科专业、15个硕士专业和7个博士专业授予点，同时建立了以9个研究所中心/所为基础的科研团队。2012年年末，中国公共财政研究院诞生；2013年，作为上海市教委建立的十个智库之一的公共政策与治理研究院成立，从而构成了以学院为主体，以两个研究院为两翼的"一体两翼"教学科研组织结构，成为了以公共经济和公共管理理论为基础，以提供政府公共政策咨询为己任的开放型、跨学科协同创新研究平台，开启了学院融教学管理、学术研究、政策咨询为一体，协同发展的新征程。

传承历史，继往开来，学科建设是学院整体建设的重要组成部分，是学院的龙头工作。而课程建设既是学科建设的中心环节，又是承载专业教学重任的关键桥梁。抓好课程建设不仅是深化教学改革的一项重要措施，也是学科自身建设的根本大计。为了深化学院课程体系改革，推动将优质科研资源转化为教学资源，落实教授为本科生上课制度，帮助学生提高自主学习能力，提升学校人才培养质量和水平，学院在课程建设上，明确了名师领衔、团队攻关，“以系列教材建设为品牌，以精品教材建设为目标，以实验性和务实性教材建设为特色”的教改思路。

由复旦大学出版社出版的“公共经济与管理系列丛书”旨在推出上海财经大学公共经济与公共管理课程建设的成果。这套丛书既是学院全体教师劳作的园地，又是学院教学展示的窗口。

在公共经济与管理系列丛书出版之际，谨致以最美好的祝愿。

刘小兵

2014 年 9 月 10 日

# 前　言

21 世纪的投资与经济发展是一项缘于对中国投资与经济社会可持续发展密切关注而进行研究的重要问题。本书在紧密结合中国投资近年来实践的基础上，通过理论研究、实证分析、国际比较、技术模型、案例剖析、专题考察等六种方法，深入探讨中国投资的宏观、中观和微观三个层面以及国内和国际双维空间、直接和间接两种方式的理论问题和方法问题。

投资活动从一般社会经济活动中分离出来是由投资活动异质性的特点所决定的。理论研究揭示，投资领域的广阔性和复杂性、投资资本的垫付性、投资周期的长期性、投资过程的连续性和波动性以及投资收益的风险性不仅凸现了投资学是一项浩繁的系统工程，同时也使它作为一门综合性的部门经济学成为可能。作为一门学科，投资学所研究的是，通过纷繁复杂的投资特点，揭示社会经济运行过程中投资的一般运动规律和投资的特殊运动规律，并以此来指导投资领域的经济活动。研究投资学的最终目的是为了推动社会生产力的发展，促进国强民富。投资学是理论经济学和应用经济学在理论和实践上相结合的产物，这并不仅仅是从现实经济中投资问题比较突出和重要的角度得出的，也是具有学科地位上的内在理论依据。投资是投资学中最基本的概念，准确地理解投资的内涵是学习研究投资问题的关键，本书基于各家观点从不同角度对投资的概念进行了探讨，进而引出了投资与投资学的内涵、研究方向、理论基础、学科与学科间的关系等各方面的分析，为以后更深入的投资学问题探讨做铺垫。

资本积累是社会经济发展的原始动力。作为资本积累有效转化形式的投资，在宏观层次上一直表现为一国社会经济全面发展的潜力。理论研究揭示，一国经济发展的速度决定了投资增长的总量，而一国经济全面发展的水平又决定于投资可持续增长的能力。20 世纪末出现的新经济增长理论将技术进步视为经济系统的内生变量，突破了传统经济增长理论中以资本和劳动等要素禀赋和要素投入增长为基础的研究框架，提出了知识是追求利润最大化的厂商生产性投入的要素。人力资本作为资本投资要素走上世界经济前台，是全球正进入一个以智力资源与知识占有、配置、生长和消费为基本要素的新经济时代的一种最主要的表现形式。以人力资本理论为基础而形成的新增长理论学派认为，人力资本存量的差异是制约当代各国、各地区增长差异最主要的原因。1995 年诺贝尔经济学奖得主卢卡斯将人力资本要素完全内生化的经济增长理论在投资经济学界被认为是一项划时代的贡献。三次科技革命后，人类进入了知识经济时代。技术进步投资对经济增长的贡献在众多的投资因素中日益凸现出来。技术进步投资不仅推动了各国经济增长机制由粗放型向集约型方向转变，并使经济进一步集约发展；而且还改变了资源配置的效率，支持了产业结构的调整，成为一国经济可持续增长的上升动量。毋庸置疑，经济增长是一种复杂和综合的社会现象，传统经济增长理论认为资本积累是经济增长的第一推动力，一是要投入更多的劳动力，二是提高劳动生产率，而这两者都需要进行资本积累，因此资本积累便成为社会经济发展的决定因素。

投资活动从宏观层面向中观层面推进是投资学间架性研究的结构内容。以往我们对投资问题的分析，通常都侧重研究宏观和微观两个层次。宏观投资主要是对整个国民经济投资问题进行总量分析和总体分析；微观投资则涉及单个项目的投资以及单个经济单位如何进行投资决策、投资实施、投资管理以及投资效益分析等。一般来讲，从宏观和微观两个层次对投资问题进行分析只能大致把握社会投资的变化规律。随着实践活动的深入，人们逐渐认识到，整个社会的经济运行和投资活动十分复杂，在宏观和微观两个层次之间存在着一个很大范围的“中间地带”。这一领域既不属于宏观投资问题，也不属于微观投资问题，但它对整个社会的投资规模、投资结构、投资布局、投资效益、投资运行都有着重要的影响。因此，整个投资问题除了宏观和微观两个层次外，还有一个中观层次。从中观层次上研究投资问题就形成了中观投资学。中观投资学的研究对象是中观层次的投资规律及其管理问题，也就是一定行业和一定地区的投资规律及其管理问题。中观投资学与宏观投资学和微观投资学一起，构成了较为完整的投资经济学体系。理论研究揭示，产业间均衡是社会再生产顺利进行的必要条件。处于不同生命周期阶段的产业资金，可以提高产业技术水平，促进生产专业化协作，推进产业现代化。产业投资不仅在宏观层面上通过部门协调推进经济增长，也不仅在中观层面上通过集群效应推进产业创新，而且还在微观层面上通过结构调整激发企业竞争。经济增长的过程实质上是资源流向生产率更高的部门产业转移的过程，同时也是产业间均衡投资的结果。竞争型以市场为主导的产业投资，总是能够不断地追求资源禀赋的比较优势，保证资金持续投入到生产效率高的产业部门，促使产业投资结构日趋合理，推动一国经济增长。20 世纪下半叶出现的现代区域投资学派，在继承了古典经济学派区域投资成本论和新古典学派利润决定论的基础上，提出了空间结构论，将研究对象从个别企业的区位选择扩展到区域体系；研究内容从成本费用和理论最大化上升到区域周期变化规律、系统差别增长、六级协作体系、城市区位优势的综合分析；研究方法也从成本—效益法发展到信息遥感技术。进入 21 世纪，人类比以往任何时候都更看重环境系统是经济系统源泉的观点。为了维系两个系统的互动，人类必须主动采取行动，在改变经济活动模式、赋予经济增长全新含义的同时，大力增加保护环境系统的投资。

投资活动从中观层面向微观层面的渗透是投资学基础性研究的根本内容。理论研究揭示，投资既是厂商诞生的起点，又是厂商续存和扩张的杠杆。厂商投资的动机是预期收益，其中既包括预期获利、取得控制权、市场占有率、引进新技术，又包括一定的社会效益。尽管厂商投资运动的一般规律表现为：要素的聚集效应决定了厂商投资规模的扩张性，外部环境的多变性决定了厂商投资效益的风险性，内部资金链的连续性决定了厂商投资过程的周期性；但是厂商投资行为却越来越关注资产存量、市场需求和融资成本的硬约束。从静态决策分析到动态决策分析、从实物期权决策分析到风险控制，都演绎了厂商为追求投资效益而进行的审慎管理。事实上，为了永续发展，企业会向企业外部有关项目以及企业内部合适项目进行投资，从而扩大生产经营活动。投资决策能力决定了一个企业能否取得既定的投资目标，而其所处的投资决策过程则又对企业投资效果起决定性作用，是影响企业投资是否取得成功的重要因素。在投资管理中，企业的投资行为是如何发生的，他们的投资决策过程是否合理，对投资过程中的风险把控是否到位，以及整个资产配置的合理性都是本书探讨的内容。因此，有必要分析投资管理的各种可能方法，使企业在针对具体的投资项目中，能在投资方法与应对措施中拥有充分的选择空间。为此，除了掌握具体的投资管理手段与注意事项外，对各个投资环节的把控以及有效的投资准则必须有一个清晰的认识。

投资活动从直接方式向间接方式拓展是投资学复合型研究的集成内容。理论研究揭示，间接投资对经济增长发挥了原动力的作用。间接投资的出现，有利于减低信息成本，从而利用其流动性功能影响经济增长；有利于社会资源的导向，从而利用其信息揭示功能优化资源配置；有利于降低监督成本，从而利用其金融安排功能改进公司的控制；有利于投融资工具涌现，从而发挥其储蓄动员功能，推动技术创新；同时更有利于降低交易成本，从而发挥其便利交换功能，推进专业化分工和生产。实证研究表明，间接投资与资本市场的发展，不仅使借贷双方的资金流动变得容易，从而使跨区消费之间的交换成为可能；也不仅使借贷双方的资金能够有效地转移，从而使财富的配置和积累成为必然；它的发展，同时更使产出的稳定与增长成为可行，推进了经济的可持续发展。20 世纪 80 年代以来，在工具分析、基本分析、技术分析的基础上，间接投资决策模型的研究取得了突飞猛进的进展，无论是债券模型还是∑MH 检验，也无论是 CAPM 模型还是 APT 模型，它们都对不同的间接投资决策提供了有益的技术路径。为了加强对风险的管理，必须坚持最基本的技术程序是：识别风险→衡量风险→锁定风险→拟定方案→资产组合→评估绩效→总结反馈。

投资活动走出国门，拓展经济增长的空间，是投资学开放性研究的际域内容。理论研究揭示，已经完成的从国际贸易、国际金融到跨国投资的战略演变，不仅以价值链的形式构筑了国际经济体系，促进了资本、人力和技术等生产要素在全球范围内的配置以及跨国公司再造，成为全球经济的一道亮丽景观；而且通过经济一体化过程，催化了投资的创造效应和转移效应。毫无疑问，各国发展跨国投资的动力主要是为加速经济增长创造条件，但是跨国投资在整个经济活动中由于各种不确定因素不仅会给自身而且也会给整个经济带来负面影响的可能性，意味着提高投资决策的水平是极其重要的。从战略规划进程来看，一般演绎为投资战略全球化、经营战略联盟化、研发战略前沿化、文化战略本土化；从首选区位来看，一般要求为要素成本低、市场容量大、经济开放程度高、需求潜力强、基础设施好、政策透明度高、法律体系完备的东道国。实证分析表明，成功的决策流程一般表现为：投资建议的提出→投资建议的分析→立项的可行性研究→项目的综合评估→最终决策。而加强国别评估、建立预警系统、测算风险指数、落实德尔菲法、加盟海外投资险以及果断扩张或转产则为风险管理的基本准则。

本书在阐述上述内容时，首先从投资学基础理论问题研究入手，论述了投资学的内涵与研究方向、投资学的理论基础以及投资学与相关学科的关系（第一章）；然后，从宏观层面考察资本投资与社会经济发展以及资本、劳动和技术作为投资要素对社会经济发展的互动关系（第二章）；接着从中观层面考察产业投资、区域投资和环保投资的理论和实践（第三章）；再从微观层面分析了厂商投资与项目决策的行为及厂商资产配置与风险管理（第四章）；进而，从投资方式入手，论述了间接投资的决策行为及资产配置与风险管理问题（第五章）；最后，从投资际域入手，探讨了跨国投资与全球经济发展、跨国投资决策及资产配置与风险管理的技术（第六章）。

《中级投资学》（第二版）既是上海财经大学安排的研究生精品课程重点项目（项目编号：2013950403），又是国家自然科学基金资助项目（71273165、71273166）的系列研究成果。上海财经大学博士生导师杨晔、杨大楷教授任该书主编。在此之前，我们分别于1998年、2003年和2010年完成了教育部组织的五项普通高等教育国家级规划教材的建设任务①，并列为学校重点精品课程。同时又承接和完成了国家自然科学基金和国家社会科学基金关于投资学的三项课题研究②，以及教育部、上海市科委和上海市哲学社会科学基金有关投资学的四项课题研究任务③。这些积累为我们撰写这本规划教材奠定了坚实的基础。这本教材在体系上注重学科的系统性、完整性和科学性；在内容上注重跨学科知识的衔接；力求方法论上的指导性和可操作性等；总结了我们20年来教学的宝贵经验，融入了编写组近年来的最新研究成果，由此，与第一版（杨大楷、刘伟、杨晔，2004）相比较：



---

① 参见杨大楷、杨晔：《投融资学》（第二版），全国普通高等教育“十一五”国家以及规划教材，上海财经大学出版社，2008年；杨晔：《投融资学案例与习题集》，全国普通高等教育“十一五”国家以及规划教材，上海财经大学出版社，2008年；杨大楷、刘庆生：《国际投资学》（第四版），全国普通高等教育“十一五”国家以及规划教材，上海财经大学出版社，2010年；杨大楷、蒋萍：《国际投资学》（第三版），全国普通高等教育“十五”国家级规划教材，上海财经大学出版社，2003年；杨大楷：《国际投资学》（第二版），全国财经金融高等院校“九五”重点教材，西南财经大学出版社，1998年；杨晔：《证券投资学》（第三版），上海财经大学出版社，2011年；杨晔：《投资学》（第二版），上海财经大学出版社，2012年。

② 参见国家自然科学基金项目《国债管理与利率研究》，项目编号：7970130；国家社会科学基金项目《国家企业债券市场发展战略与监管框架》，项目编号：04BJY088。项目组组长均为杨大楷教授。国家自然科学基金项目《网络化创新环境中风险投资制度生长机理与效率边界研究》，项目编号：70903046；国家自然科学基金项目《中小企业创新的政策诱发机制及绩效研究》，项目编号：71273165。项目组组长为杨晔副教授。

③ 参见教育部人文社科规划项目《企业债券品种创新及其在中国的应用研究》，项目编号：06JC790030；上海市科学技术发展基金项目《天使投资的网络特征、投资行为与公共政策》，项目编号：13692104200；上海市哲学社会科学规划课题《公司债衍生品研究》，项目编号：2010110856；上海市哲学社会科学基金项目《商业银行风险管理研究》，项目编号：2008BJB020；上海市政府决策咨询研究重点课题《“新金融”在上海的发展态势及鼓励政策研究》，项目编号：2013-A-04-A。项目组组长均为杨晔副教授。

一是拓宽了研究视角，突破了原先就投资研究投资的传统局限，从社会经济发展的角度来研究投资问题。二是新增了"投资学基础理论问题研究"（第一章），突出了基础理论知识对课程教学的指导作用。三是将原来课程的第一章（现代宏观经济学中的投资与发展）、第二章（劳动内生的投资增长与发展）、第三章（技术内生的投资增长与发展）整合为一章内容（投资学宏观领域问题研究）。同时，将原来课程的第四章（产业间的投资增长与发展）、第五章（区域投资的增长与发展）整合为另一章的内容（投资学中观领域问题研究），并在该章新增了"环保投资与社会经济发展"内容。四是在第四章、第五章、第六章中，均分别增加了"资产配置与风险管理"一节新内容，改变了过去的一般性描述性安排，强调了应用性做法，提高学生的操作能力。五是各章配备了习题，共计 108 题（其中，名词解释 34 道，简答题 30 道，论述题 19 道，计算题 13 道，案例分析题 12 道）。六是新增了附录，即各章学习要点和课时安排，以便师生对课程的总体安排有所把握。因此，第二版《中级投资学》教材，无论在结构还是在内容方面，变化部分都达到了 70%。这部教材主要供普通高等院校国际经济与贸易、金融学、工商管理、财务管理、投资学等学生教学用，也可以作为实际工作部门的经济管理人员的参考读物。为了方便教学安排，本书对各章的习题、案例、专题分析附上了讨论性的答案，创建了交互式网络教学平台（http://course.shufe.edu.cn/jpkc/yjs/）。

参加本教材撰写的主要人员有：上海财经大学杨晔博士、杨大楷博士、汪若君博士、王鹏博士、王晶博士、武立博士、徐研博士、刘曦腾博士、吴莉昀博士、方芳博士、张学文博士、刘伟博士、简德三硕士、赵爽硕士、庄佩霞硕士、刘安琪硕士、付丽芳硕士、童小川硕士、李哲硕士、孙云龙硕士。其中，第一章由杨晔、赵爽、庄佩霞撰写；第二章由杨大楷、王鹏、刘曦腾撰写；第三章由杨晔、徐研、王晶、童小川撰写；第四章由武立、刘安琪撰写；第五章由汪若君、李哲、杨晔撰写；第六章由赵爽、付丽芳、杨晔撰写。各章的习题、案例分析及提示性答案撰写分别由以下人员完成：第一章至第二章由杨晔、赵爽、庄佩霞、杨大楷、王鹏、刘曦腾、方芳、张学文承担；第三章至第四章由杨晔、徐研、王晶、童小川、武立、刘安琪、简德三、刘伟承担；第五章至第六章由汪若君、李哲、杨晔、赵爽、付丽芳、吴莉昀、孙云龙承担。全书由杨晔博士进行总纂和定稿。

杨　晔　杨大楷

于上海财经大学春晖园

2014 年 5 月

# 目录

# 第一章

# 投资学基础理论问题研究

研究投资学的最终目的是为了推动社会生产力的发展来促进国强民富。投资学是理论经济学和应用经济学在理论和实践上相结合的产物，这并不仅仅是从现实经济中投资问题比较突出和重要的角度得出的，也是具有学科地位上的内在理论依据。投资是投资学中最基本的概念，准确地理解投资的内涵是学习研究投资问题的关键，本章基于各家观点从不同角度对投资的概念进行了探讨，进而引出了投资与投资学的内涵、研究方向、理论基础、学科与学科间的关系等各方面的分析，为以后投资学更深入的问题探讨做铺垫。

## 第一节　投资学的内涵与研究方向

在现代经济社会中，投资无处不在，是最为普遍而广泛的经济社会活动。随着经济社会的发展，投资日趋多样化，具有了越来越丰富而新颖的内涵。

### □ 一、投资概念的探讨

投资是商品经济社会中普遍存在的经济现象，是属于经济学的一个重要范畴。投资本身是一个复杂的概念，并具有复杂的内涵。基本建设、技术改造、固定资产投资、证券投资等都在不同的范围内运用着投资的概念。“投资”概念的出现至少有 200 年左右的历史，近现代的经济学名著几乎都涉及这一范畴，特别是 20 世纪以来，中外学者对其解释多不胜数，见仁见智，众说纷纭。

### (一) 投资目的角度

一批学者从投资目的的角度对投资进行了定义,见表 1-1。

表 1-1　从投资目的的角度定义投资

| 出处 | 定义 |
|---|---|
| 《辞海》(上海辞书出版社,1985) | 投资是指在资本主义制度下,为获取利润而投放资本于国内或国外企业的行为,主要是通过购买企业所发行的股票和公司债来实现。 |
| 《国际投资学》(孔淑红、梁明,对外经济贸易大学出版社,2001) | 投资一般是指经济主体将一定的资金或资源投入某项事业,以获得经济效益的经济活动。 |
| 《国际投资学》(任淮秀、汪昌云,中国人民大学出版社,2005) | 投资是指经济主体为获得经济效益而垫付货币或其他资源用于某项事业的经济活动。 |

资料来源:根据上述表中书籍整理。

### (二) 投资过程角度

另一批学者从投资过程的角度对投资进行了定义,见表 1-2。

表 1-2　从投资过程的角度定义投资

| 出处 | 定义 |
|---|---|
| 《简明不列颠百科全书》① | 投资是指在一定时期内期望在未来能产生收益而将收入变为资产的过程。 |
| 《投资经济学》(陈康幼,上海财经大学出版社,2003) | 投资是投资主体为了获得预期的收益而投入资金,并将其转化为实物资产、金融资产或知识资产的行为或过程。 |
| 《国际投资学教程》(李东阳等,东北财经大学出版社,1999) | 投资是指投资主体为获得预期收益而投入一定量的资本,并使之不断转化为资产的经济活动。 |
| 《投资学》(张仲敏、钱从龙,东北财经大学出版社,2006) | 投资是指经济主体为获得预期收益,投入一定量货币而不断转化为资产的经济活动。 |
| 《国际投资学》(袁东安,立信会计出版社,2003) | 投资是指资源所有者或使用者将资源转化为资本,并追求资本增值的行为或过程。 |

资料来源:根据上述表中书籍整理。

### (三) 资本形成与积累角度

还有一批学者从资本形成与积累的角度对投资进行了定义,见表 1-3。

① 陈康幼. 投资经济学[M]. 上海财经大学出版社,2003。

表 1-3　　从资本形成与积累的角度定义投资

| 出处 | 定义 |
|---|---|
| 《国富论》（亚当·斯密） | 亚当·斯密把资本划分为流动资本和固定资本，认为固定资本不仅包括机器和工具、改良的土地，还包括人力资本。这个观点被舒尔茨的《人力资本投资》所证明。 |
| 《微观经济学》① （沃纳·西奇尔） | 投资是资本货物的购买。 |
| 《经济学》（萨缪尔森，商务印书馆，1998） | 投资的意义总是实际的资本形成——增加存货的生产或新工厂、房屋和工具的生产。只有当物质资本形成生产时，才有投资。投资是为了增加未来的产量而放弃目前的消费。这拓宽了投资的界定范围，但凡放弃目前的消费而着眼于增加未来的生产活动，都属于投资。 |
| 《就业、利息和货币通论》（凯恩斯，商务印书馆，1996） | 所谓本期投资，一定等于资本设备（出于本期生产活动）在本期中之价值增益。净投资，换言之，即资本设备之价值之净增益。我们将购买房产、购买机器或购买一批制成品或半成品，都一样称为投资。一般来说，所谓新投资（区别于再投资）是指从所得之中购买一件资本资产。投资之意义包括一切资本设备之增益，不论所增者是固定资本、运用资本或流动资本。 |
| 《资本论》（马克思） | 用货币购买生产资料和劳动力，以形成固定资本和流动资本的一种经济活动。投资，就是货币转化为生产资本。马克思所说的投资主要是指 G-W，即货币转化为生产资本或其他生产要素。这里的生产资本主要是指实物资本，包括固定资本和流动资本。<br>《资本论》中的“投资”，在不少地方也作动词用，即将“货币”、“价值”或“资本”投入生产或流通领域的过程。 |
| 《帕尔格雷夫经济辞典》（约翰·伊特维尔，经济科学出版社，1992） | 投资是一种资本积累，是为了取得用于生产的资源、物力而进行的购买及创造的活动。 |
| 《宏观经济分析》（爱德华·夏皮罗，中国社会科学出版社，1985） | 投资在国民收入分析中只有一个意义，即该经济在任何时期以新的建筑物、新的生产者耐用设备和存货变动等形式表现的那一部分产量的产值。 |
| 《经济学辞典》（高桥泰藏、增田四郎，日本东洋经济新报社，1965） | 投资是每年追加工厂、机械设备、厂房、建筑物或原材料、制品库存等生产资料，也称为资本形成。 |
| 《现代经济学辞典》（小泉明等，日本清林书院新社，1979） | 作为某一期间经济活动的结果，新增追加资本存量中增加的部分称为投资。一般认为投资是个人、企业购买实物资产或金融资产，而在经济学中，购买现有的资产只不过是资产所有者的变更，就全社会而言，并没有追加任何资本，也就是没有投资。 |

资料来源：根据上述表中书籍整理。

### （四）企业经营角度

也有一批学者从企业经营的角度对投资进行了定义，见表 1-4。

① 杨胜雄. 投资管理学[M]. 首都经济贸易大学出版社，2006。

表 1－4　　从企业经营的角度定义投资

| 出处 | 定义 |
| --- | --- |
| 《经济大辞典(金融卷)》(上海辞书出版社,1983) | 投资是指在一定时期内期望在未来能产生收益而将收入变为资产的过程。 |
| 《经济大辞典(工业经济卷)》(上海辞书出版社,1983) | 经营盈利性事业预先垫付的一定量的资本或其他实物。 |
| 《投资管理学》(扬胜雄,首都经济贸易大学出版社,2006) | 投资一般指经济主体以现有经济资源的牺牲为前提,而实现拥有或者控制特定经济资源,以提高竞争力和获取效益的经济活动。 |

资料来源:根据上述表中书籍整理。

### (五) 投资与消费的关系角度

还有一批学者从投资与消费关系的角度对投资进行了定义,见表 1－5。

表 1－5　　从投资与消费的关系的角度定义投资

| 出处 | 定义 |
| --- | --- |
| 《投资学原理》(威廉·夏普,1981) | 为了可能不确定的将来的消费(价值)而牺牲现在的一定的消费(价值)。 |
| 《经济学辞典》(中山伊智郎等,日本有裴阁,1979) | 投资是某一期间实物资本增加的部分,也是同一期间内国民纯生产中没有被消费的部分。 |
| 《投资管理学》(扬胜雄,首都经济贸易大学出版社,2006) | 投资一般指经济主体以现有经济资源的牺牲为前提,而实现拥有或者控制特定经济资源,以提高竞争力和获取效益的经济活动。 |

资料来源:根据上述表中书籍整理。

### (六) 广义与狭义角度

更有一批学者从广义与狭义的角度对投资进行了定义,见表 1－6。

表 1－6　　从广义与狭义的角度定义投资

| 出处 | 定义 |
| --- | --- |
| 《投资学》(G. M. Dowrie, D. R. Fuller, 1950) | 广义的投资是指以获利为目的的资本使用,包括购买股票和债券,也包括运用资金以建造厂房、购置设备、原材料等,从事扩大生产流通的事业;<br>狭义的投资是指投资人购买各种证券、包括政府公债、公司股票、公司债券、金融债券等。 |
| 《投资管理》(陈友邦、秦志敏,东北财经大学出版社,2006) | 从严格的意义上讲,一切经济活动都可称之为投资。如银行的储蓄、收藏艺术品、接受教育、购买机器设备,甚至生活消费也可以被看作是投资,因为消费是为了维持人的生存以取得今后收益的行为。 |

续表

| 出处 | 定义 |
| --- | --- |
| 《投资学》（弗朗西斯·科里根，中国人民大学出版社，1990） | 投资是指以获利为目的的资本使用，包括购买股票和债券，也包括运用资金以建筑厂房、购置设备、原材料等从事扩大生产流通事业。 |

资料来源：根据上述表中书籍整理。

由此可见，关于什么是投资，目前理论界尚未形成统一的定义。依据不同社会体制的国家以及同一体制不同历史时期产生的经济现象，经济学家从特定的角度出发观察投资行为，往往会得出多种投资定义。对从不同角度出发得到的投资概念的梳理，对深刻理解投资的内涵有着重要意义。从目前来看，一般所说的投资是指广义的投资。本书认为，投资是各类经济主体（包括企业、金融机构、各级政府和个人投资者）为了获取预期的不确定的收益而将现期拥有的货币资本或者产业资本通过特定方式转为实物资产、无形资产或金融资产的行为。

## □ 二、投资与投资学的内涵

**1. 投资的内涵**

（1）投资的目的在于获得收益。经济主体之所以购买资产，目的在于获取未来更大的价值。投资收益一般来自两个方面：一是通过持有各类资产所获得的现金回报；二是由于所持有资产的市场价格发生变动所获得的资本利得。

（2）投资具有时间性。投资是经济主体主动放弃现期消费而在一定时间内一定量的货币投入，以便获得未来预期的收益。投资主体牺牲的消费是现时的，而获得的价位和消费的增加则是未来的，整个过程体现了资产在不同时间上的配置，即现金在不同时间上的流出与流入。

（3）投资具有风险性。这种风险主要来自未来收益的不确定性，即未来的价值不一定会大于现在投入的价值。一般来说，投资主体的收益与所承担的投资风险成正比。投资的总额越大，投资的时间越长，风险就越大。

（4）投资离不开对资产的主动运作。经济主体要想获得预期益，必须对资产进行主动运作。经济主体既要主动选择采取何种投资，也要决定选择投资的时机。

**2. 投资学的内涵**

对于每个人而言，只要是成年且具有完全民事行为能力的人，投资都是可以独立完成的经济行为。而投资学则是研究如何把个人、机构的有限资源分配到诸如股票、国债、不动产等资产上，以获得合理的投资收益。其核心就是以效用最大化准则为指导，获得个人或企业财富配置的最优均衡解。

（1）投资学主要是以实业投资和虚拟/金融投资为研究对象的应用经济学科，实业投资和虚拟/金融投资是该学科体系中的两个基本分支。虚拟/金融投资与实业投资虽具有不同的特点，但两者的共同本质属性相通，即都是一定的经济主体为了获取预期不确定的收益而将现期的一定经济资源或要素转化为资本的活动，因而两者关系密切。

(2) 投资学正是通过研究实业投资和金融投资活动运行的一般规律及其所体现的经济关系，为解释投资现象、优化配置资本资源、正确处理投资与经济及社会发展的关系提供科学的理论依据。投资学主要包括实业投资、证券投资和国际投资三个研究领域。投资范畴明晰的边界以及投资在社会经济发展等方面表现出的一系列独特性，构成了投资学作为一门独立存在的应用经济学科的客观依据。

(3) 从学科性质上看，投资活动具有复杂科学所描述的全部复杂性特性：①投资不单纯是个经济问题或管理问题，它同时也是个技术问题、环境问题及社会问题，涉及法律、政治、军事等多个领域；②投资不仅仅是个人、家庭、企业层面的问题，它同时也是国家、区域或部门、产业、国际层面的问题，而且它们相互作用，相互影响；③投资横跨实体经济和虚拟经济，并使两者有机地融合起来；④投资领域中存在极为严重的信息不对称，具有极大的不确定性、风险性、不可逆性、周期性和非线性，所有这些特性都是现有其他学科难以应对的；⑤投资易受个体心理和社会心理影响，甚至与人性道德相关，预期自我实现和"羊群效应"时隐时现等。

(4) 面对如此复杂的投资活动，必须要进行科学的决策和管理，单纯依靠现有的经济学科和管理学科知识是无法完成的，它必须吸纳和整合各门类学科的知识，在紊乱中寻找有序与规律性。因而，投资学又是一门复合性学科。

## 三、投资学的研究方向

投资学主要研究实业投资和金融投资，按照不同的维度划分，投资学的研究方向与研究内容极其丰富。

**1. 按研究视角划分**

按研究视角的不同划分，包括微观投资学、中观投资学、宏观投资学和国际投资学。

(1) 宏观投资学站在全社会的资金运动的角度，把投资作为一个宏观经济变量，放到国民经济循环中去考察，主要研究投资规模、投资结构、投资布局、投资效益、投资调控、投资政策以及投资与经济增长之间的关系等。

(2) 中观投资学是投资学间架性的结构，主要研究产业间投资均衡、区域间投资均衡、环境资源系统与经济运行系统均衡的互动关系。

(3) 微观投资学以居民家庭、厂商的投资行为以及单个投资工程为对象，重点研究微观投资决策和管理问题。研究不同投资主体根据各自的实际掌握投资机会、分析研究投资项目的实施和管理以及微观投资运动的一般规律和不同投资的特殊规律。微观投资学是宏观投资学的基础。

(4) 国际投资学从全球的视角研究资本在国家间流动的规律，重点研究国际投资的动因、国际资本流动规律、国际直接投资、国际间接投资、灵活型国际投资方式、跨国公司的投资行为、国际投资风险管理以及国际投资法规。对发展中国家而言，引进外资与对外投资已是研究的重点。

**2. 按研究主体划分**

按投资主体的不同划分，包括公共投资学、厂商投资学和家庭投资学。

（1）公共投资学从国家政府和全社会管理的角度，研究公共资本的形成规律以及政府对全社会投资的管理。国家通过税收、发行政府债券、国家金融债券、向银行贷款、向国外借款等方式筹集资金，并利用国家财政投资支出和信贷投资支出等方式进行公共投资。公共投资学以追求社会福利的最大化为假设前提，重点研究社会资本的功能、公共投资的成本和收益、公共投资的决策标准、政府投资行为、政府对全社会投资的监督、管理与调控以及国家投资政策和法规的制定等。

（2）厂商投资学又称为企业投资学，是从厂商（企业、公司等经济法人主体）的角度研究厂商经营范围内的投资运动规律，为厂商投资决策和管理提供理论依据。厂商投资学以利润最大化为假设前提，重点研究市场分析、新产品或产业的开发性风险投资、传统产品或产业的技术改造投资、收购兼并投资、投资资金的积累、筹措与分配、投资决策与风险防范、投资效益评价等。厂商是市场经济条件下最重要的投资主体，因此，厂商投资学是整个投资学的主要组成部分。

（3）家庭投资学从居民家庭投资理财的角度，研究如何将有限的资源分配到诸如股票、国债、不动产等（金融）资产及实业资产上，以获得合理的现金流量和风险/收益率，为家庭的投资决策和管理提供理论依据。其核心就是以效用最大化准则为指导，获得个人财富配置的最优均衡解。家庭投资学主要研究投资品种及其选择，投资资金筹措、投资组合管理、家庭投资行为、投资风险的识别、衡量与防范、投资权益保护等。从一定意义上说，对居民家庭投资行为的研究是整个投资经济体系的基本构件。

**3. 按投资资产划分**

按投资所形成资产的形态不同划分，包括产业投资学、虚拟/金融投资学。

（1）产业投资学以产业资产形成为对象，研究其形成、发展和运动规律，主要由固定资产投资理论、存货投资理论、房地产投资理论等构成。

（2）虚拟/金融投资学以金融资产交易为对象，研究金融资产的形成、发展和运动规律，主要由债券投资理论、股票投资理论、期权投资理论、期货投资理论、保险投资理论、外汇投资理论、黄金投资理论等构成。

**4. 按投资阶段划分**

按投资活动过程的阶段划分，包括投资前期决策分析、投资实施管理和投资后期评估。

（1）投资前期决策分析，就产业投资而言，主要是可行性研究；就金融投资而言，主要是对金融资产的价值分析和技术分析。

（2）投资实施管理，就产业投资而言，主要是投资项目管理，包括投资项目的范围管理、时间管理、成本管理、质量管理、人力资源管理、沟通管理、采购管理、风险管理和综合管理等；就金融投资而言，主要是金融资产的组合管理。

（3）投资后期评估主要研究产业投资项目管理和金融投资组合管理绩效的评估指标、评估程序与评估方法。

## 第二节 投资学的理论基础

### □ 一、投资学理论的渊源

经济学界对投资经济的研究由来已久,先后出现了一系列投资理论流派。投资理论经历了古典学派、新古典学派、凯恩斯学派等的演进,并在20世纪后期形成了完整的投资理论体系。这些理论从不同的角度论述了投资经济运动的规律,可以为我们更深入地研究投资提供指导和借鉴。

投资是流量,它的对应物存量就是资本,因此,投资学的起源可以追溯到古典经济学关于资本问题的研究。

在经济学说发展史上,重农学派理论考察的视角由流通领域转移到生产领域,涉及资本在再生产中的作用,但他们并未使用"资本"一词。最先对资本积累作出系统研究的是亚当·斯密。亚当·斯密在《国民财富的性质和原因的研究》一书中分析了投资对各类资本积累的影响以及资本配置对经济增长的影响。他认为,国民产出的增长主要由两个因素决定:一是资本的积累;二是资本的有效配置。经济增长的最基本因素是投资增长率。

亚当·斯密的主要贡献在于:一是明确区分了固定资本和流动资本两个范畴;二是明确指出了增加资本积累对经济发展的作用,认为社会财富的增加与投资数量的大小及资金用法的好坏成正比;三是研究了增加资本的途径,认为积累资本有两条道路,或者增加收入,或者减少消费;四是研究了资本使用方向对经济的影响,认为按照事物的自然趋势,资本首先应大部分投在农业上,其次投在工业上,最后投在国外贸易上;各种用途的投资相互依存,缺一不可;五是提出了以绝对成本学说为基础的投资区域和国际分工理论;六是研究了市场机制对投资的调节作用;七是提出了适合市场经济发展初期需要的投资政策主张。在亚当·斯密之后,李嘉图研究了资本积累的动力以及国民收入分配对投资的影响。他认为,利润是资本积累的动机,也是资本积累的来源。同时,他还提出基于相对成本的投资地域和国际分工理论。以上是两位经济学家对有关投资问题的论述,还不能说是系统地投资理论已经形成。

值得指出的是,古典经济学所说的资本积累实际包含储蓄和投资两个方面,这便意味着,每一个储蓄决定和相应的投资决定相重合,以致储蓄实际上可以没有任何障碍地、理所当然地转变为(实物)资本。正因为如此,古典经济学没有发展出独立的投资理论。

### □ 二、西方投资理论的产生与发展

#### 1. 新古典主义

在古典经济学派之后,新古典学派将边际分析方法引入经济学中,为投资理论的正式形成打下了坚实的基础。以马歇尔为代表的新古典主义厂商理论和以费雪为代表的新古典主义资本理论对投资理论的发展产生了重要影响。马歇尔把利润最大化作为厂商的目

标，将边际收益等于边际成本作为厂商行为的基本准则，创立了新古典的厂商理论。马歇尔将市场均衡区分为瞬时均衡、短期均衡和长期均衡，其中，长期均衡就涉及资本的变动。我们知道，企业的资本存量来源于投资流量，一定时点上的投资则是资本的增量，对新古典厂商模型做一个动态化处理，以揭示厂商在每一个时点上的行为特征，便可以得到厂商投资理论。费雪在研究利率的决定时，明确提出了跨时选择问题。他认为，资本的需求决定于边际生产率，资本的供给（即储蓄）决定于资本的收益率，两者的均衡决定利息率。居民个人的跨期选择则决定于个人的时间偏好和利率。资本的价值可以定义为未来收入流量的现在贴现价值。费雪还在奈特的启发下，将不确定性引入跨时分析，强调风险会增加人们的时间偏好等。他的结论和方法不仅影响了以后产业投资理论的发展，同时还影响了证券投资理论的发展。他提出的净现值标准（NPV）至今仍是产业投资项目决策的重要标准，他提出的“分离定理”则是证券投资理论的重要基石。

2. 凯恩斯主义

西方投资理论成为一个比较完整的理论体系形成于 20 世纪 30 年代。1936 年，英国著名的经济学家凯恩斯发表了具有划时代意义的《就业、利息和货币通论》。凯恩斯在《就业、利息和货币通论》中指出，经济危机爆发的根本原因在于有效需求不足，有效需求不足是资本主义社会经常发生的现象。总需求是由消费需求和投资需求构成的，由于投资需求比消费需求有较强的波动性，因而成了凯恩斯研究的重点。他力求找出一条通过影响投资从而刺激总需求的路径，使资本主义经济摆脱经济危机的阴影。纵观凯恩斯有关投资理论的论述，分别体现在他的就业理论、经济危机理论、投资乘数理论和利息理论中。

（1）就业理论。就业理论是凯恩斯宏观经济理论体系的核心。它的基本内容是阐明失业的原因和寻求解决失业的办法。凯恩斯运用了有效需求的原理分析了失业的原因。他认为，资本主义经济之所以通常都是“小于充分就业的均衡”的原因是有效需求不足；之所以会出现有效需求不足，是因为存在边际消费倾向递减、资本边际效率递减和流动偏好三个基本心理规律。关于资本边际效率递减规律，凯恩斯认为，随着投资的增加，资本预期的收益从短期看时高时低，表现为不确定性，从长期看有下降趋势。因此，资本边际效率递减会抑制资本家投资的积极性。

对于流动性偏好，凯恩斯认为，利息是人们在一定时期内放弃流动偏好的报酬，利息率的高低取决于人们对流动偏好的程度的大小。他进一步指出，资本家的投资引诱取决于资本边际效率和利息率两个因素，从长期看，在资本边际效率下降的同时，因存在利息率下降的刚性，这就必然造成投资需求的不足，进而导致社会的有效需求不足，使社会的就业水平经常处于“非自愿失业”状态。

（2）经济危机理论。凯恩斯认为，由于三个基本心理规律作用必然引起有效需求不足，必然出现非自愿的失业和经济危机，而且危机是周期性地出现，即资本主义经济处于循环运动中，产生这种现象的直接原因是投资的变动。由于投资的引诱取决于资本边际效率的大小，所以，他说：“我认为商业循环的主要原因，还是资本边际效率的循环变动”。

（3）投资乘数理论。投资乘数理论是凯恩斯宏观经济理论体系的重要组成部分，凯恩斯利用投资乘数原理阐述了在资源闲置条件下投资对收入增加的倍数作用。它从数量角度说明投资与经济增长的关系，把投资作为因变量，把国民收入作为自变量，阐明投资的变动对国民经济收入增加(经济增长)的影响程度。他认为，当一个部门的投资增加时，就必然引起对另一个部门产品需求的增加，从而又使另一个部门的投资增加。如此连锁影响，以致使一系列部门的收入、就业都会随之增加。

(4) 利息理论。凯恩斯的利息理论是以“流动偏好”为基础的，他否定了传统的以“时间偏好”为基础的“时差利息论”。他的利息理论中有关投资的观点主要有两个：一是否定了传统经济学的储蓄支配投资的论点，他认为，实际是投资支配储蓄；二是，投资与储蓄是分属于不同经济主体的不同动机的经济行为，居民的储蓄增加，只意味着消费的减少，从而就业减少，却并不意味着投资的增加。只有投资的增加，才能使就业增加、收入增加，从而在收入中形成同投资相等的储蓄。

凯恩斯不但在理论上强调投资的重要性，而且在政策主张上也强调投资的重要作用。他认为，为了摆脱经济危机和失业的困境，必须依靠政府干预来提高社会的消费倾向和加强投资的引诱，以扩大社会的有效需求。他特别强调，必须由国家干预投资，即“要达到离充分就业不远之境，其唯一办法乃是把投资这件事情由社会来综揽”，进而提出了国家干预的主要形式是运用财政政策和货币金融政策。

由此可见，在凯恩斯的宏观经济理论中，始终将投资置于其理论分析的核心地位。可以说，凯恩斯的宏观经济理论的创立极大地促进了投资理论的发展。

在凯恩斯经济理论创立后的相当长时期内，投资理论的发展体现在后凯恩斯主义者创立的经济增长理论和以乘数—加速模型为基础的一系列经济周期理论中。

### 3. 哈罗德—多玛模型

确切地说，凯恩斯提出的投资乘数理论并不是研究投资和经济增长之间的关系，而是假定社会劳动数量和技术不变的情况下，达到一定生产水平下的均衡就业量时可以实现的国民收入量。凯恩斯的理论分析不考虑时间因素，也不考虑人口数量、资本存量和技术变化对经济的影响，因而它是一种短期的准静态理论。

正因为凯恩斯的理论存在一定局限性，英国经济学家罗伊·哈罗德和美国经济学家埃西·多玛主张将凯恩斯理论加以长期化和动态化，即在人口数量、资本数量和技术条件都可以发生变化的较长时期里考察经济的发展变化，把经济活动看成是一种在时间上具有连续性的活动，从而着重考察经济稳定增长的条件和长期增长的变动趋势。他们二人先后建立了以投资为关键性变量的经济增长理论模型，被以后的经济学家统称为哈罗德—多玛模型。

### 4. 新古典经济增长模型

美国经济学家索罗和英国经济学家斯旺在凯恩斯理论的基础上对“哈罗德—多玛模型”进行了修补，试图建立一个考虑工资率和利息率的变动以及劳动力与资本的替代的更为复杂和比较完整的理论，创立了经济增长理论模型。

索洛认为，如果劳动力的增长超过了资本的增长，相对于资本的价格而言，劳动力的价格必然要下降；如果资本的增长超过了劳动力的增长，劳动力的价格就会相对上升。要素相对价格的变化必然导致生产者用一种要素来替代另一种要素，这样，经济增长的轨迹就不会像哈罗德-多玛模型断言的那样具有内在不稳定性。与哈罗德和多玛不同的是，索洛允许资本和劳动力以不同的速度增长，从而提出了新古典经济增长模型。

5. *新剑桥经济增长模型*

新剑桥经济增长模型是由英国的琼·罗宾逊、卡尔多和意大利的帕森奈蒂提出来的。该模型是哈罗德-多玛模型的延伸，和后者一样，其基本观点是增长率决定于储蓄率或投资率，而资本—产出比例是固定不变的。但它旨在说明资本主义社会结构的症结在于国民收入分配的失衡，因而解决资本主义社会问题的途径不在于加速经济增长，而是实现收入分配的均等化。并且想要达到经济持续稳定增长，并不像新古典经济增长模型中表述的那样取决于投入要素比例的变化和技术进步，而认为要实现持续稳定增长必须靠国家政策对分配比例失调进行干预。

在投资理论方面有重要贡献的经济学家还有英国经济学家斯科特和德国历史学派的主要代表人物李斯特等。

斯科特分析了投资对经济增长的贡献。他认为，投资是经济系统化的成本支出，是为了取得预期的结果而对目前消费的牺牲。投资不仅包括物质投资，而且包括人力资本投资。

李斯特认为，投资于创造财富的生产力比投资于财富生产本身更为有效，投资于综合生产力水平的提高，有助于财富的增加。在投资制度的选择方面，他明确指出，私人经济是以追求个人利益为基础，国家经济则是以整个民族和社会利益为基础。“诸如保卫国家、维持公共治安以及其他许许多多数不清的任务，只能借助于整个社会力量才能完成”，要由国家统筹支配举办公益事业的投资。

在微观领域，Chenery(1952)、Kyock(1954)和 Eisner(1960)分别得出了灵活加速器理论或者分布滞后的加速器的理论。该理论区分了实际的资本存量和合意的资本存量，着重强调的是产量需求对投资的决定作用。White(1963)在凯恩斯理论的框架内重新讨论了总体投资函数的微观基础，强调了投资函数是市场均衡曲线。乔根森(D. Jorgenson, 1963、1967)在产品市场、资本品市场完全竞争和不存在资本品购置、安装、出售成本及生产函数报酬递减等假设条件下，利用跨时期模型，比较标准地给出了新古典主义的厂商投资理论。

20 世纪 60 年代中后期以来，产业投资理论取得了长足的发展。1968 年，阿罗(Arrow)引入了投资不可逆假设；Eisner 与 Strotz(1963)、Lucas(1967)、Gould(1968)以及 Treadway(1969)则提出了资本调整成本核算的假设；托宾(Tobin)于 1969 年将厂商投资看作是资本的市场价值与重置价值的比率 Q 的函数，企业的市场价值就是企业股票的市场价格总额，它等于每股的价格乘总股数之积。企业的重置成本是指建造这个企业所需要的成本，该理论率先将产业投资与资本市场联系起来。20 世纪 70 年代后，不确定性和不可逆性成为产业投资研究的重点，多种不确定条件下的投资决策模型被发展出来，期权定价理论也被引入对不确定条件下的产业投资决策分析，进一步推进了金融投资理论与产业投资理论的融合。

## □ 三、我国投资研究的现状与发展趋势

我国投资理论研究起步较晚，这是由中国的具体国情决定的。新中国成立以后到改革开放前，我国实行的是高度集中的计划管理体制，我国经济的特征是政府主导、封闭的经济。在这种体制下，投资（当时仅限于基本建设领域）总量的确定、投资方向的安排、投资结构的调整均由中央政府决策，地方政府、企业只是执行者。因此，在相当长的时期内，既没有专门的投资研究机构，也没有专职的研究人员，因此，投资理论的发展非常缓慢。国内学者对投资与经济增长的模型研究以史晋川模型和宋则行模型为代表。

**1. 史晋川模型分析**

1985年，我国经济学家史晋川以卡莱茨基社会主义经济增长模型的基本思想为指导，选择社会物质平衡体系(MPS)中综合统计指标所反映的宏观经济变量作为变量和参数，建立了一个国民经济增长总量模型：

$$R = \Delta Y/Y = v \cdot [(1-a)A/Y + b(1-c)C/Y] + iv \cdot D/Y \qquad (1-1)$$

式中：R表示国民收入增长率；ΔY表示国民收入增量；Y表示国民收入总量；A表示积累基金；C表示消费基金总额；D表示折旧基金；a表示非生产性积累在积累基金中所占的比重；b表示储蓄中通过银行转化的投资；c表示消费倾向（即实际消费支出占消费基金的比重）；v表示本期生产性总投资的效率；iv表示投资效率之差（即本期生产性投资效率与上期生产性投资效率之差）。

从模型可以看出，以国民收入增长衡量的经济增长率R直接取决于积累率的高低、积累中生产性积累所占的比重、消费基金中可以转化为生产性积累的多少、重置投资占国民收入的比重以及重置投资的效率改善程度。由于在史晋川模型中生产性积累即为生产性投资，模型的含义简言之便是，经济增长取决于生产性积累的多少、生产性总投资的效率、重置投资的多少以及重置投资的投资效率改善程度。

史晋川模型是以国民经济平衡表体系为基础，以卡莱茨基模型为参考建立起来的，它具有以下特点：一是模型中的变量最终可以归结到投资及投资效率上，因此，该模型突出强调投资对经济增长的决定作用；二是将社会再生产领域分为生产性活动和非生产性活动，与此相适应，将积累分为生产性积累和非生产性积累，将投资分为生产性投资和非生产性投资。只有生产性投资才能直接决定经济增长，而非生产性投资不能直接促进经济增长。非生产性投资的增加会降低生产性投资的数量，从而降低经济增长率。非生产性投资又可能通过影响生产性投资效率的方式影响经济增长；三是考虑了用折旧基金进行重置投资时，由于投资效率的提高，重置投资对经济增长具有的促进作用。

**2. 宋则行模型分析**

我国著名经济学家宋则行教授提出了社会主义经济增长的一般模型：

$$g = s \cdot P/t + p \qquad (1-2)$$

式中：g表示以社会最终产值衡量的经济增长率；s表示积累率；P表示社会平均劳动生产力；t表示资金—劳动比率；p表示劳动生产率的增长率。

宋则行经济增长模型的特点是：其一，从劳动价值论出发，先把经济增长率分解为劳动就业量增长率 ld 和劳动生产力增长率 p 两个组成部分，g = ld + p，然后分别分析两者的决定因素，认为劳动就业量的增长取决于投资率、劳动生产率和资金——劳动比率；劳动生产率增长率取决于劳动者的积极性、企业的经营管理水平和技术水平、产业的部门结构和地区结构等。其二，在分析劳动就业量增长率时，运用马克思的"资本技术构成"范畴，提出资金—劳动比率，与制约投资率的积累率和劳动生产力结合，作为劳动就业量增长率的决定因素。其三，把劳动生产率增长率作为决定经济增长率的一个综合因素单独列出，构成模型的一个重要组成部分。其四，与史晋川模型不同，宋则行模型不是完全按照物质生产平衡体系（MPS）建立起来的，而是在对物质生产平衡体系加以改造，吸收了国民经济核算体系（SNA）优点的基础上建立起来的，模型中变量与西方经济学中的经济变量具有一定的可比性。

虽然宋则行模型直接从劳动价值论出发分析经济增长率的一般决定因素以及经济增长率和它的决定因素之间的数量关系，但模型的 4 个自变量中有 1 个是积累率 s，它在某种情况下可以看作是投资率的同义语，而其余 3 个自变量（P、p、t）又是投资的函数，它们的变化取决于投资。这样，经济增长便间接地与投资联系起来。

此外，理论工作者和实际工作者密切联系固定资产投资运行的实践，重点围绕投资规模、投资结构和投资效益问题展开了热烈地讨论，发表了一批具有较高水平的著作和论文。

关于投资规模的争论，学术界有三种观点：第一种观点认为，我国的投资规模过大并不断膨胀。其理论依据是：建设规模超出了国力允许的范围，即超出了国家的人力资源、物力资源和财力资源允许的范围。提出了用国力衡量投资的一般原则：投资增长速度应低于国民收入的增长速度，也应略低于重工业增长速度和主要投资的增长速度，还应略低于可追加的劳动力增长速度，而投资运行的实际情况恰恰相反。第二种观点认为，我国的投资规模基本合理。其主要理论依据是：其一，采用投资率指标评价实际年度投资规模得不出我国投资规模过大的结论；其二，从国力论角度进行分析，也得不出我国投资规模过大的结论；第三种观点认为，我国的投资不足。这种观点的主要理论依据是：就投资规模而言，矛盾的主要方面在于投资不足，而不是投资膨胀。如果是投资膨胀，也是投资结构性膨胀。有关投资结构和投资效益问题也引起了许多学者的关注。

## 第三节 投资学与相关学科的关系

从投资学的研究方向上可以看出，投资学与金融学、管理学等学科有着一定的交集，而金融学、管理学、财税学的相关理论和实务也为投资学提供了理论与方法方面的重要支持。探讨投资学与其他相关学科的关系，一方面更加明确相近学科间的联系与区别，另一方面也为投资学相关领域的深入研究指引方向。

## □ 一、投资学与融资学的关系

1. 融资的基本概念

融资是指融资主体根据资金余缺融通的客观需要，运用一定的融资形式、手段和工具，实现资金的筹集、转化、运用、增值和回偿等融资活动的总称。融资活动所产生的经济关系，在本质上是一种货币信用关系。所以，一般意义上的无偿性征集或筹集资金的活动及其资金的收入，不属于融资范畴。在融资过程中有五个重要环节，即资金的筹集、转化、运用、增值和回偿，它们依次相连，缺一不可，构成融资活动的系统性主体环节[①]。

2. 投资学与融资学的关系

投资与融资是资金运动中不可分割的两个方面。资金是企业的生命链，有效的资金投入、可靠的融资渠道和快速的资金周转是保证企业正常运转的基本条件。随着社会化大生产的发展，无论是新的企业创办，还是原有企业的更新改造或扩建，仅凭自有资金积累很难全部承担，投资之前通常都需要在外部筹集所需资金。所以，投资行为与融资互相影响、互相制约，融资必须以投资需求为依据，投资必须充分考虑融资能力。

投资与融资的密切联系使融资学与投资学之间也必然存在一定的联系。首先，两者的研究领域中都涉及货币资本的转移。其次，由于投资活动与融资活动相互影响，因而在学科研究中必然要相互涉及。

然而，投资学与融资学的研究领域各有相互独立的部分，研究的侧重点不同，投资学侧重资金投入以及生产领域的设备、原料、技术、管理、专利等，而融资学侧重资金吸收以及融资的途径和成本，这也构成了融资学与投资学的差异。

## □ 二、投资学与金融学的关系

1. 金融的基本概念

在金本位时代，黄金是世人公认的最好价值代表。从字面上理解，金指的是金子，融最早是指固体融化变成液体，也有融通的意思，所以，金融就是将黄金融化分开交易流通，即价值的流通。如今黄金已很大程度上被更易流通的纸币、电子货币等所取代，但黄金作为价值的流通并没有变。

1915 年出版的《词源》称："今谓金钱之融通曰金融，旧称银根"。相应地，指"各种银行、票号、钱庄曰金融机关"。教科书一般将金融解释为"货币资金的融通"。经济管理出版社 1990 年出版的《中国金融百科全书》中对金融的词条解释为："货币流通和信用活动以及与之相关的经济活动的总称"。有学者认为"现代金融是以货币或货币索取权形式存在的资产的流通"。比较权威的《新帕尔格雷夫货币金融大词典》第二卷的解释为："金融基本的中心点是资本市场的运营、资本资产的供给和定价。其方法论是使用相近的替代物给金融契约和工具定价。对那些有时间连续特点和收益取决于解决不确定性的价值工具来说都适用。"概括来说，金融就是对现有资源进行重新整合之后，实现价值的等效

① 杨晔，杨大楷. 融资学[M]. 上海财经大学出版社，2013。

流通。

2. 投资学与金融学的关系

金融学(Finance,也常被称为金融经济学)的定义有多种理解,但对现代金融学的理解还是比较一致的,一般是指20世纪50年代发展起来的金融经济学(Finance Economics)。主要内容包括20世纪50年代开创的资产组合选择理论(Markowitz, 1952)和公司财务的MM理论(Modigliani and Miller, 1958)、20世纪60年代发展起来的资本资产定价理论(Sharpe, 1964; Lintner, 1965; Mossin, 1966)和有效市场理论(Fama, 1965, 1991)以及20世纪70年代诞生的期权定价理论(Black and Scholes, 1973; Merton, 1973)和套利定价理论(Ross, 1976)等。可见,金融学与投资学两者之间是相互交叉、互相补充的关系。

然而,从投资学的研究对象来看,投资学与金融学是有着明显区别的。金融学的研究对象主要是资金的融通。资金融通涉及如何筹集资金与如何使用资金这两个基本层面,金融学围绕着资金融通,设计了一整套的专业结构体系,大致包括:①货币与信用。这部分主要阐述货币、信用、利率、汇率方面的基本理论和实践,包括金融资产和金融工具等基础知识。②金融市场与金融机构。主要阐述金融市场与金融机构的基本理论与实践问题,对整个金融市场的构成与运作做全面的研究。③投资与风险管理。这部分的内容主要有货币的时间价值、证券价值评估、投资组合与风险管理、金融衍生工具与风险管理等。④公司理财基础。这一部分主要从企业角度考虑投资与融资问题。⑤金融调控。这部分内容主要考察货币政策、金融监管与金融发展方面的理论与实践问题。从研究内容看,投资学研究的部分内容与金融学研究的部分内容的确存在交叉,主要集中在证券投资部分。

从研究的角度来看,投资学与金融学也有着较为明显的差别。投资学是从投资者的角度进行研究的,目的是为投资主体提供更多的投资渠道,使其闲置资金得到充分利用,获得更好的投资回报;而金融学则是从融资的角度进行研究,目的在于为资金短缺的投资主体筹集资金。

从某种意义上讲,金融学研究的出发点和落脚点都是金融决策与管理,而对投资者来说,其金融决策与管理的主要内容就是投资组合管理。可以说,是资产组合选择理论的研究带动了现代金融学的发展。

## □ 三、投资学与财务管理学的关系

1. 财务管理的概念

财务管理(Financial Management)是在一定的整体目标下,关于资产的购置(投资),资本的融通(筹资)和经营中现金流量(营运资金)以及利润分配的管理。财务管理是企业管理的一个组成部分,它是根据财经法规制度,按照财务管理的原则,组织企业财务活动,处理财务关系的一项经济管理工作。简单来说,财务管理是组织企业财务活动、处理财务关系的一项经济管理工作。

2. 投资学与财务管理学的关系

财务管理学是一门研究企业、事业等单位资金运动规律性及运用方式的科学。其基本内容是企业财务活动，而财务活动又分为企业筹资引起的财务活动、企业投资引起的财务活动，企业日常经营引起的财务活动和企业分配引起的财务活动。因此，财务管理的内容主要包括企业筹资管理、企业投资管理、营运资金管理和企业分配管理四个方面。在财务管理学中，有关公司理财的部分内容与投资学中的企业投资的部分内容存在交叉，如企业投资的资金筹措、企业投资的结构安排、企业投资的效益评价等。

然而，财务管理中所涉及的投资内容与投资学中的内容不尽相同。公司财务所涉及的投资主要在项目投资已经确定的基础上，研究如何进行筹资和核算投资成本，并据此评价投资效益，不关注企业投资的项目可行性研究和项目投资造价的估算等内容。由于企业财务并不包含上述范畴，而具体的投资研究实践的工程技术知识更在财务管理研究领域之外。应该说，财务管理学中的投资与实际的项目投资侧重点不同，关注的相关指标也不同，重在评价投资行为以及判别投资的收益，通过对投资项目的遴选进行投资决策。此外，投资学中有关政府公共投资管理的内容也是财务管理所没有涉及的。

## □ 四、投资学与工程管理学的关系

### 1. 工程管理的概念

工程管理是指为了取得工程项目的成功而对工程项目进行的规划、组织、控制和协调等工作。根据所处角度（业主、PMC、监理、总承包商、分承包商、供应商）不同，工程管理的职能重点也不同。其共性职能是：为保证项目在设计、采购、施工、安装调试等各个环节的顺利进行，围绕“安全、质量、工期、投资”控制目标，在项目集成管理、范围管理、时间管理、成本管理、质量管理、人力资源管理、沟通管理、风险管理、采购管理等方面所做的各项工作。

### 2. 投资学与工程管理学的关系

工程管理学涵盖了投资项目全过程的各个阶段的全部内容，也涉及投资项目造价的部分内容。工程管理研究的出发点在于控制与管理，对既定投资项目的投资、进度、质量进行全面控制，以保证项目建设的顺利完成。

但从投资项目的全过程来看，工程管理缺乏对投资项目可行性的研究，特别是缺乏对投资项目的效益评价，也不涉及对投资抉择与决策方法理论的研究。从宏观层面上来看，工程管理还缺乏对宏观层面的投资宏观调控及产业投资政策等问题的研究，即并不涉及投资结构、投资布局、投资环境、投资规模、投资效益、国际投资等宏观问题。

## □ 五、投资学与财政学的关系

### 1. 财政的概念

财政是“理财之政”。“财政”一词有两层含义：首先，从实际意义来讲，是指国家（或政府）的一个经济部门，即财政部门，它是国家（或政府）的一个综合性部门，通过其收支活动筹集和供给经费和资金，保证实现国家（或政府）的职能；其次，从经济学的意义来理解，财政是一个经济范畴，财政作为一个经济范畴，是一种以国家为主体的经济行为，是政府集中一部分国民收入用于满足公共需要的收支活动，以达到优化资源配置、公平分配以及经济稳定和发展的目标。

2. 投资学与财政学的关系

财政学是研究政府收支活动及其对资源配置、收入分配和宏观经济稳定产生影响的经济学分支。财政学内容涉及财政基础理论(包括财政目标及其评价标准、财政起因与职能、财政决策与政府失灵、财政本质等)、财政支出规模及其控制、购买性支出、转移性支出、公共项目评价、财政收入(主要包括税收原则、税收的转嫁与归宿、税收制度、公债等)、财政学专题(包括公共企业、政府间财政关系、财政政策等)①。

财政学中的公共支出类似于宏观角度或者说是国家层面上的投资决策。购买性支出与转移性支出、支出的成本效益分析、公共支出增长与控制等内容中与投资学有一定的交集。但从财政学的核心研究内容来看,与投资学存在着较大差别。

## 阅读文献


[1] 杨大楷. 中级投资学[M]. 上海财经大学出版社,2004。

[2] 杨晔,杨大楷. 投资学[M]. 上海财经大学出版社,2012。

[3] 张中华. 投资学(第二版)[M]. 高等教育出版社,2009。

[4] 方芳,陈康幼. 投资经济学[M]. 上海财经大学出版社,2010。

[5] 马秀岩. 投资经济学(第二版)[M]. 东北财经大学出版社,2011。

[6] 张仲敏,钱从龙. 投资学[M]. 东北财经大学出版社,2006。

[7] 杨胜雄. 投资管理学[M]. 首都经济贸易大学出版社,2006。

[8] 陈友邦,秦志敏. 投资管理[M]. 东北财经大学出版社,2006。

[9] 中国投资学科建设研究课题组. 中国投资学科建设研究[M]. 高等教育出版社,2011。

[10] 杨大楷,张瑶. 努力建设具有鲜明财经特色的多科性研究大学[J]. 财经高教研究,2006(2)。

## 习题与案例

### 一、名词解释

1. 投资
2. 厂商投资学
3. 托宾 Q 理论
4. 新剑桥经济增长模型

① 邓子基. 财政学[M]. 清华大学出版社,2005。

## 二、简答题

1. 简述投资的内涵。
2. 简述家庭投资学的研究内容。
3. 简述史晋川模型的特点。

## 三、论述题

1. 试分析投资学的内涵。
2. 请谈谈亚当·斯密对投资理论的贡献。
3. 试分析投资学与融资学的关系。

## 四、案例分析题

**案例1-1** **环境污染影响股价?**

Shane和Spicer(1983)的研究表明,当一家公司的污染问题被报道之前两天起,其股价就开始出现不同寻常的下跌。而当报道公布时,在污染控制方面表现较弱的公司比较强的公司受到更多的负面影响。Hamilton(1995)的研究表示,上市公司在公布了其污染数据(TRI, toxics release inventory)后,股价会出现明显的下跌。另外,Klassen和McLaughlin(1996)的研究指出,那些对环境保护有积极措施的公司的股价在长期中实现了超额增长。当一家公司出现环境问题后,其股价往往就会有显著的下跌。同样地,Rao(1996)的研究表示,1989—1993年,被华尔街时报(*Wall Street Journal*)报道有环境污染问题的公司的股价远远低于市场预期收益。

问题一:上述研究揭示了什么道理?

问题二:为什么企业要重视社会投资责任?

# 习题答案

## 一、名词解释

1. 答:关于什么是投资,目前理论界尚未形成统一的定义。从目前来看,一般所说的投资是指广义的投资。本书认为,投资是各类经济主体,包括企业、金融机构、各级政府和个人投资者,为了获取预期的不确定的收益而将现期拥有的货币资本或者产业资本通过特定方式转为实物资产、无形资产或金融资产的行为。

2. 答:厂商投资学也可称为企业投资学,是从厂商(企业、公司等经济法人主体)的角度,研究厂商经营范围内的投资运动规律,为厂商投资决策和管理提供理论依据。

3. 答:托宾的Q比率是公司市场价值对其资产重置成本的比率。当Q<1时,即企业市价小于企业重置成本,经营者将倾向于通过收购来建立企业实现企业扩张。厂商不会购买新的投资品,因此,投资支出便降低。当Q>1时,弃旧置新。企业市价高于企业的重置成本,企业发行较少的股票而买到较多的投资品,投资支出便会增加。当Q=1时,企业投资和资本成本达到动态(边际)均衡。

4. 答:该模型的基本假设有:①资本—产量比率保持不变,即常数;②均衡条件为I=S;③社会成员分为工资收入者(工人)和利润收入者(资本家),两者的储蓄率都是固定的,而且利润收入者的储蓄率大于工资收入者的储蓄率。该模型的含义是:在既定的技术水平下,经济增长率决定于利润率的高低以及资本家和工人两个阶级的储蓄倾向。

## 二、简答题

1. 答:(1)投资的目的在于获得收益;(2)投资具有时间性;(3)投资具有风险性;(4)投资离不开对资产的主动运作。

2. 答:家庭投资学是从居民家庭投资理财的角度,研究如何将有限资源分配到诸如股票、国债、不动产等(金融)资产及实业资产上,以获得合理的现金流量和风险/收益率,为家庭的投资决策和管理提供理论依据。家庭投资学主要研究投资品种及其选择、投资资金筹措、投资组合管理、家庭投资行为、投资风险的识别、衡量与防范、投资权益保护等。

3. 答:史晋川模型是以国民经济平衡表体系为基础,以卡莱茨基模型为参考建立起来的,它具有以下特点:一是模型中的变量最终可以归结到投资及投资效率上,因此,该模型突出强调投资对经济增长的决定作用。二是将社会再生产领域分为生产性活动和非生产性活动,与此相适应,将积累分为生产性积累和非生产性积累,将投资分为生产性投资和非生产性投资。只有生产性投资才能直接决定经济增长,而非生产性投资不能直接促进经济增长。非生产性投资的增加会降低生产性投资的数量,从而降低经济增长率。非生产性投资又可能通过影响生产性投资效率的方式影响经济增长。三是考虑了用折旧基金进行重置投资时,由于投资效率的提高,重置投资对经济增长具有的促进作用。

## 三、论述题

1. 答:投资学是研究如何把个人、机构的有限资源分配到诸如股票、国债、不动产等资产上,以获得合理的投资收益。其核心就是以效用最大化准则为指导,获得个人财富配置的最优均衡解。投资学的内涵具有以下四点:

(1) 投资学主要是以实业投资和虚拟/金融投资为研究对象的应用经济学科,实业投资和虚拟/金融投资是该学科体系中的两个基本分支。虚拟/金融投资与实业投资虽具有不同的特点,但两者的本质属性相通,即都是一定的经济主体为了获取预期不确定的收益而将现期的一定经济资源或要素转化为资本的活动,因而两者关系密切。

(2) 投资学正是通过研究实业投资和金融投资活动运行的一般规律及其所体现的经济关系,为解释投资现象、优化配置资本资源,正确处理投资与经济及社会发展的关系,提供科学的理论依据。投资学主要包括证券投资、国际投资、实业投资等三个研究领域。投资范畴明晰的边界以及投资在社会经济发展等方面表现出的一系列独特性,构成了投资学作为一门独立存在的应用经济学科的客观依据。

(3) 从学科性质上看,投资活动具有复杂科学所描述的全部复杂性特性:①投资不单纯是个经济问题或管理问题,它同时也是个技术问题、环境问题及社会问题,涉及法律、政治、军事等多个领域。②投资不仅仅是个人、家庭、企业层面的问题,它同时也是国家、区域或部门、产业、国际层面的问题,而且它们相互作用,相互影响。③投资横跨实体经济和虚拟经济,并使两者有机地融合起来。④投资领域中存在极为严重的信息不对称,具有极大的不确定性、风险性、不可逆性、周期性和非线性,所有这些特性都是现有其他学科难以应对的。⑤投资易受个体心理和社会心理影响,甚至与人性道德相关,预期自我实现和“羊群效应”时隐时现等。

(4) 面对如此复杂的投资活动,必须要进行科学的决策和管理,如果单纯地依靠现有的经济学科和管理学科知识是无法完成的,为此,它必须吸纳和整合各门类学科的知识加以所用,在紊乱中寻找有序与规律性。因而,投资学又是一门复合性学科。

2. 答:亚当·斯密的主要贡献在于:

(1) 明确区分了固定资本和流动资本两个范畴。

(2) 明确指出了增加资本积累对经济发展的作用,认为社会财富的增加与投资数量的大小及资金用法的好坏成正比。

(3) 研究了增加资本的途径,认为积累资本有两条道路,或者增加收入,或者减少消费。

(4) 研究了资本使用方向对经济的影响,认为按照事物的自然趋势,资本首先应大部分投在农业上,其次投在工业上,最后投在国外贸易上;各种用途的投资相互依存,缺一不可。

(5) 提出了以绝对成本学说为基础的投资区域和国际分工理论。

(6) 研究了市场机制对投资的调节作用。

(7) 提出了适合市场经济发展初期需要的投资政策主张。

3. 答:投资与融资是资金运动中不可分割的两个方面。资金是企业的生命链,有效的资金投入、可靠的融资渠道和快速的资金周转是保证企业正常运转的基本条件。投资之前通常都需要在外部筹集所需资金。所以,投资行为与融资互相影响、互相制约,融资必须以投资需求为依据,投资必须充分考虑融资能力。

投资与融资的密切联系使融资学与投资学之间也必然存在一定的联系。首先,两者的研究领域中都涉及货币资本的转移。其次,由于投资活动与融资活动相互影响,因而在学科研究中必然要相互涉及。

然而,投资学与融资学的研究领域各有相互独立的部分,研究的侧重点不同,投资学侧重资金投入以及生产领域的设备、原料、技术、管理、专利等,而融资学侧重资金吸收以及融资的途径和成本,这也构成了融资学与投资学的差异。

## 四、案例分析

**案例1-1** 答:(1)上述研究表明,环境污染事件的发生将导致企业股价下跌,延伸来看,忽视社会影响、违背企业社会责任的投资行为将会给企业带来严重损失。

(2) 企业需要重视社会投资责任有三点理由:①企业的社会责任表现有助于企业声誉,从而形成了一种无形资产。积极履行和不断完善社会责任行为的企业可能会达到提升其企业形象的结果;社会责任良好的企业将吸引更多高素质的人力资源的能力;消费者可能对社会舆论更为敏感,因而企业在销售领域也将获得声誉优势;另外,企业与潜在的供应商和债权人之间的关系也会受到声誉的影响。②企业的社会责任表现能够反映其管理能力。因为一个公司在推动一套完整的社会责任政策时需要达到整体层面的一致性,并且实现超前及长期经营管理水平。另一方面,社会责任表现好的企业还可能获取全新的市场机遇。③企业的社会责任表现能够代表其经营效率。如果一个企业的社会责任绩效较差,则表示该企业的经营无效率,在竞争中不具有优势。如果考虑资源效率,积极主动地履行和完善企业的社会责任行为最终需要包括研发、并购和新兴科技等措施在内的一个在生产和服务传递过程中的结构变化,并让企业能够获得行业中的竞争优势。

第二章

# 投资学宏观领域问题研究

经济增长是一种复杂综合的社会现象，传统经济增长理论认为资本积累是经济增长的第一推动力，一是要投入更多的劳动力，二是提高劳动生产率，而这两者都需要进行资本积累，因此，资本积累便成为社会经济发展的决定因素。20 世纪出现的新经济增长理论和技术创新理论，将人力资本和技术进步视为社会经济系统的内生变量，突破了传统经济增长理论中以资本和劳动等要素禀赋和要素投入增长为基础的研究框架，提出知识是追求利润最大化的厂商生产性投资的要素，是资本投资和资本深化的结果。



## 第一节　资本投资与社会经济发展

### □ 一、资本投资与社会经济发展的关系

1. *社会经济发展对资本投资的决定作用*

依据社会再生产理论，生产、交换、分配和消费四个环节相互制约、相互促进，其中，生产是矛盾的主要方面，而资本投资是对社会产品的一种分配和运用。一个国家或地区在特定时期内的全部产品，补偿生产资料消耗后的剩余部分(即劳动新创造的价值)，构成国民收入。对国民收入的分配使用，一般划分为两部分：一部分形成消费基金，用于满足劳动者的生活消费需要；另一部分形成积累基金，用于社会再生产过程。如果用 Y 表示国民收入，I 表示积累基金，C 表示消费基金，三者的关系可表述为

$$Y_t = C_t + I_t \qquad (2-1)$$

由于一个国家或地区在特定时期内用于投资下一个再生产过程的资金主要来自前期国民收入的积累部分(这里强调投资的主要部分来自国民收入的积累基金,是因为在开放经济中,部分投资可能来自国外,即外商投资),并且,在一定时期内,一个国家或地区的社会总消费量具有相对的稳定性。因此,对式(2-1)进行简单处理,可得:

$$I_{t+1} = Y_t - C_t \tag{2-2}$$

从式(2-2)中可以看出,在社会总消费额相对稳定且积累率既定的前提条件下,某个时期能够用于投资的总量水平的高低由前期的国民收入水平决定,即由一个国家或地区前期的经济增长水平及其速度所决定。

在凯恩斯的有效需求理论中,有效需求被定义为投资与储蓄达到均衡状态时的总需求,这里的总需求D又包括消费需求C和投资需求I两个部分,即

$$D = C + I \tag{2-3}$$

同样,总供给Z也可细分为用于消费C和用于储蓄S两个方面,即

$$Z = C + S \tag{2-4}$$

当总需求与总供给达到均衡时,便决定了均衡的国民收入水平,此时,Z和D均等于国民收入,即

$$Z = Y \tag{2-5}$$

$$D = Y \tag{2-6}$$

把式(2-3)和式(2-4)分别代入式(2-5)和式(2-6),并解联立方程,得:

$$I = S \tag{2-7}$$

式(2-7)表明,当总需求等于总供给时,投资等于储蓄,或者说投资是储蓄的应用。而储蓄和消费总量又是由国民收入的数量决定的,因此,投资总量取决于经济增长。

关于经济增长对投资的决定作用,凯恩斯学派的投资加速模型作了更为直观的说明。投资加速模型是关于产出水平的变动与投资支出数量之间关系变动的理论模式,它试图说明投资支出水平的变动取决于产出水平的变动。该模型首先假定,企业的资本存量与企业的产出之间存在某种稳定的关系,即资本—产出比率,用v表示。如果用K和Y分别表示企业的资本和产量,则有

$$K = vY \tag{2-8}$$

依据经济学原理,资本是指累积的机器、工厂和其他耐用生产要素的存量,而投资是在既定时期内用于维持或增加经济中资本存量的流量。因此,经济中既定量的总投资I,一部分要用来替换正在折旧的资本,即形成折旧资本,另一部分用于增加资本的存量,即净投资J。用d表示折旧系数,则有

$$I = J + dK \tag{2-9}$$

而资本存量的变化值(即净投资)则为:

$$J = K_{t+1} - K_t \tag{2-10}$$

给式(2-8)赋予时间变量,并代入式(2-10),得:

$$\begin{aligned} J &= K_{t+1} - K_t \\ &= vY_{t+1} - vY_t \\ &= v(Y_{t+1} - Y_t) \end{aligned} \tag{2-11}$$

这里,J是净投资,即资本存量的增加。从式(1-13)可以看出,当产出加速增长时,投资就会增加,并且净投资是与产出的变化(而不是产出水平)成比例的。如果把式(2-11)代入式(2-9),可以得到总投资变动与产出变动的关系式,即

$$I = v(Y_{t+1} - Y_t) + dK \tag{2-12}$$

2. *资本投资对社会经济发展的促进作用*

影响一个国家或地区社会经济增长速度及其效率的因素有很多,如产业结构、社会环境、政治制度、经济政策、市场发育度、劳动者数量及其质量、科学技术等。尽管上述各种因素对社会经济增长都会产生不同程度的影响,但资本投资对社会经济增长的影响作用可能更直接和更有利。资本投资对社会经济增长的促进作用,主要通过以下两条途径来实现。

(1) 通过对生产过程直接注入资金来促进社会经济增长。亚当·斯密在《国富论》中指出,决定国民财富增长的主要因素,一是分工引起的劳动生产率的提高,二是生产劳动数量的增加。如果国民收入中用于生产劳动的比率越大,劳动生产率越高,则国民收入的增长就越快。在劳动生产率既定的前提下,要增加国民收入,就必须增加劳动数量或者劳动时间。但是,在特定的时期内,生产劳动数量或劳动时间的增长变化取决于生产环节或生产过程对劳动力的容量或吸纳能力,这一般又由生产环节的固定资产等耐用生产要素的数量所决定。在生产过程中,固定资产等耐用生产要素与劳动力存在很强的相关性,生产过程中所拥有的耐用生产要素越多,对劳动力的吸纳能力就越强。因此,增加劳动数量的前提条件,除提高耐用生产要素的使用效率外,更重要的是增加耐用生产要素的数量,扩大进行生产劳动的空间场所。为此,需要把大量的资金直接注入生产过程,修建厂房、添置机器设备、拓展新的产业领域等,即以通过扩大生产规模的方式来增加劳动的数量或劳动时间,进而实现社会财富的增长。

(2) 主要通过改善和提高生产要素的质量或性能,即通过技术创新的方式,走内涵扩大再生产的路子来促进经济的增长。如果不涉及技术进步,对生产过程直接注入资金进而促进经济增长的方式,则属于马克思所说的简单或外延扩大再生产过程。这种方式虽然能增加社会财富的总量,但就资源的使用效率及其配置效率而言都是比较低的,且容易使人们产生投资对经济增长作用效果的怀疑。因此,通过投资来促进经济增长,不仅需要直接对生产过程进行投资,更重要的是对人力资本等生产要素进行投资,通过提高生产要素的质量和性能,来促进经济的增长。这一方面要通过增加科学和教育的投资,加大研究

与开发的力度，努力提高生产过程中物质资本的技术含量，提高人力资本的素质，把经济增长根植于技术进步和劳动者科学文化素质提高的基础之上。另一方面，在对生产过程的直接投资(即增加生产过程的资本存量)过程中，要充分利用技术进步的成果，适时选用技术含量更高、工作效率更高、质量更好的资本设备，并把这些先进的设备同高素质的劳动者结合起来，共同作用于经济增长，以产生更大的经济增长效应。

关于资本投资增长与社会经济增长的数量关系，在西方经济学中，一般用投资—经济增长总量模型来说明。如果用 Y 表示特定时期的国民收入；I 表示新增生产要素的投资，它包括生产过程中新购置的机器设备、原材料和新增加的劳动力等投入；v 为资本—产出比率，通常也用它表示促进国民收入增长的技术性因素；由于生产过程中还有一些非技术性因素，如劳动力的优化组合、劳动组织的改进、管理效率的提高等，用 ε 表示。这样，投资对经济增长作用的静态模型可表述为

$$\Delta Y = \frac{I}{v} + \varepsilon Y \tag{2-13}$$

式(2-13)中：ΔY 为国民收入的增量；I/v 是由于投资 I 所带来的国民收入增量部分；εY 为非技术性因素导致的国民收入增量部分。假定在特定时期内 v 和 ε 保持不变，国民收入的增长率可以用投资率来表示：

$$\frac{\Delta Y}{Y} = \frac{1}{v} \cdot \frac{1}{Y} + \varepsilon \tag{2-14}$$

如果用 g 表示国民收入的增长率，R 表示投资率，式(2-14)可改写为

$$g = \frac{1}{v} \cdot R + \varepsilon \tag{2-15}$$

从式(2-15)可以看出，当 v 和 ε 保持不变时，国民收入总量与投资总量保持同步增长，即投资是经济增长的决定因素。投资的增加会提高产出水平和就业水平，这在逻辑上是必然的。

**3. 投资乘数与加速原理及其相互作用模型**

投资乘数理论是凯恩斯宏观经济理论体系的重要组成部分，它从数量角度说明投资与社会经济增长的关系，把投资作为因变量，把国民收入作为自变量，阐明投资的变动对国民经济收入增加(经济增长)的影响程度。

(1) 投资乘数。投资乘数作用是指投资支出变动将导致国民收入同方向、呈倍数的变动，这种投资支出导致的国民收入变动的倍数称为投资乘数。在简单的凯恩斯模型中，假设投资增加 100，这一增加的投资支出必然成为社会上某些人的收入，所以，收入增加 100，如果边际消费倾向为 C，则 100×C 又成为新的收入增加。这一过程将一直持续下去，所产生的国民收入总增量为

$$\Delta Y = 100 + 100C + 100C^2 + 100C^3 + \cdots = 100/(1-C) \tag{2-16}$$

由此，投资乘数为 1/(1－C)。这一过程可用表 2-1 和图 2-1 来说明。

表 2-1　　乘数效应的作用过程

| 项　目 | 投资支出 | 总需求和国民收入的变动 |
| --- | --- | --- |
| 第一轮 | 投资 100 | 100 最初的产出效应 |
| 第二轮 | 消费 | 100C |
| 第三轮 | 消费 | $100C^2$ |
| 第四轮 | 消费 | $100C^3$ 引致消费 |
| …… | …… | …… |
| ∑新增国民收入 | | 100/(1－C) |

图 2-1 表示假设在 AE 为国民经济两部门总需求函数的条件下乘数产生的过程，从 d 到 f 到 g 到 h……的调整，即在 $Y_0$ 的收入下，总生产为 $e_0$，总需求为 d，总需求超过总生产($d-e_0$)，所以，收入水平往 f 点移动，然而在 f 点的收入水平下，总需求为 g 的高度，所以，收入水平由 g 移向 h，反复调整的结果，使总需求与国民收入水平相等，其位置在 $e_1$ 点。

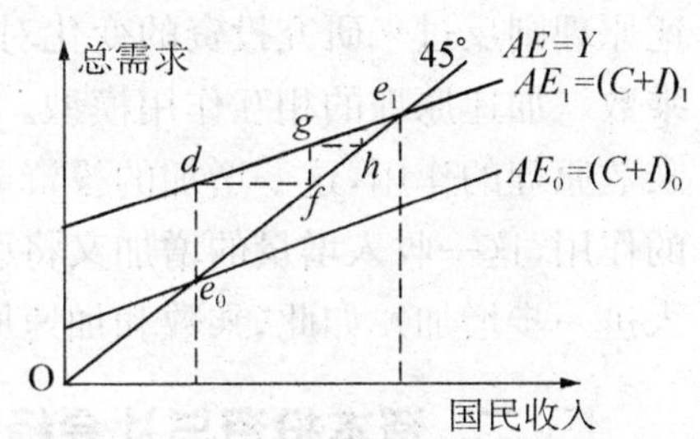


图 2-1　投资乘数作用的过程

根据上述说明，投资与收入变动关系可用以下公式演示：

$$\Delta Y=\frac{\Delta I}{1-C}=\frac{1}{1\cdot\frac{\Delta C}{\Delta Y}}\cdot\Delta I=\frac{1}{\frac{\Delta S}{\Delta Y}}\cdot\Delta I \qquad (2-17)$$

式(2-17)中：ΔY 为收入增加量；ΔI 为投资增加量；$\frac{\Delta S}{\Delta Y}$ 为边际储蓄倾向；$\frac{\Delta C}{\Delta Y}$ 为边际消费倾向。

可以看出，投资乘数与边际消费倾向成正比，与边际储蓄倾向成反比，因此，形成了凯恩斯理论中的一个著名矛盾——节俭的矛盾，即在其他条件不变的情况下，整个社会储蓄提高的结果，将使国民收入减少，失业增加，而储蓄总量却未增加。如果投资是国民收入的增函数，即随着国民收入增加，投资也会增加，则“节俭”的结果，不但使均衡收入下降，而且使均衡时的投资与储蓄也下降。

(2) 加速原理。导致投资周期性变化的原因，除了预期心理所引致的投资外，还有加速原理。加速原理所说明的是国民收入变化对投资净值变化的影响。加速原理的导出，有两个基本假设：一是现有的资本设备都已充分使用；二是生产某种产品的最适资本设备使用量保持固定不变，该最适资本产出比称为加速数 v，其值通常大于 1。根据加速的定义，最适资本存量与国民生产之间的关系为

$$K_{t+1}=vY_t \qquad (2-18)$$

式(2-18)中：$K_{t+1}$ 为第 t＋1 期期初或第 t 期期末的最适合的资本存量；$Y_t$ 为第 t 期

的国民产出。

由于现有资本设备都已充分利用，所以，国民产出 Y 的变动将导致资本存量作国民产出变化量的 v 倍变动，因此：

$$\Delta K_{t+1} = v \cdot \Delta Y_t \tag{2-19}$$

如果以 $I_t$ 表示第 t 期的投资净值，则式(2-18)可表示为

$$I_t = v(Y_t - Y_{t-1}) \tag{2-20}$$

即投资净值是国民收入变化量的 v 倍。

(3) 投资乘数—加速原理相互作用。乘数原理说明了收入的变化对投资的作用，加速原理则反过来研究投资的变化对均衡收入的影响。经济学家萨缪尔森据此提出了投资乘数—加速原理的相互作用模型。该模型的基本原理大致为：假设自发性投资增加，由于乘数原理的作用，这一增加的投资支出将引起收入增量的成倍增加；而后，由于加速原理的作用，这一收入增量的增加又将引致新的投资。这一新的投资通过乘数原理，使国民收入进一步增加。如此，乘数和加速原理交替作用，引起投资规模的周期性变化。

## □ 二、资本投资与社会经济发展的理论模型

### 1. 哈罗德—多马模型中资本投资与社会经济发展

(1) 哈罗德—多马模型的提出。1936 年，凯恩斯在他发表的《就业、利息和货币通论》中提出了著名的投资乘数理论，认为在一定的消费倾向下(消费倾向大于零)，国民经济中新增加的投资可导致收入的多倍增加。但确切地说，投资乘数理论并不是研究投资和社会经济增长之间的关系，而是假定社会劳动数量和技术不变的情况下，达到一定生产水平下的均衡就业量时可以实现的国民收入量。由于凯恩斯的理论分析不考虑时间因素，也不考虑人口数量、资本存量和技术变化对经济的影响，因而它是一种短期的准静态理论。

英国经济学家罗伊·哈罗德和美国经济学家埃西·多马认为，凯恩斯的分析方法不考虑经济达到均衡状态前后的连续变化，从而有一定的局限性。因此，他们主张将凯恩斯理论加以长期化和动态化，即在人口数量、资本数量和技术条件都可以发生变化的较长时期里考察经济的发展变化，把经济活动看成是一种在时间上具有连续性的活动，从而着重考察经济稳定增长的条件和长期增长的变动趋势。

(2) 哈罗德—多马模型的分析。哈罗德模型的假设前提：一是全社会只生产一种产品；二是储蓄(S)是国民产量(收入)的函数，即 $S = sY$，这里的 s 代表平均(边际)储蓄倾向；三是生产过程中只使用两种生产要素，即劳动(L)和资本(K)；四是劳动力按照一个固定不变的比率 n 增长，这里的 n 是外生地决定的；五是不存在技术进步，也不存在资本的折旧问题；六是生产的规模收益不变，或者说生产函数是固定系数生产函数，即

$$Y = f\left(\frac{K}{v}, \frac{L}{n}\right) \tag{2-21}$$

式(2-21)中，v 和 n 是常数。由式(2-21)可得

$$v = \frac{K}{Y} \text{ 或 } K = vY \tag{2-22}$$

由于对任一单位产品的生产来说，v 都是固定不变的，因此，

$$v = \frac{\Delta K}{\Delta Y} \text{ 或 } \Delta K = v\Delta Y \tag{2-23}$$

在不存在折旧的条件下，全部投资形成资本增量 ΔK，即 I = ΔK。将 I 代入式(2-23)得

$$I = v\Delta Y \tag{2-24}$$

另外，从假设(2)可知：

$$S = sY \tag{2-25}$$

根据凯恩斯的理论，只有当 I = S，即储蓄全部用于投资时，经济才能达到均衡状态。哈罗德以此为基础进而提出，在增长过程中，只有当 I = S 时，经济才能实现均衡增长。于是，经济均衡增长的条件可以写成 I = S，又根据式(2-24)和式(2-25)，可以把 I = S 写成 vΔY = sY，或者：

$$\frac{\Delta Y}{Y} = \frac{s}{v} \tag{2-26}$$

而 $\frac{\Delta Y}{Y}$ 实际上就是居民产量(收入)增长率，如果用 G 表示，式(2-26)就可以写成：

$$G = \frac{s}{v} \tag{2-27}$$

这个式子就是哈罗德模型的基本方程式。它表明，要实现均衡的经济增长，国民产量(收入)增长率 G 就必须等于储蓄倾向 s 与资本-产量比率 v 两者之比。

如果用 v 代表资本的实际变化量与国民产量(收入)的实际变化量的比率，式(2-27)就可以写成：

$$G_A = \frac{s}{v} \tag{2-28}$$

这里的 $G_A$ 代表国民产量(收入)的实际增长率。

如果考虑到企业家的预期和意愿等心理因素，而把资本—产出比率理解为企业家意图中想要达到的资本—产出比率(用 $v_r$ 表示)，则基本方程式就可写成：

$$G_W = \frac{s}{v_r} \tag{2-29}$$

哈罗德把 $G_W$ 称为“有保证的增长率”，它与 $v_r$ 相一致，是企业家感到满意的国民产量(收入)增长率。

哈罗德认为，经济的实际增长率必须始终等于“有保证的增长率”，经济才能稳定增

长。这一条件根据式(2-28)和式(2-29)可以表示为

$$G_A v = s = G_W v_r \tag{2-30}$$

哈罗德认为，与此同时，还应考虑就业水平这个因素。要实现劳动力的充分就业，国民产量(收入)的增长率就必须等于劳动力的增长率 n，也就是：

$$G_A = G_W = n \tag{2-31}$$

这个等式表明了实现充分就业均衡的必要条件。哈罗德把符合这个条件的增长率称为“自然增长率”，用 $G_n$ 表示。显然，$G_n = n$。$G_n$ 被认为是社会所能达到的最大的、“最适宜的”增长率。如果式(2-31)所表明的条件得到满足，经济活动就会按照 $\frac{s}{v} = \frac{s}{v_r} = n$ 这一比率一直增长下去。

这里有两个问题：第一个问题是，经济沿着均衡途径增长的可能性是否存在，或者说，是否存在一条均衡增长的途径，这个问题被称为“存在性问题”；第二个问题是，经济活动一旦偏离了均衡增长途径，其本身是否能够自动地回到均衡增长的途径，这个问题被称作“稳定性问题”。

多马模型的基本方程是：

$$G = s\sigma \tag{2-32}$$

这里的 G 代表产量的增长率，s 代表储蓄在收入中所占的比例，σ 代表产量增量与投资增量之比。这里的 σ 与哈罗德模型中的 v 互为倒数，可见多马模型的基本方程式与哈罗德模型的基本方程式是一致的。也正是由于这个原因，人们把哈罗德模型与多马模型合称为哈罗德—多马模型。

哈罗德—多马模型的典型特征是：第一，该模型的理论基础是资本价值论。经济中总产量的增长率与资本存量的增长率直接联系在一起，资本是该模型考察的唯一投入要素，虽然劳动力这一要素也能导入体系，但必须按照一个固定的比率与资本相结合。第二，该模型是一个“非价格”模型，它没有考虑在要素价格发生变化时，资本和劳动力之间的相互替代问题，因此，只有在劳动力与资本存量以同一速度增长时(这至多是一种巧合)，经济才能均衡增长。第三，该模型没有对技术变革的作用做出任何解释或规定。第四，和大多数后凯恩斯模型一样，该模型是通过对工业社会经济活动周期的某一点的观察推导出来的，在模型中，总需求表现为制约因素。这些特征表明，哈罗德—多马模型在实质上是凯恩斯学派的，它认为在自由放任的条件下，不存在使投资与充分就业时的储蓄相等的有效调节机制。

虽然哈罗德—多马经济增长模型的提出是为了说明经济均衡增长的条件，但由于在该模型中资本是直接考察的唯一生产要素，劳动被假定为按固定比例同资本相结合，因此，按照该模型所提供的理论，投资对经济增长起着十分重要的作用，即在资本—产出比率 v 不变的条件下，要使在 s 储蓄率下形成的储蓄量被投资全部吸收，就必须保证一定的增长率；而要实现一定的增长率，也必须保证一定的储蓄率或投资率。投资在国内的主要

来源有三个：一是个人储蓄，二是企业储蓄，三是政府储蓄。如果个人和企业的储蓄率比较低，消费率比较高，政府就必须提高税率来限制消费，增加政府的储蓄，以弥补实际储蓄额与预计投资额之间的差距；如果三个来源的储蓄额加起来仍不能满足投资的需要，政府就必须采取以下三种方案：一是争取国外借款或赠款，扩大利用外资的规模；二是通过改进生产方法或改变生产项目，降低资本—产出比率；如果以上两个方案都不可行，则只有采用第三种方案，即降低期望的经济增长速度。在那些将资本不足视为发展的主要障碍的国家里，经济学家常把这一模型或它的变型用于制定经济总量指标，特别是投资指标。

**2. 新古典增长理论中的投资与社会经济发展**

在本章第二节、第三节详细论述有关技术和人力资本的新增长理论之前，有必要在这里先说明较早的新古典增长理论。这是因为：首先，新古典增长理论为新增长理论提供了重要的思想源泉。新古典增长理论和新增长理论都认为技术进步是经济增长的决定因素，新增长理论只不过是把新古典增长理论视为外生因素的技术进步重新解释为经济系统的内生变量。其次，新增长理论完全接受了新古典增长理论的分析方法，两者都采用动态一般均衡分析方法建立各自的增长模型。可以说，新古典增长模型为新增长理论的产生提供了重要的工具支持。也正是由于新古典增长模型首先将动态一般均衡分析法引入了增长理论研究中，一些经济学家将新古典增长理论视为现代经济增长理论的起点。

新古典增长理论一般是指由索洛（Solow，1956）和斯旺（Swarn，1956）创立的，后经卡斯（David Cass，1965）和库普曼斯（Tjalling C. Kcoopmans，1965）重新说明的一个较系统地论述社会经济增长的理论体系。本节我们要说明的是新古典增长理论的基本模型—索洛模型。

(1) 索洛模型。首先，考察一个运用资本 K 和劳动 L 生产单一产品的经济。假定生产的规模收益不变（即总量生产函数是一阶齐次的），商品 Y 既可用于消费也可用作生产性投入。劳动人数以外生比率 n 增加，不存在技术进步，不存在折旧，经济的储蓄率为 s，则总量生产函数可以表示为

$$Y(t) = F[K(t),\ L(t)] \tag{2-33}$$

由于生产的规模收益不变，式(2-33)又可以表示为如下的集约形式，令 $y = Y/L$，$k = K/L$，于是有：

$$y = f(k) = F(k,\ 1) \tag{2-34}$$

索洛假定集约型生产函数满足条件：$f(k) > 0$，$f''(k) < 0$ 及稻田(Inada)条件。

$$\lim_{k \to 0} f'(k) = \infty,\ \lim_{k \to 0} f(k) = 0$$

经济处于均衡状态时，储蓄将全部转化为投资，故经济的均衡条件是 $s = I$，即

$$s \cdot Y = K \tag{2-35}$$

对式(2-35)进行整理，可以得

第二章

投资学宏观领域问题研究

$$K = s \cdot f(k) - n \cdot k \tag{2-36}$$

这就是新古典经济增长理论的基本方程。方程(2-36)中的 $s \cdot f(k)$ 项是人均储蓄；$n \cdot k$ 项是劳动力以速率 n 增长时为保持资本劳动比不变所需的投资量，它是对资本作用程度的衡量。

根据方程(2-36)，存在唯一的资本劳动比 $k^*$，使 $k = 0$。当 $k > 0$ 或 $k < 0$ 时，资本产出比将发生变动，最终使经济回到 $k = k^*$ 的位置上。据此，索洛模型得出了如下的结论：一是经济存在一条平衡增长路径；二是不管经济处于什么初始位置，经济最终都将回到平衡增长路径上，因而平衡增长解是稳定的；三是总产出增长率、消费增长率、资本增长率都等于外生的劳动力增长率 n；四是经济处于平衡增长路径时，人均产出增长率和人均消费增长率都为 0；五是总产出的长期增长率与储蓄率 s 无关，储蓄率的变化只改变收入水平，因此，储蓄率的变化只具有水平效应，不具有增长效应。

现将技术进步引进基本模型，假定技术进步采取哈罗德中性的形式，即假定技术进步是增添劳动型的，技术进步率为 g。由于哈罗德中性的技术进步相当于劳动力规模的增加，因此，这种技术进步形式很容易被纳入基本的索洛模型，这时新古典经济增长理论的基本方程变为：

$$k = s \cdot f(k') - (n + g) \cdot k \tag{2-37}$$

式(2-37)中，$k' = K/[A(t)L]$，是每一"有效"工人拥有的资本量。

因此，当经济存在哈罗德中性的技术进步时，上面的结论（第一、第二、第五）仍然成立。总产出增长率、总消费增长率、资本增长率现在等于技术进步率与劳动力增长率之和 $n+g$；人均收入增长率等于技术进步率 g，这表明人均收入增长完全是由外生的技术进步引起的。

(2) 通过比较可以发现，新古典增长模型与哈罗德—多马模型的最主要区别在于：首先，它引入了变动的相对要素价格和生产率，以改变生产过程中投入要素组合的比例。例如，劳动力的相对价格较低可导致劳动力替代资本，而这在将资本作为唯一要素的哈罗德—多马模型中是不可能出现的。其次，新古典增长模型还强调技术进步对经济增长的作用，把技术进步作为经济增长的一个重要源泉。最后，新古典增长模型假定资本将按照在充分就业条件下起作用的经济的节俭性所建立的比率来积累，这样，在充分就业条件下将产生的储蓄量是不是将被等量的计划投资所配合的问题（这是继续充分利用生产要素的前提条件）是按照古典学派的理论来回答的，而不是按照凯恩斯理论来回答的。因此，从某种意义上看，新古典学派的经济增长理论处于同哈罗德—多马经济增长理论相反的另一端。



## □ 三、我国资本投资与社会经济发展的现状

### 1. 我国资本投资与社会经济发展的关系

现阶段，我国一直保持较高的社会经济增长速度，同时伴随资本投资的快速扩张。而且，这种高速经济增长主要依靠增加生产要素投入来推动，技术进步和劳动力投入增加的

贡献比例相对较小。在我国GDP的主要构成中，消费需求基本上保持比较平滑的增长路径，随着国际竞争的激烈，净出口对经济增长的驱动作用也在逐渐降低，投资需求成为GDP构成中波动性较大的成分①。因此，我国社会经济增长非常依赖于投资增长速度，投资波动是经济波动非常重要的解释变量。近几年来，我国实际投资增长每年以两位数的速度递增，投资在GDP中所占比重超过35%，投资及其增长速度对社会经济发展的影响越来越不容忽视。特别是受2008年全球金融危机的影响，我国出口与消费双双不振，经济增长对投资更为倚重，固定资产投资成为我国宏观经济调控的重要切入点②。表2-2描述了1980年以来我国每年全社会固定资产投资总额及其增长率以及国内生产总值和国民生产总值及其增长率的变化情况。

**表2-2　　1980—2012年我国全社会固定资产投资和社会总产值变化情况**

| 年度 | 全社会固定资产投资总额(亿元) | 增长率(%) | 国民生产总值(现价)(亿元) | 增长率(%) | 国内生产总值(现价)(亿元) | 增长率(%) |
|---|---|---|---|---|---|---|
| 1980 | 910.9 | — | 4 545.623 973 | — | 4 545.624 | — |
| 1981 | 961 | 5.50 | 4 889.461 062 | 7.56 | 4 891.561 | 7.61 |
| 1982 | 1 230.4 | 28.03 | 5 330.450 965 | 9.02 | 5 323.351 | 8.83 |
| 1983 | 1 430.1 | 16.23 | 5 985.551 568 | 12.29 | 5 962.652 | 12.01 |
| 1984 | 1 832.9 | 28.17 | 7 243.751 718 | 21.02 | 7 208.052 | 20.89 |
| 1985 | 2 543.2 | 38.75 | 9 040.736 581 | 24.81 | 9 016.037 | 25.08 |
| 1986 | 3 120.6 | 22.70 | 10 274.379 22 | 13.65 | 10 275.18 | 13.97 |
| 1987 | 3 791.7 | 21.51 | 12 050.615 13 | 17.29 | 12 058.62 | 17.36 |
| 1988 | 4 753.8 | 25.37 | 15 036.823 01 | 24.78 | 15 042.82 | 24.75 |
| 1989 | 4 410.4 | -7.22 | 17 000.919 11 | 13.06 | 16 992.32 | 12.96 |
| 1990 | 4 517 | 2.42 | 18 718.322 38 | 10.10 | 18 667.82 | 9.86 |
| 1991 | 5 594.5 | 23.85 | 21 826.199 41 | 16.60 | 21 781.5 | 16.68 |
| 1992 | 8 080.1 | 44.43 | 26 937.276 45 | 23.42 | 26 923.48 | 23.61 |
| 1993 | 13 072.3 | 61.78 | 35 260.024 71 | 30.90 | 35 333.92 | 31.24 |
| 1994 | 17 042.1 | 30.37 | 48 108.456 44 | 36.44 | 48 197.86 | 36.41 |
| 1995 | 20 019.3 | 17.47 | 59 810.529 21 | 24.32 | 60 793.73 | 26.13 |
| 1996 | 22 913.5 | 14.46 | 70 142.491 65 | 17.27 | 71 176.59 | 17.08 |
| 1997 | 24 941.1 | 8.85 | 78 060.852 76 | 11.29 | 78 973.03 | 10.95 |
| 1998 | 28 406.2 | 13.89 | 83 024.279 77 | 6.36 | 84 402.28 | 6.87 |
| 1999 | 29 854.7 | 5.10 | 88 479.154 75 | 6.57 | 89 677.05 | 6.25 |
| 2000 | 32 917.7 | 10.26 | 98 000.454 31 | 10.76 | 99 214.55 | 10.64 |
| 2001 | 37 213.5 | 13.05 | 108 068.220 6 | 10.27 | 109 655.2 | 10.52 |
| 2002 | 43 499.9 | 16.89 | 119 095.689 3 | 10.20 | 120 332.7 | 9.74 |
| 2003 | 55 566.61 | 27.74 | 134 976.971 9 | 13.33 | 135 822.8 | 12.87 |
| 2004 | 70 477.43 | 26.83 | 159 453.604 8 | 18.13 | 159 878.3 | 17.71 |
| 2005 | 88 773.61 | 25.96 | 183 617.374 6 | 15.15 | 184 937.4 | 15.67 |
| 2006 | 109 998.2 | 23.91 | 215 904.405 6 | 17.58 | 216 314.4 | 16.97 |

① 刘金全，于惠春．我国固定资产投资和经济增长之间影响关系的实证分析[J]．统计研究，2002(1)。
② 宋丽智．我国固定资产投资与经济增长关系再检验：1980—2010年[J]．宏观经济研究，2011(11)。

续 表

| 年度 | 全社会固定资产投资总额(亿元) | 增长率(%) | 国民生产总值(现价)(亿元) | 增长率(%) | 国内生产总值(现价)(亿元) | 增长率(%) |
|---|---|---|---|---|---|---|
| 2007 | 137 323.9 | 24.84 | 266 421.999 1 | 23.40 | 265 810.3 | 22.88 |
| 2008 | 172 828.4 | 25.85 | 316 030.338 8 | 18.62 | 314 045.4 | 18.15 |
| 2009 | 224 598.8 | 29.95 | 340 319.952 | 7.69 | 340 902.8 | 8.55 |
| 2010 | 278 121.9 | 23.83 | 399 759.539 4 | 17.47 | 401 512.8 | 17.78 |
| 2011 | 311 485.1 | 12.00 | 468 562.377 6 | 17.21 | 473 104 | 17.83 |
| 2012 | 374 694.7 | 20.29 | 516 282.061 8 | 10.18 | 518 942.1 | 9.69 |

资料来源:中经网统计数据库。

根据1980—2012年我国社会经济增长速度和投资增长速度的数据,绘制出社会总产值增长率和投资增长率的曲线图(图2-2)。从图2-2可以看出,我国投资增长率波动与社会总产值增长率的波动表现出极高的相关性。在绝大多数情况下,投资增长率上升,社会经济增长率也上升;反之,投资增长率下降,社会经济增长率也下降。投资增长率波动的周期性与社会经济增长率波动的周期性表现出高度的吻合。

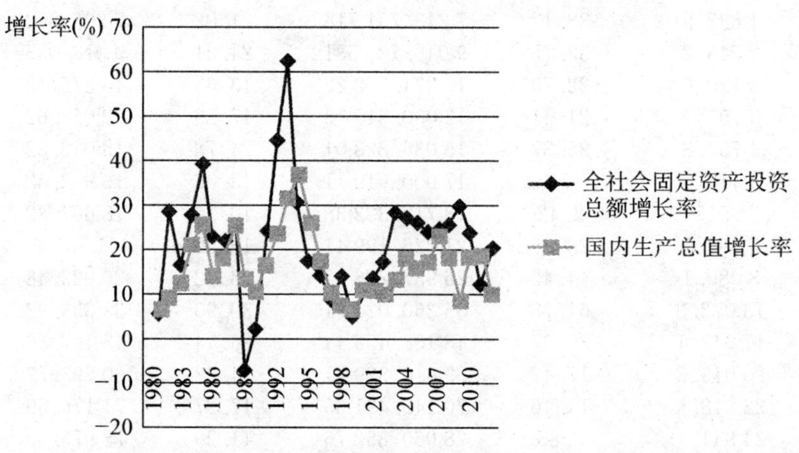


**图2-2　1980—2012年全社会固定资产投资总额增长率和国内生产总值增长率**

资料来源:中经网统计数据库。

鉴于我国固定资产投资与社会经济增长之间存在的密切关系,国内有学者对此进行了实证检验。宋丽智(2011)采用适用于小样本的bootstrap仿真方法,利用1980—2010年为样本期的时序数据,对我国固定资产投资与社会经济增长之间的关系进行了实证检验。由于传统基于VAR模型的格兰杰因果关系检验是建立在渐进理论基础之上的,其结论只能在渐进程度上保证推断的可信性。而且,当VAR系统中若存在单整序列或者变量存在协整关系时,特别是面对小样本数据,检验可能失效,而使用bootstrap似然比检验弥补了既往研究的不足。实证研究结果表明,在样本(1980—2010年)期间,固定资产投资促进社会经济增长的假说得到验证，同时也证明经济增长是固定资产投资的格兰杰原因。这一结论从宏观层面上支持固定资产投资是我国社会经济增长的促进因素之一，同时也揭示了一个现实，那就是快速的社会经济增长带动了固定资产投资的增长。显而易见，基于样本(1980—2010年)的实证检验结果同我国社会经济增长模式和宏观经济政策依据是一致的。我国社会经济的高速增长离不开投资的持续增长。改革开放以来，固定资产投资快速稳定增长，一直是我国社会经济增长的重要拉动因素。在拉动经济增长的消费、投资和净出口“三驾马车”中，投资增长特别是固定资产投资成为近年来我国社会经济增长的主要动力。反过来讲，固定资产投资的影响因素有很多，收入水平、经济金融环境、社会安定等因素都会对固定资产投资产生影响，然而社会经济增长或经济发展水平无疑是最重要的因素，这无论在固定资产投资效应的理论分析或者国内外实证研究中，都得到广泛支持①。

刘金全和印重(2012)通过Granger因果关系检验、冲击反应曲线和预测方差分解等方式对我国固定资产投资率与社会经济增长率之间的关系进行了统计描述和实证检验，得出以下重要的经验发现和经济政策启示：首先，通过Granger因果关系检验发现，我国固定资产投资增长率对社会经济增长率具有单向正向影响，这说明积极的投资行为对实际产出具有促进作用，而产出扩张并未对投资产生显著的“牵拉效应”，同时，这种经验证据表明，在出现金融危机或者经济进入收缩时期，我国积极的投资扩张以及连带的需求扩张效应能够有效地缓解社会经济增长速度的下降，起到保持社会经济增长和刺激经济复苏的作用。因此，我国采用积极财政政策和增加投资规模等应对金融危机的宏观调控措施是十分有效的。其次，固定资产投资加速对社会经济增长起到一定程度的促进作用，而社会经济增长对固定资产投资的影响作用不是很明显，这说明我国固定资产投资变化与社会经济增长的影响存在非对称性，我国固定资产投资对经济增长产生了正向的“溢出效应”。再次，通过对投资增长率和产出增长率的冲击反应过程的分析得到与两者之间影响关系一致的冲击反应特征，其中一个典型经验证据是我国固定资产投资具有显著的“时间累积效应”，即投资需要经过一段积累期以后才能逐渐体现出“乘数效应”。这与我国大量投资集中在基础设施和基础产业有关，而这些投资需要一定时间的“装置过程”，然后才能明显地体现出产出扩张功能。最后，通过预测方差分解，获得经济周期波动率和固定资产投资波动率的成因和来源。由于投资波动率在产出增长率的方差分解中占有很高比率，可以认为投资波动率是实际产出波动率的重要成因，由此可以推断投资周期性是我国经济周期的主要成因，投资波动是产出波动的主要来源，同时投资周期对产出周期的作用具有超前性和持续性；类似地，在投资波动率的方差分解中，经济增长波动率的贡献十分微弱，意味着经济周期对投资周期没有形成内生影响。可见，在我国经济运行过程中，投资周期本身是根据经济发展和宏观调控的需要形成的，并不是根据经济周期波动而被动地产生的②。

---

① 宋丽智. 我国固定资产投资与经济增长关系再检验：1980—2010年[J]. 宏观经济研究，2011(11)。

② 刘金全，印重. 我国固定资产投资与经济增长的关联性研究[J]. 社会科学辑刊，2012(1)。

**2. 我国资本投资与社会经济结构的关系**

资本投资除与经济总量增长之间有着相互促进、相互制约的关系外，还与社会经济结构密切相关。社会经济结构是指国民经济各组成部分间相互联系、相互制约的数量比例关系。投资与社会经济结构的简单关系也表现为两个方面：一方面，投资强有力地影响甚至从根本上决定着一国的社会经济结构；另一方面，现有的社会经济结构又在相当程度上制约着投资总量的增长和投资的分配。本书所指的社会经济结构主要是指区域结构和产业结构。

区域经济结构是社会经济结构的一个重要方面。地区经济结构是指生产力的空间分布以及各地区经济之间的相互制约关系。安排生产力的空间布局，协调地区经济之间的相互关系，是一个具有长远性质和全国性质的重大战略问题。地区经济结构的形成和改善是由投资在各地区的分配比例关系所决定的。改革开放以前，地区经济结构的改善主要是依靠调整国家预算内投资的地区分配结构而实现的。国家从"一五"时期开始把工业建设投资的重点逐步向工业落后的广大内地转移。"一五"期间，集中物力和财力进行了武汉、包头、西安和太原等几个新工业基地的建设。"三五"、"四五"期间又着重投资于西南、西北、湘西、鄂西、豫西等大三线的工业基地。这样，从根本上改变了旧中国工业畸形集中于沿海地区的不合理状况，内地资源得到充分利用，少数民族地区经济水平得到提高。中央与地方划分财政收支后，地方的财权逐步扩大，除中央根据经济发展战略的要求分配固定资产投资外，各地区有权利用自身积累安排本地急需的基本建设投资项目和技术改造项目，这样，各地区安排的固定资产投资成为改变地区经济结构的一个重要因素。进入新世纪以来，中部和西部地区的固定资产投资总额和比例都呈增加趋势，东部地区的固定资产虽然有所下降，但仍然占据最大比例，全国一半左右的固定资产投资发生在东部地区，如表2-3所示。

**表2-3　　1982—2012年全国各地区固定资产投资总额及比例**

| 年份 | 全国（亿元） | 东部地区（亿元） | 比例（%） | 中部地区（亿元） | 比例（%） | 西部地区（亿元） | 比例（%） |
|---|---|---|---|---|---|---|---|
| 1982 | 1 145.16 | 623.17 | 54.42 | 342.21 | 29.88 | 179.78 | 15.70 |
| 1983 | 1 303.21 | 688.76 | 52.85 | 414.15 | 31.78 | 200.3 | 15.37 |
| 1984 | 1 750.69 | 925.15 | 52.84 | 552.51 | 31.56 | 273.03 | 15.60 |
| 1985 | 2 417.61 | 1 274.88 | 52.73 | 746.74 | 30.89 | 395.99 | 16.38 |
| 1986 | 2 834.46 | 1 566.96 | 55.28 | 833.01 | 29.39 | 434.49 | 15.33 |
| 1987 | 3 499.27 | 2 020.22 | 57.73 | 967.53 | 27.65 | 511.52 | 14.62 |
| 1988 | 4 349.33 | 2 591.92 | 59.59 | 1 134.13 | 26.08 | 623.28 | 14.33 |
| 1989 | 3 980.64 | 2 380.59 | 59.80 | 1 006.11 | 25.28 | 593.94 | 14.92 |
| 1990 | 4 281.22 | 2 525.68 | 58.99 | 1 108.22 | 25.89 | 647.32 | 15.12 |
| 1991 | 5 284.28 | 3 142.15 | 59.46 | 1 333.58 | 25.24 | 808.55 | 15.30 |
| 1992 | 7 575.62 | 4 689.55 | 61.90 | 1 799.75 | 23.76 | 1 086.32 | 14.34 |
| 1993 | 11 993.81 | 7 688.78 | 64.11 | 2 684.15 | 22.38 | 1 620.88 | 13.51 |
| 1994 | 15 753.82 | 10 370.12 | 65.83 | 3 412.86 | 21.66 | 1 970.84 | 12.51 |

续 表

| 年份 | 全国（亿元） | 东部地区（亿元） | 比例（%） | 中部地区（亿元） | 比例（%） | 西部地区（亿元） | 比例（%） |
|---|---|---|---|---|---|---|---|
| 1995 | 19 374.31 | 12 772.61 | 65.93 | 4 209.72 | 21.73 | 2 391.98 | 12.35 |
| 1996 | 22 265.53 | 14 292.68 | 64.19 | 5 091.33 | 22.87 | 2 881.52 | 12.94 |
| 1997 | 24 171.66 | 15 223.73 | 62.98 | 5 594.11 | 23.14 | 3 353.82 | 13.88 |
| 1998 | 27 440.2 | 16 932.1 | 61.71 | 6 340.2 | 23.11 | 4 167.9 | 15.19 |
| 1999 | 28 969.1 | 17 909.4 | 61.82 | 6 565.2 | 22.66 | 4 494.5 | 15.51 |
| 2000 | 31 896.8 | 19 335.9 | 60.62 | 7 457.1 | 23.38 | 5 103.8 | 16.00 |
| 2001 | 36 091.9 | 21 529.6 | 59.65 | 8 562.7 | 23.72 | 5 999.6 | 16.62 |
| 2002 | 42 035.2 | 24 933.8 | 59.32 | 10 044.2 | 23.89 | 7 057.2 | 16.79 |
| 2003 | 54 604.5 | 33 061.5 | 60.55 | 12 795.5 | 23.43 | 8 747.5 | 16.02 |
| 2004 | 69 294.8 | 41 648 | 60.10 | 16 917 | 24.41 | 10 729.8 | 15.48 |
| 2005 | 87 096 | 51 487.9 | 59.12 | 22 267.6 | 25.57 | 13 340.5 | 15.32 |
| 2006 | 108 050.4 | 62 525.3 | 57.87 | 29 090.1 | 26.92 | 16 435 | 15.21 |
| 2007 | 134 793.2 | 75 251 | 55.83 | 38 604 | 28.64 | 20 938.2 | 15.53 |
| 2008 | 169 093.5 | 91 511 | 54.12 | 50 865.5 | 30.08 | 26 717 | 15.80 |
| 2009 | 218 819.1 | 113 077.7 | 51.68 | 68 629 | 31.36 | 37 112.4 | 16.96 |
| 2010 | 271 362.9 | 138 954.6 | 51.21 | 86 500.1 | 31.88 | 45 908.2 | 16.92 |
| 2011 | 305 833.7 | 155 979.8 | 51.00 | 96 105.82 | 31.42 | 53 748.08 | 17.57 |
| 2012 | 368 588.4 | 183 567.3 | 49.80 | 117 696.8 | 31.93 | 67 324.23 | 18.27 |

资料来源：中经网统计数据库。

改革开放30多年来，我国国民经济保持了9.8%的年均增长速度，取得了举世瞩目的成就。然而，伴随着经济的高速增长，区域经济发展不协调、不均衡的问题也随之产生。尽管我国实施了西部大开发、振兴东北老工业基地、促进中部崛起等一系列重大国家战略，但区域经济不均衡问题并未得到根本改变，区域经济发展的不均衡性矛盾仍较为突出，中、西部地区已成为我国区域经济均衡发展的短板。研究发现，我国经济能够实现高速增长的一个重要原因就是巨大的战略空间相继释放出巨大的经济能量，而这一系列纵深战略的背后则是“三驾马车”中的投资在起着主要的推动作用。据有关统计资料显示，世界金融危机之后，我国经济增长之所以能够实现“保八”目标，这主要得益于固定资产投资的增长。由此可见，固定资产投资在区域经济增长中扮演着举足轻重的角色。近年来，固定资产投资对经济增长贡献的区域差异性问题逐渐成为学术界讨论的重点。任歌(2011)研究了固定资产投资对经济增长影响的区域差异性，发现我国固定资产投资与经济增长的区域差异性显著，但差距均呈缩小趋势，其中，中部地区固定资产投资对经济增长的影响效应要强于东、西部地区，其弹性系数为1.09%，分别高于东、西部地区0.34和0.47个百分点，东部地区固定资产投资的弹性系数略高于西部地区①。

产业结构是指各产业之间的相互联系及其比例关系。由于研究产业结构的角度不

① 任歌.我国固定资产投资对经济增长影响的区域差异性研究[J].财经论丛，2011(9)。

同，产业结构的划分也不一样。有第一产业、第二产业和第三产业的结构，有农轻重结构，有资本密集型产业、技术密集型产业和劳动密集型产业的结构等。投资对产业结构的影响和决定作用主要表现在两方面。一方面，投资总量的增长速度强有力地影响着产业结构的变化方向。投资总量速度加快时，对投资品的需求就增多，从而拉动生产投资品的产业扩张。例如，投资规模过大时，就会造成钢铁、水泥等建筑材料供应紧张，价格上涨，从而带动这些行业发展。反之，如果投资总量增加缓慢，甚至负增长时，对投资品的需求不旺盛，生产投资品的产业就会相应萎缩。另一方面，投资结构决定产业结构。现存的产业结构是过去投资产业分配的结果，而现在的投资结构又决定着未来的产业结构。从投资到产业结构形成之间的时滞是由平均建设周期决定的。如果投资效率提高，建设周期缩短，时滞就会缩短。从某一特定时期看，本期的投资分配可能对本期产业结构的改变贡献不大，但从相当长的时期看，产业结构最终还是由投资结构所决定的。由表 2－4 可以看出，1996 年以来，第一产业固定资产投资占比呈下降趋势，在三大产业中的投资占比最低；第二大产业的固定资产投资占比虽然有所下降，但其所占比例仍超过 40%，这与制造业在我国经济中所占的比重较高有关；第三产业的固定资产投资呈上升趋势，我国目前正处于经济转型期，服务业在经济中所占的比重仍有较大的提升潜力。

**表 2－4　　1996—2012 年我国三大产业固定资产投资总额及比例**

| 年份 | 第一产业（亿元） | 比例（%） | 第二产业（亿元） | 比例（%） | 第三产业（亿元） | 比例（%） |
|---|---|---|---|---|---|---|
| 1996 | 825.49 | 4.73 | 9 292.99 | 53.23 | 7 339.43 | 42.04 |
| 1997 | 925.12 | 4.98 | 9 695.54 | 52.17 | 7 962.88 | 42.85 |
| 1998 | 1 003.08 | 4.79 | 9 773.30 | 46.69 | 10 153.81 | 48.51 |
| 1999 | 1 085.73 | 5.04 | 9 830.44 | 45.59 | 10 644.37 | 49.37 |
| 2000 | 1 235.85 | 5.09 | 11 204.07 | 46.17 | 11 827.70 | 48.74 |
| 2001 | 1 395.15 | 5.05 | 12 137.18 | 43.89 | 14 121.18 | 51.06 |
| 2002 | 1 701.90 | 5.27 | 14 691.98 | 45.53 | 15 871.62 | 49.19 |
| 2003 | 1 652.30 | 2.97 | 21 351.51 | 38.43 | 32 562.80 | 58.60 |
| 2004 | 1 890.70 | 2.68 | 28 740.45 | 40.78 | 39 846.27 | 56.54 |
| 2005 | 2 323.66 | 2.62 | 38 836.72 | 43.75 | 47 613.23 | 53.63 |
| 2006 | 2 749.94 | 2.50 | 48 479.08 | 44.07 | 58 769.17 | 53.43 |
| 2007 | 3 403.50 | 2.48 | 61 153.76 | 44.53 | 72 766.67 | 52.99 |
| 2008 | 5 064.45 | 2.93 | 76 961.29 | 44.53 | 90 802.65 | 52.54 |
| 2009 | 6 894.86 | 3.07 | 96 250.76 | 42.85 | 121 453.15 | 54.08 |
| 2010 | 7 923.09 | 2.85 | 118 102.11 | 42.46 | 152 096.66 | 54.69 |
| 2011 | 8 757.82 | 2.81 | 132 476.72 | 42.53 | 170 250.58 | 54.66 |
| 2012 | 10 996.44 | 2.93 | 158 262.50 | 42.24 | 205 435.80 | 54.83 |

资料来源：中经网统计数据库。

产业结构提升是一国或地区经济素质的重要表现，在产业结构演变的过程中，固定资产投资起着推动和促进的作用。耿修林(2010)就固定资产投资对产业结构变动的影响进行了研究，发现固定资产投资活动改变了第一产业、第二产业在国民经济价值创造中的地位，但对第一产业和第二产业带来的影响程度不相同，主要是对第一产业增加值地位的影响要相对大于第二产业，并且固定资产投资活动促进了社会就业由第一产业、第二产业向第三产业转移，但固定资产投资活动对改变第一产业、第二产业在全社会就业中的地位的影响也存在差别，主要是固定资产投资对社会就业由第一产业向第三产业的转移弹性要稍大于社会就业由第二产业向第三产业的转移水平①。

## 第二节 人力资本投资与社会经济发展

传统的经济增长理论认为，投资是经济增长的第一推动力。但随着知识经济作用的凸显，人力资本作为资本走上前台，已成为知识经济时代一种最主要的表现形式，其开发与管理在现代社会中已占有越来越重要的地位。企业之间的竞争，乃至国家之间的竞争，表面看来是经济实力和技术水平之争，但实际上最根本的还是人力资本之争，是人的素质之争。

内生增长理论是现代经济增长理论中的一个核心内容。从长期社会经济增长所依赖的路径来看，人力资本和技术进步作为经济增长的内生因素，可以弥补其他要素收益递减而带来社会经济增长停滞这一局面。技术进步是由人力资本投资所形成的有效机制而演化成增长动力的一种必然结果。中国技术进步贡献度低下的最主要原因是由于人力资本投入不足(人力资本积累不足)造成的。为此，要在国家财政政策干预下，以内生增长为动力，逐步形成有利于社会经济增长的物质资本投资向人力资本投资转换的机制。

### □ 一、人力资本及其投资

#### 1. 人均资本存量估算方法②

与物质资本相同，人力资本也有一个量的问题，即人力资本存量。物质资本具有各种具体形态，而这些不同形态的物质资本均可以转换为同一价值尺度，即货币价值，用货币单位来表示其存量的多少。同理，人力资本也可用这种方法，虽然不同形式的人力资本也具有各自不同的数量标准和计量单位，但仍可将人力资本的存量转化为货币单位，即用人力资本的价值来反映人力资本的存量水平。

① 耿修林.固定资产投资对产业结构变动的影响分析[J].数理统计与管理，2010(6)。

② 孙淑军.人力资本与经济增长——以中国人力资本估计为基础的经验研究[D].辽宁大学博士学位论文，2012(6)。

(1) 预期收入法。预期收入法的核心思想是将劳动个体存续期内每年的净收入资本化，将折现值作为衡量人力资本大小的具体数值。关于人力资本价值的计算方法，现在被普遍接受的仍然是杜布林和洛卡特的方法，即人力资本的价值等于其收入能力的现值。其计算方法如下：

$$V=\sum_{j=1}^{n}\frac{Y_j}{(1+i)^{1+j}} \tag{2-38}$$

上式中：V 为人力资本现值；$Y_j$ 为 j 时期的净收入；i 为利率或贴现率；n 为年数。

由于数据资料可得性较差，致使这种方法估计的准确率较低，所以，在计算人力资本存量时一般不采用这种方法。

(2) 投资成本法。投资成本法是依据人力资本的投入量的积累程度来确定人力资本存量水平的一种方法，人力资本存量等于投入在所有限定为人力资本活动上的成本的货币折现值。此种方法认为人力资本的存量是为获得人力资本所花费的相关支出的总和，为获取这些资本存量所花费的投资大小即为人力资本投资。人力资本投资成本可分为以下五种类型：医疗和保健成本、在职培训成本、正式教育成本（包括学生上学期间放弃的收入，即上学的机会成本）、非企业成人教育成本、劳动迁移成本。

(3) 教育指标法。一方面，教育对人力资本的作用很重要；另一方面，又由于收入和投资成本测算的困难，使部分学者转而采用教育指标作为人力资本的一种替代，即以国民受教育程度来间接地描述人力资本的水平的方法，这类方法统称为教育指标法。由于劳动者的知识和技能是人力资本的重要组成部分，也可以说是最重要的组成部分，而在经济运行中，劳动者的知识和技能的获取需经过对教育培训的投资才能获得，因此，我们假设投资于教育培训的资金形成人力资本。基于以上考虑，我们采用受教育年限法来测量人力资本。其计算方法如下：

$$H_t=\sum HE_{it}\cdot h_i \tag{2-39}$$

上式中：$H_t$ 为 t 年人力资本总存量；$HE_{it}$ 为 t 年第 i 学历层次劳动力的人数；$h_i$ 为第 i 学历水平的受教育年限。

(4) 能力测验法。个体劳动者因拥有某种能力而获得的收入，以此为基础计算个人的人力资本总量。经济合作与发展组织等为了进行国际间的人力资本比较而采用了能力测验法。其利用的主要指标包括跨学科能力项目(CCCP)和人力资本指标计划(HCIP)。

**2. 人力资本投资**

美国经济学家舒尔茨首次对人力资本进行了系统的研究并取得了卓越的成就。他认为，资本有两种形式：一种是物质资本，另一种是人力资本。前者体现在物质产品上，后者体现在劳动者身上，两者都对经济发展起着重要作用。人力资本是通过投资形成的。舒尔茨认为，对儿童和成年人的教育、改进他们的营养和健康、将劳动力迁移到就业机会较好的地点、降低生育率等各种提高劳动力质量的支出可以看作是一种资本积累的过程，能据此来提高劳动者的生产能力和经济收入。也就是说，人力资本投资主要包括以下三方面：

(1) 教育。通过教育，可以提高人的知识水平和文化修养，从而提高劳动者的工作能力、技术水平和熟练程度。教育包括学历教育(普通教育)、职业培训和在职教育等。

(2) 医疗、保健和营养。它可以降低婴儿死亡率，增加未来劳动者的数量，减少疾病，延长人的寿命和工作年限，提高身体素质和工作能力。

(3) 人才市场的完善和劳动者的合理流动。劳动力在国内流动有助于劳动力余缺调剂，充分发挥人力资本的优势。吸收外国高级人才入境，既可以带来较大的经济效益，也可以节省教育支出。

## □ 二、人力资本投资与社会经济发展的理论模型

### 1. 人力资本投资对社会经济发展的作用

人力资本理论是 20 世纪 50 年代以后由舒尔茨等人提出的，他们认为人力资本的不断积累是影响社会经济长期增长的源泉。到 20 世纪 80 年代中期，罗默、卢卡斯、克鲁斯曼等人以人力资本理论为基础，进一步提出了新增长理论，认为人力资本存量的差异是导致各国、各地区社会经济增长差异的主要因素。

(1) 人力资本投资是加快社会经济发展的决定因素。新增长理论认为，在社会经济的长期增长中，除了土地、资本、劳动力等传统要素的贡献外，还在于人力资本的不断积累，而且通过教育和培训所获得的专业化的人力资本和特殊的知识是保持社会经济长期持续增长的根本动力。在社会经济发展的前期，物质增长对经济的贡献大，而在中期，经济增长主要是由人力资本推动的。就目前来看，像中国这样一个人口众多、资源稀缺、资金紧张，但工业已有一定基础的发展中国家，发展教育以积累更多的人力资本将是推动未来经济增长的基础。

(2) 人力资本投资有利于提高人的知识存量。在当代社会，人的知识存量(即人们所具有的智力、知识、能力、技术等)的提高，对社会经济增长具有重要的作用，而人的知识存量基本上是投资(特别是教育投资)的产物。因此，提高人口的教育水平，可以增加其知识存量。在经济发展过程中，即使没有增加劳动力的数量，只要提高了劳动力的知识、技能素质、学习能力和信息加工能力，也一样可以增加产出。提高劳动力素质已是社会经济发展成功的决定性条件。

(3) 人力资本投资有利于促进人口的流动。人口流动是生产要素追求最优配置的必然反映，人口流动事实上也增强了流动者接受和掌握信息、提高自身技能的能力。罗宾逊对 39 个国家的研究表明，1958—1966 年，由于资本和劳动在农业和工业间的转移，对平均年增长率的总贡献为 16%。他还指出，在发展中国家，从劳动力资源转移这一源泉获得增长的余地更为显著。

(4) 一定存量的人力资本还是保证外资利用效果的先决条件。一些发展中国家在 20 世纪四五十年代曾大量吸收外国资本，以求社会经济发展，却没有产生理想的效果。而第二次世界大战中遭受严重创伤的日本和联邦德国战后在利用外资方面却取得了巨大成功。产生这种差异的原因是发展中国家教育落后，劳动者的生产技术水平和管理水平低，

人力资本存量水平低，使得资本吸收能力低，即使大量引进外资，也不能较快地提高经济效益。而日本和联邦德国尽管在战争中物质资本大量损失，但由于它们仍然拥有大量较高文化水平和生产技能的劳动者，人力资本存量水平较高，一旦引进外资，即可对社会经济产生极大的推动力。

**2. 基于人力资本投资的内生增长模型**

经济增长一直是经济学研究的焦点之一，理论流派众多，从亚当·斯密和大卫·李嘉图为代表的古典经济理论到哈罗德—多马经济增长模型，再到索洛含技术进步因素的新古典经济增长理论等。

新古典增长理论强调了技术因素对经济增长的关键作用，相对于单纯强调资本作用的哈罗德—多马模型来说是一次重大的革命。然而，新古典增长理论仅仅强调生产过程中“物”的因素而忽视了“人”的因素。为此，舒尔茨提出了人力资本理论，补充和发展了新古典增长理论。舒尔茨利用新古典经济学的资本概念，将资本分为常规资本和人力资本两种形式，认为可以通过卫生、教育等方面的投资，增强人的体力、智力和技能，提高人口质量，使一般的人力资源转化为人力资本，这种人力资本可以产生“知识效应”与“非知识效应”，直接或间接地促进产出的增长；同时，人力资本可以产生递增的收益，消除资本和劳动要素的边际收益递减的影响以保证长期的经济增长。舒尔茨还认为，由于人力资本产生的收益递增效应可以提高资本的收益率和工人的工资水平，因而人力资本理论可以用于分析世界范围的经济增长问题，解释为什么一个国家比另一个国家的经济增长快以及为什么富国比穷国、城市工人比农村劳力的收入水平高这个国际经济学界的难题。

需要指出的是，尽管舒尔茨补充和发展了新古典经济增长理论，但舒尔茨的理论也并不完善，他的人力资本概念过于一般化，也没有提出一个以人力资本为核心的经济增长模式。将人力资本因素真正内生化为经济增长理论的是1995年诺贝尔经济学奖获得者、美国经济学家卢卡斯。卢卡斯运用更加微观化的个量分析方法，将舒尔茨的人力资本与索洛的技术进步概念结合起来具体化为“每个人的”、“专业化的”人力资本，认为只有这种特殊的、专业化的人力资本的积累才是产出增长的真正源泉。他认为经济增长不需要依赖外生力量（如人口因素）就能实现持续增长，增长的源泉是人力资本。

自20世纪80年代中期以来，随着以罗默和卢卡斯为代表的新经济增长理论的出现，经济增长理论在经过20年的沉寂之后再次焕发生机，新经济增长理论的重要内容之一是把新古典增长模型中的“劳动力”的定义扩大为人力资本投资，即人力不仅包括绝对的劳动力数量和该国所处的平均技术水平，而且还包括劳动力的教育水平、生产技能训练和相互协作能力的培养等，这些统称为“人力资本”。

(1) 宇泽模型。最早的人力资本增长模型是由日本经济学家宇泽弘文(Uzawa，H)在1965年提出的，他在新古典增长模型的基础上引入了教育部门。宇泽弘文的内生增长模型假定，社会除了生产部门之外还存在非生产的教育部门。社会将一定的资源配置于教育部门，教育部门通过提高生产部门的技术水平来增加产出。该模型的核心是其技术进步方程式：

$$\dot{A} = G(A \cdot L_E) \tag{2-40}$$

它表明技术进步变化率 A 取决于现有技术水平 A 和教育部门的劳动力 $L_E$。在此基础上，宇泽进一步推演出其生产函数方程式：

$$Y = F(K, AL_P) \tag{2-41}$$

上式中，$L_P$ 为生产部门的劳动力配置。这一生产函数表明，产出是有形要素和技术进步的函数。由于引进了教育部门，该模型常被称为最早的人力资本增长模型。但该模型最后推导出的均衡增长条件为 2n(n 为人口增长率)，也就是说，如果人口或劳动力自然增长率不大于零的话，经济就不可能增长。

(2) 卢卡斯人力资本积累与溢出模型。1988 年，罗伯特·卢卡斯(Lucas, R)在美国《货币经济学杂志》上发表了《论经济发展的机制》一文，将宇泽的技术进步方程做了修改，也建立了一个人力资本增长模型。

卢卡斯假定，每个生产者都将用一定比例 u 的时间从事生产，如果该生产者从事生产和学习的时间为 1 单位的话，则每个生产者将用(1 - u)比例时间从事人力资本 h 的建设，因此，技术进步就可表示为

$$h(t) = h(t)\delta[1-u(t)] \tag{2-42}$$

上式中，h(t)为人力资本的变化率，δ 为正常数，式(2 - 3)表明人力资本变化率取决于现有人力资本水平及从事人力资本建设的时间。在这一基础上，卢卡斯推演出它的生产函数：

$$Y(t) = K(t)^{\alpha}[u(t)h(t)N(t)]^{1-\alpha}h_E(t)^{\gamma} \tag{2-43}$$

上式中，N(t)为 t 时刻的劳动数量，$h_E(t)$为 t 时刻人力资本对生产过程的外部效用，为正常数。在这一生产函数下，可得到均衡增长条件为

$$8 = \frac{h(t)}{h(t)} = \frac{(1-\alpha)[\hat{o}-(\rho-n)]}{\sigma(1-\alpha+\gamma)-\gamma} \tag{2-44}$$

虽然这一均衡条件仍与劳动生产率 n 有关，但克服了宇泽模型的缺点。即使 $n \leqslant 0$，经济均衡增长仍是有可能的。这样，卢卡斯揭示了人力资本是经济持续增长的根源。

这一模型强调的人力资本是脱离生产、通过学校教育的途径而获得的，即人力资本是需要专门花时间来建设的；同时，该模型还把人力资本分为社会生产中的一般性、基础性的知识与劳动者个人所特有的技能，即专业化的人力资本。现有人力资本水平和人力资本建设时间长短决定了技术进步的速度以及经济增长速度。由于该模型中的人力资本完全是在生产过程以外形成的，这不能代表人力资本获得的全部情况，因此，卢卡斯又提出了建立在“实践中学习”思想上的第二个人力资本模型。他认为，人力资本有两种效应，通过学校教育获得的人力资本能够产生人力资本的“内部效应”，而通过实践中学习获得的人力资本则可以产生“外部效应”。第二个模型研究后一种情况，在这个模型中，卢卡斯认为，专业化生产某种商品的人力资本是通过“干中学”(Learning by Doing)获得的。这种

专业化的人力资本会随着生产商品数量的增加而增大。

(3) 罗默的知识溢出和驱动模型。保罗·罗默(Romer, P.)的第一个模型(1986)并没有提出人力资本这一概念,罗默认为正向外部经济技术效果来源于资本要素的积累,而这个资本要素不一定是有形资本,并使用了“知识”这个词来替代“资本”。罗默引入了知识的溢出效应,并假设知识的溢出效应足够大,足以抵消由于固定生产要素存在而引起的知识资本边际产品递减的趋势,从而使知识投资的社会收益率保持不变或呈递增的趋势,从而说明了在人口增长率为零时,经济也能保持增长。罗默最后的结论是:知识积累是现代经济增长的新源泉。

1990 年,罗默提出了他本人的第二个内生增长模型,并引入了人力资本的概念。在该模型中,经济划分为研究部门、中间产品生产部门和最终产品生产部门三个部门。生产投入包括物质资本、非技术劳动 L、人力资本 H 和技术水平四种类型。该模型一个很大的特点就是将技术进步直接纳入模型,而同时又将人力资本内生于模型,用来解释技术进步和经济增长。他认为,技术革新是经济增长的核心,而技术革新是研究开发活动的结果,是由研究部门的人力资本推动的。

首先,有形资本根据以下公式积累:

$$k = \int_0^A X(\mathrm{i})\,\mathrm{d}i \tag{2-45}$$

上式中,k 表示资本存量,X(i)表示用于生产的第 i 个投入要素的数量。这一模型涉及的是表现在一个连续区间上不同投入的集合。从式(2-45)中可以看出,资本存量的增大产生于 A 值的增加,即投入数目(也就是种类)的增加,而不是单个要素数量的增加。在均衡状态时,

$$\frac{K}{K} = \frac{A}{A}\left(\mathrm{K} = \frac{dk}{dt},\ \mathrm{A} = \frac{d\mathrm{A}}{d\mathrm{t}}\right) \tag{2-46}$$

资本增长与技术进步是同步的,可见,有形资本作为一种投入要素,是由技术进步的程度决定的。技术进步则表现为一种生产的投入越来越专业化,劳动的社会分工加强,生产的中间环节增加。新的中间产品和新的生产方法是由研究部门开发的,是研究人员推动着中间产品数目的增加,其进展方程式为

$$\mathrm{A} = \mathrm{H}_2\mathrm{A} \tag{2-47}$$

上式中,$H_2$ 是用于研究的人力资本。分配于研究部门的人力资本越多,中间产品的进展速度就越快。最终产品的生产函数为

$$Y(H_1,\ \mathrm{L},\ X_i) = H_1^{\alpha} L^{\beta} \int_0^A X(\mathrm{i})^{1-\alpha-\beta}\,\mathrm{d}i \tag{2-48}$$

上式中,$H_1$ 是用于生产活动的人力资本 ($H = H_1 + H_2$)。最终产品的生产除了直接投入该部门的人力资本和无形技术劳动外,还取决于中间产品的数目,即 A 值的大小。A 值越大,产出越大。最后,罗默得出该模型的均衡增长条件为

$$8 = \frac{\delta H \cdot \Lambda\rho}{\Lambda\sigma + 1} \tag{2-49}$$

上式中，$\Lambda = \frac{\alpha}{(1-\alpha-\beta)(\alpha+\beta)}$，即经济增长率与人力资本高低成正比。如果人力资本总量较小，可分配于研究部门的人力资本就很小，经济增长就会停滞。

在这个模型中，罗默通过对知识特性的界定进一步说明了收益递增的源泉和动力。他认为，知识本质上是一种公共产品，其使用是非排他的。知识的取得成本大大低于知识的生产成本，因此，知识的生产使最终产品生产的收益递增；不仅如此，知识存量可以直接参与新知识的生产，研究部门可以免费利用自己已生产出的知识进行新知识的生产。也就是说，人力资本在研究部门能够自我积累，从而保证经济持续增长。另一方面，研究部门本身进行知识生产是需要动力的，这种动力来自知识的“专利”产品特性。知识产权的部分排他性有效地保护了知识生产者的利益，通过出售专利权，研究部门可以获得内部效益，这就保证了研究和开发活动以及人力资本积累的原动力。而生产企业也一定会购买能够形成垄断能力的专利权。

(4) 模型的新发展。在罗默和卢卡斯之后，一些经济学家又相继建立了一些内生性经济增长模型，主要有贝克尔、墨菲和塔玛拉(1990)的长期增长均衡模型和墨里根和马丁(1991)的两资本部门增长模型等。在这些模型中，经济学家们比以往任何时候更强调人力资本的关键作用。

最近几年来，美国经济依靠以信息技术为代表的高科技的迅速发展带动了整个经济的强劲增长，这为内生性经济增长理论提供了一个有力的实证。与以往相比，这些新的理论研究具有以下特点：

第一，研究视野已从发达国家的经济增长扩展到发展中国家的经济发展。

第二，研究重点从人力资本与经济增长关系的实证分析转向关于人力资本与经济增长(发展)关系的运行机制、均衡条件等方面的理论和模型研究。

第三，更进一步明确了人力资本的“增长引擎”作用，特别提出在经济发展初期时人力资本存量具有决定意义，把人力资本置于经济增长和经济发展的核心位置。

第四，进一步揭示了人力资本与物质资本的关系，提出人力资本投资是支持物质资本收益率不下降甚至提高的关键因素，人力资本投资在各国经济增长和收入差别的趋同和离散变化中具有决定性的影响。

第五，把教育视为重要的生产部门，教育的发展是经济保持持续增长和实现经济发展的必要条件。

## □ 三、我国人力资本投资与社会经济发展的现状

### 1. 我国人力资本存量现状

(1) 全国人力资本存量。孙淑军(2012)对健康人力资本、教育人力资本、科研人力资本、培训人力资本、迁徙人力资本五类人力资本存量分别进行估算，并进行加总后，得出我国 1952—2008 年人力资本存量水平，具体数据见表 2 - 5。

表 2-5　　1952—2008 年我国人力资本存量

| 时间 | 人均资本存量（亿元） | 时间 | 人均资本存量（亿元） | 时间 | 人均资本存量（亿元） |
|---|---|---|---|---|---|
| 1952 | 168.817 | 1971 | 1 842.912 | 1990 | 7 121.876 |
| 1953 | 199.220 | 1972 | 2 003.625 | 1991 | 7 727.007 |
| 1954 | 236.932 | 1973 | 2 126.090 | 1992 | 8 469.200 |
| 1955 | 278.964 | 1974 | 2 268.366 | 1993 | 8 555.455 |
| 1956 | 354.030 | 1975 | 2 455.987 | 1994 | 8 588.319 |
| 1957 | 416.057 | 1976 | 2 564.601 | 1995 | 9 180.998 |
| 1958 | 526.604 | 1977 | 2 759.882 | 1996 | 10 418.90 |
| 1959 | 631.499 | 1978 | 3 000.540 | 1997 | 12 335.47 |
| 1960 | 785.272 | 1979 | 3 169.969 | 1998 | 14 849.19 |
| 1961 | 764.400 | 1980 | 3 410.672 | 1999 | 17 794.47 |
| 1962 | 847.463 | 1981 | 3 616.603 | 2000 | 20 953.90 |
| 1963 | 928.149 | 1982 | 3 881.305 | 2001 | 24 096.33 |
| 1964 | 1 088.97 | 1983 | 4 269.508 | 2002 | 27 835.73 |
| 1965 | 1 243.16 | 1984 | 4 698.012 | 2003 | 31 500.57 |
| 1966 | 1 340.81 | 1985 | 4 961.147 | 2004 | 34 446.70 |
| 1967 | 1 431.00 | 1986 | 5 405.765 | 2005 | 37 720.34 |
| 1968 | 1 428.56 | 1987 | 5 935.955 | 2006 | 41 816.15 |
| 1969 | 1 621.42 | 1988 | 6 133.485 | 2007 | 46 642.73 |
| 1970 | 1 731.96 | 1989 | 6 610.812 | 2008 | 51 432.04 |

资料来源：孙淑军．人力资本与经济增长——以中国人力资本估计为基础的经验研究[D]．辽宁大学博士学位论文，2012(6)。

(2) 各地区人力资本存量。1978 年，我国 28 个省、自治区、直辖市中，前 8 个省、直辖市的累计人力资本存量超过 52%，分别是上海、辽宁、山东、河北、江苏、黑龙江、北京、四川。而到 2010 年，前 7 个省、直辖市的累计人力资本存量超过 52%，分别是江苏、山东、上海、广东、辽宁、河北、浙江，且集中在东部沿海地区，通过比较可以看出，前 3 个省、直辖市的人力资本存量已经超过全国的四分之一，前 4 个省、直辖市已经超过全国的三分之一。由此可见，我国各地区的人力资本存量呈现较明显的地区集中度，具体数据见表 2-6。

表 2-6　　1952、1978、2010 年我国各地区人力资本存量

| 地区 | 北京 | 天津 | 河北 | 山西 | 内蒙古 | 辽宁 | 吉林 |
|---|---|---|---|---|---|---|---|
| 1952 | 3.121 | 13.082 | 139.375 | 17.673 | 11.471 | 41.145 | 26.165 |
| 1978 | 40.083 | 50.984 | 221.976 | 46.538 | 32.957 | 154.862 | 52.869 |
| 2010 | 8 211.301 | 5 966.837 | 12 900.818 | 5 426.757 | 6 351.508 | 9 623.363 | 5 026.691 |

| 地区 | 黑龙江 | 上海 | 江苏 | 浙江 | 安徽 | 福建 | 江西 |
|---|---|---|---|---|---|---|---|
| 1952 | 29.786 | 28.037 | 114.290 | 47.741 | 31.266 | 22.108 | 67.101 |
| 1978 | 87.794 | 107.982 | 190.615 | 87.933 | 68.676 | 45.387 | 95.642 |
| 2010 | 5 825.122 | 9 120.293 | 21 762.125 | 14 757.093 | 7 320.204 | 7 858.533 | 5 541.195 |

续 表

| 地区 | 山东 | 河南 | 湖北 | 湖南 | 广东 | 广西 | 四川 |
|---|---|---|---|---|---|---|---|
| 1952 | 156.353 | 57.846 | 27.908 | 63.239 | 20.393 | 25.087 | 5.094 |
| 1978 | 230.592 | 111.051 | 78.025 | 111.677 | 85.093 | 50.588 | 67.680 |
| 2010 | 20 600.58 | 12 908.68 | 8 741.80 | 8 939.53 | 24 215.23 | 5 806.84 | 9 716.40 |
| 地区 | 贵州 | 云南 | 陕西 | 甘肃 | 青海 | 宁夏 | 新疆 |
| 1952 | 12.241 | 12.373 | 10.864 | 50.946 | 4.577 | 11.097 | 15.962 |
| 1978 | 25.753 | 35.647 | 38.068 | 72.334 | 9.986 | 15.669 | 28.964 |
| 2010 | 3 161.511 | 4 799.463 | 6 014.984 | 2 805.945 | 902.509 | 1 082.313 | 3 583.536 |

资料来源：同表 2－5。

**2. 我国人力资本投资现状**

（1）教育投资现状。公共教育经费支出与国内生产总值的比值可以衡量一个国家对教育和人力资源开发的重视程度。在表 2－7 中我们主要列出我国从 1990 年以来教育经费总支出额、财政性教育经费支出额、财政收入、教育经费增长速度、财政教育支出占 GDP 的比重、财政教育支出占财政收入的比重。

**表 2－7　1991—2011 年中国教育经费状况**

| 年份 | 教育经费总支出（亿元） | 财政性教育经费支出（亿元） | 财政收入（亿元） | 教育经费增长速度（%） | 财政教育支出占 GDP 的比重（%） | 财政教育支出占财政收入的比重（%） |
|---|---|---|---|---|---|---|
| 1991 | 731.503 | 617.8 | 3 386.6 | — | 2.84 | 18.24 |
| 1992 | 867.049 | 728.8 | 3 742.2 | 18.5 | 2.71 | 19.47 |
| 1993 | 1 059.937 | 867.8 | 4 642.3 | 22.2 | 2.46 | 18.69 |
| 1994 | 1 488.781 | 1 174.7 | 5 792.6 | 40.5 | 2.44 | 20.28 |
| 1995 | 1 877.950 | 1 411.5 | 6 823.7 | 26.1 | 2.32 | 20.69 |
| 1996 | 2 262.339 | 1 671.7 | 7 937.6 | 20.5 | 2.35 | 21.06 |
| 1997 | 2 531.733 | 1 862.5 | 9 233.6 | 11.9 | 2.36 | 20.17 |
| 1998 | 2 949.059 | 2 032.5 | 10 798.2 | 16.5 | 2.40 | 18.82 |
| 1999 | 3 349.042 | 2 287.2 | 13 187.7 | 13.6 | 2.55 | 17.34 |
| 2000 | 3 849.081 | 2 562.6 | 15 886.5 | 14.9 | 2.58 | 16.13 |
| 2001 | 4 637.663 | 3 057.0 | 18 902.6 | 20.5 | 2.79 | 16.17 |
| 2002 | 5 480.028 | 3 491.4 | 22 053.2 | 18.2 | 2.90 | 15.83 |
| 2003 | 6 208.265 | 3 850.6 | 24 650.0 | 13.3 | 2.84 | 15.62 |
| 2004 | 7 242.599 | 4 465.9 | 28 486.9 | 16.7 | 2.79 | 15.68 |
| 2005 | 8 418.839 | 5 161.1 | 33 930.3 | 16.2 | 2.79 | 15.21 |
| 2006 | 9 815.309 | 6 348.4 | 40 422.7 | 16.6 | 2.93 | 15.70 |
| 2007 | 121 48.066 | 8 280.2 | 49 781.4 | 23.8 | 3.12 | 16.63 |

续 表

| 年份 | 教育经费总支出（亿元） | 财政性教育经费支出（亿元） | 财政收入（亿元） | 教育经费增长速度（%） | 财政教育支出占GDP的比重（%） | 财政教育支出占财政收入的比重（%） |
|---|---|---|---|---|---|---|
| 2008 | 14 500.737 | 10 449.6 | 62 592.7 | 19.4 | 3.33 | 16.69 |
| 2009 | 16 502.707 | 12 231.1 | 76 299.9 | 13.8 | 3.59 | 16.03 |
| 2010 | 19 561.847 | 14 670.1 | 89 874.2 | 18.5 | 3.65 | 16.32 |
| 2011 | 23 869.294 | 18 586.7 | 109 247.8 | 22.0 | 3.93 | 17.01 |

资料来源：(1)财政收入数据来源于《中国统计年鉴2012》；(2)教育经费总支出、财政性教育经费支出数据来源于《中国教育经费统计年鉴2012》；(3)其他数据通过相关数据经手工测算得到。

(2) 卫生健康投资现状。自改革开放以来，人力资本在经济增长中的作用已被逐步认识。我国的卫生事业得到巨大发展，卫生机构数、卫生人员、卫生经费等指标均有较大提高(见表2-8)。

**表2-8　1980年以来我国卫生事业建设状况**

| 年份 | 卫生总费用(亿元) | 卫生总费用占GDP比例(%) | 政府卫生费用占卫生总费用比例(%) | 医疗卫生机构(个) | 卫生人员(人) |
|---|---|---|---|---|---|
| 1980 | 143.23 | 3.15 | 36.24 | 180 553 | 7 355 483 |
| 1985 | 279 | 3.09 | 38.58 | 978 540 | 5 606 105 |
| 1990 | 747.39 | 4.00 | 25.06 | 1 012 690 | 6 137 711 |
| 1995 | 2 155.13 | 3.54 | 17.97 | 994 409 | 6 704 395 |
| 2000 | 4 586.63 | 4.62 | 15.47 | 1 034 229 | 6 910 383 |
| 2001 | 5 025.93 | 4.58 | 15.93 | 1 029 314 | 6 874 527 |
| 2002 | 5 790.03 | 4.81 | 15.69 | 1 005 004 | 6 528 674 |
| 2003 | 6 584.1 | 4.85 | 16.96 | 806 243 | 6 216 971 |
| 2004 | 7 590.29 | 4.75 | 17.04 | 849 140 | 6 332 739 |
| 2005 | 8 659.91 | 4.68 | 17.93 | 882 206 | 6 447 246 |
| 2006 | 9 843.34 | 4.55 | 18.07 | 918 097 | 6 681 184 |
| 2007 | 11 573.97 | 4.35 | 22.31 | 912 263 | 6 964 389 |
| 2008 | 14 535.4 | 4.63 | 24.73 | 891 480 | 7 251 803 |
| 2009 | 17 541.9 | 5.15 | 27.5 | 916 571 | 7 781 448 |
| 2010 | 19 980.39 | 4.98 | 28.69 | 936 927 | 8 207 502 |
| 2011 | 24 268.78 | 5.15 | 30.4 | 954 389 | 8 616 040 |

资料来源：国家统计局. 中国统计年鉴2012[M]. 中国统计出版社，2012。

### 3. 我国社会人力资本投资存在的问题

(1) 人均教育资源匮乏，公共教育经费占GDP比重低。在人力资本形成中，教育投入是关键，而中国教育最大的问题是投资不足。我国几十年来不断增加教育投入，教育水平不断提高，教育事业的建设取得了一定成果(见图2-3)。除个别年份外，教育经费增长速度一直保持在15%以上，甚至高达40%；公共教育经费投入占GDP的比重也由1990

年的2.2%上升到3.59%，但跟发达国家相比还有一定差距(见表2-9)。另外，由于我国人口众多，导致学生人均教育资源匮乏，学生的学习质量下降。

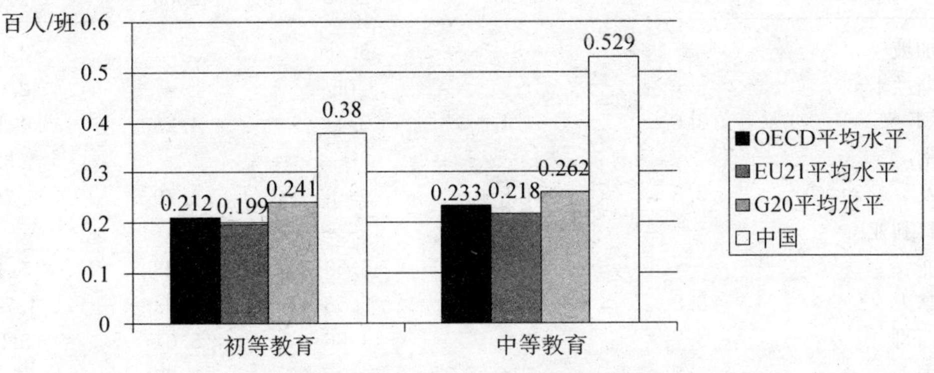


**图2-3　初等教育和中等教育的班级规模**

资料来源：经济合作与发展组织(OECD)官方网站 http://www.oecd.org/education/。

**表2-9　各国公共教育经费占GDP的比重**　(单位：%)

| 国家和地区 | 公共教育经费支出占GDP的比重 | | | | |
|---|---|---|---|---|---|
| | 1990 | 1995 | 2000 | 2005 | 2009 |
| 世界平均 | 4.8 | 5.2 | 3.97 | 4.43 | 4.56 |
| 高收入国家 | 5.2 | — | 4.96 | 5.35 | 5.26 |
| 中等收入国家 | 4.1 | — | 3.96 | 4.1 | 4.39 |
| 中国 | 2.2 | 2.32 | 2.58 | 2.79 | 3.59 |
| 中国香港 | 2.8 | 2.9 | — | 4.2 | 4.49 |
| 中国澳门 | 1.7 | — | 3.68 | 2.36 | 2.57 |
| 孟加拉国 | — | — | 2.38 | — | 2.23 |
| 文莱 | — | — | 3.71 | — | — |
| 柬埔寨 | — | — | 1.67 | 1.7 | 2.1 |
| 印度 | 3.9 | 3.3 | 4.41 | 3.13 | 3.09④ |
| 印度尼西亚 | 1 | 1.4 | 1.07⑤ | 2.87 | 3.53 |
| 伊朗 | — | — | 4.39 | 4.72 | 4.68 |
| 以色列 | — | — | 6.49 | 6.12 | 5.83 |
| 日本 | 4.7 | 3.6 | 3.67 | 3.52 | 3.42① |
| 哈萨克斯坦 | — | — | 3.26 | 2.26 | 3.06 |
| 韩国 | 3.5 | 3.7 | 3.76② | 4.15 | 5.05 |
| 老挝 | — | — | 1.5 | 2.43 | 2.26① |
| 马来西亚 | 5.5 | 4.7 | 5.97 | 7.48 | 5.79 |
| 蒙古 | — | — | 5.55 | — | 5.15 |
| 缅甸 | — | — | 0.57 | — | — |
| 巴基斯塔 | 2.7 | 2.8 | 1.84 | 2.25 | 2.69 |
| 菲律宾 | — | — | 3.27 | 2.43 | 2.65 |

| 国家和地区 | 公共教育经费支出占 GDP 的比重 | | | | |
|---|---|---|---|---|---|
| | 1990 | 1995 | 2000 | 2005 | 2009 |
| 新加坡 | 3 | 3 | 3.38 | — | 3.08 |
| 里斯兰卡 | — | — | 3.05⑥ | — | 2.06 |
| 泰国 | 3.6 | 4.1 | 5.41 | 4.23 | 4.13 |
| 越南 | — | — | — | — | 5.32① |
| 埃及 | 3.8 | 4.8 | — | 4.79 | 3.76① |
| 尼日利亚 | — | — | — | — | — |
| 南非 | — | — | 5.59 | 5.28 | 5.47 |
| 加拿大 | 6.8 | 6.9 | 5.56 | 4.93 | 4.77① |
| 墨西哥 | 3.7 | 4.9 | 4.86 | 5.01 | 5.29 |
| 美国 | 5.2 | 5.4 | 5.04② | 5.27 | 5.4 |
| 阿根廷 | 3.4 | 3.8 | 4.6 | — | 6.03 |
| 巴西 | 4.5 | 5.1 | 4.01 | 4.53 | 5.72 |
| 委内瑞拉 | — | — | — | — | 3.69③ |
| 捷克 | 4.6 | 5.4 | 3.97 | 4.26 | 4.52 |
| 法国 | 5.4 | 6.1 | 5.69 | 5.67 | 5.89 |
| 德国 | — | 4.8 | 4.46 | 4.53 | 4.57① |
| 意大利 | — | 4.7 | 4.45 | 4.41 | 4.67 |
| 荷兰 | — | — | 4.96 | 5.48 | 5.84 |
| 波兰 | — | 5.2 | 5.01 | 5.47 | 5.1 |
| 俄罗斯联邦 | 3.5 | 3.5 | 2.94 | 3.77 | 4.10① |
| 西班牙 | — | — | 4.28 | 4.23 | 4.98 |
| 土耳其 | 2.1 | 2.2 | 2.59 | — | 2.86④ |
| 乌克兰 | — | — | 4.17 | 6.06 | 5.28③ |
| 英国 | 4.9 | 5.3 | 4.51 | 5.42 | 5.63 |
| 澳大利亚 | 5.3 | 5.5 | 4.69 | 4.72 | 5.11 |
| 新西兰 | — | — | 6.67② | 6.42 | 6.42 |

注：①2008 年数据。②1999 年数据。③2007 年数据。④2006 年数据。⑤1997 年数据。⑥1998 年数据。

资料来源：高收入国家和中等收入国家的公共教育经费支出占 GDP 的比重的平均值来自联合国教科文卫组织，《世界教育报告》1998 年。不同国家 1990、1995 年的数据（不包括中国）来自《中国统计年鉴》；不同国家 2000、2005、2009 年的数据来自世界银行 WDI 数据库。

(2) 健康保障的投入不足，卫生保健事业建设任重而道远。卫生保健投资是增加人力资本健康存量的重要手段。随着社会经济的不断发展，卫生保健问题日益受到各国政府和社会各界人士的重视。人们清楚地认识到，人力健康水平的高低直接关系到人力资本的价值存量，对经济发展和社会进步具有不可估量的作用。

在发展中国家，卫生保健投资不足是值得关注的。世界银行的《世界发展报告1993》表明：1990 年，占世界人口 78%的发展中国家，在卫生保健方面的支出占世界的比例仅为 10%多一点。与此形成鲜明对比的是，发达国家卫生保健支出占其国内生产总值的比重平均为9.2%，在卫生保健支出中，公共支出比重为60%，按人均水平计算的卫生保健支出是发展中国家的45倍以上。OECD成员国卫生经费支出普遍在5%以上，美国、荷兰、法国等发达国家的支出总额已经超过其GDP的10%；而我国在2009、2010、2011年的卫生支出比例仅为GDP的5.15%、4.98%、5.15%，投入程度远远不及上述国家。

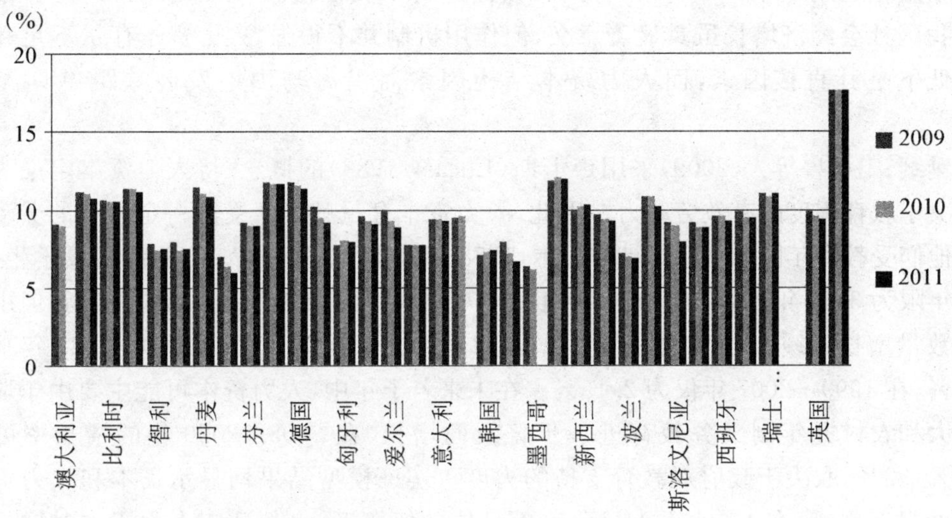


**图2-4 OECD成员国卫生支出占国内生产总值比重(2009—2011)**

资料来源：经济合作与发展组织(OECD)官方网站 http://www.oecd.org/education/。

(3) 劳动力市场存在制度性分割，人力资本流动性较差。目前，我国人口流动性较小，尤其是贫困地区由于观念陈旧、乡土意识浓厚，再加上信息闭塞、交通不便，劳动力流动率非常低下。这不仅因为我国存在着以户籍制度划分的城乡劳动力市场，还存在着以所有制划分的国有经济和非国有经济劳动力市场，从而严重阻碍了劳动力的自由流动和优化配置，也抑制了劳动力积极性的发挥。另外，由于我国国有企业负责人主要由上级任命，由此带来许多不利结果：第一，企业家队伍不稳定，收入低；第二，采用任命制的办法很难选出会经营、善管理的企业负责人，即会遇到"选人风险"；第三，真正的企业家(潜在的)可能流落民间，最终造成企业家短缺，影响其积极性的发挥。



## □ 四、我国人力资本投资与社会经济发展的关系研究

### 1. 我国人力资本投资与社会经济发展的关系

经济改革初期，廉价的非熟练农村劳动力大量向城市工业、服务业转移，构成了中国社会经济增长的一个主要推动因素。但近年来，劳动力数量增长趋缓、平均教育程度上升，工资和社保成本上升，而产业部门对非熟练劳动力需求下降、对专业技术工人需求则上升。这些改变意味着低素质劳动力在社会经济中的重要性下降，而人力资本的重要性上升。

曹晋文(2004)运用结构方程模型对我国人力资本和社会经济增长之间的关系做了实证分析,结论表明,虽然人力资本对我国社会经济增长的直接影响比较小,但是,通过增加人力资本投资,会大幅度提升综合技术生产率,从而促进我国社会经济的增长①。陈浩(2007)认为人力资本投资本质也是投资主体的需求决策过程,存在着类似于马斯洛式层次结构关系,提出了基于不同投资层次下的四种人力资本结构类型的理论假说。在此基础上运用1992—2003年省面板数据进行了实证检验,结果表明,人力资本的投入对我国社会经济增长虽具显著意义,但作用机制并不很强,人力资本存量不足和结构层次低下是其直接因素,而人力资本结构因素对沿海与内地发展差距更具深层解释力②。

樊纲、王小鲁等人(2009)采用卢卡斯(Lucas, 1988)的概念,将人力资本定义为其质量取决于教育程度的有效劳动力。因此,人力资本存量就等于受过一定教育的劳动力总量与他们受教育年限的乘积。计算显示,1978年我国劳动年龄人口(扣除在校学生)平均教育年限为3.19年,2007年为7.15年。尽管劳动力的教育程度在显著提高,但由于劳动力数量增长趋缓,人力资本存量的增长率也因此在下降。它在1979—1988年平均为6.14%,在1999—2007年仅为2.15%。在未来若干年中,人力资本可能主要由于职业教育扩大和农村九年制义务教育进一步普及而增长,在2008—2020年的增长率可能在1.15%—2%,取决于政府对教育支持的力度。实证模型结果均显示资本和人力资本对增长的显著贡献(在1%水平上显著),而且估计值接近;也都证实人力资本对增长有正的溢出效应。资本在经济增长中仍然起着最重要的作用,1999—2007年的贡献接近4个百分点,但人力资本对增长的贡献不可忽视。人力资本在改革初期贡献较高,而近期较低,是因为改革初期恢复了"文革"时期被破坏的正规教育,导致人力资本短期内的较快上升。另外,作为人力资本载体的劳动力数量增长在早期较快,近期明显放慢了。但人力资本质量的提高(教育程度上升)还是在很大程度上对此做出了弥补。而且劳动力数量在回归中已不再显著,说明经济正在从简单的劳动密集转向更加人力资本密集。相信今后人力资本质量的提高将继续对经济增长做出重要贡献。这虽然是投入的增长,但反映了从投入数量的简单扩张向投入质量增长的转变。通过多个模型的检验还得出了以下几个结论:资本和人力资本收益不变,但由于人力资本额外的溢出效应,使整个经济具有规模收益递增的特征;少数完全没有受过教育的劳动力对经济增长没有显著贡献,从而说明非熟练劳动力在经济中的角色已逐渐淡出,而被人力资本在经济增长中的贡献所替代③。

**2. 人力资本对我国社会区域经济发展差异的解释**

中国社会经济发展水平的地区差异扩大已成为不争的事实。联合国开发计划署公布的《人类发展报告(2005)》显示,如果贵州是一个国家,它的人类发展指数仅刚刚超过纳米

---

① 曹晋文.我国人力资本与经济增长的实证研究[J].财经问题研究,2004(9)。

② 陈浩.人力资本对经济增长影响的结构分析[J].数量经济技术经济研究,2007(8)。

③ 王小鲁,樊纲,刘鹏.中国经济增长方式转换和增长可持续性[J].经济研究,2009(1)。

比亚；如果上海是一个国家，其人类发展指数则与葡萄牙相当(UNDP，2005)。是何种因素导致了这么大的发展差距以及落后地区采取何种措施才能缩小与发达地区的鸿沟，成为学者和政策制定者关注的焦点。

李亚玲、汪戎(2006)对我国29个省份1993—2004年的人力资本基尼系数进行测算，利用各年截面数据对其与人均GDP相关关系进行检验，结果表明：我国各区域人力资本基尼系数较高，地区间人力资本的差距主要表现在人力资本分布结构上；人力资本不平等性和人力资本水平具有很高的负相关性，各区域人均受教育年限不断提高，人力资本基尼系数逐渐下降，但人力资本不平等性状况在三大区域间的差距基本上没有改变。人力资本基尼系数与地区经济发展之间存在强劲的负相关关系，且人力资本基尼系数的变化将引起人均GDP更大幅度地变化，区域间人力资本不平等性的差距是区域经济差距的重要原因。基于此，经济增长政策的选择，不仅要考虑人力资本存量，更要重视改善人力资本分布结构①。

传统的新古典模型预言地区经济有收敛趋势，而20世纪80年代兴起的新增长理论则暗示不存在这种趋势，理由主要有技术变迁的内生性、经济系统的报酬递增以及人力资本的外部性。姚先国、张海峰(2008)得出在增长核算框架下教育差异几乎不能解释人均产出差异的结论。不过，在随后的增长回归框架下，应用动态面板数据方法，发现教育对地区人均产出增长有积极的影响，且表现出一定程度的溢出效应。尽管如此，资本积累仍然是过去20年中经济增长的主要源泉，而教育仍不足以成为解释地区经济差异的主要因素；此外，他们还对增长回归的GMM估计显示，各省区域经济发展呈现较快的条件收敛迹象，收敛速度在619%—715%②。于凌云(2008)将人力资本的教育投入分为非政府教育投入和政府教育投入两类，分析了均衡条件下这两类教育投入比与长期经济增长的关系：在其他条件不变的情况下，非政府教育投入并不是越多越好，而需要充分考虑非政府教育投入与物质资本的产出弹性；当人均私人教育投入的产出弹性等于人均物质资本投入的产出弹性时，能够保持经济稳定增长。据此运用1996—2005年中国31个省(市、区)的数据进行的分类比较和实证研究，结果表明：从整体上看，无论是作为人力资本投资的不同主体教育投入，还是作为短期的教育消费支出，中国政府和非政府教育投入对人力资本的积累和经济增长的效应是十分明显的。但通过不同教育投入水平的三类地区的实证分析结果发现，教育投入比最低的这类地区(除了北京和西藏)，包括东北三省和西部不发达地区的物质资本投入是拉动经济增长主要因素，这类地区非政府教育投入的提高将对人力资本积累水平的提高产生积极影响，也将有利于保持这类地区经济增长的长期性。此外，实证分析结果还显示，教育投入比最高的这类地区也是中国人力资本水平相对较高的地区，其不同主体教育投入无论对人力资本的形成还是对当期经济增长的因果关系都不显著。上述结论表明，当考虑到教育投入比、人力资本与经济增长的地区差异时，政府不仅可以通过转移支付制度的完善来调整各地区的教育投入水平，而且能够在区域间产

① 李亚玲，汪戎. 人力资本分布结构与区域经济差距[J]. 管理世界，2006(12)。

② 姚先国，张海峰. 教育、人力资本与地区经济差异[J]. 经济研究，2008(5)。

业结构调整以及劳动力流动管理等方面有所作为[①]。

## 第三节 技术投资与社会经济发展

### 一、技术推动社会经济发展的方式

在不同经济时代和生产力发展的不同阶段，技术进步对社会经济发展的推动作用呈现出不同的特点。在农牧手工业的自然经济时期，社会经济增长的主要投入是人力、蓄力以及手工制作的简单工具。这个时期，劳动力投入的数量是经济增长的主要因素。在工业经济时代，机器在生产中处于突出地位，以蒸汽机为代表的一系列新技术的发明和应用，大大提高了生产率。但是，这个时期技术的变化相对缓慢，技术进步还不是促进社会经济增长的主要因素。在后工业经济时代，科学技术与生产的联系日趋紧密。日新月异的技术进步使劳动过程的诸要素——劳动资料、劳动对象和劳动者都发生了根本变化，现代经济增长中的劳动者必须具备科学技术知识、生产经验和操作技能。技术创新使新设备、新工艺、新产品、新产业层出不穷，社会经济增长不但在数量上而且在质量上也获得了提高，技术密集型工业取代资本密集型和劳动密集型工业在产业结构中居于主导地位。技术进步成为社会经济增长的主导因素，科学技术是第一生产力。

### 二、技术投资与社会经济发展的理论模型

#### 1. 古典经济增长理论

(1) 魁奈的经济增长理论。弗朗斯瓦·魁奈(Francois Quesnay)是法国重农学派的鼻祖和领袖，其成就极为卓越，被熊彼特评为有史以来最伟大的经济学家之一。魁奈的经济增长理论是18世纪法国社会经济条件的反映。18世纪中叶，法国仍是落后的农业国家，不仅工业不发达，而且农业生产组织形式和耕作方式落后，自耕农和分成农场主占主导地位，租地农场主虽代表农业发展的先进力量，但不占重要地位。名目繁多的税收，使农业收入的主要部分都聚集于土地所有者、教会和国王手中，农业收入和资本被严重侵蚀，阻碍了经济扩张，甚至使简单再生产也难以为继。对农产品自由贸易的限制及给予制造业独占权等一系列重商主义政策，造成制造业畸形发展，农业更加萎缩。正是针对这些情况，魁奈提出了拯救法国农业、发展法国经济的理论和政策。

魁奈整个理论体系的基础是其对农业生产技术的分析。他把农业生产技术分为三类：仅仅使用劳动的土地耕种方式；使用牛拉犁的耕种方式(小农经营)；使用马拉犁的耕种方式(大农经营)。他认为只有农业生产部门才能生产纯产品[②]，而制造业、私人服务

---

① 于凌云. 教育投入比与地区经济增长差异[J]. 经济研究，2008(10)。

② 纯产品是指农业生产的总产品扣除用来补偿消耗的农具、种子等生产资料和工人与农业资本家食用的消费资料之后的剩余产品。

业、运输业、商业和外贸等经济部门都是非生产性的。在他看来，企业家之间的竞争使工商业部门的商品价格不高于成本，因而，工商业劳动生产率的提高，最终只会使产品低廉，而不会为生产者提供剩余，而以食物衡量的农业成本在很大程度上是不变的，因而，农业劳动生产率的提高必然增加产出和利润。魁奈十分强调农业资本和农业生产技术对生产发展的重要性。他认为，资本投入越多，纯产品越多，资本收益率越高。

魁奈从再生产的角度出发，把农业资本分为“年预付”和“原预付”两部分。“年预付”就是每年要预付出一部分的资本，如种子、肥料和工资等。“原预付”就是几年预付一次的资本，如牲畜、农具、仓库等。这实际上就是固定资本和流动资本的分类。在魁奈看来，国民经济增长主要受制于农业年预付的变化，因为只有农业才生产纯产品。而农业年预付又直接取决于三个变量：一是农业投资收益。农业投资收益的增加，既可以靠应用新技术，也可以靠增加投资(资本)；二是农产品消费倾向。农产品消费倾向的降低，会导致农业阶级产生财务亏损，从而减少下一期的年预付，引起国民经济的持续衰退；三是赋税。对租地农场主的征税会导致年预付的降低，从而阻碍经济增长。

(2) 亚当·斯密的经济增长理论。英国经济学家罗宾斯(L. Robins)说：“将经济发展作为一般分析的对象的主要功绩，无疑属于亚当·斯密”[①]。在其传世之作《国富论》中，斯密对经济增长因素进行了细致的分析，并提出了经济增长的动态均衡模型。斯密认为，经济增长就是人均产出的提高，或者是劳动产品(社会纯收入)的增加。劳动、资本、土地、技术进步和社会经济制度环境是影响经济总产出或人均收入增减变化的主要变量。

第一，劳动。在《国富论》第二篇第三章的开始部分，斯密就区分了两种不同性质的劳动：生产性劳动和非生产性劳动。他认为：“有一种劳动，加在物上，能增加物的价值；另一种劳动，却不能够。前者因可以生产价值，故称为生产性劳动，后者可称为非生产性劳动。”[②]例如，农业和工业劳动属于前者，家庭服务业等活动属于后者。这两种性质的劳动对国民财富增长的影响是不同的。生产性劳动创造价值和物质财富，为工人提供工资收入和生活保障，为雇主提供利润和积累资本，从而推动国民财富的生产和增长；而非生产性劳动只是消耗社会财富，妨碍资本积累和生产增长。如果社会的劳动数量既定，生产性劳动在其中所占比例越大，社会的财富生产能力就越大，从而促进社会的经济增长。

第二，资本。斯密将资本定义为投入再生产以获取收入的那部分资财。企业资本可分为两大类：用于购买有用的机器和工具或改良土地生产力的资本为固定资本，用于购买劳动力和原材料这样的投资品的资本为流动资本。斯密极为重视资本积累对经济增长的作用。他指出，要增加一国财富，只有增加生产性劳动者的数目和提高劳动者的生产率。而要增加劳动者数量，必须先增加资本，增加劳动基金；提高劳动生产率，必须增加便利劳动的机械和工具或者予以改良，这些都需要增加资本。他还提出，资本的增加源于储蓄，而储蓄主要源于富人对收入的节省，因为工资是假定全被用于消费的。利润的追逐则是投资和储蓄的动机。

---

① L·罗宾斯. 经济思想史中的经济发展理论[M]. 麦克米伦出版公司，1968：9。

② 亚当·斯密. 国民财富的性质和原因的研究[M]. 商务印书馆，1972：303。

第三，土地。斯密认为，土地是生产性的，是有限的资源，同时也是私有财产。使用土地的代价（即地租）是“租地人按照土地实际情况所支付的最高价格”。地租份额受土壤肥力和土地位置的影响。长期看来，地租支付额趋于增加，至少绝对份额是如此。因为人口增长的巨大压力不断迫使社会提供更多食物，而由于土地的有限性，必须不断追加资本投入，以改良土壤，提高单位土地产出率，同时不断扩大耕地面积（主要是在落后国家）。而改良和耕作的扩大，可直接提高土地的实际地租。

第四，技术进步。斯密认为，劳动分工是技术进步的主要内容，劳动生产率提高的主要动因在于劳动分工的发展，而劳动分工主要发生在制造业部门。劳动分工的程度受“交换能力大小的限制”，即受市场容量大小的约束。“市场容量要是过小，那就不能鼓励人们终生专务一业。因为在这种状态下，他们不能用自己消费不了的自己劳动生产物的剩余部分，随意换得自己需要的别人劳动生产物的剩余部分。”[①]市场容量取决于资本和贸易状况，更大程度的劳动分工，只有在同量工人能被供以更多工具和机器进行生产时才能达到。在市场容量足够大的条件下，工业产品就能以比工业部门所雇用的劳动量更大的比例增长。而就业方面的增加，将导致劳动进一步分解，从而促进新机械的发明。一旦机械被应用于生产，劳动生产率就会按与劳动分工程度相应的水平提高，从而促进经济的快速增长。

第五，社会经济制度。斯密是经济和贸易自由主义的提倡者，反对政府干预经济活动以及重商主义的垄断和管制政策。在他看来，一切社会经济现象都是具有利己主义本性的个人活动的结果，每个人都在不断努力为其所能支配的资本找到最有利的用途，使其生产物的价值达到最大。在市场竞争中，他们如同受一只“看不见的手”的指导，去尽力达到一个并非出于本意要达到的目的。他追求自己的利益，往往使他能比在真正处于本意的情况下更有效地促进社会的利益。斯密并不否认在自然自由制度下，仍需要国家和政府，但政府只需履行维护国家和个人安全、参加一些公共工程的义务。

（3）大卫·李嘉图的经济增长理论。大卫·李嘉图是斯密的继承者。但与斯密不同，他将考察的中心转向收入分配问题，认为“确立这种支配分配的法则，乃是政治经济学的主要问题”[②]。李嘉图通过对地租、工资、利润之间的关系以及影响这些分配比例变动的外部因素的考察，建立了关于国民财富增长因素、增长过程的系统理论，并提出了加快经济增长的一系列政策措施。他的增长理论涉及经济增长的主要问题，马克赫尔吉认为：“现代所有动态模型都是李嘉图式的，剑桥学派更是如此”[③]。

第一，两者理论的共性。首先，他们都认为经济增长过程是多种因素综合作用的动态过程。他们所考察的主要是劳动、资本、土地等内生因素和技术变革、社会经济制度等外生因素的作用。试图通过各种外生因素的有目的的调节，使各内生因素的配置最优化，从而达到最大经济增长。其次，两个模型都是开放式的。他们都认为对外贸易可以使一个

① 亚当·斯密.国民财富的性质和原因的研究[M].商务印书馆，1972:16。

② 大卫·李嘉图.政治经济学及赋税原理[M].商务印书馆，1976:3。

③ 马克赫尔吉.增长理论和李嘉图动态传统[M].牛津大学出版社，1982:7。

国家更经济地配置自己的资源,更有效地利用外国资源,扬长避短,节约社会劳动,提高劳动生产率,加快经济增长步伐。再次,投资和储蓄都是促进经济增长的主要动因。经济增长率与资本积累率存在高度的正相关关系,资本积累率由储蓄和投资的刺激决定。最后,反对国家干预经济活动。主张削减公共支出和非生产性支出,减轻经济活动主体的税收负担,建立合理的税收体系。他们还极力倡导国际贸易自由,取消一切阻碍贸易的限制,以刺激国内经济的发展。

此外,他们还有一些共同之处。如认为土地供给是有限的;地租是使用土地的代价;工资有自然工资和市场工资之分,劳动供给是工资率的函数,劳动需求是资本存量的函数;资本有固定资本和流动资本之分,储蓄决定投资从而决定资本积累,利润率对积累有重要影响并趋于下降;技术进步会加快经济增长等。但是,由于生活的时代不同,具体经济条件不同,两者的理论存在重要差异。

第二,两者理论的差异。首先,两者的理论基础不同。斯密生产函数不受边际生产率下降的影响,相反,其受规模收益递增的影响,认为生产实际成本随时间推移而趋于下降,因为市场容量在扩大,社会分工不断深化。而李嘉图生产函数受制于边际生产率递减的趋势。因土地数量有限、质量有异,在不断扩展的边际上,土地、劳动、资本的边际产出递减,技术进步不能根本改变这种下降趋势。其次,两者主张的外贸模式不同。斯密主张各国都生产本国具有绝对优势的商品,交换外国具有绝对优势的商品,即"绝对成本说"。而李嘉图则呼吁各国生产自己具有相对优势的产品,交换别国具有相对优势的商品,即"比较成本说"。最后,技术进步在两个体系中的地位不同。虽然他们都强调技术进步对提高劳动生产率的作用。斯密主要考察劳动的组织形式的变化,即劳动分工所带来的后果,并未将这样的分析贯穿于其他经济现象的分析中。而李嘉图更重视技术进步的作用,其着眼点在劳动工具、劳动对象的变革上,并考察了农业改良和机器运用的结果。更重要的是,他将技术进步的影响分析贯穿于整个理论,考察了技术进步与土地生产率、地租率、劳动生产率、工资率、资本效率、利润率及资本形成率等的相互关系。

第三,李嘉图对技术进步的分析。李嘉图分析了技术进步在劳动对象和劳动工具上引起的变革:农业改良和机器的运用。他认为,农业改良有增进土地生产力的改良和节省劳动的改良两种形式。关于第一种改良,他认为"使土地生产力增加的改良措施,就是更技巧地轮种谷物或更好地选择肥料等。这种改良确实能使我们从较小量的土地上获得同量的产品"[①]。由于这种增加产出的改良,从事谷物生产的每个工人的产出及每亩地的产出将提高。节省劳动的改良是指土地上所用资本的构成方面的改良,如农具的改良。这种改良不会增进土地的生产力,但能用较少的劳动获取土地产品,因而会降低产品的相对价值,降低货币地租,但不会降低谷物地租。李嘉图认为,达到长期静态均衡时,两种农业改良对地租的影响是相同的。它们都会提高资本利润率和积累率,使谷物的需求进而谷物的产量更快地增长。关于机器的运用,李嘉图认为,在制造业部门运用机器是资本积累的结果。随着资本积累,更多的、越来越差的土地会投入耕种,造成自然工资率的提高,且

① 大卫·李嘉图.政治经济学及赋税原理[M].商务印书馆,1976:66。

资本积累本身也伴随着货币工资的提高。工资提高的结果是劳动成本相对提高,利用机器来替代劳动则可以缓解这种矛盾。他还认为,伴随机械化的内生趋势的资本积累必然同就业增长联系在一起。机械化的生产在短期内会减少就业量,但是,由于机器的采用会降低生产成本和商品价格,从而增加利润,这些超额利润的一部分可用于再投资,这样就对就业产生有利的长期效应,最终增加劳动需求,从而加速经济增长。

李嘉图还认为技术革新的速度会影响边际生产率递减的速度。即使在资本存量不增加时,技术进步也会提高资本和劳动的边际生产率,抑制收益递减势头,导致更大的产出。在技术进步的影响下,可能使利润率在相当长的时期内不断提高。资本积累率可能会超出生物学上的可能的人口增长率,导致实际工资在较长时期内处于自然工资之上,从而使经济以较慢的速度向静止状态接近。但当来自技术进步的刺激枯竭后,收益递减势头又重占上风,经济上又恢复了向静态的不断逼近。另外,李嘉图还认为生产函数的技术系数是可变的。他曾提出在劳动工资上涨的情况下,要使用等量劳动就需追加资本。他有关耕作集约化的观点,也表明追加不等量的劳动和资本到定量土地上的可能性。

**2. 现代西方经济增长理论**

1929 年 10 月,美国纽约证券市场的崩溃,引爆了资本主义世界空前的经济危机,导致了长期的经济萧条,旧经济理论本身也因此陷入了危机。在这种情况下,英国剑桥大学的经济学家凯恩斯于 1936 年出版了他的名著《就业、利息和货币通论》,这是西方经济学发展的一个转折点,现代宏观经济理论从此产生。凯恩斯从总量分析入手提出了“国民收入理论”,即产出量和就业量的总水平决定于总有效需求,认为“需求会自行创造供给”,并精辟地引出了一套政府干预经济以缓和周期波动、减少失业的政策措施。哈罗德—多马经济增长模型标志着现代西方经济增长理论的开端。

(1) 哈罗德-多马的经济增长理论。哈罗德在考察了均衡增长率以后,进而提出了自然增长率的概念。自然增长率就是在人口和技术都发生变动的情况下,社会所允许达到的最大增长率。这个增长率决定于年平均的劳动力增长率和年平均的劳动生产率的增长率。例如,年平均的人口和劳动力增长率为 1%,年平均每个工人产量的增加率为 2%,那么自然增长率为 3%,在这种条件下可以实现劳动力的充分就业。

哈罗德认为,只有在实际增长率、自然增长率、均衡增长率相等的条件下,才能保持充分就业条件下的稳定增长,也就是琼·罗宾逊夫人所称道的“黄金时代”。因为这对生产者来说是一个理想的状态,既能保证固定资本充分利用,又能保证全部有劳动能力的工人就业,以获取最大的净利润。一旦这种均衡被打破,就会出现经济的长期停滞或长期膨胀,不能够自动恢复到均衡状态。

哈罗德-多马模型并没有对技术因素进行动态、合理的分析,它所要解决的主要是经济增长的动态化和长期化。但是,通过对模型的分析可以看出,技术因素对经济增长的影响主要体现在两个方面:一方面是哈罗德模型的资本-产出比 v 和多马模型中的资本生产率 $\sigma$。根据前面的分析,两者是呈反比关系的。根据模型的经济增长公式,可以得出 v($\sigma$)的变化直接关系到实际经济增长率的大小,并与实际经济增长率成反比(正比)。而技术进步可以通过减少闲置资本比率和提高资本生产率两个方面来提高生产能力,降低 v 的数值,从而提高经济增长率。另一个方面是自然增长率。前面指出,自然增长率包括年平均的劳动力增长率和年平均的劳动生产率的增长率两个部分,技术进步可以提高劳动生产率从而提高自然增长率。由于保持充分就业条件下的稳定增长的前提是实际经济增长率、自然增长率和有保证的经济增长率三者保持一致,因此,技术进步也可以通过改变自然增长率从而要求改变有保证的经济增长率。

(2) 新古典经济增长理论。新古典经济增长理论对技术进步的研究是在引入柯布-道格拉斯生产函数的条件下进行的。20 世纪 30 年代,美国经济学家柯布和道格拉斯研究了 1899—1922 年美国的统计资料,试图找到资本、劳动和产量三者之间的关系,为此建立了这一期间的生产函数。西方经济学家称其为柯布—道格拉斯生产函数。由于该种函数形式完全满足新古典经济增长理论对生产函数的假定要求,因而被广泛应用在经济增长理论的研究中。其表现形式为

$$Y = AK^{\alpha}L^{\beta} \tag{2-50}$$

式中:Y 为产量;L 为劳动投入量;K 为资本投入量;A 为常数;$\alpha + \beta = 1$。

在技术进步的条件下,柯布—道格拉斯生产函数可表示如下:

$$Y(t) = e^{\lambda t} \cdot K^{\alpha}(t) \cdot L^{\beta}(t) \tag{2-51}$$

式中:$e^{\lambda t}$ 为技术因子;$\lambda$ 取决于技术进步状况。将上式取自然对数,则:

$$\ln Y(t) = \lambda t + \alpha \ln K(t) + \beta \ln L(t) \tag{2-52}$$

再对时间进行求导,得:

$$G_Y = \alpha G_K + (1 - \alpha) G_L + \lambda \tag{2-53}$$

式中:$G_Y$ 为经济增长率;$G_K$ 为资本增长率;$G_L$ 为劳动增长率;$\lambda$ 为技术水平。这就是技术进步条件下的新古典经济增长模型。

这一模型的经济含义是:当技术进步时,即 $\lambda > 0$,即使人均的资本装备率(人均使用资本的数量)不变,人均的收入仍会增加。新古典经济学派的经济学家根据这一模型所提供的基本方法即所谓“剩余法”,对美国、日本、欧洲等国现代经济增长进行测算,都表明技术进步对经济增长有决定性的贡献。

(3) 经济增长要素分析法。在索洛新古典增长模型中,由于“技术进步”是对排除已知要素投入贡献的所有“剩余”贡献的度量,因此,它不仅包含了技术进步本身,还包含了其他因素,如要素质量提高等。在此基础上,丹尼森、库兹涅茨等人对增长因素进行了进一步的分析,通过剩余估算法和长期统计分析法对经济增长因素进行了实证研究。

第一,丹尼森的分析。美国著名经济增长理论研究专家丹尼森是美国布鲁金斯研究所的研究员,在经济增长因素的研究方面是“最有卓见分析”的经济学家之一。他以美国为样本所进行的经济增长因素分析,开创了以因素分析寻求经济增长对策的先河,对现代经济增长理论做出了重要贡献。丹尼森把影响经济长期增长的因素归结为八个方面:使用的劳动者数量和他们的构成;工作小时;使用的劳动者的教育程度;资本存量的规模;知

识的状态；分配到无效使用中的劳动的比重；市场规模；短期需求压力的格局和强度。根据丹尼森的计算，1948—1969年美国经济增长中贡献较大的前五名分别为：知识进展（技术创新和管理、组织的改进）占31%；完成的工作量（工作小时、劳动力构成、就业率等）占29%；资本存量的增长占15.8%；教育占14%；资源配置的改进占8.5%。

根据丹尼森的估算，把教育和知识进展两种贡献因素相加，占总增长的45%，这是任何其他因素都无法与之相比的。因此，丹尼森认为，"由于知识成比例于生产的进展，它能从既定资源数量的提高获取产出量。对于单位投入产出量的持续长期增长来说，知识进展是最大的和最基本的原因"①。丹尼森认为，知识进展不是单一的因素，对它要综合理解，它通常包括技术知识（如涉及物理性东西的知识，即如何制造、组合和在物理意义上使用它们）和管理知识（如企业组织知识和在广义上解释的管理技术）。知识的进展也包括了来自本国或国外的知识和以各种方式获取的知识。丹尼森认为技术进步通过提高劳动生产率从而对经济增长有重要的贡献，但技术进步不是唯一的因素。知识进展所包含的技术、管理、组织对劳动生产率提高都有影响。

第二，库兹涅茨的分析。西蒙·库兹涅茨是美国当代著名经济学家，他在经济增长理论方面的贡献受到国际经济学界很高的评价。他在国民生产总值、国民收入计量和经济增长方面的创造性研究使他获得了1971年的诺贝尔经济学奖。库兹涅茨对现代经济增长因素的分析是运用统计分析的方法，通过对国民生产总值及其组成部分的长期估量、分析与研究进行各国经济增长的比较，从各国经济增长的差异中探索影响经济增长的因素。

库兹涅茨提出经济增长的因素主要是知识存量的增加、劳动生产率的提高和结构方面的变化。他提出，现代经济增长受到时代革新的推动，迅速增加了世界技术知识和社会知识的存量，当这种存量被利用的时候，它就成为现代经济高比率的总量增长和迅速的结构变化的源泉。库兹涅茨强调，发达国家的现代化经济增长时期的总体增长率和生产结构变换率都比以前高得多。人均产值和生产率的高增长率是与在生产中大规模地应用新知识和技术革新相联系的，并导致了生产结构的高变换率：技术进步会引起产品的创新，从而影响消费结构；技术变革的涌现节约了运输和通讯成本，扩展了国际贸易的范围，引起进出口结构的变动；技术革新及其扩散加快了生产结构的变动。

第三，熊彼特的创新理论。约瑟夫·阿洛伊斯·熊彼特（1883—1950年）②，美籍奥地利人，是当代西方著名经济学家。《经济发展理论》一书是他早期成名之作。熊彼特在这本著作里首先提出的"创新理论"（Innovation Theory），曾轰动西方经济学界，并且长期享有盛名。熊彼特认为，所谓"创新"，就是"建立一种新的生产函数"，也就是说，把一种从来没有过的关于生产要素和生产条件的"新组合"引入生产体系。在熊彼特看来，作为资本主义"灵魂"的"企业家"的职能就是实现"创新"，引进"新组合"。所谓"经济发展"，也就是针对整个资本主义社会不断地实现这种"新组合"而言的。他还认为，"创新"是一个经济

① 丹尼森.美国经济增长核算1929—1969[M].布鲁金斯研究所，1974:79。

② 约瑟夫·阿洛伊斯·熊彼特的主要著作有《经济发展理论》(1912)、《经济周期：资本主义过程之理论的、历史的和统计的分析》(1939)、《资本主义、社会主义和民主主义》(1942)和《经济分析史》(1955)。

范畴，而非技术范畴，它不是指科学技术上的发明创造，而是指把已发明的科学技术引入企业之中，形成一种新的生产能力。熊彼特的“经济发展理论”或者说他的“创新理论”具有以下三大特点：①非常强调生产技术的革新和生产方法的变革在资本主义经济发展过程中的至高无上的作用，并把这种“创新”或生产要素的“新组合”看成是资本主义最根本的特征；因而认为没有“创新”，就没有资本主义，就没有资本主义的产生，更没有资本主义的发展。②极力强调“变动”和“发展”的观点，强调并采用了历史的方法；同时认为“创新”是一个“内在的因素”，“经济发展”也是“来自内部自身创造性”的一种变动，从而又强调了社会经济制度“内在因素”的作用。③非常强调和重视“企业家”在资本主义经济发展过程中的独特作用，把“企业家”看作是资本主义的“灵魂”，是“创新”、生产要素“新组合”以及“经济发展”的主要组织者和推动者。

(4) 内生经济增长理论。内生经济增长理论又称为新经济增长理论，其代表人物是罗默和卢卡斯。新经济增长理论认为，知识和生产要素本身就是一个生产投入要素，而不是传统经济增长理论认为的知识和技术在经济增长中只能起部分的辅助作用。20 世纪 90 年代以来，罗默在他的内生技术进步模型中，将增长的源泉置于社会劳动分工之中，表现为不同的、专业化的生产投入数量的增长，并且增长的核心是一种要支付报酬的活动，即研究开发(技术创新)的结果。罗默将经济划分为研究部门、中间产品部门和最终产品部门三个部门将生产投入分为有形资本、非技术劳动力、人力资本和技术四种类型。技术水平可以无限制增长，但人力资本在所有经济中是固定的，同时人力资本可用于新知识的生产(研究部门)和最终产品的生产。经济增长率与人力资本存量和研发部门的生产率成正比，与时间贴现率成反比，而与人口规模无关。

卢卡斯则强调了人力资本所持有的特定知识与一般知识的差别，认为知识是人力资本的一种形式，而人力资本是增长的源泉。卢卡斯认为，对人力资本投资具有内部效应和外部效应：一方面，对劳动者的投资可提高自身的劳动生产率；另一方面，由于劳动者的技能可以在人们之间传递，进而可以提高其他劳动者和物质资本的生产效率，形成产出的递增收益。

(5) 技术差距理论。以索洛为代表的新古典经济学派认为，在技术成为公共产品并可以迅速扩散、劳动力可以完全流动的前提下，每一个国家的发展都会渐进到一个相似的稳定状态，即增长的趋同。发展中国家的经济增长速度将会大于发达国家的增长速度。但这一假说并没有在许多贫困地区的发展中得到证实，如我国的西部地区。

技术差距理论的代表人物是挪威的简·费格伯格。他把经济过程看作是两种冲突力量相互作用的非均衡过程。这两种力量是创新和模仿。创新致力于增加国与国之间的技术和经济差距。模仿则力图缩小这种差距。技术差距理论有四个假设：在一国的技术和经济发展水平之间存在着密切的关系；一国的经济增长率受到一国技术水平增长率的正影响；一个处于低水平的国家可以通过模仿提高其经济增长率；一国利用技术差距的能力，取决于动员资源进行社会、制度和经济结构变革的能力。费格伯格通过对 71 个国家和地区的研究表明，存在着后发达国家的追赶。对于新兴工业化国家、半工业化国家而言，扩散对经济增长所作的贡献要比创新大，但随着与工业化国家差距的减小，创新就变得越来越重要。

3. 现代经济增长理论中技术进步的分类

(1) 希克斯对技术进步的分类。约翰·希克斯在他的《工资理论》中提出:"我们能够依据发明的初始效应使资本边际产量与劳动边际产量之比增大、保持不变或减小,来对它们进行分类,我们可以把这些发明分别称为'节约劳动的'、'中性的'和'节约资本的'。"如果把技术进步开始之前资本和劳动的边际产量分别表示为 $F_k(0)$ 和 $F_L(0)$,把技术进步之后的资本和劳动的边际产量分别表示为 $F_k(t)$ 和 $F_L(t)$,希克斯的定义也可以概括如下:

如果 $F_k(0)/F_L(0) > F_k(t)/F_L(t)$,则该技术进步为节约劳动的;

如果 $F_k(0)/F_L(0) = F_k(t)/F_L(t)$,则该技术进步为希克斯中性的;

如果 $F_k(0)/F_L(0) < F_k(t)/F_L(t)$,则该技术进步为节约资本的。

我们知道,在竞争条件下,资本的边际产量等于资本的租金率,劳动的边际产量等于工资率。节约劳动的技术进步意味着工资率相对于资本的租金率呈下降趋势。在技术进步之后,相对于资本而言,劳动就不那么稀缺了。如果当资本—劳动比为任何一种不变值时,资本边际产量对劳动边际产量之比增大(减小),每一工人生产函数的向上移动所表示的技术进步就称之为节约劳动型(节约资本型)的。如果当资本—劳动比为任何一种不变值时,资本边际产量对劳动边际产量的比保持不变,每一工人生产函数的向上移动所表示的技术进步就称之为希克斯中性的。希克斯对技术变革的分类是专门在有关工资和分配理论的范围内确立的,它仅限于在具有不变的资本—劳动比的各点之间进行比较,因而在有关传统的经济增长的稳态模型的范围内并不适用。

(2) 哈罗德对技术进步的分类。罗伊·哈罗德 1937 年发表在《经济学杂志》上的一篇文章中引入了与他的名字相关的技术进步分类法,但最为人们所熟知的还是出自他的《动态经济学》中的论述:"我把中性技术进步定义为在不变的利息率下不干扰资本系数值的进步"以及"被定义为中性的发明,在利息率不变的条件下,将使国民生产总值在(广义)劳动和资本之间的分配不变"。他把资本系数定义为"每个时期所使用的资本量与收入之比",即资本-产出比;而且,在竞争条件下,假定无风险,利息率将等于资本的边际产量。

哈罗德认为,如果当资本-产出比为任何一个不变值,而相对份额比 $rK/(\omega L)$ 增加(减少),那么技术进步称为哈罗德意义上的节约劳动型(节约资本型);如果当资本-产出比为任何一个不变值,而相对份额比 $rK/(\omega L)$ 保持不变,那么技术进步就称为哈罗德中性的。

由此,希克斯和哈罗德对技术进步分类的方法都可简化为,研究总体生产函数的移动对资本和劳动的相对份额的影响,但他们分类的不同之处在于对原来的与新的生产函数上的哪些点加以比较——哈罗德的方法适用于比较资本—产出比相同的各点,而希克斯体系则适用于比较资本—劳动比相同的各点。

## □ 三、我国技术投资与社会经济发展的现状

1. 我国技术投资与社会经济发展的关系

技术进步对我国社会经济持续增长具有重要意义。由于体制、机制和政策方面的问题,技术进步对我国社会经济增长的促进作用并没有很好地发挥出来,还存在一些问题。

因此,"十二五"时期必须把加快技术进步放在社会经济发展的战略优先地位,要继续推进经济体制改革、进行管理创新和制度创新,注重技术创新,把自主开发与技术引进和消化吸收相结合,努力提高技术进步对社会经济增长的贡献。"十二五"时期,我国技术进步的重点是产业技术进步,技术进步的主要目标是增强产业的国际竞争力。

长期以来,在整体社会经济持续快速健康发展的同时,我国的技术投资规模保持着较高的增长率。由表 2-10 可看出,多年以来,我国全社会研究与实验发展经费支出每年基本都以两位数的速度在增长,除了 1998 年亚洲金融危机导致当年的研发支出以个位数的速度增长外。尤其是 2000 年以来,我国全社会研究与实验发展经费支出的年均增长率更是超过了 20%,技术投资规模增长迅速,这为我国的社会经济结构转型和产业结构升级打下了坚实的基础,促进了国内社会经济增长方式转变和经济的持续发展。

**表 2-10　1989—2012 年我国全社会研究与实验发展经费支出和社会总产值变化情况**

| 年度 | 全社会研发经费支出(亿元) | 增长率(%) | 国民生产总值(现价)(亿元) | 增长率(%) | 国内生产总值(现价)(亿元) | 增长率(%) |
|---|---|---|---|---|---|---|
| 1989 | 112.31 | — | 17 000.919 11 | 13.06 | 16 992.32 | 12.96 |
| 1990 | 125.43 | 11.68 | 18 718.322 38 | 10.10 | 18 667.82 | 9.86 |
| 1991 | 142.30 | 13.45 | 21 826.199 41 | 16.60 | 21 781.5 | 16.68 |
| 1992 | 169.00 | 18.76 | 26 937.276 45 | 23.42 | 26 923.48 | 23.61 |
| 1993 | 196.00 | 15.98 | 35 260.024 71 | 30.90 | 35 333.92 | 31.24 |
| 1994 | 222.00 | 13.27 | 48 108.456 44 | 36.44 | 48 197.86 | 36.41 |
| 1995 | 349.00 | 57.21 | 59 810.529 21 | 24.32 | 60 793.73 | 26.13 |
| 1996 | 404.50 | 15.90 | 70 142.491 65 | 17.27 | 71 176.59 | 17.08 |
| 1997 | 509.20 | 25.88 | 78 060.852 76 | 11.29 | 78 973.03 | 10.95 |
| 1998 | 551.10 | 8.23 | 83 024.279 77 | 6.36 | 84 402.28 | 6.87 |
| 1999 | 678.90 | 23.19 | 88 479.154 75 | 6.57 | 89 677.05 | 6.25 |
| 2000 | 897.70 | 32.23 | 98 000.454 31 | 10.76 | 99 214.55 | 10.64 |
| 2001 | 1 042.50 | 16.13 | 108 068.220 6 | 10.27 | 109 655.2 | 10.52 |
| 2002 | 1 287.60 | 23.51 | 119 095.689 3 | 10.20 | 120 332.7 | 9.74 |
| 2003 | 1 539.60 | 19.57 | 134 976.971 9 | 13.33 | 135 822.8 | 12.87 |
| 2004 | 1 966.30 | 27.71 | 159 453.604 8 | 18.13 | 159 878.3 | 17.71 |
| 2005 | 2 450.00 | 24.60 | 183 617.374 6 | 15.15 | 184 937.4 | 15.67 |
| 2006 | 3 003.10 | 22.58 | 215 904.405 6 | 17.58 | 216 314.4 | 16.97 |
| 2007 | 3 710.20 | 23.55 | 266 421.999 1 | 23.40 | 265 810.3 | 22.88 |
| 2008 | 4 616.00 | 24.41 | 316 030.338 8 | 18.62 | 314 045.4 | 18.15 |
| 2009 | 5 791.90 | 25.47 | 340 319.952 | 7.69 | 340 902.8 | 8.55 |
| 2010 | 6 980.00 | 20.51 | 399 759.539 4 | 17.47 | 401 512.8 | 17.78 |
| 2011 | 8 610.00 | 23.35 | 468 562.377 6 | 17.21 | 473 104 | 17.83 |
| 2012 | 10 240.00 | 18.93 | 516 282.061 8 | 10.18 | 518 942.1 | 9.69 |

资料来源:中经网统计数据库。

鉴于技术投资在促进社会经济增长方面的重要作用，国内有学者对两者之间的关系进行了实证检验。赵志耕等(2007)研究了中国社会经济增长过程中资本积累与技术进步的动态融合，发现就中国这样一个处于工业化进程中的国家而言，技术进步进程往往是与资本积累进程动态地有机融合在一起的，通过全要素生产率的计算很难观察出这种资本体现式技术进步水平。中国过去高投入式增长是工业化和城市化进程加快的一个阶段性现象，全要素生产率低也是以技术模仿为主、以设备投资为主的经济增长历程中的一个阶段性现象。况且，即便过去20多年来中国的高速经济增长是高投入型增长，但因在这种高投入中的设备资本投资包含着我们没有考虑到的技术进步，因此，中国经济高投入式增长未必就完全属于粗放型增长，更不一定就是低效增长，否则，中国的高速经济增长也不会持续这么长时间①。刘伟和张辉(2008)研究了中国社会经济发展中的产业结构变迁和技术进步，两者将技术进步和产业结构变迁从要素生产率中分解出来，实证度量了产业结构变迁对社会经济增长的贡献，并将其与技术进步对社会经济增长的贡献相比较。研究表明，改革开放以来，产业结构变迁对中国社会经济增长的影响一度十分显著，但是，随着我国市场化程度的提高，产业结构变迁对社会经济增长的推动作用正在不断减弱。20世纪80年代，结构变迁效应的贡献率一直大于50%，产业结构变迁对社会经济增长的贡献甚至超过了技术进步的贡献；20世纪90年代初期和中期，产业结构变迁对社会经济增长的贡献和技术进步的贡献基本持平；1998年以后，产业结构变迁对社会经济增长的贡献变得越来越不显著，逐渐让位于技术进步，即产业结构变迁所代表的市场化的力量已经逐步让位于技术进步的力量②。宋冬林等(2011)将资本分为建筑资本和设备资本两类，利用内生经济增长模型阐释资本体现式技术进步对社会经济增长的作用，并利用资本质量指数调整设备资本存量，考察资本即期服务效率调整后的资本体现式技术进步对社会经济增长的贡献率，结果发现，设备资本投资中的体现式技术进步年均增长率为4.78%，对社会经济增长的贡献率为10.6%，占资本贡献的14.8%。技术进步贡献呈阶段性变化，且不同类型技术进步贡献出现分化。相对于20世纪80年代，90年代后资本体现式技术进步贡献呈平缓下降趋势，而中性技术进步贡献呈现先降后升的V型变化特征，但降幅大、升幅小。因此，若不从根本上扭转技术进步贡献的下降趋势，社会经济高增长将无法长期持续③。

**2. 我国技术投资与社会经济结构的关系**

从技术投资的区域结构来看，我国技术投资具有区域结构效应和区域差异性。傅晓霞和吴利学(2006)提出了基于随机前沿生产函数的地区增长差异分析框架，将各地区人均产出差距分解为人均资本差异、经济规模差异和全要素生产率代表的技术进步差异三个部分。利用改革时期的省级数据，发现尽管要素投入仍然是中国经济增长的主要源泉，但全要素生产率代表的技术进步是造成地区差异的重要原因，在地区人均产出差异中的贡献份额不断提高，将成为今后中国地区增长差异的主要决定力量。而且，1990年以来

① 赵志耕，吕冰洋，郭庆旺，贾俊雪.资本积累与技术进步的动态融合：中国经济增长的一个典型事实[J].经济研究，2007(11)。

② 刘伟，张辉.中国经济增长中的产业结构变迁和技术进步[J].经济研究，2008(11)。

③ 宋冬林，王林辉，董直庆.资本体现式技术进步及其对经济增长的贡献率[J].中国社会科学，2011(2)。

中国各地区全要素生产率呈现出绝对发散趋势，严重的技术扩散壁垒加剧了体制转轨过程中的“马太效应”，短期内地区差距不会随经济发展而缩小，政府需要通过适当的政策对地区发展进行调节，尤其要促进地区间技术扩散，使各地区更好地分享技术创新和体制创新的成果[①]。同时，杨文举(2006)运用数据包络分析，将1990—2004年中国各省的劳动生产率变化分解成技术效率、技术进步和资本深化所引致的变化三个部分，分析了它们对经济增长的影响，并通过相对趋同测试探讨了中国地区差距的演化历程及其背后的原因，结果发现，20世纪90年代以来，技术效率的变化、技术进步和资本深化都促进了中国各省劳动生产率的提高，而且资本深化的贡献最大；中国省际劳动生产率增长差距在此期间显著地扩大了，其中，技术进步的省际差异是其主要原因，而技术效率和资本深化的省际差异却对此具有明显的抑制作用[②]。可见，我国不同区域技术投资和技术进步对经济增长的效应具有差异性。

从技术投资的产业结构来看，改革开放30多年来，我国社会经济持续快速增长，综合国力显著增强，但是，产业结构不平衡仍是制约我国社会经济发展的主要原因。产业结构的调整是当今各国社会发展经济的重要方式，调整和建立合理的产业结构，能够促进经济和社会的发展。现代学者认为，我国经济要持续稳定地发展，不断进行产业结构的调整是关键，技术进步是产业结构调整的根本途径。张永鹏等(2009)模拟了三次产业以及第二产业内部各产业的生产函数，从而得出各个产业的技术进步率；并且利用技术进步的产业结构弹性分析了技术进步对重庆市产业结构的影响，发现技术进步对重庆市第一产业结构影响最大，第三产业次之，对第二产业影响最小；第二产业内部，技术进步对建筑业和电力燃料等产业影响较大，对制造业影响不大[③]。李健和徐海成(2011)则基于1978—2006年的时间序列数据，运用向量自回归(VAR)模型，在此基础上进行协整分析、Granger因果分析，并用脉冲响应函数对技术进步和技术效率对产业结构调整的动态效应进行分析，结果发现，我国技术进步与产业结构调整不相协调，技术效率是第一、第二产业比重变化的主要原因，技术进步和技术效率对第二产业的调整影响比较大，但对第三产业的影响力度比较小，技术进步是深化和优化产业结构的根本途径[④]。龚轶等(2013)研究了技术创新推动下的中国产业结构进化，结果发现，技术创新导致了劳动生产力的不断上升以及物质资本成本的不断下降，两者的共同作用推动中国的产业结构变动和进化。其中，物质资本节约型创新推动着以产出衡量的结构进化，是产业结构进化的主要推动力。劳动力节约型创新和物质资本节约型创新共同作用，推动劳动力从第一产业不断向第二产业和第三产业转移。技术创新是企业获得持续竞争优势的来源，是产业进化的主要推动力[⑤]。可见，技术投资和技术进步在产业升级过程中发挥着重要的作用。

---

① 傅晓霞，吴利学. 技术效率、资本深化与地区差异—基于随机前沿模型的中国地区收敛分析[J]. 经济研究，2006(10)。

② 杨文举. 技术效率、技术进步、资本深化与经济增长：基于DEA的经验分析[J]. 世界经济，2006(5)。

③ 张永鹏，苟靠敏，王波. 技术进步对产业结构影响的实证研究[J]. 统计与决策，2009(12)。

④ 李健，徐海成. 技术进步与我国产业结构调整关系的实证研究[J]. 软科学，2011(4)。

⑤ 龚轶，顾高翔，刘昌新，王铮. 技术创新推动下的中国产业结构进化[J]. 科学学研究，2013(8)。

## 阅读文献


[1] 王明友.知识经济与技术创新[M].经济管理出版社,1999。

[2] 杨大楷.投资学[M].高等教育出版社,2004。

[3] 孙淑军.人力资本与经济增长——以中国人力资本估计为基础的经验研究[D],辽宁大学博士学位论文,2012。

[4] 李亚玲,汪戎.人力资本分布结构与区域经济差距[J].管理世界,2006(12)。

[5] 姚先国,张海峰.教育、人力资本与地区经济差异[J].经济研究,2008(5)。

[6] 于凌云.教育投入比与地区经济增长差异[J].经济研究,2008(10)。

[7] 赵志耕,吕冰洋,郭庆旺,贾俊雪.资本积累与技术进步的动态融合:中国经济增长的一个典型事实[J].经济研究,2007(11)。

[8] 张永鹏,苟靠敏,王波.技术进步对产业结构影响的实证研究[J].统计与决策,2009(12)。

[9] 李健,徐海成.技术进步与我国产业结构调整关系的实证研究[J].软科学,2011(4)。

[10] 龚轶,顾高翔,刘昌新,王铮.技术创新推动下的中国产业结构进化[J].科学学研究,2013(8)。

[11] 杨大楷,冯体一.长江三角洲区域科技创新能力实证研究[J].上海财经大学学报,2008(12)。

[12] 杨大楷,冯体一.公共教育投资对不同产业就业的影响[J].贵州社会科学,2009(7)。

[13] 杨大楷,孙敏铮.我国公共投资经济增长效应的实证研究[J].山西财经大学学报,2009(8)。

[14] 杨大楷,孙敏.公共投资与宏观经济结构的实证研究[J].经济问题,2009(4)。

[15] 余宇新,杨大楷.我国医疗资源配置公平性的理论与实证研究[J].经济体制改革,2008(11)。

## 习题与案例

**一、名词解释**

1. 资本　　2. 投资乘数　　3. 加速原理

4. 人力资本　　5. 预期收入法　　6. 教育指标法

**二、简答题**

1. 请用投资乘数—加速原理相互作用模型解释投资与经济增长的关系。

2. 人力资本存量的估计方法有哪几种?

3. 人力资本投资主要由哪几部分构成?

4. 请阐述亚当·斯密对技术进步的认识。

5. 请阐述希克斯对技术进步的分类。

6. 请简要评价新古典经济增长理论。

## 三、论述题

1. 试分析哈罗德模型的经济学含义。

2. 试述人力资本对经济发展的作用。

3. 谈谈应该怎样搞好我国的人力资本投资。

## 四、计算题

1. 在新古典增长模型中,集约化生产函数为 $y = f(k) = 2k - 0.5k^2$,人均储蓄率为 0.3,假设人口增长率为 3%,求使经济均衡增长的 k 值。

2. 在新古典增长模型中,集约化生产函数为 $y = f(k) = 2k - 0.5k^2$,假设人口增长率为 3%,求黄金分割率所要求的人均资本存量。

3. 假设两部门经济中,社会消费函数 $C = 100 + 0.74Y$,投资为 $I = 50$。(1) 求均衡收入;(2) 如果当时实际产出为 1 000,试求企业非计划存货投资。

4. 假设社会消费函数 $C = 100 + 0.8YD$(YD 为可支配收入),投资 $I = 200$,政府购买支出 $G = 100$,税收 $T = 0.25Y$,求该经济体的投资乘数。

## 五、案例分析题

### 案例 2-1　人力资本问题在 A 公司发展进程中日渐凸显

A 公司成立于 2000 年,注册资本 2600 万元人民币,总资产 1.1 亿元,是一家从事电子元器件研究、开发、制造、销售的高新技术企业。该公司占地 15 000 平方米,现有员工 379 人。该公司是专门从事研发、生产、销售电子频率元器件及电子光学器件的专业化企业。

从员工的学历分布来看,该企业对生产岗位的员工学历要求不高,企业大部分员工为中专学历。随着企业间竞争日渐加剧,企业近两年在人员的调整和补充方面,逐渐重视员工的学历,所以,2010—2011 年员工中大专生和本科生人数的比例有所提高。据统计,A 企业员工平均年龄为 29 岁,其中 30 岁以下的员工 209 名,30—40 岁的员工 103 名,40—50 岁的员工 55 名,50 岁以上的员工 12 名。总体来说,这些员工构成了一个年轻化的团队。

随着国内市场化进程的日益深化,A 企业在其发展的过程中认识到了人力资本的重要性,因此,在近几年也逐渐增加了人力资本投资的力度。但同时,与大多数企业一样,A 企业在人力资本投资过程中遇到了一些问题:一是,员工流失。虽然该企业每年对内部员工的投资都能维持在一个较为稳定的水平,但员工的流失率仍然居高不下,特别是近几年尤为明显。二是,投资效果不明显,投资积极性不高。企业管理层认为每年在人力资本方面的投入不少,但取得的效果并不是很明显,也没有给企业带来多少效益的增加。例如企业培训,公司每年年初都会将培训费用纳入到财务预算中,并在预算范围内进行,主要是通过聘请外部专业人员为员工进行培训,大多数为集体形式,也有一部分是针对不同部门单独组织的。由于人力资本投资的效果评估对企业来说一直是一个难题,企业管理者对培训效果的评估一般是观察员工的工作表现和核算企业效益的增加值,而得到的结果往往达不到预期的目标。因此管理者对人力资本投资的积极性不高,也不愿再扩大人力资本投资规模。

根据你对人力资本的理解并结合管理学知识,谈谈对该公司存在问题的解决对策。

## 案例 2-2 技术投资与经济增长的关系研究

河北省为我国东部沿海省份之一,毗邻北京、天津两大直辖市,与山东、山西、河南、辽宁接壤。1978—2002年,河北省GDP保持着比较高的增长速度,24年平均每年增长10.82%。这一速度比全国平均水平高出0.98个百分点,同时也高于山西省和辽宁省;但低于经济较为发达的江苏省和山东省,使得河北省与上述两省的差距进一步拉大。这24年又可分为两个阶段:1978—1988年为第一阶段,河北省经济增长速度明显偏低,仅略高于山西和辽宁,低于全国平均水平和其他对比省份。1988—2002年为第二阶段,河北省的经济增长率仅低于江苏省和山东省两个经济较发达省份,而高于全国平均水平和其他对比省份①。表2-11、表2-12分别列出了河北省各项科技投入与经济的相关系数、科技投入增长率与GDP增长率相关系数,请结合所学知识分析一下技术投资和经济增长的关系。

**表 2-11　河北省各项科技投入与经济的相关系数**

| 科技投入指标 | 与GDP相关系数 | 与地方财政支出相关系数 | 与GDP增长率相关系数 |
|---|---|---|---|
| 全部科技专业人员 | 0.9210 | 0.8935 | −0.1172 |
| 从事科技活动的人员 | 0.8706 | 0.7518 | −0.2130 |
| 从事R&D活动的人员 | 0.8897 | 0.7623 | −0.2306 |
| 科技活动经费总量 | 0.9491 | 0.8955 | −0.3482 |
| 人均科技经费支出 | 0.9504 | 0.8938 | −0.3389 |
| R&D经费 | 0.9184 | 0.8837 | −0.4428 |
| 科技三项经费总量 | 0.9434 | 0.7790 | −0.4152 |

资料来源:孟祥云.科技进步与经济增长互动影响研究[D].天津大学博士学位论文,2010。

**表 2-12　科技投入增长率与GDP增长率相关系数表**

| 科技投入指标 | 与GDP增长率相关系数 | 科技投入指标 | 与GDP增长率相关系数 |
|---|---|---|---|
| 全部专业科技人员 | −0.1595 | 人均科技经费支出 | 0.2254 |
| 从事科技活动的人员 | 0.1143 | R&D经费 | 0.1969 |
| 从事R&D活动的人员 | 0.0770 | 科技三项经费总量 | 0.4793 |
| 科技活动经费总量 | 0.2217 | | |

资料来源:同表2-11。

① 孟祥云.科技进步与经济增长互动影响研究[D].天津大学博士学位论文,2010。

## 习题答案

### 一、名词解释

1. 答:资本指投入再生产以获取收入的那部分资财。

2. 答:投资乘数作用是指投资支出变动将导致国民收入同方向、呈倍数地变动,这种由投资支出导致的国民收入变动的倍数称为投资乘数。

3. 答:加速原理说明的是国民收入变化对投资净值变化的影响。

4. 答:人力资本特指凝聚在劳动者身上的知识和技能。

5. 答:预期收入法是指将劳动个体存续期内每年的净收入资本化,将折现值作为衡量人力资本大小的具体数值。

6. 答:以国民受教育程度来间接地描述人力资本的水平的方法,这类方法统称为教育指标法。

### 二、简答题

1. 答:乘数原理说明了收入的变化对投资的作用,加速原理则反过来研究投资的变化对均衡收入的影响。经济学家萨缪尔森据此提出了投资乘数—加速原理的相互作用模型。该模型的基本原理大致为:假设自发性投资增加,由于乘数原理的作用,这一增加的投资支出将引起收入增量的成倍增加;而后,由于加速原理的作用,这一收入增量的增加又将引致新的投资。这一新的投资通过乘数原理,使国民收入进一步增加。如此,乘数原理和加速原理交替作用,引起投资规模的周期性变化。

2. 答:预期收入法、投资成本发、教育指标法、能力测验法等。

3. 答:教育;医疗、保健和营养;人才市场的完善;人力资本的合理流动。

4. 答:斯密认为,劳动分工是技术进步的主要内容,劳动生产率提高的主要动因在于劳动分工的发展,而劳动分工主要发生在制造业部门。劳动分工的程度受市场容量大小的约束。市场容量取决于资本和贸易状况,更大程度的劳动分工,只有在同量工人能被供以更多工具和机器进行生产时才能达到。

5. 答:如果 $F_k(0)/F_L(0) > F_k(t)/F_L(t)$,则该技术进步为节约劳动的;如果 $F_k(0)/F_L(0) = F_k(t)/F_L(t)$,则该技术进步为希克斯中性的;如果 $F_k(0)/F_L(0) < F_k(t)/F_L(t)$,则该技术进步为节约资本的。

6. 答:新古典增长理论一般是指由索洛和斯旺创立的,后经卡斯和库普曼斯重新说明的一个较系统地论述经济增长的理论体系。新古典增长理论为新增长理论提供了重要的思想源泉。新古典增长理论和新增长理论都认为技术进步是经济增长的决定因素,新增长理论只不过是把新古典增长理论视为外生因素的技术进步重新解释为经济系统的内生变量。新古典增长模型为新增长理论的产生提供了重要的工具支持,也正是由于新古典增长模型首先将动态一般均衡分析法引入了增长理论研究中,一些经济学家将新古典增长理论视为现代经济增长理论的起点。

### 三、论述题

1. 答:(1) 哈罗德模型的假设前提:一是全社会只生产一种产品;二是储蓄(S)是国民产量(收入)的函数,即 $S = sY$,这里的 s 代表平均(边际)储蓄倾向;三是生产过程中只使用两种生产要素,即劳动(L)和资本(K);四是劳动力按照一个固定不变的比率 n 增长,这里的 n 是外生地决定的;五是不存在技术进步,也不存在资本的折旧问题;六是生产的规模收益不变。

(2) 在I=S的基础上最后推得：$G_A=\frac{s}{v}$。这里的$G_A$代表国民产量(收入)的实际增长，s代表储蓄倾向，v是资本—产量比率。如果考虑到企业家的预期和意愿等心理因素，而把资本—产出比率理解为企业家意图中想要达到的资本—产出比率(用$v_r$表示)，则基本方程式就可写成：$G_W=\frac{s}{v_r}$。哈罗德把$G_W$称为“有保证的增长率”，它与$v_r$相一致，是企业家感到满意的国民产量(收入)增长率。哈罗德认为，经济的实际增长率必须始终等于“有保证的增长率”，经济才能稳定增长。这一条件可以表示为：$G_A v=s=G_W v_r$。

(3) 哈罗德认为，与此同时，还应考虑就业水平这个因素。要实现劳动力的充分就业，国民产量(收入)的增长率就必须等于劳动力的增长率n，也就是$G_A=G_W=n$。这个等式表明了实现充分就业均衡的必要条件。哈罗德把符合这个条件的增长率称为“自然增长率”，用$G_n$表示。显然，$G_n=n$。$G_n$被认为是社会所能达到的最大的、“最适宜的”增长率。

2. 答：(1) 人力资本投资是加快经济发展的决定因素；

(2) 人力资本投资有利于提高人的知识存量；

(3) 人力资本投资有利于促进人口的流动。

3. 答：要想彻底改变我国人力资本积累水平低、人力资本投资发展落后的局面，以工业化和市场经济的后来者身份赶超先行者，迎接经济全球化和知识经济的挑战，就必须充分发挥人力资本在经济增长中的作用，为此，我们必须解决好以下四个方面的问题。

(1) 加强教育投入，改善不合理的教育投资体制，建设终身教育体系。第一，国家应多渠道筹集教育资金，加大教育投入；第二，建设终身教育体系，构筑学习型社会。

(2) 发展人才市场，建立和完善统一的劳动力市场。第一，在市场经济条件下，解决上述问题的关键是尽快建立和发展人才市场，并通过规范的人才流动机制来调控人才市场，人才在国内的自由流动有助于解决国内人才的余缺调剂和发挥劳动者专业特长；第二，必须尽快消除劳动力市场的二元分割状态，以促进劳动力的自由流动。

(3) 注重人口迁移，着重开拓国际劳务市场。在一定时期，采取政策引导和利益吸引，把东南沿海和人口过密省份的人口迁移到西北地区，这样就可以使人力资本与物质生产资料更好地结合，使资源配置达到优化组合。

(4) 建立起良好的人力资本激励机制。人力资本作用的发挥需要其创造性的劳动。一方面，允许人力资本作价入股，直接参与企业的投资、注册和经营；另一方面，对优秀的企业家、经理要根据其业绩使其合理参与企业的收益分配。

## 四、计算题

1. 答：经济均衡增长的条件是：sy = nk；所以：$0.3\times(2k-0.5k^2)=0.03\times k$，得 k = 3.8。

2. 答：根据公式 $f'(k)=n$，得：$2-k=0.03$，所以 $k=1.97$。

3. 答：(1) Y = C + IC = a + By，所以 Y = (a + I)/(1 − b) = (100 + 50)/(1 − 0.75) = 600

(2) 当实际产出为 y = 1 000 时，总支出 c + i = 100 + 0.75y + i = 100 + 0.75 × 1 000 + 50 = 900，这时企业非计划存货投资为 1 000 − 900 = 100。

4. 答：投资乘数 Im = 1/(1 − b(1 − t)) = 1/(1 − 0.8(1 − 0.25)) = 2.5。

## 五、案例分析

**案例2-1** 答：鉴于该公司在人力资本投资方面的现状和存在的问题，只有加强企业对人力资本的投资管理，才能改善企业人力资本投资的不合理现象，这需要着重从以下四个方面来考虑。

(1) 加强企业人力资本投资成本和收益分析。A公司没有对人力资本投资活动进行有效的分析。

但基于成本和收益对人力资本投资进行有效的分析对企业来说却非常重要。这不仅有利于找出投资过程中的不足并及时改进，还有利于控制投资成本，提高人力资本投资收益，加强企业人力资本决策的科学性和合理性。与物质资本投资一样，人力资本投资最关键的问题仍然是投资效益问题。如果单纯加大投资力度，而不能产生效益，那么，一切都是徒劳的。

(2) 把员工培训作为投资重点。企业培训是相对投资少、收益大的一项投资方式，也是提高企业人力资本质量的重要途径，公司应该把员工知识和技能的提高作为人力资本投资的主要内容。同时，公司培训应针对企业自身发展和员工的需求，制定有针对性的培训计划，并且还要促进培训成果的转化，科学合理地评估企业培训效果。

(3) 建立良好的激励约束机制，减少员工离职率。人才流失是企业人力资本投资最大的损失和风险，如何对人力资本进行有效的激励和约束，降低员工流动率是A公司人力资本投资管理所要面对的重要课题。先进的人才激励机制，广泛吸引人才、留住人才，同时可以在很大程度上避免前期接受人力资本投资的员工因离职给企业带来的投资风险。要想使核心人力资本对组织具有较高的承诺和卓越的绩效表现，就要提供一个极具竞争力和刺激性的物质激励方案。激励的目的是更好地促进并增加核心员工对企业的满意感。

(4) 建立科学合理的收入分配制度。科学合理的收入分配制度主要表现在：一是，根据员工的业绩和能力，通过能者多劳、多劳多得，实施多种价值的薪酬制度，体现公平、公正的原则；二是，建立公司与员工利益共同体，进一步完善薪酬的分配制度，让企业员工真正参与收益的分配，明确人力资本在企业中的产权地位；三是，沉淀福利制度，即要求员工在公司工作一定年限并达到了公司原先设定的目标后才可将某些福利变为现实。

**案例 2-2** 答：(1) 各项科技投入与经济水平高度相关。从计算结果看，各项科技投入与当年的GDP总量相关系数为0.87—0.95；与地方财政支出的相关系数为0.75—0.90。科技投入的数量在很大程度上决定于经济总量，特别是决定于地区生产总值的大小。可见科技投入与当年的经济水平密切相关，一方面，经济总量的大小制约或局限了科技投入的多少；另一方面，科技投入的增加促进了经济的发展。科技投入与GDP之间的相关程度大于与财政支出间的相关程度，就这一点而言，与全国的实证分析结果不同。

(2) 科技投入增长与经济增长不同步。科技投入总量与经济增长率之间存在着弱的负相关关系。表2-12的结果显示科技投入增长与经济增长之间存在正相关关系。这说明增加科技投入对经济增长起促进作用，科技投入增长越快，经济增长也就越快。那么为什么科技投入总量与经济增长呈负相关关系呢？这主要是由于科技投入与经济增长的不同步造成的。一般而言，科技投入与经济增长之间存在着1—2年的滞后期。科技活动是一项特殊的人类智力活动，其效益表现为对经济增长长期的影响，一般不能在投入当年取得经济效益。当年科技投入是作为一项费用支出从国民收入中列支的，对当年的经济增长促进作用不大，而对以后的经济发展将起促进作用。

从各项科技投入指标与经济总量的相关系数大小看，与国内生产总值相关系数最高的是人均科技经费支出，其次是科技活动经费总量，最低的是从事科技活动的人员总数。与地方财政支出相关系数最高的是科技活动经费总量，其次是人均科技经费支出，最低的是从事科技活动的人员。这说明科技经费投入与经济总量之间的相关程度较高，而科技人力投入与经济总量之间的相关程度较低。

# 第三章 投资学中观领域问题研究

以往我们对投资问题的分析，通常都侧重研究宏观和微观两个层次。宏观投资主要是对整个国民经济投资问题进行总量分析和总体分析；微观投资则涉及单个项目的投资以及单个经济单位如何进行投资决策、投资实施、投资管理以及投资效益分析等。一般来讲，从宏观和微观两个层次对投资问题进行分析只能大致把握社会投资的变化规律。随着实践活动的深入，人们逐渐认识到：整个社会的经济运行和投资活动十分复杂，在宏观和微观两个层次之间存在着一个很大范围的“中间地带”。这一领域既不属于宏观投资问题，也不属于微观投资问题，但它对整个社会的投资规模、投资结构、投资布局、投资效益、投资运行都有着重要的影响。因此，整个投资问题除了宏观和微观两个层次外，还有一个中观层次。从中观层次上研究投资问题就形成了中观投资学。中观投资学的研究对象是中观层次的投资规律及其管理问题，也就是一定行业和一定地区的投资规律及其管理问题。中观投资学与宏观投资学和微观投资学一起，构成了较为完整的投资经济学体系。

## 第一节 产业投资与社会经济发展

### 一、产业投资概述

#### 1. 产业投资的内涵

从广义上讲，产业投资是将投资资金用于购买或建造产业的固定资产、流动资产和无形资产，投入资金直接用于生产经营活动并以此获得收益的投资，也称实业投资。从经济实践活动的角度来看，固定资产投资是产业投资的主要对象，因此，人们通常把产业投资理解为固定资产的新建、扩建、更新和技术改造。这就是说，产业投资既包括产业固定资产的扩大再生产，又包括产业固定资产的简单再生产。

(1) 关于产业投资，我们对下述三个方面应该有所认识。

首先，产业投资是为了能够形成某种在未来产生收益的有形资产或无形资产，以获得物为首要特征。产业投资是与发展和经营某种产业联系在一起的，因此，产业投资总是与固定资产的再生产联系在一起。

其次，产业投资一般是以项目为载体进行的，产业投资最终要落实到具体的项目上。因此，投资项目的选择对能否顺利实现投资目标具有重大影响。

最后，产业投资一般涉及长远发展的全局性投资，也可以说是战略性投资。从宏观角度来看，产业投资既要服从整个国民经济的长远发展战略和全局发展战略的要求，又要与区域发展要求相一致；在微观(例如企业)层面上，产业投资要适应企业长远发展的要求。产业政策投资对中小企业融资的作用表现为政策性支持融资，政府为中小企业提供的资金援助包括财政补贴、贴息贷款、优惠贷款等几种形式。

(2) 产业投资是一种中观投资。中观经济是介于宏观经济和微观经济之间的经济系统，处于宏观经济与微观经济的结合部，它既要把宏观调控的总体要求传递到微观经济中去，又要把微观经济的具体反应反馈到宏观调控的决策部门中来。产业是指具有某种共同特性的企业的集合，产业发展是产业的一种不可逆转的长期动态过程，是产业质态的变化，并不仅仅是产业量上的扩张与收缩。通常，伴随着产出的增长，产业会出现经济结构、社会结构、政治结构及观念意识的变化与变革，这些变化包括投入结构、产出结构、产业技术结构、产业组织结构、产业市场结构、产业布局等方面的变化以及由此引发的分配状况、消费模式、社会福利、文教卫生、群众参与等一系列的变化。

按照生命周期理论，产业的发展要经历新兴产业、支柱产业和衰退产业等阶段，处于不同生命周期阶段的产业都需要进行产业投资，但对投资方式的需求是不同的。产业投资就是对处于不同产业生命周期阶段的产业采用不同的投资方式，产业投资活动将直接介入产业生产活动，为其提供实现经济发展战略的资金，促使产业竞争优势的提高。与产业经济相对应，产业投资是一种中观投资。

(3) 金融投资是和产业投资相对应的一种投资。与产业投资相比，金融投资的最大特点是投资的间接性和筹资的直接性。虽然从投资者的角度来看，买入了金融商品就完成了投资，但从社会资金运动的角度看，投资过程只是货币的转手(从投资者手中转入筹资者手中)。货币要想转化为资本，产生真正的收益，还必须由筹资者把筹集到的货币资金通过产业投资的方式实现。从筹资者的角度看，只要出售了金融商品就完成了筹资过程，因而筹资是直接的。金融投资的第二个特点就是投资市场化以及收益价格化。金融投资完全是通过金融市场进行的，投资过程是一种在金融市场上购买金融商品的行为，其收益的变动取决于金融商品的价格变动。金融投资的第三个特点是投资的流动性和分散性。金融投资是一种流动性很强的投资，投资者可以寻找最有利的投资机会，自由地转移自己的投资对象；同时，金融投资又是以分散投资为特征的，是一种大众投资方式，投资额可多可少，具有灵活性。

(4) 产业投资的主体可以是政府、企业或私人投资者。与投资者购买股票、公司债券、投资基金等有价证券的金融投资相比，产业投资在形式、获益途径以及面临的风险等方面是不同的，但是产业投资与金融投资两者之间存在密切的联系，现在不同的产业投资者都越来越注重利用金融市场、资本市场来推动产业投资的发展。产业投资与金融投资的区别和联系如表 3-1 所示。

**表 3-1　　产业投资和金融投资的区别和联系**

| 项目 | | 产业投资 | 金融投资 |
|---|---|---|---|
| 区别 | 形式 | 产品或服务 | 股票、债券等有价证券 |
| | 获益途径 | 通过提供产品或服务的使用价值带来价值增值 | 有价证券的买卖价差、利息和红利等 |
| | 流动性 | 差 | 好 |
| | 风险性来源 | 主要来自于市场竞争、新技术替代，投资资产流动困难、生产经营管理带来的不确定性 | 主要来源于宏观经济基本面和证券市场的波动，也来源于企业生产经营管理过程中的风险 |
| | 性质 | 直接投资 | 间接投资 |
| | 投资者关注点 | 市场竞争、市场份额和新技术替代、生产经营管理 | 证券市场波动的规律(长期投资者也关注左边的内容) |
| 联系 | 共同点 | 为了获得经济效益 | |
| | 联系 | 产业投资是金融投资的基础和源头；金融投资又是产业投融资的一种有效手段，可以促进产业投资；两者可以在一定层面上融合 | |

资料来源：鲍春莉. 如何创办产业投资咨询公司[M]. 机械工业出版社，2003：4。

**2. 产业投资的特点**

(1) 投资领域的广阔性与复杂性。产业投资涉及工业、农业、商业等物质生产部门和非物质生产部门的固定资产投资、流动资产投资等诸多领域，并且各类投资都有其特有的规律性，这就构成了投资的广阔性和复杂性。据此，我们必须加强对投资活动重要性的认识，加强对投资活动的宏观管理，建立起合理、有效的宏观调控机制，制定切实可行的投资政策。同时，我们还需要正确处理好错综复杂的经济关系，有效发挥市场机制的作用，进一步规范投资行为，提高投资活动的效率。

(2) 投资总体性。整个国民经济是一个有机整体，相对地保持各行业之间的比例和平衡是再生产得以顺利进行的必要条件。所以，投资必须在考虑宏观经济形势的前提下，从各产业的总体利益出发，对各产业的经济活动进行合理、适度的投资，以保证各产业生产的协调发展，维护国民经济总体利益最大化。

(3) 投资内外联系性。从外部联系看，一方面，产业投资的顺利进行可以促进国民经济各部门以及各地区经济建设的发展；另一方面，产业投资的实现也离不开国民经济各部门、各地区的支持与配合。从产业本身来看，各产业之间相互依托、相互提供各自所需的生产资料，因此，产业投资是一个高度社会化的物质生产投入过程。

(4) 投资承上启下性。从系统学来看，宏观投资、中观投资和微观投资是整个投资系统中的三个层次。三者既存在区别,又相互联系,是整个投资系统不可分割的统一体。产业投资是介于宏观投资和微观投资之间的中间聚合体,它向上承接国民经济宏观投资这个大的总体,向下开启从事微观投资的各个企业。一般来讲,国民经济的宏观投资要分解到各产业来实现;各个产业的投资最终则要由产业内部的各企业来完成。所以,产业投资具有承上启下的特点,起着宏观投资和微观投资之间的连结作用。

(5) 投资效益差异性。不同的产业投资之间以及各产业内部不同企业之间的投资效益各不相同。例如,轻工业和重工业相比,轻工业投资少、见效快、投资回收期短;重工业投资大、见效慢、投资回收期长。事实上,即使处于同一个行业,该行业内部不同企业之间投资的效益也存在差异,这就需要在进行投资时一定要进行详细的分析、比较。在投资实践中,把握好不同产业投资效益的差别,制定合适的投资策略。

3. 产业投资的作用

(1) 产业投资是提供产业生产能力、扩大社会再生产的重要手段。产业投资可以为国民经济各产业增加新的固定资产,更新和改造现有固定资产,进而提高整个产业的生产能力,为产业生产的发展提供必不可少的物质基础。在这方面,新建、扩建和改建固定资产固然重要,但更新和技术改造的作用也不可忽视。尤其是近年来,技术创新在各产业发展中的作用日益突出。

(2) 产业投资是实现企业结构合理化的重要手段。产业结构是指国民经济各产业在国民经济整体中所占的比例以及产业在地区、空间、分布和大、中、小型企业之间的比例。各产业部门的构成及相互之间的联系、比例关系不尽相同,对经济增长的贡献大小也不同。产业投资是为国民经济各产业提供固定资产的,产业投资规模和投资方向不但直接决定着产业固定资产的拥有量,而且在很大程度上决定着社会再生产结构。因此,合理的产业投资方向有利于适时地建立新兴产业、加速某些薄弱产业的发展以及产业内部结构的改善,从而建立起产业间合适的比例关系,逐步改变和不断调整不合理的产业结构,促进国民经济持续、稳定、协调的发展。相反,如果投资方向、投资比例不合理,产业投资也会使国民经济各产业之间以及产业内部的各项比例关系失去暂时、相对的平衡和统一。

(3) 产业投资是生产力合理布局的重要手段。产业投资所提供的固定资产(建设项目)安排在哪里,哪里的生产就会得到相应的发展,可见,投资区位的选择非常重要。因此,产业投资的地区分配比例是否合理,就成为了生产力布局是否合理的主要因素,产业投资的选择也就成为生产力合理布局的重要手段。

(4) 产业投资是促进生产专业化协作发展的重要手段。现代工业主要是社会化大生产,并且正沿着生产专业化协作的方向发展。目前,工业生产专业化已经由产品专业化发展到零部件专业化、工艺专业化和辅助生产专业化。产业投资可以在推动生产专业化协作发展趋势方面发挥不可忽视的作用。

## □ 二、产业投资规模优化与经济增长

1. 影响产业投资规模的因素

(1) 需求结构。生产、投资的目的是促进经济发展、满足经济发展中的各种需求。需

求结构的变化会拉动产业投资规模的变化，是产业投资规模变动的决定性因素。需求主要包括生活需求和生产需求两方面内容，比起生活需求，生产需求对投资显得更为重要。产业间的技术经济联系和产业在宏观经济中的地位决定了对该产业的需求程度。产业在宏观经济中的地位和作用不同，对它们的需求就会各不相同，其发展战略也会有差异。因此，产业投资规模的确定首先需要满足本产业的发展需求，也就是要满足宏观经济对本产业的需求。

(2) 产业特点。产业的技术经济特点决定了产业的发展方式，因而会对产业的投资规模产生重要的影响。工期长、见效慢、投资多、技术比较复杂的产业在资金市场不完善的情况下，对私人投资的吸引力不大，如果国家掌握的资金不足，这些产业的发展和投资规模就会受到限制，该产业的发展也会面临阻力；工期短、见效快、投资小、技术比较简单的产业对私人投资有很强的吸引力，它的发展会非常迅速，投资规模也会不断增大。可见，产业自身的特点直接决定了产业投资规模的大小。

(3) 技术进步。现阶段，技术进步已成为经济增长的主要动因之一。科学技术成果的运用，一方面会形成一些新的产品、新的材料和新的市场，因而会提供一些新的供给和新的需求；另一方面会形成一些新的产业部门，同时淘汰一些旧的产业部门。新旧产业的更新换代将会打破原有产业间的平衡，对各个产业的发展产生不同的影响，从而影响产业投资规模。例如，航天技术的应用，不但大大促进了宇航工业本身的发展，而且促进了与其相关的(为它产前、产后提供服务)产业的发展，从而要求这些产业的投资规模相应扩大。

(4) 财力、物力、人力的可供量。产业投资规模既要满足宏观经济对该产业产品的需求，还会受到宏观经济中财力、物力、人力可供量的限制。产业投资规模要在一定的财力、物力、人力的限制下安排，超出财力、物力、人力所能承受的范围，必将导致建设战线过长，最终造成投入长期形不成供给，从而影响投资效益和宏观经济的发展。对于财力、物力、人力三者之间的关系，我们认为财力必须有物力作保证，一定量的投资金额必须有相应的物资条件作保证，同时还需要一定素质的劳动者作保证。总之，只有确保财力、物力、人力的综合平衡，才能避免财力、物力、人力的浪费，实现产业的快速发展。产业投资规模的安排必须能有效地利用财力、物力、人力，避免这些资源的浪费。

(5) 宏观经济政策。宏观经济政策总是根据宏观经济发展的需要，鼓励一些产业的发展，限制一些产业的发展，并在资金、资源等方面体现这种差别。这种差别主要体现在对产业投资规模的变化上。例如，如果宏观经济政策以经济的高速增长为首要目标，依靠外延式投资来支持"高速度"，这就会对重工业的投资产生很大的促进作用，但有可能造成重工业产业投资规模过重的问题。如果宏观经济政策是以提高经济效益为中心，促进国民经济持续、稳定、协调发展，则有利于按照产业间的技术经济联系来安排投资，从而会使各个产业的投资规模保持在相互促进的合理范围之内。

影响产业投资规模的上述五个因素，其作用程度、性质和方向有着明显的区别。影响产业投资规模的首要因素是需求结构，其他四个因素的影响机理最终都与需求结构有关，都是通过影响需求影响产业投资规模的，只是这些因素对需求的影响程度和方式有所不同。例如,宏观经济政策中鼓励优先发展某些产业,实际上是由对这些产业的需求比较迫切决定的,这本身就是在调节需求、引导需求的过程中力求影响需求。财力、物力、人力因素的影响主要体现在满足需求的条件上,这也是影响需求的一种方式。

2. 宏观经济均衡与产业结构均衡

在经济增长的过程中,产业投资与其他投资一样,会通过乘数效应影响整个宏观经济运行。产业投资的增加(减少)会通过乘数效应带动经济更大幅度的增长(减少);而宏观经济的低落(高涨)又会通过乘数效应导致产业投资更大程度的回落(上升),因此,产业投资总量对经济增长的效应与宏观投资的作用是一致的或等同的。另一方面,产业投资是一种中观投资,因此,这里重点讨论的是不同产业的投资规模对经济增长的影响,即从产业结构角度分析产业投资对经济增长的影响。

如果我们把经济系统划分为 n 个产业,设 Ij 为第 j 个产业的产业投资水平,则 $I = (I_1, I_2, \cdots, I_n)^T$ 就表示一个特定时期整个社会的产业投资水平,产业投资水平是社会供给水平的重要推动力量。按照 n 个产业标准,社会总需求结构是指一定时期社会对各产业的产出有支付能力的需求结构,社会总供给结构是指一定时期各产业产出构成,我们用 S 代表总供给,Si 为第 i 个产业的产值;D 代表总需求,Di 为对第 i 个产业有支付能力的需求。假定它们都是以价值形态表示的,我们就可以把社会总供给和总需求表示为:

$$S = S_1 + S_2 + \cdots S_n = \sum_{i=1}^{n} S_i \tag{3-1}$$

$$D = D_1 + D_2 + \cdots D_n = \sum_{i=1}^{n} D_i \tag{3-2}$$

在价值形态上,整个社会的供求均衡有两种形式:总量均衡 S = D 和产业结构均衡 Si = Di(i = 1, 2, …, n)。总量均衡只有价值形态才能加总,因此是货币关系上的均衡。结构均衡是各产业供求之间一一对应的均衡。从逻辑关系看,总量均衡是结构均衡的必要条件,但不是充分条件,而结构均衡是总量均衡的充分条件,但不是必要条件。也就是说,总量非均衡时,结构也一定非均衡;总量均衡时,结构不一定均衡;而结构均衡时,总量也是均衡的。具体来说,在经济发展过程中,宏观总量均衡和产业结构均衡可能会出现以下三种组合。

(1) 总量均衡,结构也均衡:

即,

$$S = D \quad Si = Di(i = 1, 2, \cdots, n) \tag{3-3}$$

(2) 总量均衡,结构非均衡:

即,S = D,但

$$\begin{cases} S_i = D_i \\ S_j < D_j \\ S_k > D_k \end{cases} \tag{3-4}$$

其中，i、j、k 分别代表产业系统中几个产业供求均衡、供小于求、供大于求的不同产业群的集合，即在产业结构中长线产业、短线产业并存的局面，长线产业过剩量之和与短线产业的短缺量之和在价值形态上可以相互抵消，因此，整个经济系统的总量是均衡的。

(3) 总量非均衡，结构也非均衡：

即，$S \neq D$，但

$$\begin{cases} S_i = D_i \\ S_j < D_j \\ S_k > D_k \end{cases} \tag{3-5}$$

与第二种情况不同，在产业结构中，长线产业过剩量之和与短线产业的短缺量之和不能互相抵消，表现的形式可能为长线产业存在，而短线产业不存在，或者短线产业存在而长线产业不存在。

在产业结构成长的过程中，总量非均衡总是伴随着结构非均衡的出现而出现的，因此，总量均衡是结构均衡的前提，但是，仅有总量均衡而没有结构均衡将是无意义的。这就是说，如果结构失衡，社会总需求就不会得到真正意义上的满足。产业结构产出偏离社会需求结构的根本动因有两个：一是居民消费需求的变化和技术创新造成的产业生产方式变化；二是产业间消耗系数的改变使投入产出关系发生变化，产业需求结构随之改变。

因此，对产业结构来说，结构性矛盾是主要的，伴随着结构性矛盾的解决，总量矛盾会自然而然得到解决。进一步考察经济发展总量伴随着结构形态变化可以发现，纯粹意义上的结构均衡是不存在的，它总是作为一种长期趋势在经济发展过程中起作用。非均衡是产业结构成长的经常状态，但是，这并不是说产业结构的成长过程不存在均衡要求和均衡现象。我国的实践表明：产业结构均衡和协调与否，直接关系到国民经济能否稳定、持续地发展。

**3. 产业投资规模的优化**

(1) 产业年度投资规模和在建投资规模。年度投资规模和在建投资规模从不同侧面反映了固定资产投资总量。年度投资规模是指某一年度的固定资产投资完成额，它从投入方面反映当年用于固定资产再生产的人力、物力以及财力的数量。在建投资规模则是指某一年度内的全部在建项目(包括续建项目和新开工项目)建成交付使用所需要的固定资产投资总额，包括以前年度已完成的投资以及该年度和以后年度继续建设所需的投资，它反映实际铺开的固定资产投资战线的长短。

控制优化投资规模，必须把注意力集中用于在建投资规模。因为，如果建设项目过多，建设战线过长，在建投资规模过大，对年度投资额的需求就大。这时，不能用扩大年度投资规模的办法来适应过大的在建投资规模和过多的在建投资项目的需求，否则，会破坏国内总供给与总需求的平衡，超越国力的限制。另一方面，如果只注意保持合理的年度投资规模，就会把有限的资金分散使用，不能有效地满足在建投资规模过大的投资需求，造成工程项目平均建设工期拖长。因此，要使投资规模优化，关键要处理好在建投资规模。所以，产业投资规模优化的对象是产业在建投资规模。

优化产业在建投资规模首先要确定产业在建投资规模的合理数量标准。它由两个量决定，一是合理产业建设周期的长短，二是产业合理投资规模的大小。合理的产业年度投资规模乘上合理行业建设周期得出的就是合理的产业在建投资规模。

首先，产业的合理建设周期。在一定时期内，各个产业合理的建设周期应当根据在建项目的合理工期构成来确定。各个产业的技术特点、内部收益率不同，各个产业与其他产业的前向联系、后向联系各不相同，不同产业在国民经济中的地位不同，再加上项目本身有其特殊性，产业的合理建设工期也就不相同。

其次，产业的合理年度投资规模。各个产业的年度投资规模既不能过大，也不能过小。每个产业对其他产业的前向联系、后向联系不同，对国民经济的影响也就不同，因而安排的各个产业的年度投资规模也就各不相同。

(2) 确定适度产业投资比例的原则。适度投资规模既能与财力、物力、人力相适应，又能促进国民经济持续、稳定、协调发展；既能通过投资结构的优化达到资源有效配置的目的，又能按照效益最大化原则达到增加技术含量、提高国民经济整体水平的目的。投资规模的合理确定从国民经济角度看，必须与国力相适应，必须有物质保证，必须保证宏观上总供给与总需求的平衡。从固定资产投资活动的特殊性来看，则要求投资额与投资品的供给平衡，保证在建投资规模与年度投资规模相适应。

## □ 三、产业投资结构合理化与经济增长

产业投资结构是指投资份额在产业内不同产品、项目、企业以及空间布局等多方面的配置比例和组合方式。它是决定和改变社会经济结构的重要手段。产业投资结构是否合理，关系到产业内部企业布局、企业结构、项目结构和产品结构等，关系到整个产业内部生产能力的配置，影响到产业是否能够长期、协调地发展。而产业投资结构合理化的基本含义是，在一定时期、范围和条件下，投资一定的社会经济目标在行业内的合理配置或组合，包括投资方向明确、投资重点突出、投资比例适当等。它是国民经济持续、稳定、协调发展和投资经济效益不断提高的基本条件之一，因此，产业投资结构的合理程度对经济增长具有重要的作用。

### 1. 影响产业投资结构的因素

(1) 社会经济发展战略。社会经济发展战略目标是通过实施一定的战略措施实现的，而不同的战略措施对投资活动影响的结果会形成不同的产业投资结构。例如，根据不同产业在国民经济中的地位，可以分别采取资金密集型发展战略、劳动密集型发展战略、资源密集型发展战略或技术密集型发展战略。资金密集型发展战略实际上是一种优先发展重工业的发展战略，劳动密集型发展战略实际上是一种优先发展轻工业的发展战略，资源密集型发展战略实际上是一种优先发展矿业的战略，技术密集型发展战略则需要将复杂先进而又尖端的科学技术应用到生产和服务部门。

(2) 资源条件及结构特点。在投资活动中，伴随固定资产的形成而不断地消耗着各种资源。一方面，固定资产建设活动本身要投入大量的资源；另一方面，固定资产建成后还要持续投入大量的消耗性资源，以形成社会产品，这是人们投资的目的，从物资运动与

资金运动的关系来看，物资的运动引起资金的运动，物资运动的规模、结构和方向影响并决定着资金运动的规模、结构和方向。因此，资源的结构必然影响并决定投资的结构，进而决定着产业的投资比重。

(3) 科学技术进步。科学技术对产业投资结构的影响主要表现在生产过程和需求(消费)两方面。从生产过程方面来看，技术进步不但创造出新产品，从而促进了新兴产业的产生和发展，同时也使一些落后的产业淘汰和消亡。技术进步加快了对原有企业的技术改造，使原有企业的劳动生产率不断提高，从而为更多的劳动力和资金开发新产品、发展新企业提供了条件。技术进步对不同产品、项目和企业影响力的差异，引起了企业间生产联系的改变，导致生产要素在产业内不同企业间的转移和增减，并促使劳动力和资金向劳动生产率和资金生产率更高、资源利用更有效的企业转移。从需求方面看，技术进步不断创造出新的生产和生活需求，从而推动满足这些新需求的产品和企业的发展。同时，也会使一些过时的生产和生活需求消亡，而使满足这些过时需求的产品和企业淘汰。技术进步也会改变生产、生活需求的结构和人们的消费心理，从而使生产结构发生相应的变化。

(4) 现存的产业结构。一般来说，现存的产业结构是以往投资的结果。但是，现存的产业结构对未来的产业投资结构仍具有相当的影响。这主要表现在由以往投资形成的产业结构成为新一轮投资的“导向器”和“指示灯”。这是因为：其一，由于以往的产业投资结构本身不合理，形成了相应不合理的产业结构，为保证经济的正常运行，就需要对不合理的产业结构进行调整和改造。其二，由于现实经济生活中，对产业结构有制约作用的因素变化将会使产业结构发生改变。其三，由于非正常因素的破坏，使本来相对合理的产业结构变得不合理了。如发生了地震以及其他严重的自然灾害，造成设施的大范围毁坏；又如战争中敌对方对重要设施的破坏等。由此引起的投资可以认为是一种弥补性投资。

(5) 社会需求结构。社会需求包括生产性需求(一般是指中间产品的需求)和消费性需求(一般是指最终产品的需求)两个方面。他们对经济的发展和产业投资结构的形成具有决定性作用。

首先，从生产性需求看，生产性需求体现了生产单位之间的一种投入产出关系。随着科学技术水平的发展，这种比例关系会有所调整。替代产品的出现，也会使原有比例关系有所调整。例如，纺织业中较多地使用化学纤维而减少天然纤维，则必然会引致化学工业比重的上升。这些变化无疑会引起产业投资结构的变化。

其次，从消费性需求看，随着社会的进步和经济的发展，人们的消费水平不断提高，消费结构处于不断变化中。一般来讲，人们的消费需求呈现这样一种变化趋势：首先是对基本生存资料的占有，如对食品、衣服、住房、交通、医疗等基本生活必需品的需求；然后是对发展资料的需求，如在受教育、进行科学研究、参与社会公共生活等方面的职务资料的需求；进而是对享受资料的需求，如在娱乐、旅游、体育等方面的物质资料以及各种高级消费品和奢侈品的需求。随着社会经济的发展、科学技术的进步以及文化教育事业的发展，发展资料和享受资料也将逐步成为生活资料。生存资料的比重将下降，发展资料和享受资料的比重将上升。人们的需求变化将影响到投资活动，进而影响投资结构。

2. 产业投资结构合理化的标志

任何经济事务的运行都有其内在规定性，产业投资结构的形成、调整和完善也不例外。衡量产业投资结构是否合理，一方面要以业已形成的产业结构和国家的社会经济发展战略为基本依据，另一方面，还要充分考虑产业投资结构运行的特性。

(1) 合理的产业投资结构所体现的结构效益最佳。所谓产业投资的结构效益，指的是从国民经济全局来考察的产业投资结构的最佳状态，其基本点是产业投资结构效益的最大化。合理的产业投资结构，要体现整体性、平衡性、相关性、有序性、动态性和利益性等特点。整体性是与国民经济整体性要求相联系的，如低利润的建设项目与高利润的加工项目的安排、在某一地区看来有利润和在全国看来无利润的投资等，都要从国民经济全局来考虑，以发挥投资的整体效应。平衡性是国民经济协调发展的基本条件，它可以协调社会总供给与社会总需求在总量上和构成上的相互适应和平衡，使社会经济运行处于良性循环之中。相关性表明某一重点项目投资的增减可以使与其相关的项目发生连锁反应，从而产生投资乘数效应。有序性要求投资活动的安排在时间和空间上排列有序，即在时间上，哪些投资应超前，哪些应同步，哪些应滞后，都要在时序上有统一安排；在空间上，地区间投资的分配应按经济发展的实际需要或经济利益的高低来确定。动态性是指投资结构能够适应经济发展变化而相应地转换、更新以及向高层次衍化。利益性是一切经济活动的核心，是人们从事经济活动的出发点和归宿，它是通过结构效益体现出来的，它表明在投资量一定的情况下，只要投资的方向、重点和比例正确，形成合理的产业投资结构，经济运行就会处于和谐的状态，人才、物力、自然资源、科学技术潜力就能得到充分而合理地运用，每一投资份额就可以发挥最大的作用。

(2) 合理的产业投资结构应具有良好的自我调节能力。在社会经济发展过程中，产业内部的供给与需求，由于科学技术上的不断进步和生产要素的变化，会出现各种不平衡现象和失调情况，这就要求产业投资结构适应这种变化，自我调节，从不平衡中求得平衡，由失调达到协调。产业投资结构应具有自我调节能力，主要表现在三个方面：一是具有满足社会需求扩大或收缩的能力，二是使产业内具有相近经济用途的产品能够相互取代，三是产业内的产品在质、量方面可以相互转换。

(3) 合理的产业投资结构应具有较强的应变转换能力。产业投资结构应具有应变转换能力是从发展国际经济关系的角度提出的，其总的要求是：根据国际市场的变化情况，适时调整产业结构及其投资结构，增强出口换汇能力和引进、吸收国外先进技术设备的能力。关于应变转换能力的问题，日本经济的发展和英国经济的衰退是典型的例子。日本在第二次世界大战前不过是个中等发达国家，战争结束时，经济处于空前混乱的状态，生产状况不及战前的水平。但随后，日本经济迅速发展，跻身发达国家之列，成为世界第二经济大国，其秘密之一就是迅速而顺利地实现产业结构的转换。相反的例子是英国，英国曾号称世界第一强国，但 20 世纪 20 年代开始沉沦，经济长期陷于停滞状况，其原因是英国受到后期的德国、日本以及其他国家的迅速赶超，没有及时实现产业结构的转换。如果英国能当机立断地把重心转向德国、日本等后起国家尚处于落后状态的重工业特别是机械工业，则有可能阻止经济增长率下降。

(4) 合理的产业投资结构应具有广泛的、良好的适应性。一方面,合理的产业投资结构能与技术结构和技术基础相适应。从经济发展史来看,科学技术的进步推动了产业结构以及投资结构的形成和发展。一定的产业结构及其投资结构总是与一定的技术结构和技术基础相适应。例如,资源技术(如栽培技术、捕获技术、饲养技术、开采技术、材料技术)构成一次产业(如农林业、水产业、畜牧业,石油及矿业、金属冶炼及化学、水泥等产业)的技术基础;生产技术(如机械技术、交通技术)和能源技术(如动力技术)是二次产业(如制造业、汽车业、发电等)的技术基础;情报(信息)技术(如通讯、控制、系统、保健技术)是三次产业(如电讯、计测控制、情报机器、医疗机械等)的技术基础。另一方面,合理的产业投资结构能与资源结构相适应。这是因为:第一,投资的过程就是资源的耗费过程;第二,固定资产形成后更需不断地消耗资源。因此,资源丰富、品种齐全的国家适合建立独立且比较完整的国民经济体系。我国拥有丰富的自然资源,可以建立起资源开发型经济结构,但我国对资源的深加工能力较差,虽然资源丰富,但产品出口层次不高、产品种类单一。而资源匮乏的日本的主要原材料的80%—90%要依靠进口,它建立的是一种加工出口型经济结构,表现为日本的制造业和出口总值在国民生产总值中占有很大比重。

3. *产业投资重点对经济增长的作用*

从中观投资学研究的角度看,产业投资结构主要是解决产业内投资方向和投资重点的选择问题。任何产业在制定本产业的发展规划时总要考虑本产业的发展重点,确定发展的产品和项目。产业投资重点是指对整个产业以及整个国民经济的发展起关键性作用,有利于生产发展和人们生活改善的重点项目。选择产业投资重点对经济增长的意义有如下三点。

(1) 经济带动作用。重点项目一般都是关联度大的项目,它通过前向和后向的关联效应带动直接相关产业和间接相关产业的发展。以汽车制造业为例,它是钢铁、玻璃、橡胶、油漆、人造革、塑料等的主要消费者。

(2) 经济调节作用。经济发展过程中,总会出现不平衡现象,出现一些薄弱环节,这种不平衡现象可能是经济本身运动的结果,也可能是工作失误造成的。当出现的薄弱环节已经构成或即将构成经济平衡发展的严重障碍时,就需要采取有力的措施进行调节,最可行的方法就是把薄弱环节作为发展的重点,增加投资,使之迅速得到加强,从而使经济运行达到相对平衡。

(3) 推动技术进步的作用。重点项目一般都是技术要求较高的项目,往往涉及一系列重大的甚至带有方向性的科学技术问题,它不仅需要有高水平的单项技术,也需要有高水平的综合技术,需要多种学科和多种技术的互相配合。重点项目建设的好坏直接关系到基础技术质量的改善和生产水平的提高,居于长期而深远的影响。因此,加强和搞好重点项目的建设是推动技术进步的重要途径之一。

4. **合理配置和组合产业投资**

合理的产业投资结构要求处理好产业在项目规模结构、项目技术结构和项目地区分布以及投资用途分配等方面的关系。

(1) 规模结构。从项目的规模结构看,有大、中、小型项目之分。一般来讲,大型项目多是一些资金密集、技术密集和关系国计民生的重点项目，是国家未来经济实力的主要体现，在开发新技术、发展高、大、精、尖的新产品、满足社会需求、改造和带动中小型项目等方面有着重要的作用。但大型项目所需投资多，建设周期长，投资效果发挥慢，对资源、原材料和运输条件以及劳动力熟练程度等要求较高。中小型项目一般投资少、建设周期短、收效较快，并能较多地吸收劳动力，因此，在投资安排上，应采取大、中、小型项目相结合，以中、小型项目为主的原则。

(2) 技术结构。从项目的技术结构看，有尖端技术、先进技术、中等技术、初级技术和原始技术项目之分。要根据产业发展规划从国民经济全局出发，根据需要和可能分别确定采取相应的技术。例如纺织业，其技术结构就是多层次的，既有高新的自动化、电子技术，又有机械化、半自动化技术，还有一些落后的手工艺技术。就目前我国的实际情况而言，以采用先进技术、中等技术为主比较合适。

(3) 地区结构。在项目的地区分布上，要符合生产力布局的规律，必须处理好以下四方面的关系：一是处理好沿海与内地、先进地区与后进地区的关系，解决提高投资效益和经济发展差距过大的问题；二是处理好地区之间的专业分工与综合发展的关系，改变片面强调地方大而全的“自我服务体系”和不注意发挥地区优势的现象；三是处理好加工与原料、燃料供应地与消费地的关系，尽量避免或减少不必要的迂回运输；四是处理好分散与集中的关系，纠正过分分散与过分集中的两种偏向。

(4) 用途结构。投资的分配和用途结构有多方面的表现，从固定资产投资的直接用途来看，有生产性和非生产性建设投资。改革开放前，我国生产性建设投资比例较高，非生产性建设投资比例偏低。改革开放以来，国家调整了这一比例关系，非生产性建设投资比例有所提高，但由于管理措施不利，非生产性建设投资规模不断扩大，导致了生产性建设投资的不足，使两者出现了新的比例失调。因此，应特别注意合理安排生产性建设投资和非生产性建设投资的比例。从固定资产投资的性质来看，有外延性投资和内含性投资。外延性投资是指用于新建、扩建、改建固定资产的基本建设投资，是一种外延性的扩大再生产活动。内含性投资是指用于现有企业的挖潜、革新、改革和采用新技术的更新改造投资，是一种内含性的扩大再生产活动。在经济建设有了相当规模和一定基础后，应把现有企业的更新改造放到重要位置。在建设资金的安排上坚持“先技术改造、后新建扩建”的原则。

## □ 四、我国产业投资的现状与趋势

### 1. 我国产业投资战略演进过程

回顾新中国成立 60 多年来我国产业投资发展的历程，我们可以把产业投资的发展战略划分为两个重要的阶段。

(1) 改革开放以前的自力更生、优化投资重工业战略。从 1953 年到改革开放前期，我国产业投资实行的是自力更生的工业化战略，是一种在较为封闭状态下的全面赶超战略。该战略的基本内容是通过计划经济方式实行高积累并将国内的社会经济资源向重工业倾斜。我国优先投资的重工业是以自我积累，提倡自力更生为基础的。在这一阶段，我国的对外贸易发展缓慢，到 1978 年我国出口和进口总额占国内生产总值的比重分别为 4.6%和 5.2%，而且一直坚持“不用西方世界资金”的原则。为了实现赶超，我国又实行了“重积累轻消费”、“先生产后生活”的高积累政策。国家通过计划手段重点发展生产资料工业和基础产业，虽然国有工业在一定程度上获得了快速发展，但人民群众的生活水平却提高缓慢。

重工业是当时落后的中国实现工业化和赶超的基础和关键，因此，重工业的投资成为国家经济发展的重点。经过近 30 年的时间，我国经济面貌发生了根本性的变化，基本建立了完整的工业生产体系。国内生产总值中，工业的比重由 1952 年的 17.6%上升到 1978 年的 44.3%。工业总产值中重工业的比重由 1952 年的 35.5%上升到 1978 年的 56.9%。

历史已经证明，该模式不是经济落后国家实现产业赶超的最佳发展模式，但在当时特殊的国际经济背景和国内政治环境下，该发展方式也有其必然性和合理性。当时的经济全球化程度比较低，通过计划体制将资源配置向工业特别是重工业倾斜，在当时“一穷二白”的条件下有利于加快新中国工业化的步伐。在封闭环境下，完全依赖自我积累和自力更生乃是当时政治条件下的必然选择。现在，我们已经认识到僵化的计划经济体制的低效率以及长期重工业优先投资造成的国家产业结构失调的危害，我们的国家也在不断地探寻新的经济发展道路。

(2) 改革开放以来的开放的、符合资源比较优势的产业投资战略。随着经济全球化和国际贸易持续以及跨国投资的迅速发展，我国的国际政治环境也在逐渐改善。改革开放以后，我国产业投资的国内外环境发生了巨大变化，国内的计划经济体制逐渐被打破，并逐步向社会主义市场经济过度。在此背景下，中国选择了渐进开放和全面赶超战略，极大地促进了国内产业的全面进步和综合发展。截至目前，我国已基本形成了全方位、多层次、宽领域的开放格局，改革开放成果显著。这一阶段我国的产业投资的内容极为丰富，其基本特点如下：

首先，调整产业投资结构，实现国内产业结构的总体平衡。从 20 世纪 70 年代末期开始，在过去长期偏重重工业的政策造成产业结构失调的背景下，国家开始重视农业、轻工业的发展。对轻工业在计划上予以优先考虑，对农村在全国推行家庭联产承包责任制。从 20 世纪 80 年代中后期开始，国家加大对基础产业和基础设施的投资力度，逐步消除基础产业和基础设施的“瓶颈”制约。同时，国家对非国有经济的发展放松管制以及后期出台的鼓励措施，实际上也极大地促进了轻工业、建筑业和服务业的发展。进入 21 世纪以来，国家又出台了大量适合当前国际国内形势的产业政策，其中不乏文化产业、新材料产业、互联网产业等新提法，也丰富了我国产业的内涵。

其次，对重点产业投资倾向于扶持。国家对基础产业、支柱产业以及高新技术产业等重点产业的投资采取了多种手段进行支持。其主要方式包括优先贷款、资本市场融资、减免税负、科技攻关、支持合资合作、建立开发区等。

最后，加强具有资源比较优势的产业投资。现阶段，劳动密集型产业投资仍然是符合我国资源比较优势的。我国的贸易竞争力主要是依靠劳动力资源方面的比较优势。在实施改革开放以来的30多年时间里，我国大力发展具有资源比较优势的出口劳动密集型产业以及加工业产业投资，我国的对外贸易依存度由1991年的33.11%上升到2010年的50.02%。在出口商品中，初级产品的比重由1991年的4.22%下降到2010年的0.76%，出口商品的增长几乎全部来自工业制成品。另一方面，加工贸易对我国贸易的增长也起着重要作用，且其比重逐年上升。近年来，加工贸易占贸易总额的比重一直保持在50%以上。

改革开放初期，我国每年实际利用外资严重不足。但随着改革开放的顺利进行，我国的实际利用外资额(尤其是外商直接投资实际利用外资金额)有了显著增长。外资特别是外商直接投资不仅扩大了我国的资本总量，同时也为我国带来了国外的先进技术和管理经验。进口特别是先进设备进口的快速增长，是提高国内产业技术水平、推进产业投资结构优化的重要途径。

总体来说，这一阶段我国的产业发展战略修正了改革开放前不符合资源禀赋比较优势的优先发展重工业产业投资的思想。在对外开放条件下，通过发展劳动密集型产业投资，吸收国外先进管理和产业技术，我国的产业结构得到优化。这种针对产业结构失调进行的产业发展战略，是推动我国经济增长的重要力量，并且极大地提高了人民群众的生活水平。

**2. 我国产业投资的现状及发展趋势**

(1) 我国产业间非均衡投资的特征仍然十分突出。改革开放以来，我国产业结构的变化趋势与世界各国工业化加速阶段的一般规律十分接近。从投资总量看，我国第二产业的投资在逐步增加，第二产业占GDP的比重稳步上升并居国民经济的主体地位，第三产业投资比重也稳步上升，并于1985年超过第一产业成为国民经济的第二大产业。相反，第一产业投资则持续下降。从就业结构看，第一产业比重持续下降，第二产业稳中略升，第三产业则持续稳定提高，表明从农业中退出的劳动力大多数进入第三产业，这些都是工业化加速阶段的典型特征。不过，从各产业投资发展的具体水平和状态看，我国产业间非均衡投资的特征仍十分突出。

首先，第二产业投资比重过大。研究表明，我国现阶段人均收入水平略高于低收入国家的平均水平，但第二产业收入比重比这些国家高出近10个百分点，比其他国家也高出不少。

其次，农业产业投资效率极低，大量劳动力滞留农村和第一产业。据经济学家预测，目前我国农村剩余劳动力约为两亿多人，这不仅会在耕地资源有限的情况下制约农业劳动生产率的提高，还会限制农村收入水平和农村市场的稳步增长，并最终破坏工业生产持续增长和实现结构调整的市场条件。

最后，第三产业投资明显滞后。与同等收入水平的其他国家相比，我国第三产业无论是就业比重还是收入比重都明显偏低，特别是作为现代经济生活重要组成部分的交通、通讯、金融保险和信息咨询服务业等行业的发展都严重滞后，这不仅制约了工农业生产的发展，也影响了以国有企业改革为核心的市场化改革的顺利推进。

(2) 我国产业投资发展的基本趋势。未来一段时间，产业结构转换升级仍将是我国经济增长过程的主题，产业结构的升级将直接决定产业投资的发展战略。根据对我国产业结构变化的基本趋势的相关研究，我国产业投资将呈现出以下的基本发展趋势：

第一，第一产业的收入和劳动力比重将明显降低，农业将注重集约型产业投资。这种变动趋势有其内在的必然性。从供给角度看，我国第一产业的相对劳动生产率一直低于第二、第三产业，也明显低于世界平均水平。由于大量滞留农村的劳动力难以在短时间内实现非农化转移，农业劳动生产率明显提高的可能性比较小，这将成为第一产业收入比重下降、农业劳动力持续向其他产业转移的根本动力。从需求角度考察，绝大多数农产品需求弹性较低，在最终消费需求中的比重将随人均收入水平的提高而有所降低，工业对农产品原料的需求比重也将随工业产品加工程度的提高而不断降低。这些需求因素会不同程度地限制第一产业的快速增长。在这些压力下，农业产业投资只有更加注重集约型产业投资，才能较好地服务于我国经济的发展。

第二，第二产业投资比重将稳中有降。国际经验表明，随着工业化的推进，第二产业比重将经历一个由上升到下降的倒 U 型变化过程。从人均收入水平看，我国目前正处于工业化加速发展时期(即工业快速增长时期)，第二产业比重仍存在继续提高的可能。但从另一方面看，我国工业特别是制造业绝对比重已经远远超出其他国家，如果其比重进一步提高，必然会加大我国产业结构与“一般模式”相比较的扭曲程度。所以，以“矫正扭曲”和优化内部结构为核心的稳中有降将是今后一段时期工业以至第二产业比重变化最有可能的情形。近年来，这种变化趋势已经有所表现并在不断加强。

第三，第三产业的投资将有较大幅度的提高。改革开放以来，第一产业和第二产业发展对第三产业的巨大需求逐步显现并释放出来，有力地推动了第三产业的发展，并使其在过去几年形成了比较稳定的高增长趋势。这种增长趋势中，既有补课的成分，也有机构升级本身的必然性。目前，第三产业投资弥补欠缺的工作尚未完成，结构升级要求的快速增长刚刚启动，高增长的动力仍然存在，加上我国城市化速度加快的推动作用，可以肯定，未来一段时间，我国第三产业投资将呈现旺盛的增长势头。

第一、第二产业生产效率的提高，对第三产业的需求增长会进一步加快，使第三产业保持较快的增长势头，尤其是信息服务业、保险金融业、房地产业、教育和科学研究事业等的发展会保持持续快速增长。根据《中宏决策》预测，21 世纪上半叶，投资结构将会随着三次产业增长速度的不同而发生根本变化：其中，第一、第二、第三产业的增长速度将呈现放慢趋势，但总额将会持续增长；到 2050 年，第一、第二、第三产业产值占 GDP 的比重分别将会达到 6.16%，42.1%和 51.74%。

总的来说，未来一段时间，第二、第三产业投资仍将是我国经济增长的主要支撑力量。其中，第三产业投资的快速发展趋势将使其贡献水平逐步提高，并有可能超过工业成为经济增长第一位的拉动力量。

**3. 我国工业产业投资的发展趋势**

我国工业产业发展的核心内容是工业内部结构的调整和提升，工业产业结构发展趋势直接决定、影响着工业产业投资战略。

(1) 我国工业结构调整的目标和内容已经发生了根本变化。改革开放以后，在居民消费需求迅速扩张的推动下，我国消费品工业经历了一个“补课型”的快速扩张时期，并较快地完成了工业化的第一阶段（以生活消费品为主的轻工业发展阶段）和第二阶段（以重化工原材料为主的发展阶段）。但我国消费品工业是依靠进口设备、零部件和关键技术发展起来的，缺少国内基础工业，特别是装备工业的广泛支持，缺少自我发展和创造能力。20 世纪 90 年代中期以后，在买方市场特征日益突出的新形势下，工业结构的这一内在缺陷凸显出来，并成为限制企业发展的“瓶颈”，工业结构升级的主要矛盾也开始由资源供给转到工业技术开发、创新能力方面。就具体产业或产业群的发展趋势看，工业结构内在矛盾的变化首先表现在传统消费品工业的发展将受到越来越多的市场约束，一部分资源开始从消费品最终生产环节向中上游环节转移以寻求发展，并带动“引进型”产业的国产化过程不断加快；其次，传统消费品工业的改造升级将使设备投资大量增加，形成对装备工业的巨大需求，进而对材料工业、基础零部件工业和工业基础技术的发展产生影响；最后，高加工度的新一代工业消费品产业和设备制造业将成为主要的增长点。

（2）城市化步伐加快对我国工业结构变化趋势的影响。参考国际经验可以看出，我国已基本进入城市化发展时期，预计在未来二、三十年里，城市化速度将比目前加快一倍，并成为推动我国下一阶段经济增长和结构升级的主要动力之一。城市化速度加快将首先带动农村人口向城市转移，农业劳动力向第二产业和第三产业转移，消除制约我国产业结构升级的主要“瓶颈”；其次，城市化程度的提高将加大对住宅、交通、煤水、邮电等一系列城市基础设施的需求，直接或间接地拉动汽车、建筑、建材等相关产业的发展；最后，城市化程度提高有助于改善人们的收入结构和消费习惯，推动整体消费结构的升级，并拉动食品加工制造业、餐饮业、家用电器等消费品工业的发展。

（3）消费结构升级对工业结构调整的推动作用。我国经济至今仍未摆脱二元经济特征，农村居民收入只相当于城镇居民的 40%左右，消费水平不在同一档次。现阶段，多数城镇居民家庭已经基本解决了衣、食问题，正在向提高住、行水平和生活质量的阶段过渡，住宅、轿车、轨道交通等社会基础设施、通讯及其他新型电子产品、文化娱乐、旅游、社区服务等将成为重要增长点，并相应带动建筑、建材、机械、石化、电子等工业部门的较快增长。与此同时，随着农村人口向非农产业和城镇的转移而带来的收入提高，将会增加对家电等耐用消费品的需求，并拉动这些产业进入一个新的较快增长期。

## 第二节　区域投资与社会经济发展

改革开放 30 多年来，我国地区经济充满生机和活力，各个地区经济发展速度普遍比改革开放前有大幅度的提高，从而推动了整个国民经济的快速发展。但是，随着改革推进，地区经济主体行为的自主性增强，地方政府管理地方经济的自主权加大，中央政府对地区经济的干预相对减少，调控能力相对下降，使得地区经济发展不协调的现象日渐明显，突出表现为区域经济发展的差距日益扩大。区域经济发展的核心问题是经济增长问题，而区域投资又是区域经济增长的第一原动力。投资的变化是引致区域经济增长和区域经济差异变化的重要原因之一。本节从介绍区域投资与区域经济增长的概念出发，从区域投资与区域经济增长的关系入手，考察和分析中国区域经济与经济增长的现状和发展趋势。

## □ 一、经济区域和区域经济发展模式

1. 经济区域

经济区划与行政区划不同，行政区划是根据历史渊源的行政管理的需要，由国家权力机构和政府机关制定的；而经济区划是根据社会劳动地域分工的规律、区域经济的发展水平和特征的相似性、经济联系的密切程度，或者依据国家经济社会的发展目标与任务分工，对国土进行的战略性区划。经济区划的目的是为了揭示各区域经济发展的有利条件和制约因素，指出各经济区域经济发展专业化的方向和产业结构的特点，为区域产业布局、区域规划和经济发展战略提供科学依据，是宏观经济管理的一个重要手段。关于经济区划，学术界提出了各种不同的方案，比较权威的是国务院发展中心依据自然条件、经济条件、社会条件，并适当照顾行政区划完整性的原则将全国划分为七个经济区，具体见表 3-2。

**表 3-2　　我国七大经济区的基本情况**

| 序号 | 区域名称 | 土地面积（万平方公里） | 省、区、直辖市 | 经济特征 |
| --- | --- | --- | --- | --- |
| 1 | 东北经济区 | 78.72 | 黑龙江、吉林、辽宁 | 以重工业为主体的老工业基地，经济社会发展水平相近，自然条件优越，工业基础雄厚，交通发达。 |
| 2 | 华北经济区 | 155.5 | 北京、天津、河北、内蒙古、山东 | 经济发展水平较高，地理位置优越，交通便利，资源组合条件好，科技教育事业发达，社会发展程度高。 |
| 3 | 华东经济区 | 21.67 | 上海、江苏、浙江 | 我国经济最发达的地区之一，区位条件好，交通发达，农业基础好，工业结构轻型化，城镇化水平高。 |
| 4 | 华南经济区 | 36.97 | 福建、广东、海南 | 对外开放早，外贸发达，地理位置独特，自然条件优越，工业以轻工业为主。 |
| 5 | 华中经济区 | 102.69 | 山西、河南、安徽、湖北、湖南、江西 | 资源加工型工业、重工业比重大，农业基础好，农产品商品率较高，经济发展水平居中。 |
| 6 | 西北经济区 | 301.69 | 陕西、甘肃、宁夏、青海、新疆 | 人口稀少，幅员辽阔，社会经济发展水平较低，矿产资源丰富，基础设施较落后，交通不发达。 |
| 7 | 西南经济区 | 256.67 | 四川、重庆、广西、云南、西藏、贵州 | 少数民族多，自然和社会经济条件多样化，自然条件复杂，自然资源丰富，农业较发达，轻、重工业相平，基础设施落后，交通不发达。 |

2. 区域经济发展模式

不同区域、不同国家在不同的发展阶段，经济发展水平大多存在着不同程度的差异。造成区域经济发展水平差异的因素是多方面的，一般有以下六项因素：一是自然资源禀赋的差异。各个区域自然禀赋的状况直接影响着不同区域投资的重点以及投资的分配比例，从而在很大程度上决定了各个区域经济发展的水平和方向。二是经济基础的差异。在区域经济欠发达时期，自然禀赋较好的区域经济发展较快，而商品经济一旦发展到一定程度，区域资源禀赋和自然条件不足便可以通过商品和劳务的交换来弥补，因而，随着经济的发展，自然条件的影响力将不断减弱，而资金、科技水平、人口素质、市场发育程度、已有生产能力等经济基础的影响力则会不断增强。三是社会基础的差异。社会基础主要是指人和社会的素质、伦理、观念的状况，它是在经济基础有了一定发展之后出现的新差异。劳动力的素质和社会的进步程度是导致区域经济进一步发展的主要因素，没有较高的人口素质，资源投入的效用会受很大的限制。四是政治因素的影响。政治因素包括体制因素和政策性因素，如政治经济制度、法律制度、经济政策、技术政策等，这些因素对区域经济发展的影响既有直接作用，又通过经济因素、社会因素起间接作用。五是产业结构的差异。由于产业结构的演进与不同的社会经济条件和不同的经济发展阶段相适应，在特定的经济环境下，各产业处于自己生命周期的不同阶段，总有一些产业会比其他产业发展得更快，因而，产业结构的差异会影响区域经济发展的速度、水平和能力。六是城镇化的影响。在一定的限度内，城镇化意味着经济活动的高效率，意味着聚集效应和规模效应，也意味着人们物质文化水平的改善，因此，城镇化水平的不同也是造成区域经济发展水平差异的原因。特定的区域在经济发展过程中也必然会采用特定的经济发展模式。区域经济发展有五个基本的模式，即梯度发展模式、反梯度发展模式、增长极模式、点轴开发模式、网络开发模式。

(1) 梯度发展模式。为了度量区域间经济发展水平的差异性，区域经济学引入了经济发展梯度的概念。经济发展梯度可以通过考察区域生产力的先进程度、市场的发育程度、产业结构的优劣、人均收入水平的高低等进行综合测评。梯度发展模式源于区域经济发展梯度推移理论。该理论认为，区域经济发展按梯度由高向低推进符合利润最大化原则，区域经济发展速度应以所能提供的条件为基础。梯度推移理论的论点有以下三点：一是区域经济的盛衰主要取决于它的产业结构优劣，而产业结构的优劣又取决于区域经济部门，特别是主导专业化部门在其生命周期所处的发展阶段。二是创新活动（包括新产品、新技术、新的管理方法和新产业部门）大多发源于高梯度的地区，然后随着时间的推移逐步由高梯度地区向低梯度地区推移。三是梯度推移主要是通过多层次城市系统传递的。创新在空间上的扩散有局部扩散和大范围扩散两种方式。局部扩散是创新活动由发源地向经济联系密切的邻近城市推移。大范围扩散是创新活动由发源地向有接受创新能力的城市推移。只有处于第二梯度上的城市才有能力接受并消化发源于第一梯度上的创新活动并逐步向第三、第四梯度上的城市推移，直到城镇、农村。

(2) 反梯度发展模式。反梯度推移理论认为，现代技术转移具有两大特点：一是技术可以按现有的生产力发展水平转移，这是常规的梯度转移；二是技术可以超越现有的生产力发展水平推移，即落后地区可以通过引进先进技术实现生产力的跳跃式发展。根据技术转移的这两个特点，按现有生产力发展水平进行的梯度转移顺序不一定就是引进先进技术和经济开发的顺序。只有经济发展需要，又具备必要的条件，特定区域才可以引进先进技术，而不管这一区域处于哪个发展梯度。低梯度地区可以根据实际情况直接引进并采用世界先进技术，发展高新技术，实行超越式发展，然后向二级梯度、一级梯度等高梯度地区进行反梯度推移。从世界范围来看，梯度发展模式是区域经济发展的主要模式，但反梯度发展模式也不乏先例。例如，资产阶级革命后的英国超越了当时相对先进的西班牙、葡萄牙；第一次世界大战后相对落后的美国赶上并超过了英国、德国；改革开放后，我国一些落后的中小城镇通过引进先进技术在短时间内赶上并超过了高梯度的大城市等。

(3) 增长极模式。增长极的概念始于法国经济学家弗朗索瓦·佩鲁，他把经济空间中在一定时期内起支配和推动作用的经济部门称为增长极。增长极本身具有较强的创新能力和增长能力，并通过外部经济和产业间的乘数扩张效应推动其他产业的增长。佩鲁之后的学者发展了增长极的内涵，将增长极阐述为一个空间单位。空间的增长极是某一具有高创新能力、高增长率，并能促进周围区域经济增长的中心区位，即一个增长中心。近年来，区域经济文献中对增长极的解释和定义都是将增长极作为一个空间单位或城市。增长极对经济发展的作用体现为其具有的三个效应：一是支配效应。一个单位对另一个单位施加的不可逆转或部分不可逆转的影响称为支配效应。增长极中的推动型单位都具有程度不同的支配效应，都会对其他经济单位产生支配影响，最明显的就是城市对农村的支配效应。二是乘数效应。增长极里的推动性与其他产业间有垂直的、水平的联系，由于这种联系的存在，推动性产业的发展能够通过列昂惕夫投入产出而对其他经济部门产生波及乘数效应。三是极化与扩展效应。极化效应是指迅速增长的推动性产业吸引和推动其他经济活动不断趋向增长极的过程。扩展效应是指增长极的推动力通过一系列联动机制不断向周围发散的过程。因此，区域在不同的时期选择支配全局的优势区位发展经济可以事半功倍。优势区位的经济发展，可以通过极化效应使生产要素从非增长极向增长极集中，以提高资源的利用效率；还可以通过扩展效应使生产要素(如资金、技术等)从增长极向区域腹地分散，以起到对整个区域经济发展的带动作用。

(4) 点轴开发模式。该模式是增长极模式的延伸。从区域经济发展的过程看，经济中心总是集中在少数条件较好的区域，成斑点状分布。这些经济中心既可以称为增长极，同时也是点轴开发模式的点。随着区域经济的发展，点与点之间由于生产要素交换的需要相互连接起来，形成轴线。这种轴线首先是为区域中的增长极服务的，但轴线一经形成，对人口、产业也具有吸引力。人口、产业将逐步向轴线两侧聚集，并产生新的增长点。点轴贯通之后，就形成了点轴系统。点轴开发模式也可以理解为从发达区域的各个经济中心(点)沿轴线向不发达区域的发展和推移。在点轴开发模式中，交通和通讯是主要的作用因素。

(5) 网络开发模式。在点轴系统比较完善的区域，经济的进一步发展就可以采用网络开发模式，进一步构造现代区域空间结构。一个现代化经济区域的空间结构必须同时具备三大要素：一是“节点”，即各级城镇；二是“域面”，即各个节点的作用范围；三是“网络”，即由资金、技术、信息、原材料和劳动力等生产要素的流动网及交通网、通讯网组成的大大小小的网络。网络开发是在强化已有点轴系统的基础上，提高区域经济一体化发展，特别是城乡一体化发展。网络开发模式是区域经济发展的一种比较完善的模式，是区域经济发展走向成熟阶段的标志。目前，我国长江三角洲、珠江三角洲地区都是采用了这种经济开发模式。

## □ 二、区域投资的基本理论

从亚当·斯密开始，经济学家们就对区域投资给予了密切的关注。尽管古典经济学家们并没有清楚、明确地提及区域投资这个概念，但可以从他们的论述中推断其关于区域投资的看法和论断。亚当·斯密的“绝对优势理论”认为，只要某国产品的生产成本绝对低于其他国家，即具有成本上的绝对优势，就应该发展这种产品的专业生产，并出口以换回自己在生产上不占绝对优势的产品，这样贸易的双方都可以从这种交易中获益。这一结论对于国家如此，对于区域间的投资也同样成立。从微观经济学中可知，产品的生产取决于利润，在产品同质的情况下，在面对具有相同的产品需求弹性的市场时，厂商的生产就取决于生产成本。同理，如果一个国家的某一区域的生产成本绝对低于其他地区，就形成足够的吸引力使厂商的投资聚集到这一具有成本绝对优势的地区。下面结合国内外经济学界的成果，对区域投资理论进行研究和介绍。

### 1. 成本驱动的区域投资理论

这一理论又称为区域投资成本决定论。它研究的是各种区域经济因素对投资的吸引作用。在这些理论中，投资者在区域间进行投资转移，其目的是为了获得更低的生产成本。古典区域投资决定论产生于 19 世纪 20—30 年代。第一个进行系统研究的经济学家是德国的韦伯(A. Weber)，他在 1909 年发表的《工业区位论》中指出，一个地区对于工业区位选择吸引力大小的决定力量是最小生产成本，而影响产品成本的一般性区位因素是运输费、劳务费和聚集效益。

### 2. 利润驱动的区域投资理论

传统的由成本驱动的区域投资理论由于排除了市场因素的影响，难以准确地说明实际的投资选择和产业配置过程，因而受到了质疑。因此，又出现了称为古典经济学的利润驱动的区域投资理论，简称利润决定论。利润决定论是以追求利润最大化为理论背景而建立起来的。其中，比较有代表性的有中心地理论、区位经济论、最小费用论和工业布局论。

德国经济学家克里斯塔勒于 1933 年首先提出“中心地理论”。该理论的最大目的在于探索“决定城市的数量、规模以及分布的规律是否存在，如果存在，又是怎样的规律”这一问题。20 世纪 60 年代，我国学者对典型平原城镇的研究也发现这些城镇主要分布于中国东部大平原及长江三角洲平原，欧洲学者们的空间模式在中国平原的城镇体系中是基本符合的。

德国学者廖什于 1940 年发表的《区位经济学》将一半空间均衡方法引入区位分析，将贸易流量和运输网络的中心地的服务区位问题引入进来，研究市场规模和市场需求结构对地区选择和产业配置的影响。他指出，消费者需求量的大小是区域选择上优先考虑的主导因素，而市场容量又决定于消费强度、消费倾向、产品价格、市场半径、产品推销技术等相关因素。最低成本只是作为企业总利润的一个因素发挥作用，成本最低点并不意味着利润最高点。

德国学者奥托林勃在1952年发表的《普通农业地理学与普通工业地理学》中认为，人的行为和要求是以最小费用求得最大效果，应以经济原则决定工业区位，称之为"理性原则"，但人们的行为不一定遵守"理性原则"，往往从政治、军事的考虑出发，使工业区位逐渐陷入"非理性原则"。

美国经济学家伊萨德主张从"空间经济论"出发研究区位论，利用各种计量经济学方法进行工业区位论分析，把工业区位论作为区域科学的核心。他指出，影响工业发展和布局的条件很多，它们的作用也不尽相同。同时他又指出有些因素是相互依存的函数，并且可以相互取代。例如，资本因素与劳动力因素之间的关系即是如此。伊萨德还主张从区域的综合分析中研究工业区位，在具体研究中，他引用了经济学家常用的比较成本分析与投入—产出分析，以求充分发挥区域优势，建立最佳的生产部门。

**3. 现代区域投资理论**

现代经济学中的区域投资理论在继承和发展古典区域投资理论的基础上，特别强调以人的行为因素为依据来对成本—市场因素做综合分析，从而发展成为综合性的、整体性的区域投资理论，被理论界称为空间结构理论。例如，伊萨德就指出：最大利润原理固然是产业区域间配置的基本原则，但这一原则的实现同自然环境、产品成本和区域间工资水平等因素有关。因此，合理的区域选择和产业配置必定受到多种因素的影响，必须对多种因素（特别是成本-市场因素）进行综合分析。20世纪60年代以来，现代区域投资理论更强调行为因素的作用，这些理论认为区域的选择必然受到决策者的愿望、能力、知识、现实观察力及对信息收集分析与评价所付出的努力的影响。现代企业家不仅关心如何赚钱，而且关心工作环境的舒适程度，这包括优美的自然环境、宜人的气候、完善的社会设施、良好的社会秩序以及享受文化娱乐活动的机会等。因此，投资决策者的思想行为和价值观常会成为区位的决定性因素。这就是说，投资者所满意的区域投资不一定是成本最低或利润最高的最优区域，而是综合优势最显著的区域。

总之，现代区域投资理论有以下特点：①现代区域投资理论成为区域规划和城市规划的重要理论基础；②现代区域投资理论的研究侧重于多企业集中的工业地域的综合设计，而不是只考虑一个企业；③现代区域投资理论研究的问题日益广泛，吸引多方面专家一起工作；④现代区域投资理论是以最新的科学方法和技术（以计量方法解释问题，用计算机处理资料，利用自动制图、遥感技术等）作为研究手段；⑤自20世纪60年代以来，环境问题日益严重，现代区域投资理论（尤其是分散因子的研究）又成为解决环境问题的重要理论。

## □ 三、区域均衡投资增长模型

正如现代区域投资理论所指出的，在进行区域投资分析时，不仅要关注投资者本身的利润，而且还要关心这一项投资对环境、社会等诸多因素的影响。这种结构化的特征，要求投资者关心更多的目标函数。我们通过研究区域均衡投资增长模型，试图说明这一结构化倾向。通过模型的建立以及对模型的解释，我们着重说明投资的区域分布特征和造成这一分布特征的根源，进而说明某一区域投资增长的方向。

1. **区域投资特征的静态分析**

在经济不发达的情况下，由于区域资源的原因，通常会形成一定的投资区域性特征。在我国历史上，出现过以区域为特征的一些经济现象，如扬州的盐商、山西的票号以及安徽的徽商等。一般而言，这些投资者通常以区域为特征，从事大体相同或相似的经济活动。这种投资结构趋同的经济特征，在目前的社会主义市场经济体系中依然保持着旺盛的生命力。例如，浙江地区的“小企业集群”现象就说明了某一特定的投资特征会在当地的经济生活中占有突出的主导性地位。

假设我们所研究的区域具有两类企业，一类企业从事传统产业(a)的生产，另一类企业从事新兴产业(b)的生产。这两类企业的生产并不受制于自己所属的产业特征，从事传统产业的企业也可以生产新兴产业的产品。但是，它会有一个损失系数，我们设之为生产折减系数 $\mu$，其含义是：相同配置的资源在生产另一个产业的产品时，会有一定的生产效率损失。这一现象对从属于新兴产业的企业也成立。我们假设这些企业的产量为一个线性系统，这个系统的优点在于每一个新进入的企业(即新的投资)可以不因其生产优势而被限定于从事某一行业。因此，对 a 和 b 两种产业来说，它们的产业产量如公式 3-6 所示。

$$\begin{cases} Q_a = E_a^a + E_a^b(1-\mu) \\ Q_b = A[E_b^b + E_b^a(1-\mu)] \end{cases} \tag{3-6}$$

上式中：Qa 和 Qb 分别为集群 a 和集群 b 的产量；$E_a^a$、$E_b^b$ 为拥有该集群技术且在该集群中进行生产的企业数；$E_a^b(E_b^a)$是指拥有集群 a(b)技术而在集群 b(a)从事生产活动的企业数量；A 为新兴集群 b 相对于传统集群 a 的生产优势，且有 $A>1$；$\mu$ 是生产折减系数，其含义是指由于所拥有的集群技术不能适用于另一集群的生产而造成的生产率的下降。

从公式(3-6)中可以发现，新进入的投资者可能会对自己的技术能否准确地应用于专业性的生产中并没有太大的把握。本来具有 a 产业生产优势的企业可能会因为错误的判断而错误地进入了另一个行业。如果设传统集群产品的收益 $W_a^a=1$，且设投资者的企业可以自由流动，并设新兴产业产品对传统集群产品的相对价格为 P，利用均衡的原初状态，则可计算出其他三种企业的收益：$W_a^b=1-\mu$，$W_b^b=PA$，$W_b^a=PA(1-\mu)$。

投资者在前期会对自己的社会效益和环境效益进行合理地评估。此后，在生产过程中，投资者将会把收益作为自己的生产目标。企业收益的相对大小决定了企业的流动方向。如果要保持原有的状态，投资者就应该在进入传统产业与进入新兴产业问题上无差异，则需满足以下的阈值条件：

$$\begin{cases} W_a^a = W_b^b \\ W_b^a = W_a^b \end{cases} \Rightarrow \begin{cases} \underline{P} = \dfrac{1-\mu}{A} \\ \overline{P} = \dfrac{1}{1-\mu} \cdot \dfrac{1}{A} \end{cases} \tag{3-7}$$

从公式(3－7)中可以看出，在价格的上下限($\underline{P}$, $\overline{P}$)内，投资者会保持原有的选择而不会转移到其他的产业中去。如果产业之间的相对价格 $P < \underline{P}$，则传统产业将占有绝对优势，地区将保持原有的产业格局。反之，如果产业之间的相对价格 $P > \overline{P}$，则新兴产业将占有绝对优势，地区转变为新兴产业格局。

显然，以上的分析仅是一个静态的分析过程。我们通过这个静态关系证明，如果因为资源或技术的区域特征而形成了某一种区域经济特征，除非发生市场需求的变化，否则，就不会发生区域经济结构的根本性转变。

2. 区域投资特征的动态分析

在前面的模型分析中，我们使用了产业内的企业数量来解释区域的主导性投资特征。对于一些存在大型企业的区域，尤其像钢铁城和汽车城这样的情况，在分析时就需要进行一些简单的处理。例如，将大型企业按市值拆分为一般规模的小企业，通过这样的处理，同样也可以应用以上的公式和分析过程来说明区域的产业特征。

如同马歇尔在《经济学原理》中所说的“小孩子下意识地学到了当地技能”，投资者对于投资目标地占有统治地位的企业数量也比较了解。由于投资者与这些占有统治地位的企业接触的机会要多一些，所以，学习到这些企业的技能的可能性也增大了。这也表明，投资者的学习成本与当地企业的数量存在一定的正相关关系。设 Lb 为新兴产业中的企业数量占总企业的比例。在 t 时刻时，新投资在传统产业中的相对学习成本函数则为：

$$C = \beta(1 - Lb(t)) \tag{3-8}$$

上式中，β 为学习折减系数，它表示学习的难易程度。

投资者通常不只关心自己的当期收益和成本，而且会关心其生命周期内的总净收益。利用折现法，我们知道，如果需要在 t 时刻进入的投资者选择新兴产业而不选择传统产业，那么，要求其生命周期内的新兴产业收益现值大于传统产业收益折值，则应有：

$$\{1 - \beta[1 - Lb(t)]\}\int_0^\infty A(s)P(s)e - r(s - t)ds > \int_0^\infty e - r(s - t)ds \tag{3-9}$$

上式中，r 为无风险利率(其余参数参见静态分析部分的定义)。我们以式(3－10)表示新兴产业对传统产业的相对收入净值：

$$\Phi(t) = \frac{\int_0^\infty A(s)P(s)e^{-r(s-t)}ds}{\int_0^\infty e^{-r(s-t)}ds} \tag{3-10}$$

则公式(3－9)可改写为

$$\Phi(t) > \frac{1}{1-\beta[1-L_b(t)]} \tag{3-11}$$

由公式(3－11)可知,在这一条件下新生企业愿意进入新兴集群。同样可以看出,在 t 时刻,如果新兴集群的企业数量较多,新生企业进入新兴集群的"门槛"就较低,从而会更容易地进入新兴集群。实际上,我们可以从公式(3－11)中看出,Φ(t)是一个期望收益值。也就是说,如果人们预期到进入新兴集群的收益高于进入传统集群的收益值,他们就会更愿意在新兴集群创办企业。以浙江黄岩为例,自从该地区因为市场的原因将 187 家橘子加工厂压缩为 20 多家时,人们不仅发现进入这个行业只会得到较低的收益,而且也使后来的投资者发现获得这个行业的生产技能的机会大幅下降了。这时,新兴的行业——模具加工业应运而生。在政府也给予了足够的鼓励和支持的情况下,人们预期到这个新兴行业将会带来更多的收益,更多的新的投资者也就加入到这个新兴加工业中来。有意思的是,经过一些年的发展,模具加工业果然如人们当初所想,成为黄岩的支柱产业;而且,这一现象与金融经济学中所说的"准确预见"也相一致。

以上的静态分析和动态分析为我们对区域投资的形式及当地投资的主导性特征提供了一个思路。在现实中,我们可以用来分析像"苏南经济"的模式转变等问题。显然,如果某种经济的发展处于一种占有主导性的经济模式中,投资者会因为静态的结构因素而很难改变这种结构性特征。由公式(3－11)可以发现,人们愿意也只能依据原有的结构模式进行发展。因此,如果要引导区域性的投资结构发生转变,不仅需要企业按照市场的需求进行选择,而且还需要政府进行适度的正确干预引导,从而实现经济转型。关于这一现象的实证性分析,不难从我国经济改革的过程中得到验证。石磊在《中国农业组织的结构性变迁》一书中,在对乡镇企业产生的原因进行分析时指出:中国农业分化的过程也是农村产业结构调整和优化的过程,总体趋势是传统种植业的份额下降,农村工商业和服务业份额上升,使单一性农业成为结构性农业。这一实证结果对于公式(3－11)也是一个较为有力的证明。

## 第三节 环保投资与社会经济发展

### □ 一、环保投资的内容

#### 1. 环保投资的内涵

环保投资又称环境保护投资。对于其定义,学界有不同表述。丛树海(1999)将环保投资定义为污染治理投资和环境能力建设投资;孙冬煜、王震声、何旭东(1999)作出的定义是为保护资源和控制环境污染所支出的资金总额。根据国家环保总局对环保投资的定义:环境保护投入是指在国民经济和社会发展中,社会各有关投资主体从社会积累基金和各种补偿基金、生产经营基金中,支付用于防治污染、保护和改善生态环境的资金。概括各方的定义,可以将环保投资总结为:社会各方有关投资主体为了治理环境污染,维护生态平衡，从社会的积累基金和各种补偿基金中，拿出一部分进行相关的经济活动。

根据对环保投资的性质界定不同，可以将国内外对环保投资的定义归纳为“费用说”和“投资说”。之所以将环保投资的性质划分为费用和投资，是由于站在环境治理主体的角度上，对投入收益的理解不同造成的。“费用说”来源于较早进行环境治理的美国、日本等发达国家，他们把环境保护投资解释为环境保护费用，即社会为维护一定的环境保护质量而付出的控制污染和改善环境的总费用。在这种定义里面，环保投资主体投资于治理污染和保护生态系统，没有直接获得收益，所以将其归类为费用。在费用说里，将开展某项经济或社会活动时用于保护环境所投入的费用和活动本身所产生的环境破坏损失统称为这项经济或社会活动的环境代价。用公式表达为环境代价＝环保费用＋环境破坏费用。

“投资说”的观点以我国学者张坤民等为代表，借鉴了经济学“投资”的概念。该种观点认为，环境保护投资是指在国民经济和社会发展过程中，社会各有关投资主体从社会积累基金和各种补偿资金中支付的用于防治环境污染、维护生态平衡及与其相关联的经济活动，以促进经济建设与环境保护协调发展的投资。“投资说”的观点从环境保护投资的主体、投入、投向和目的出发，描述了环境保护投资的构成要素及其运动特征，刻画了环境保护投资的动态投入产出过程。这种观点从社会的角度认为，环保投资作用于微观经济主体，使得生态系统良性循环，从而带来了生态效益。

2. 环保投资结构分类

各国环境保护投资包含的内容不尽一致。在美国，环境保护投资包括预防费用、损害费用(用于受污染后的赔偿)、治理费用和管理费用。国外环境保护投资一般不包括植树造林、兴修水利、防治水涝灾害、水土保持等恢复和改善生态方面的投资。在我国，环境保护投资包含的内容经历了一个逐步演化的过程。传统上，我国将环境保护投资的内容大致概括为三部分，即环境污染治理投资、生态环境保护投资以及环境科技和为环境管理服务的自身建设投资。如今，此种分类方法已经不甚合理，当今社会，环境保护投资的内涵也发生了新的变化。上海交通大学汪洋等人经过分析研究，划分出新的环境保护投资内容结果，如表 3 - 4 所示，反映了我国环境保护投资的新内容和发展趋势。

**表 3 - 4　　我国环境保护投资结构分类**

| | | |
|---|---|---|
| 环境投资 | 环保产业 | 环保产品、设备生产；环保服务；环保研究开发等 |
| | 环保基础设施 | 环保基础设施建设；大型污染治理恢复工程 |
| | 环保机构自身运作费 | 环保机构建设、环保监管和执行、环保机构人员福利 |
| | 新建项目的污染防治和老企业的污染建设投资 | |

资料来源：杨晔，杨大楷. 投资学[M]. 上海财经大学出版社，2012：131。

(1) 环保产业。环保产业指的是指由从事环保产品生产、三废综合利用、环保技术开发与服务、自然生态保护和低公害产品生产的企业和事业单位所组成的行业。在这个领域里，环保是作为私人产品存在的。

(2) 环境保护基础设施。环境保护基础设施包括为生产、生活、工业及其环保提供服务的各项基础设施,其外延包括了凡与防治污染和改善生态环境直接有关或交叉渗透的设施。在这个领域里,环保是作为公共产品存在的。

(3) 环境机构自身的运作费用。该费用是环保投资中的一块比较特殊的领域,在这里,环保是作为公共产品存在的。这一领域的投资包括环保机构自身的建设(如办公楼建造、人员培训等)、环境状况的调查、研究、检测以及机构人员的工资、奖金和其他福利开支等。

(4) 新建项目的污染防治投资和老企业的污染治理投资。在这个领域,政府应该关心的并不是企业从何种途径来获得这部分融资,而是如何制定合理的环保政策来引导企业进行合理的投资。同时,企业在这一领域的投资正好是环保产业的销售市场来源以及部分环保基础设施的用户。

**3. 环保投资的特点**

(1) 投资主体的多元性。环境保护投资是投资范围的一种,它仍是一种资本或资金的投入活动,必须要有一定的主体予以实施。环保投资主体的多元性是由环保投资的广泛性和重要性决定的。环保投资的主体可以是政府、企业、个人。

环境保护投资应当遵循“谁污染谁治理”、“谁开发谁保护”的原则,一般来说,环境保护投资以企业为主要投资主体。由于环境属于公共物品,政府一直是环保投资的主导力量,其投资原则是获得环境效益、经济效益和社会效益的平衡。随着政府职能的转变以及市场机制的不断完善,政府在环境保护上也要改变计划经济时期大包大揽的投资方式。环境保护投资的主体应该多元化,不仅包括国家,政府,也应当包括各类企业、团体法人和居民个人,要充分体现公众参与的原则。

(2) 投资主体与利益获取者往往不一致。在经济学的定义中,外部性是指一个经济主体的活动对其他经济主体的外部影响,这种影响并不在有关各方以价格为基础的交换中发生,因此其影响是外在的。新古典经济学的代表人物马歇尔在1890年发表的《经济学原理》中首次提出了外部性的概念。随后,英国著名福利经济学家庇古在1920年出版的《福利经济学》一书中对马歇尔提出的外部性理论进行了拓展和完善。

环境是公共物品,以环境保护为目的的投资具有明显的外部性。一方面,投资者不能得到因投资而产生的全部利益;另一方面,制造污染或损害环境的组织或个人也不会因为他们的破坏活动而承担全部损失。一般来说,环境效益和社会效益是由整个社会所共享的。例如,兴建污水处理厂需要大量投资,而且建成之后,每年还需要大量的运行费用(管理费、设施运行费、维修费等),但是,在现行政策下,该行为给污水处理厂带来的直接经济效益却很少。污水处理厂的效益主要表现在环境效益和社会效益上,即水环境质量得到改善,使该环境区域内所有的人受益。

(3) 投资效益的综合性。投资作为一种特殊的生产性经济活动过程,其效果和收益是多方面的。物质资料生产的效益通常指经济效益,一般表现为物质财富的增加;而环境保护投资效益主要表现为环境效益和社会效益,直接的经济效益不明显。但有的环境投资项目也有很好的经济效益,综合性很强。例如,一项环保投资项目与节水、节电、节约物料等技术进步或技术改造紧密联系，该项环保项目自然会使生产过程物耗降低，经济效益提高。

(4) 环境效益的滞后性。在物质资料的生产过程中，往往存在近期和远期的关系。例如，对于基本建设的投资，有些项目可以在近期受益，有些项目则要等待较长的回报周期。环保投资的远期经济效益比物质资料的生产更为明显，由于许多污染物具有持续积累的特性，致使这些污染物对环境的危害呈现了缓发性的、日益加重的趋势。例如，母体内的胎儿对造成水俣病的甲基汞敏感性比母体至少高4倍。因此，新生儿血细胞内的汞含量比母亲还要多20%—30%。可见，如果不加治理而照此代代相传，其后果必将越来越严重。由此可见，环境保护经济效益在近期与远期比物质资料生产的经济效益有着更为错综复杂的消长关系①。

## □ 二、环保投资决策的分析方法

### 1. 费用效益分析

(1) 环境费用效益分析的产生与发展。费用效益分析产生于19世纪。1844年，法国工程师杜波伊特在《市政工程效用的评价》中提出了"消费者剩余"的思想。1936年，美国联邦政府发布的水资源计划中，对水资源计划的收益和投入的费用进行了比较，以指导计划的决策。在此以后，在水资源计划的有关防洪控制法中规定："在进行设计时，要使任何收益的增长必须超过预算的费用……"，从而形成了费用效益分析。1950年，在美国联邦河流流域委员会发表的《内河流域项目经济分析的使用方法》中，第一次把当时独立发展起来的两个学科(即实用项目分析与福利经济学)联系起来，更鲜明地显示了费用效益分析服务于公共福利评价的特点。自环境公害事件屡屡发生以后，20世纪70年代，经济学家开始将费用效益分析应用于环境污染控制决策分析中来，对环境质量变化的危害和效益进行评价，美国经济学家哈曼德第一个把费用效益分析的原理用于污染控制，而后的发展应归功于"未来资源"组织，"未来资源"组织为发展费用效益分析开辟了更广阔的领域，在美国得到较为广泛的应用和重视。卡特政府曾经规定所有对环境有影响的项目在环境影响评价中必须进行费用效应分析。

1980年，美国东西方中心环境与政策研究所邀请中国参加为亚太地区编制环境经济评价指南的工作，对我国环境费用效益分析的发展有较大的推动作用。近年来，我国在环境费用分析方面有了一定发展，在理论与实践方面都做了不少研究工作。除了宏观区域性费用效益分析之外，对建设项目的环境影响评价也做了尝试②。

(2) 环境费用效益分析的概念。人类社会的一切社会经济活动(包括项目和政策)等都会对环境和自然资源的配置产生影响，也就是说，任何一项活动都会产生经济效益和环境效益。由于与经济效益相比，环境效益不易用货币衡量，且难以界定所有者和受益者，因此在过去很容易被决策者忽略。费用效益分析(Cost Benefit Analysis, CBA)就是针对

---

① 李克国，魏国印，张宝安. 环境经济学[M]. 中国环境科学出版社，2003：201—211。

② 王志宏. 环境经济学[M]. 东北大学出版社，2004：75—79。

这些效益的评价技术，它从国民经济宏观总量的角度，估算保护环境的收益和费用，在各种项目之中，选择出最有利于资源配置的方案。当项目没有可度量的效益或者环境目标由组织协议界定时，费用效益分析可以计算项目的资本费用和经常性费用、影子价格，比较得到它们贴现后的最小值，即为最佳方案。因此，费用效益分析是环境经济分析的基本方法。

(3) 环境费用效益分析的原理。费用效益分析的理论基础是建立在福利经济学基础上的，该理论强调个人的福利和个人与社会的福利(个人福利的累加总和)的变化，属于主观经济学的范畴。其主要原理有如下四点。

第一，费用效益分析的基本假定是个人从物品和劳务中获得满足的程度可以用人们消费物品和劳务愿意支付的价格来度量。环境与经济存在着互相依赖、互相制约的双向联系，发展经济、改善环境都是为了满足人们日益增长的物质和文化需要。环境的变化一方面要以外部不经济性的形式在生产活动中反映出来，另一方面在消费活动中直接影响人们对环境的有效需求。所以，在计量生产活动获得的全社会的直接经济效益的同时，必须以环境效益的形式计量生产活动对环境的影响；对生产活动的评价应该以其经济效益、社会效益和环境效益的统一为评价标准。为了便于统一考虑和权衡这三种效益，需要将它们都用货币化的形式来描述，这是环境费用效益分析的重要任务。

第二，支付意愿和消费者剩余。支付意愿是指消费者支付一定数量的金额以交换某一数量的商品或劳务的意愿。消费者剩余就是消费者愿意为某一商品支付的货币量与消费者在购买该商品时实际支付的货币量之间的差额。通过加总支付意愿和消费者剩余，就可能评估环境改善的经济价值和环境破坏的经济损失。作为经济分析的工具，支付意愿和消费者剩余这两个重要的概念得到广泛的应用，它们可以衡量社会效益，从全局的角度思考问题。另外，两者在环境经济学中也是强化环境意识的理论根据。衡量支付意愿的方法有自愿付费法、节省费用法和影子价格法三种。

第三，社会贴现率。由于存在资金的机会成本和时间价值，因此，对项目在未来发生的费用和效益需要进行贴现。社会贴现率是从动态和国民经济全局角度评价项目经济效益的资金收益率基准，是费用效益分析方法中对不同的方案进行比较的判断依据。在我国，项目经济评价采用的社会贴现率是一项国家参数，由国家统一规定，具有稳定性。

第四，影子价格。影子价格反映整个社会资源供给与配置状况的价格，它等于资源投入的边际收益。影子价格可以用于资源投入政策分析、新产品投产政策分析及用来反映产品的供求状况和资源的稀缺程度。在市场机制的作用得到比较充分发挥的前提下(完全竞争市场均衡条件下)，可以在费用效益分析中使用市场价格，但上述的前提仅存在于发达国家与少数发展中国家之中。为了满足对大多数发展中国家的项目进行费用效益分析的需要，国际上先后出现了多种估算影子价格的方法。

(4) 费用效益分析的方法和分析指标。费用效益分析通过对比不同可行方案、项目和政策的费用效益贴现值，从而对是否开发此项目、实施此规划方案和此政策作出决策。费用效益分析又称为成本效益分析、国民经济分析或国民经济评价等，以内部收益率作为主要评价指标。根据项目和实际需要，有时还可以采用经济净现值或经济净现值率等评价指标。费用效益分析的实施步骤可以分为以下三步。

第一步，弄清问题分析费用和效益。识别项目的费用和效益首先应当明确所开发工程、规划方案或所实施政策的目标，确定分析的对象和范围。范围包括地域范围和时间范围，分析的范围越大，越可能包含所有的外部影响，使分析结果更加准确合理。在划定范围的时候，也要考虑具体的限制因素，如人力、物力、财力等。

环境问题带来的损失是由于环境资源的功能遭到了破坏，反过来影响经济活动和人体健康。环境资源的功能是多种多样的，首先应当弄清楚所研究对象的功能和需求。依据所研究对象的功能和需求识别出最重要的环境影响是什么，并衡量其导致的经济损失。例如，化工厂排放的废水对水中鱼类、人体健康和农作物产量等产生影响，此时，应当首先确定影响的范围，如鱼类发病率和过早死亡、人类发病率和农作物产量下降等，并将这些环境影响通过价值评估换算为货币价值。

第二步，对不同方案的费用和效益进行贴现。任何的经济活动都需要一定时间，由于投入和产出的时间不同，无法将不同时点的费用和效益直接比较。从投资者的角度考虑，资金用于购买生产要素投入生产或经营活动，在一段时间之后才陆续获得利润，资金的增值使资金具有时间价值，从消费者的角度考虑，放弃现期的消费需要将来得到补偿，这也是资金的时间价值的体现。因此，在对项目进行分析的时候，无论是财务分析还是费用效益分析，都必须消除因时间不同而造成的资金增值的差异，按一定的比率把费用和效益折合成同一时点的现值，即贴现。

第三步，依据分析指标对费用和效益进行评价。在这一步，需要把环境影响的费用和效益的现值与其他方面的费用和效益的现值相加，求出总的费用现值和效益现值。然后根据费用效益分析评价准则，对该项目或政策的可行性作出判定。下面介绍四个重要的费用效益评价指标。

第一个是经济净现值（Economic Net Present Value，ENPV）。它是反映项目对国民经济所做贡献的绝对指标。它是用社会贴现率将项目计算期内各年的净效益（等于效益减去费用）折算到建设起点（期初）的现值之总和。其计算公式如下：

$$ENPV = \sum_{i=0}^{n} \frac{B_{Ti} - C_{Ti}}{(1+r)} \qquad (3-12)$$

上式中，$B_{Ti}$、$C_{Ti}$ 为发生在第 i 年的总效益和总费用；n 为计算期；r 为社会贴现率。

经济净现值大于零表示，项目可以为国民经济和社会发展带来除了社会折现率来衡量的社会盈余，还可以带来相当于经济净现值数额的超额社会盈余。一般来说，经济净现值大于或等于零的项目应被认为是可以考虑的项目。

第二个是经济内部收益率（Economic Internal Rate of Return，EIRR）。它是反映项目对国民经济的贡献的相对指标。它是使项目计算期内的经济净现值累计等于零时的贴现率。其表达式为：

$$\sum_{i=0}^{n} \frac{B_{Ti} - C_{Ti}}{(1+EIRR)^{i}} = 0 \qquad (3-13)$$

$B_{Ti}$、$C_{Ti}$ 和 n 的意义同式(3 - 12)。

通常,项目的经济内部收益率大于等于社会折现率是可以接受的。

第三个是经济净现值率(Economic Net Present Value Rate, ENPVR)。它是项目净现值与投资现值之比,即单位投资现值的净现值。它反映单位投资对国民经济的净贡献程度的指标。其计算公式为

$$ENPVR = \frac{ENPV}{I_P} \tag{3-14}$$

上式中,$I_P$ 为投资的净现值;ENPV 为经济净现值。

一般情况下,应该优先选择净现值率高的项目。

第四个是费用效益比(Economic Benefit Cost Rate, EBCR)。它是项目的效益与其费用价值之比值。其计算公式如下:

$$\mathrm{EBCR} = \frac{\mathrm{B}}{C} \tag{3-15}$$

上式中,EBCR 为项目的费用效益比;B 为项目在经济效率价格下的效益值;C 为项目在经济效率价格下的生产费用价值。

一般来说,当 B/C > 1 时,表示这一项目在经济上是可行的,可以接受。当 B/C < 1 时,则不予考虑。

最后一个是净效益(Net Economic Benefit, NEB)。它是指在效率价格条件下每单位产出超过费用的数额,其计算公式如下:

$$\mathrm{NEB} = \mathrm{B} - \mathrm{C} \tag{3-16}$$

式中,NEB 为每单位产出的净效益,其他符号同上式。

对这一指标,当 NEB > 0 时,意味着项目经济上可行;当 NEB < 0 时,则意味着项目经济上不可行;而当 NEB = 0 时,从经济效率的角度讲,这一项目处于临界状态。

以上各个指标在实践中各有利弊。ENPV 和 ENPVR 比较直观,可以直接作为比较标准,对贴现率较为敏感,且易于计算,用该指标进行项目经济评价结果有清楚明了的特点,缺点是,ENPV 与投资额的大小并无直接关联,过分强调 ENPV 容易导致过分追求经济净现值最大化,而忽略对有限资金的合理利用;EIRR 也可以用于项目多方案比较选择,其特点是对资金利用率不敏感,但是在 EIRR 过高或者过低的情况下,往往缺乏实际意义,而且当项目实施过程中追加大量投资的情况时,可能产生计算结果不唯一的情况。而 EBCR 和 NEB 是应用较为广泛的两个指标。ENPV、EIRR 和 EBCR 还可以作为费用效益分析的三种主要决策规则。

2. 环境投入产出分析

(1) 环境投入产出分析的基本知识。投入产出分析由美国经济学家瓦西里·列昂惕夫于 1936 年最早提出,最初是用来研究美国的经济结构。1986 年,联合国把它推荐为国民经济核算方法,各国开始广泛使用,而我国于 1974 年开始编制投入产出表。投入产出作为一种特殊的线性模型,分析研究的是经济系统各部门间的数量依存关系,可以用来确

定国民经济各部门错综复杂的联系和再生产的重要比例关系。其中，投入是指生产过程中消耗的原材料、燃料、动力和劳动；产出是指从事经济活动的结果及产品的分配去向、使用方式和数量。由于国民经济各生产部门之间存在着复杂又密切的联系，而且整个经济系统处于平衡的状态之中，因此，列昂惕夫将各种经济活动归纳于投入产出表中，为某个国家或地区的整体经济活动提供了一个简明又系统的结构关系，这就是投入产出表。

1970 年以来，西方经济学家对经济发展和环境保护的关系开始重视起来，列昂惕夫在 1970 年《环境影响和经济结构：投入产出方法》中，将经济范畴的投入产出分析拓展到环境—经济系统中，研究环境问题，就构成了环境—经济系统的投入产出表。环境污染和环境治理在这个扩展的投入产出表中，作为环境的对应部门，用于反映生产活动和最终需求造成的污染以及污染治理带来的产品价格体系调整、居民收入和福利结构的改变。在这个扩展的投入产出框架中，整个系统分成生产部门和环境部门，环境部门的列向为消除污染部门，行向为污染部门。生产部门用价值单位计量，而环境部门用实物单位计量。环境部门的部门分类按照污染物种类划分，如废气、废水等。设有 n 个生产部门，m 个环境部门①。具体见表 3 - 5。

**表 3 - 5　　环境—经济投入产出表**

| | | 中间使用 | | 最终产品 | 总产品 |
|---|---|---|---|---|---|
| | | 生产部门 | 消除污染部门 | | |
| 生产部门 | 1<br>2<br>…<br>n | $Q^{11}(A^p)$ | $Q^{12}(A^w)$ | Y | X |
| 污染部门 | 1<br>2<br>…<br>m | $Q^{21}(P)$ | $Q^{22}(F)$ | $Y^p$ | R |
| 初始投入 | $V^1$ | $V^2$ | | | |
| 总投入 | X | G | | | |

其中：$Q^{11}$ 为生产部门内部各产品的中间流量矩阵；$Q^{12}$ 为生产部门产品投入到消除污染部门的中间流量矩阵；$Q^{21}$ 为生产部门各产品的污染物排放矩阵；$Q^{22}$ 为消除污染部门的污染物排放矩阵；$Y$ 为生产部门的最终产品向量；$Y^p$ 为最终需求领域的污染物排放向量；$X$ 为生产部门的总产出向量；$G$ 为消除污染部门的污染物消除总量向量；$P$ 为各种污染物的排放总量向量；$V^1$ 为生产部门的初始投入向量；$V^2$ 为消除污染部门的初始投入向量；$A^p$ 为生产部门对生产部门的直接消耗系数矩阵；$A^w$ 为消除污染部门对生产部门的直接消耗系数矩阵；$R$ 为生产部门的污染物排放系数矩阵；$F$ 为消除污染部门的污染物排放系

① 夏明，张红霞. 投入产出分析：理论、方法与数据[M]. 中国人民大学出版社，2013：334—337。

数矩阵。

(2) 产品消耗系数与污染排放系数。在引入污染物和污染治理部门的投入产出表中，无论是生产部门还是污染治理部门，都在消耗产品的同时排放污染物，而且产品消耗和污染物排放直接存在一定的关系。反映这些关系的重要指标就是产品消耗系数和污染排放系数。

生产部门对生产部门的产品直接消耗系数为

$$a_{ij}^{p}=\frac{q_{ij}^{11}}{x_j}\quad (\mathrm{i},\ \mathrm{j}=1,\ 2,\ \cdots,\ \mathrm{n})\tag{3-17}$$

其含义为生产部门 j 生产一单位产品需要消耗的第 i 部门产品的数量，对应的矩阵为 $A^{p}$。

消除污染部门对生产部门的产品直接消耗系数为

$$a_{ij}^{w}=\frac{q_{ij}^{12}}{g_j}\quad (\mathrm{i}=1,\ 2,\ \cdots,\ \mathrm{n};\ \mathrm{j}=1,\ 2,\ \cdots,\ \mathrm{m})\tag{3-18}$$

其含义为消除一个单位的第 j 种污染物需要消耗的第 i 个部门产品的数量，例如，处理 1 吨废水需要消耗的电力。对应的矩阵为 $A^{w}$。

生产部门的污染物的排放系数为

$$p_{ij}=\frac{q_{ij}^{21}}{x_j}\quad (\mathrm{i}=1,\ 2,\ \cdots,\ \mathrm{m};\ \mathrm{j}=1,\ 2,\ \cdots,\ \mathrm{n})\tag{3-19}$$

其含义为第 j 个生产部门生产一单位产品所排放的第 i 种污染物的数量，例如，生产 1 千瓦小时电力所排放的二氧化硫数量。对应的矩阵为 $P$。

消除污染部门的污染排放系数为

$$f_{ij}=\frac{q_{ij}^{22}}{g_j}\quad (\mathrm{i}=1,\ 2,\ \cdots,\ \mathrm{m};\ \mathrm{j}=1,\ 2,\ \cdots,\ \mathrm{n})\tag{3-20}$$

其含义为消除一单位的第 j 种污染物所排放的第 i 种污染物的数量，例如，处理 1 吨垃圾所产生的废水量。对应的矩阵为 $F$。

(3) 应用与分析。在实际生产中，污染物的排放与产品的产量基本呈正比关系，而且废物的排放系数在短期也不发生变化，因此，可以对环境的投入产出分析表加以应用。

根据行向的平衡关系，我们可以得到行向的数学模型：

生产部门：

$$A^{p}X+A^{w}G+Y=X\tag{3-21}$$

污染部门：

$$PX+FG+Y^{p}=R\tag{3-22}$$

引入污染物的消除比例：

$$a_i = \frac{g_i}{r_i} \quad (i = 1, 2, \cdots, m) \tag{3-23}$$

显然，$0 \leqslant a_i \leqslant 1$。令 $\hat{a} = \mathrm{diag}\{\alpha 1, \alpha 2, \cdots, \alpha m\}$，有

$$G = \hat{a}R$$

则平衡方程可改写为

生产部门：

$$A^p X + A^w \hat{a} R + Y = X \tag{3-24}$$

污染部门：

$$PX + F\hat{a}R + Y^p = R \tag{3-25}$$

在这个扩展的投入产出框架下，我们可以分析污染物的完全排放系数，其含义类似于完全消耗系数，表示某个部门为了得到单位最终产品，在生产过程中所直接和间接产生的污染物总量。可以分为不考虑污染物消除和考虑污染物消除两种情况。

在不考虑污染物消除的情况下，第 i 种污染物的完全排放系数 $b_{ij}^p$ 表示第 j 个生产部门为了得到单位最终产品所排放的第 i 种污染物的数量，包括直接排放和间接排放。则：

$$b_{ij}^p = p_{ij} + \sum_{k=1}^{n} b_{ik}^p a_{kj}^p \quad (i = 1, 2, \cdots, m;\ j = 1, 2, \cdots, n) \tag{3-26}$$

以每吨钢对空气的灰粒污染为例，完全排放系数等于在炼钢过程中直接产生的灰粒排放，加上所消耗的生铁、电力、焦炭、原煤等这些原材料在生产中完全排放的灰粒污染物。式(3-26)中右侧第一项为直接排放，第二项为间接排放。用矩阵形式表述如下：

$$B^p = P + B^p A^p \tag{3-27}$$

得到：

$$B^p = P(I - A^p)^{-1} \tag{3-28}$$

在考虑消除污染的情况下，将平衡方程(3-24)、(3-25)写为

$$\begin{bmatrix} I - A^p & -A^w \hat{a} \\ -P & (I - F\hat{a}) \end{bmatrix} \begin{bmatrix} X \\ R \end{bmatrix} = \begin{bmatrix} Y \\ Y^p \end{bmatrix} \tag{3-29}$$

得到：

$$\begin{bmatrix} X \\ R \end{bmatrix} = \begin{bmatrix} I - A^p & -A^w \hat{a} \\ -P & (I - F\hat{a}) \end{bmatrix}^{-1} \begin{bmatrix} Y \\ Y^p \end{bmatrix} \tag{3-30}$$

$$\overline{B} = \begin{bmatrix} I - A^p & -A^w \hat{a} \\ -P & (I - F\hat{a}) \end{bmatrix}^{-1} = \begin{bmatrix} \overline{B_{11}} & \overline{B_{12}} \\ \overline{B_{21}} & \overline{B_{22}} \end{bmatrix}$$

由(3－28),可证得

$$\overline{B_{11}}=(I-A^{p})^{-1}(I+A^{w}\hat{a}) \tag{3-31}$$

$$\overline{B_{12}}=(I-A^{p})^{-1}A^{w}\hat{a}(I-F\hat{a}-P(I-A^{p}\hat{a})^{-1}A^{w}\hat{a}) \tag{3-32}$$

$$\overline{B_{21}}=(I-F\hat{a}-P(I-A^{p})^{-1}A^{w}\hat{a})^{-1}P(I-A^{p})^{-1} \tag{3-33}$$

$$\overline{B_{22}}=(I-F\hat{a}-P(I-A^{p})^{-1}A^{w}\hat{a})^{-1} \tag{3-34}$$

$\overline{B_{21}}$就是所求的污染物完全排放系数矩阵。

## □ 三、我国环境保护投资的现状与问题

### 1. 我国环境保护投资现状

改革开放以来,随着经济实力的增长和对环境保护认识程度的提高,中国环境保护投资逐年增加,由“七五”时期的476.42亿元增加到“十一五”时期的21 623.1亿元,这对控制环境污染、改善环境质量和保证经济发展起到了非常重要的作用。目前,我国正处于全面建设小康社会的关键时期,环境质量的改善直接关系到人们生活水平的提高,环境保护的投资需求仍需要进一步加大,因此,建立多元化的环境保护的投融资机制是刻不容缓的①。

随着经济体制与投融资机制改革的深入和社会经济的发展与进步,中国环境保护投融资机制也在发生着深刻的变革,呈现出多渠道、多元化的格局。环境投资主体有政府、企业、个人和其他非官方机构。政府主要投资污染综合治理、生态保护、环保能力建设等项目;企业投资自身污染治理项目和其他有盈利的项目;其他非官方机构对其有兴趣的、非营利的、公益性环保项目进行投资。

(1) 投资水平。中国的环境污染已经越来越受到政府的高度重视和社会的广泛关注,环境保护投资规模也在逐年增加,投资总量总体呈现上升趋势。如表3－6所示,环境保护投资的总量在1996—2012年呈现出逐年上涨的趋势,“十一五”时期的环境保护投资总额为21 623.1亿元,是“十五”时期的2.52倍。此外,环境保护投资占GDP总额的比重也在逐年增加。2000年,我国环境保护投资总额占当年GDP的比重首次突破1%,为1.23%,2005年该指标继续上升为1.50%。2012年,我国环境保护投资总额达到了8 253.5亿元,占当年GDP总额的1.59%。从投资的水平来看,已经达到了一些OECD国家的环境保护投资水平,但是,中国和OECD国家处于污染控制的不同阶段:中国处于污染治理初期,复合型环境问题比较突出,不仅要解决新的环境问题,还要解决历史欠债问题;而OECD国家污染治理已经步入正常途径,不存在诸多问题。所以,综合来看,国家对环境保护的投入仍需加大,中国的环境质量仍然有待提高。

① 杨晔,杨大楷.投资学[M].上海财经大学出版社,2012:137—145。

表 3-6　　　　我国的环境保护投资状况

| 年份 | 环保投资(亿元,当年价) | 占同期 GDP 的比例(%) |
|---|---|---|
| 1996 | 408.21 | 0.60 |
| 1997 | 502.49 | 0.68 |
| 1998 | 652.92 | 0.68 |
| 1999 | 823.20 | 1.00 |
| 2000 | 1 060.70 | 1.23 |
| “九五”合计 | 3 447.52 | 0.87 |
| 2001 | 1 106.60 | 1.15 |
| 2002 | 1 150.00 | 1.12 |
| 2003 | 1 627.30 | 1.39 |
| 2004 | 1 980.00 | 1.40 |
| 2005 | 2 783.30 | 1.50 |
| “十五”合计 | 8 575.20 | 1.31 |
| 2006 | 2 566.00 | 1.22 |
| 2007 | 3 387.30 | 1.36 |
| 2008 | 4 490.30 | 1.49 |
| 2009 | 4 525.30 | 1.33 |
| 2010 | 6 654.20 | 1.66 |
| “十一五”合计 | 21 623.10 | 1.41 |
| 2011 | 7 114.00 | 1.50 |
| 2012 | 8 253.50 | 1.59 |

资料来源:国家统计局.中国统计年鉴[M],中国统计出版社,2013 年。

中国经济高速发展的同时已经导致了环境的污染与破坏,但是,由于我国还处于社会主义初级阶段,经济基础薄弱,国家、企业和个人都难以拿出较多的资金用于环境保护。我国的环境保护投资总量仍然是十分有限的,环境保护投资占 GDP 总额的比例不高。据世界银行资料显示,发展中国家需要拿出占 GDP 总额 2%—3%的资金用于环境保护投资才能使环境有所改善,我国的该项比例明显低于世界银行的规定。因此,我国仍需要进一步加大环境保护的投资力度。

(2) 投资结构。从环境保护投资结构来看,环境保护投资主要集中于城市环境基础设施和工业污染防治两个领域。城市环境基础设施建设投资包括城市排水、城市生活垃圾处理、城市燃气、集中供热和城市绿化等直接涉及城市环境质量的设施建设方面的投资。而工业污染防治主要包括老企业和新建企业两个部分。老企业的污染治理投资总量有所上升,但增长幅度不大,老企业污染治理投资占环境保护总投资额的比例呈现下降趋势:由 1991 年的 41%下降到 2010 年的 9.40%。新建企业环境投资总量每年都有所增加,所占总投资比例呈波动状态,但该比例基本维持在 20%—30%。城市环境基础设施建设投资从投资总量到其所占环境保护投资总额的比例都有所增加,从 1991 年的 33%上升到 2010 年的 63.48%。

从工业污染治理投资来看,水污染治理和大气污染治理是工业污染治理的两个重点领域,2012 年,两者合计投资额约占工业污染治理投资总额的 79.5%。就水污染防治而言,2001 年水污染治理投资额为 109.59 亿元,之后呈现逐年上升的趋势,到 2007 年年末,水污染治理投资额达到最高值 196.07 亿元;从 2008 年开始,水污染治理投资额呈现出逐年递减的趋势,到 2012 年该指标减少为 140.34 亿元。这说明我国的水污染治理取得了一定的成效,近年来治理污染的费用有所减少。

从城市环境基础设施建设投资来看,"八五"期间,该项费用主要投资在集中供热、城市排水、园林绿化、城市垃圾收集和处理设施等方面;到了"十一五"期间,城市污水处理、园林绿化、市容环境卫生方面的投资比例稳步上升,成为城市环境基础设施建设投资的主要投向。这也可以反映出我国城市环境基础设施建设正处于逐步完善的过程中,城市环境基础设施建设投资正在逐步由治理城市污染向市容美化方面转变。

(3) 投资来源。在工业污染治理方面,政府的作用正在逐渐减弱,企业自身的作用正在逐年加强。2001 年,政府预算内基本建设资金、更新改造资金和环保补助资金占企业污染治理资金的比例已经小于 30%。工业污染治理包括老企业的污染治理和新建项目的污染预防。污染治理资金渠道有基本建设资金、更新改造资金、环境保护补助资金和其他资金等。2010 年,企业自筹工业污染治理投资金额占工业污染治理投资总额的 94.95%。与此同时,工业污染治理利用外资额也呈逐年增长的趋势。

对于新建工业项目的污染防治投资,1986 年,原国家计委等三个主管部门联合颁布的《建设项目环境保护管理办法》中规定:防止污染和其他公害的设施必须与主体工程同时设计、同时施工、同时投产的"三同时"制度。项目建成、投产或使用后,其污染物的排放必须遵守国家或省、市、自治区规定的排放标准。新建项目环境投资(即"三同时"环境保护资金)一直是环境污染防治资金的重要组成部分。从表 3-7 可以看出,建设项目"三同时"环境投资是中国环境污染治理投资的一个十分稳定的来源,进入 21 世纪以来,呈现稳步上升趋势,这种上升趋势一直持续到 2008 年,从 2009 年开始稍微有所回落,到 2010 年,该项投资总额为 2 033 亿元,占环境保护总投资额的比例为 26.71%。从项目"三同时"环境保护投资占环境保护总投资的比例来看,基本保持在 20%—40%,这部分环境保护资金的投入对控制新建项目的污染发挥了重要作用。

**表 3-7　建设项目中"三同时"环境保护投资情况**

| 年份 | "三同时"投资(亿元) | 占环境保护总投资额的比例(%) |
|---|---|---|
| 2008 | 2 146.70 | 43.48 |
| 2009 | 1 570.70 | 29.87 |
| 2010 | 2 033.00 | 26.71 |
| 2011 | 2 112.40 | 29.69 |
| 2012 | 2 690.40 | 32.60 |

资料来源:同表 3-6。

"三同时"环境保护资金与国家基本建设投资规模紧密相关,随着基本建设项目的投资波动而变动,"三同时"环境保护投资的增加,一方面是由于基本建设投资总量在增长,另一方面是由于建设项目中环境投资的比例有所提高。城市环境基础设施建设投资主要来源于城市建设维护税和地方财政拨款等，其总量近年来明显呈现增长趋势，21世纪初，每年的增长额都在100亿元左右，近几年涨幅还在进一步扩大。城市环境基础设施建设投资所占环境总投资比例基本上也呈现出逐年上升趋势，2012年高达61.3%。

(4) 投资效果。首先，从环境效果方面来看，近年来主要污染物排放总量有所下降。尽管没有环境投入与污染物削减研究的计量研究结果，但环境保护投资的增加在促进中国的主要污染物排放呈下降趋势方面无疑发挥了重要作用。“十五”时期，主要大气污染物二氧化硫的排放量呈上升趋势，进入“十一五”后，该指标呈现下降趋势，2002—2010年，烟尘和工业粉尘的排放量均呈下降趋势(见表3-8)。

**表3-8　　2002—2010年废气中主要污染物排放量对比**　　单位：万吨

| 年份 | 二氧化硫 | 工业烟尘 | 工业粉尘 |
|---|---|---|---|
| 2002 | 1 926.60 | 1 024.00 | 964.00 |
| 2003 | 2 158.50 | 846.07 | 1 021.31 |
| 2004 | 2 254.90 | 795.80 | 816.40 |
| 2005 | 2 549.40 | 854.90 | 828.10 |
| 2006 | 2 588.80 | 774.90 | 722.20 |
| 2007 | 2 468.09 | 697.24 | 635.55 |
| 2008 | 2 321.23 | 604.45 | 534.37 |
| 2009 | 2 214.40 | 544.62 | 476.20 |
| 2010 | 2 185.15 | 549.24 | 408.94 |

资料来源：同表3-6。

其次，环境质量恶化的趋势初步得到遏制，但问题依然很严峻。在经济快速增长的前提下，大气和水环境质量保持稳定并且有所改善是与环境投资增加密不可分的。根据环保部发布的《2011年中国环境状况公报》，2010年全国地表水控断面高锰酸盐指数年均浓度为4.9毫克/升，比上年下降3.9%，比2005年下降31.9%；全国城市空气中二氧化硫年平均浓度为0.034毫克/立方米，达到国家环境空气质量二级标准，比上年下降2.8%，比2005年下降19.0%。《公报》指出，2010年中国地表水污染依然较重，七大水系总体为轻度污染，湖泊(水库)富营养化问题突出，近岸海域水质总体为轻度污染。在过去的一年，河海污染依然严重。其中，长江、黄河、珠江、松花江、淮河、海河和辽河等七大水系总体为轻度污染；长江、珠江总体水质良好，松花江、淮河为轻度污染，黄河、辽河为中度污染，海河为重度污染。在四大海区中，黄海和南海近岸海域水质良好，渤海近岸海域水质差，东海近岸海域水质极差。与上年相比，胶州湾一、二类海水比例上升25.0%，渤海湾、长江口和珠江口一、二类海水比例下降20.0%以上。

最后，城市环境基础设施建设得到加强。根据《2010年中国环境状况公报》：截至2010年，全国城市建成区绿化覆盖面积161.5万公顷，建成区绿化覆盖率由上年的38.2%上升至38.7%；建成区园林绿地面积144.6万公顷，建成区绿地率由上年的34.2%上升至34.6%。全国拥有城市公园绿地面积44.2万公顷；人均公园绿地面积

11.17平方米，比上年增加0.51平方米。2010年，全年道路清扫保洁面积48.6亿平方米，城市生活垃圾清运量1.6亿吨，粪便清运量0.2亿吨。建有生活垃圾无害化处理厂627座，无害化处理能力39.4万吨/日。公厕119 379座，市容环卫专用车辆设备总数90 557台。由此可见，我国的城市环境基础设施建设正在逐步完善中。

污染治理投资改善了环境，同时也扩大了内需，不仅形成了污染治理设施，增加了治理污染的能力，为改善环境质量提供了条件，从而满足了相应的环境质量要求，而且也创造了国内生产总值，增加了利税，提供了新的就业机会，进而拉动了经济的发展。

**2. 我国环境投资存在的问题**

我国现行的环境保护投资机制是在计划经济体制下逐步形成和发展起来的，其特点是：政府是最大的投资主体，投资的目标主要是追求环境和社会效益，投资过程没有很好地运用市场手段，没有建立投入—产出和成本—效益核算机制。这种传统的环境投资机制存在明显的弊端，主要包括以下四个方面的内容。

(1) 环境保护投资总量不足。我国环境保护投资总量不足，主要表现在两个方面：一是历史欠债太多和环境问题严峻；二是环境基础设施建设投资不足。有专家认为，只有当环境保护投资占GDP的1.5%以上时，全国的环境质量才会呈现明显地改善。而我国环境投资占GDP的比例虽然逐年上升，且在2010年突破了1.5%，但总体上看还没有稳定在较高的水平。加之我国资源丰富，人口众多，城市环境基础设施建设和运营的资金需求量很大，现有的投资渠道很难满足城市污水处理厂和垃圾处理厂建设的资金需求。长期以来，城市污水处理厂和垃圾处理厂都被看成是公共事业，属政府投资和运营范畴，由政府来投资、建设和运营。但是，政府现有的渠道不能满足资金需求。

(2) 企业环境投入力度不够。生产企业花钱治理污染主要是为了履行环境保护法律法规的需要。从传统的生产范畴来看，这部分资金对它们来说是额外的支出。如果没有强有力的执法监督，它们不会拿出钱来进行治理，因为不建设和运行污染治理设施在经济上更为有利。由于缺乏有效的激励机制和监督管理制度，企业通常只是为了应付阶段性、突击性的达标要求和检查而采取治理措施。一旦突击的环保检查结束，有些企业就会停止运行污染治理设施或直接偷排未经处理的污染物，不仅污染当地环境，而且造成投资的浪费。有些企业为了获得排污费的返还，不想过多地投入自有资金，选择了廉价但效果不佳的污染治理技术和设备，影响企业污染治理效果。当然，随着公民环保意识的增强，已有越来越多的企业认识到环境保护的重要性，希望通过环境保护树立它们的环境形象，促进其产品的销售，从而主动增加污染治理投入。但从总体情况来看，由于环境执法力度不够，对企业污染治理刺激力度不大，导致企业环境投入有效需求不旺。

中小企业环境投入力度尤为缺乏。按照污染者付费的原则，企业应该承担污染治理的费用，但实际上，资金短缺正是中小企业的“软肋”。由于融资困难，中小企业污染防治设施往往不能到位或到位后无法正常运行，无法满足环境法规的要求。

(3) 投资效率有待提高。通过对一些工业污染治理项目和城市污水处理厂、垃圾处理厂等城市环境基础设施运行情况的实地考察，可以明显感到环境投资效率亟待提高。污水处理设施闲置、不能保持正常使用甚至有意偷排未经处理的污水的现象十分普遍，严重影响了污水治理的效果。因为工业污染治理设施不能正常运转或者不运转而影响治理效果的报道经常出现在一些媒体上。造成这种现象的原因有:不能保证严格执法的持续性,阶段性的执法运动过后,存在一个松懈期,使污染者有机可乘;工业污染治理技术落后或成本高,不能达到预期效果或者大大增加污染企业负担;工业污染治理设施与企业生产不相配套,污染治理设施超负荷运转。总之,污染治理设施未能发挥其应有的处理效果,从而影响工业污染治理的投资效率。

城市污水处理厂建设是近几年城市环境基础设施建设投资的重点之一,是国债的重点投资领域之一,也是吸引国外贷款的重点领域之一。由于污水处理厂建设步伐快,目前普遍存在重视投资、轻视运行的现象。因为时间紧、资金少(配套资金不到位)、压力大,一些项目仓促上马,治理技术不过关,运行成本高,使得设施无法正常运转,环境投资没有真正发挥作用,城市污水管网建设与污水处理厂建设不同步,影响污水收集。有的污水处理厂配套政策不完善,污水处理收费不到位,这些都影响着污水处理厂的运行效率,实际上也影响了污水处理厂的投资效率。

(4) 城市环境基础设施市场化运营的配套政策有待完善。环境基础设施运营市场化需要相关政策保障。这些政策包括政府与经营者的权力、义务和利益的重新界定,政府与经营者的关系应该通过法规的形式加以固定,而不是凭行政长官意志和政府信誉来确定。原来环境设施的资金如何转制也是一个需要解决的问题。收费政策和体系有待完善,现有的污水收费力度不够,垃圾收费体系尚未全面建立,市场化的前提条件不充分。目前,大部分城市都已建立了污水收费制度,但标准较低,一般在 0.2—1.2 元/吨之间。河南省一些城市的污水处理费仅为 0.05 元/吨,最高也只有 0.3 元/吨,远远低于污水处理厂的平均成本(0.4 元/吨)。在垃圾处理收费方面,目前只有北京、南京、上海、珠海等大中城市建立了收费制度,许多城市特别是中西部城市的收费体系尚未形成,严重影响垃圾处理市场的进程。

同时,现有有关市场化和产业化的政策仅为部门、框架性的指导意见,缺乏相应的法律依据,政策的权威性和力度都不够,关键性的优惠政策缺乏可操作性。此外,现有相关的事业单位运营体制改革也面临特殊困难。

## 阅读文献

[1] 钱纳里,鲁宾逊,赛尔奎因. 工业化与经济增长的比较研究[M]. 上海三联书店、上海人民出版社,1995。

[2] 林毅夫,蔡昉,李周. 中国奇迹:发展战略与经济改革[M]. 上海三联书店、上海人民出版社,1994。

[3] Kueh, Y. Y. Foreign Investment and Economic Change in China, *China Quarterly*, 1992。

[4] 张泽鲁，郝旭光，倪家铸. 中观投资学[M]. 中国人民大学出版社，1991。
[5] 李克国，魏国印，张宝安. 环境经济学[M]. 中国环境科学出版社，2003。
[6] 王志宏. 环境经济学[M]. 东北大学出版社，2004。
[7] 夏明，张红霞. 投入产出分析：理论、方法与数据[M]. 中国人民大学出版社，2013。
[8] 杨大楷，李丹丹. 寻找滇池污染之痛的症结[J]. 环境保护，2012(5)。
[9] 杨大楷，汪若君. 工业用水循环利用影响因素差异分析[J]. 经济问题，2011(7)。
[10] 杨大楷，汪若君. 海洋带区域水资源可持续利用状况评价[J]. 浙江工商大学学报，2011(7)。

## 习题与案例

### 一、名词解释

1. 产业投资　　2. 产业投资结构　　3. 经济区划
4. 增长极　　5. 环保投资　　6. 环保产业

### 二、简答题

1. 产业投资应遵循哪些原则？
2. 产业投资有哪些特点？
3. 如何理解产业结构均衡与宏观经济均衡的关系？
4. 实施区域投资政策的必要性主要来源于哪两个方面？
5. 环保投资的特点有哪些？
6. 环境保护费用效应分析的步骤有哪些？

### 三、论述题

1. 试述我国产业投资结构中存在的问题。
2. 谈谈关于调整和优化我国产业投资结构的对策建议。
3. 试述环保投资的结构分类。

### 四、计算题

1. 某地区有 100 人，他们对一景观资源的需求函数基本相同，为 $P = 16 - 0.4Q$。

(1) 当资源开发的边际成本为 500 元/㎡时，计算开发的景观资源面积。

(2) 该景观资源开发后带来的总效益为多少？消费者剩余为多少？

2. 某化肥厂在建厂初期没有安装回收二氧化硫的工艺设备，造成了环境污染及资源浪费等方面的问题。为了解决这一问题，数年后，该厂实施了技术改造项目，假设项目运行期为 10 年，贴现率为 15%，当年一次性投资 53 万元，以后每年投资 42.8 万元，而项目效益为每年 96 万元。试对该项目进行费用效益分析。

## 五、案例分析题

### 案例3-1　从无锡尚德的破产思考我国光伏产业的持续和健康发展

我国太阳能光伏产业发展迅速，被誉为“已成为我国为数不多的、同步可以参与国际竞争并有望达到国际领先水平的行业”。然而，却传来了其龙头企业之一的无锡尚德太阳能电力有限公司（以下简称无锡尚德）实施破产重整以及美国纽交所对无锡尚德母公司——尚德电力控股有限公司（以下简称尚德电力）发出退市警告通知的消息，引起了全社会的关注。

无锡尚德于2001年创立，其母公司尚德电力2005年在美国纽交所上市。2005—2007年，尚德电力销售额从2亿美元增加到13.48亿美元，利润从3 000多万美元增加到1.7亿美元。就在尚德电力发展最快的时候，也正是我国光伏产业迅速扩张的时候，2001年，我国光伏产业的产量是0.43万千瓦，到2010年就增长到2 100万千瓦，十年增长了4 880多倍。

政府的引导和支持无疑是光伏产业发展初期最重要的一环。由于光伏产业属新能源产业，既符合国家相关政策，又符合地方产业结构调整的要求，其巨大的投资在某种程度上也迎合了地方政府对GDP的追求，因此，地方政府对此有着巨大的热情。就无锡尚德案例而言，地方政府的“手”自始至终在起着主导作用。2001年，施正荣回国创业之初，无锡市政府指示当地6家国企集资600万美元入股尚德电力；2005年，为了便于尚德赴美上市，当地政府又劝退6家国企，最终成就施正荣的首富传奇。整个光伏产业也是如此，2009年，我国新能源相关产业政策出台后，地方政府未能及时判断国际市场的变化，大力扶持本地光伏生产线上马，低水平重复的光伏生产线由此形成。据有关方面信息，即使是现在光伏产业如此困难的时候，全国600多个城市中还有300多个城市在大力支持光伏。

在光伏产业概念化炒作下，银行蜂拥而至，为尚德提供巨额贷款。有关数据显示，2005年末，尚德电力的银行贷款仅0.56亿美元，到2012年年底已攀升至37亿美元，其中，大型商业银行的信贷资金较多。尚德电力很容易从银行获得贷款，充足的现金流也给尚德的盲目扩张创造了条件。我国光伏的困境自美国“双反”起就越演越烈，许多企业身陷债务危机，这些情况银行都是应该看得到的，为什么大量贷款给了不盈利的或已经濒临破产的企业？这反映出银行的运营、监管机制存在着严重问题，同时，地方政府的干预也不可忽视。例如，2012年下半年，当地政府为了维持尚德现金流，要求银行在一定时期内，将贷款重新回到2012年6月末的水平，以防止部分银行抽贷。

光伏产业链从上游到下游的主要产业链条包括多晶硅、硅片、电池片、电池组件和太阳能发电（光伏发电站或户用光伏）。所以，太阳能光伏产业的真正终端是太阳能发电。就中国光伏产品的市场现状来说，90%以上的光伏产品销往国外，国内市场与生产能力相比，十分狭小。可以看出，我国光伏产业链发展极不均衡，上下游两头小，中游虚胖，太阳能电池及组件基本成了光伏产业的终端，在战略上没有有意识地重点布局太阳能发电这个终端环节，没有为该产业的基本生存提供国内需求基础。当国际金融危机导致国际市场收缩，西方国家实施再平衡发展战略，拉动制造业回归，贸易壁垒加大的情况下，整个产业陷入困境就成为必然。

2012年12月19日，国务院常务会议研究确定促进光伏产业健康发展的政策措施，会议明确提出，目前我国光伏产业的主要问题在于：产能严重过剩，市场过度依赖外需，企业普遍经营困难。

究竟是什么原因使我国光伏产业陷入困境？唯物辩证法认为，内因是事物发展的根本原因，外因是事物发展的必要条件。外因通过内因而起作用。剖析我国光伏产业陷入困境的历程，我们可以看到，在多方非理性的思维模式下，造成了尚德的破产及光伏产业陷入困境，光伏产业国际市场的恶化和贸易保护是外因，而在地方政府、商业银行的助推下，我国光伏产业全行业的非理性扩张是内因。

结合以上内容，请回答：

(1) 在当时的背景下，尚德非理性扩张的原因是什么？

(2) 光伏产业发展带有明显的政府干预的特征主要是什么？

(3) 如何使我国光伏产业实现可持续发展？谈谈你的想法。

## 案例3-2　发达国家环保投融资经验

经济发达国家都把环境保护基础设施放在优先发展地位。政府对环境保护基础设施的大量直接投资有效弥补了市场机制的缺陷，使直接经济效益低、风险大、投资多、单个企业不愿或无力涉足的基础设施得到加强。日本政府把财政投融资的60%—70%投于基础设施建设(包括环境保护)。新兴工业国或地区在经济高速增长时期也十分重视环境保护基础设施建设，例如，巴西、韩国一直坚持基础设施和基础产业超前建设的原则，并要求超前系数达到10%以上。环境问题的解决离不开国家财政的有力支持。这些国家财政的环境保护投资占其总支出的比重不断增加。美国1970—1978年环境保护费用占联邦预算支出的比重从1%增加到2.2%，为了进一步保证财政对环境保护的支持力度，美国在《国家环境政策法》、《固定废弃物处置法》等法律中，对须贯彻的每一项措施都明确规定实施所需的具体财政年度拨款数额；加拿大设立城市基金计划，基金分配给各省和区域性的城市项目，专门用于卫生、雨水下水道、供水和处理系统。

发达国家在资金筹措上更多地考虑环境和社会效益，但对资金的经营上却是以市场为导向、按市场规律运行。日本下水道事业团在1975年投资510亿日元建设由地方公用团体委托经营的最终处理厂。20世纪80年代初，联邦德国约有6 000座污水处理厂由地方当局经营，处理40%以上人口产生的污水。有些国家的环境保护基础设施一般由中央、地方和社会共同筹资，由地方或企业集团建设和管理；有些基础设施由私人集团承建，建成后收费偿还，政府可以不花一分钱；有些国家十分重视采取多种手段筹集社会资金，采取发行债券、依靠国内外贷款、吸收事业单位收入或有关的地方公共团体的捐款或者由法人直接负责社会集资；有的由政府成立专门的债券收购委员会组建专门的投资公司，当建设资金不足时，可由国家批准特许权筹集资金。

同时，发达国家主要采取的是以市场为导向的、以经济手段为基础的环保措施。日本在1969年就规定污水处理所需费用全部由排放污水厂承担。法国政府在6个流域均成立了“流域财政机构”，除防治污染外，还对取水者及排污者收取税金，使污染者必须承担消除污染所需的费用，迫使污染者要么建污水处理厂，要么向污水处理厂支付费用。挪威于1973年公布了两个法案，规定了污染防治经费的分配方法，规定凡属地方当局提供的水与废水处理设施的成本，通过向受益企业或设施的使用者征税的办法回收。

发达国家政府还会征缴环境服务税和污染产品税。征收环境服务税是污水、垃圾等公共处理设施的管理费，征收依据是公共服务。美国“垃圾控制税”是针对生产、批发、零售后成为垃圾的产品等所有经营活动征收服务税，税率是总收入或价值的0.015%，其中的80%税收用于城市垃圾处理，其余税收用于开发再生资源。美国西雅图市规定，每月为每户运走4桶垃圾收13.71美元，每增加一桶加收9美元，此措施使本市垃圾量减少1/4。而征收污染产品税是对在使用过程中会造成环境危害的产品(如有毒性、含重金属和氟氯烃类等污染物质的产品)征税。芬兰于1990年对磷酸盐化肥征税。挪威开征了肥料税和杀虫剂税，促进环境保护。瑞典的环境保护法规定了危险物质的名录，凡以此类材料为原料都需要缴费。欧共体对塑料、除锈剂等造成污染的物品征收环境税。

发达国家还建立了排污许可证交易融资制度，主要在美国及一些西欧国家进行了尝试。它是将环境资源转化为商品，将其纳入市场机制的一种控制环境污染有效的经济手段。即在一定区域内确保污染负荷不变和环境质量水平的前提下，企业之间可以进行排污权的交易，可以通过卖出部分富裕排污权来获取资金，用于治理本企业污染。在有效实施污染物总量控制的基础上，进行排污权交易，起到了以市场交易手段配置污染治理资金的作用。

发达国家也会对中小企业污染防治提供融资支持。日本的环境保护优惠贷款利率低、偿还期长，一般偿还期为15年，利率比市场利率低1%—2%；对中小企业的贷款金额达5.2亿日元，对大型企业贷款额可达其环境保护事业费用总额的40%。美、英、德等国在环境政策领域中都应用补贴手段。OECD成员国目前正式施行的补贴制度有40余种。日本政府金融机构起到了两种作用：对企业从私营金融机构得到的资金以外的不足部分给予补足；对私营金融机构难以涉及的长期领域给予资金上的补充。有效地促进了企业实施环境保护，成功地把企业转变为环境保护投资的主体。

根据上述材料，试回答国外的环保投融资给了我们什么启示?

## 习题答案

一、名词解释

1. 答：从广义上讲，产业投资是将投资资金用于购买或建造产业的固定资产、流动资产和无形资产，投入资金直接用于生产经营活动并以此获得收益的投资，也称实业投资。

2. 答：产业投资结构是指投资份额在产业内不同产品、项目、企业以及空间布局等多方面的配置比例和组合方式。它是决定和改变社会经济结构的重要手段。

3. 答:经济区划是为了揭示各区域经济发展的有利条件和制约因素,指出各经济区域经济发展专业化的方向和产业结构的特点,为区域产业布局、区域规划和经济发展战略提供科学依据,是宏观经济管理的一个重要手段。

4. 答:从区域经济发展的过程看,经济中心总是集中在少数条件较好的区域,成斑点状分布。这些经济中心既可以称为增长极,同时也是点轴开发模式的点。

5. 答:环保投资是指社会各方有关投资主体为了治理环境污染,维护生态平衡,从社会的积累基金和各种补偿基金中,拿出一部分进行相关的经济活动。

6. 答:环保产业指的是指由从事环保产品生产、三废综合利用、环保技术开发与服务、自然生态保护和低公害产品生产的企业和事业单位所组成的行业。在这个领域里,环保是作为私人产品存在的。

## 二、简答题

1. 答:产业投资应遵循的原则有:

(1) 产业投资要服从国家政策要求;

(2) 产业投资要与地区投资相协调;

(3) 产业投资要遵循条块合理分工与结合的原则;

(4) 产业投资要注重投资经济效益。

2. 答:产业投资的特点有:

(1) 产业投资具有内外联系密切的特点;

(2) 产业投资具有总体性的特点;

(3) 产业投资具有科学性的特点;

(4) 产业投资具有承上启下的特点;

(5) 产业投资是促进生产力专业协作发展的重要手段;

(6) 产业投资还为改善和提高人民的物质文化生活水平创造物质条件。

3. 答:(1) 从逻辑关系上看,总量均衡是结构均衡的必要条件,但不是充分条件;而结构均衡是总量均衡的充分条件,但不是必要条件;

(2) 在产业结构成长过程中,总量非均衡总是伴随着结构非均衡的出现而出现,因此,总量均衡是结构均衡的前提,但仅有总量均衡而没有结构性均衡将是无意义的;

(3) 实践表明,产业结构的均衡与否直接关系到宏观经济的发展。

4. 答:(1) 当国家不同区域间的发展不平衡已经十分显著,即将到达或已经到达社会难以接受的程度时,中央政府就不得不加以干预,针对不同区域制定不同的投资政策。在这种情况下,政策的功能主要是调节性的,其目标是使区域经济向均等化方向发展;

(2) 在某些时期,当市场力量相对于国家的总体发展目标而言比较弱时,中央政府就不得不对经济活动的空间结构施加积极的影响,在这种情况下,政策的功能主要是战略性的,其目标是提高国民经济的总体效率。

5. 答:环保投资的特点有:

(1) 投资主体的多元性;

(2) 投资主体与利益获取者往往不一致;

(3) 投资效益的综合性;

(4) 环境效益的滞后性。

6. 答:环保投资费用效益分析的步骤主要包括:首先,弄清问题,分析费用和效益;其次,对不同方案的费用和效益进行贴现;最后,依据分析指标,对费用和效益进行评价。

## 三、论述题

1. 答:(1) 第一产业投资比重偏低。第一产业投资比重的下降趋势是符合产业结构演变规律的,但是在产业结构调整的进程中,第一产业投资比重下降过快,不利于我国以农业为主的第一产业发展。如果不改变我国农业发展滞后的不良状况,不仅影响着第一产业的劳动生产率,还会阻碍"三农"问题的解决,也会影响我国产业结构的优化升级。

(2) 第二产业投资比重偏大,重复建设、盲目投资现象严重。新中国成立以来,国家曾一度制定优先发展重工业的投资政策,忽视了农业和轻工业的发展,对第一产业的投资少之甚少,违背了先农业再工业、先轻工业后重工业的一般发展规律,导致我国产业结构中出现了"虚拟高度化"的现象。20 世纪 90 年代,为了调整产业结构,对第一产业的投资虽然有所增加,但对第二产业投资比重依然偏大。

(3) 第三产业内部投资结构不合理。由于对资本密集型部门(多为技术含量高的新型服务业)投资不足,我国第三产业投资的内部结构存在基础型、传统型产业占有投资比重偏大和现代型、高科技型产业比重偏小的结构趋势。对最终需求型服务业的投资虽然增长较快,但投资力度相对较小,处于较低的水平,在一定程度上削弱了第三产业对经济发展的推动作用,对我国产业结构的优化升级十分不利。同时,我国第三产业开放度低,投资主体垄断经营,导致产业竞争不足,生产率改进缓慢,投资效率低下。

2. 答:(1) 加大财税支持。理论上,产业结构的调整通过市场和政府两个方面都可以完成,但如果单纯地依靠市场来进行配置,经济增长速度可能暂时地得到提高,国民经济的变化可能体现在量的增长,而达不到经济增长质量的提高,因此,即便是在市场经济发达的国家,产业结构的调整也是作为政府弥补市场失灵的基本职责之一,并且在公共财政中予以体现。

(2) 加大对第一产业的投资,巩固农业的基础地位。首先,应当让第一产业结构多样化。我国是农业大国,但是结构单一化,要在保证粮食生产能力的基础上,拓展投资的广度,大力发展林牧渔业。其次,应当放宽对农业个体经济的投资限制。进一步放宽对非国有经济特别是个体私营经济的投资限制,降低准入门槛,充分体现国民待遇和公平竞争原则,鼓励民间投资项目,在对投资进行税收抵扣和减免、成本摊提等的同时,应对民间投资和外商投资实行相应的优惠政策。

(3) 降低对第二产业的投资比重,优化第二产业的内部投资结构。首先,要加快发展支柱产业,带动相关产业发展。目前,我国第二产业的投资重点应是我国政府确定的机械、电子、石化、汽车和建筑五大支柱产业。其次,加快改造传统产业,用高新技术改造传统产业。传统产业主要包括轻工、纺织、机械等行业,这些行业基本上属于劳动密集型产业,经济效益普遍较差,因而要加大技术改造投资以改造传统产业,使传统产业重现活力。最后,要加快发展新能源产业。新能源包括除化石能源和水力发电之外的风能、太阳能、核能、水能、地热能、海洋能等可持续使用的能源资源。

(4) 积极发展第三产业,尤其是科技含量高、就业渠道广的行业。我国的第三产业发展严重滞后,在新工业化时代,要以信息化带动工业化,以高科技改造和提升传统农业、传统手工业,就必须积极发展第三产业,尤其是科技含量高、就业渠道广的行业。

3. 答:(1) 环保产业。环保产业指的是指由从事环保产品生产、三废综合利用、环保技术开发与服务、自然生态保护和低公害产品生产的企业和事业单位所组成的行业。在这个领域里,环保是作为私人产品存在的。

(2) 环境保护基础设施。环境保护基础设施包括为生产、生活、工业及其环保提供服务的各项基础设施,其外延包括了凡与防治污染和改善生态环境直接有关或交叉渗透的设施。在这个领域里,环保是作为公共产品存在的。

(3) 环境机构自身的运作费用。环保机构自身的运作费用是环保投资中的一块比较特殊的领域,在这里,环保是作为公共产品存在的。这一领域的投资包括环保机构自身的建设(如办公楼建造、人员培训等)、环境状况的调查、研究、检测以及机构人员的工资、奖金和其他福利开支等。

(4) 新建项目的污染防治投资和老企业的污染治理投资。在这个领域,政府应该关心的并不是企业从何种途径来获得这部分融资,而是如何制定合理的环保政策来引导企业进行合理的投资。同时,企业在这一领域的投资正好是环保产业的销售市场来源以及部分环保基础设施的用户。

## 四、计算题

1. 提示性答案:首先求取社会总需求函数:P = 100(16 − 0.4Q) = 1 600 − 40Q。

资源最佳开发量为边际成本与边际收益相等时的开发量:MR = MC = P。也即 500 = 1 600 − 40Q。因此,$Q = 27.5\ m^2$;

资源开发的总效益为:(1 600 − 500)27.5 × 1/2 + 27.5 × 500 = 28 875 元;

消费者剩余 ABC = 110 0 × 27.5 × 1/2 = 15 125 元。

2. 提示性答案:经济净现值:$ENPV = \sum_{i=0}^{n} \frac{B_{Ti} - C_{Ti}}{(1+r)^i} = 203.28$ 万元;

环境效益:对空气质量的改善、对农作物和土壤污染的减轻。

## 五、案例分析

**案例3-1** 答:(1) 这是由于光伏产业在早期发展过程中,入门门槛相对较低,国际光伏市场爆发性需求增长,地方政府大力补贴,光伏产品成本下降快,企业容易赚钱。对于几乎是单纯以赚钱为目的的投资者来说,在这几个因素共同作用下形成了巨大的投资冲动。用该行业内流行的说法,“投资光伏 3 年就可以收回本钱,投资多晶硅 3 个月就可以收回本钱。”这些赚回来的钱没有用在企业核心技术的研发和市场的预测上,也没有深入研究企业的发展战略,而是继续投在产能扩张上,这样可以赚更多的钱,其后果是产量大幅增加,产能急剧扩大。在国内光伏产业已经出现产能过剩的早期征兆时,以无锡尚德为代表的众多光伏企业依然坚持认为中国光伏产业没有过剩。在这样的认知下,整个行业继续扩大产能。

2011 年,我国的产能是 4 000 万千瓦左右,而当年全世界才安装了 2 800 万千瓦,我国的光伏产能在短短 10 年里大大超过了全世界市场的需求。随着欧债危机的影响,占据全球光伏需求量 80% 的欧洲市场急剧萎缩,加上 2012 年上半年美国对中国光伏“双反”,中国光伏企业订单急剧下滑,企业间低价竞争加剧,形成了全行业亏损的局面。因此,企业的非理性扩张,产能严重过剩,无法适应国际市场的巨大变化,造成企业普遍经营困难,部分企业资金链断裂,这是无锡尚德破产和我国光伏产业陷入困境的主要原因。

(2) 光伏产业发展带有明显的政府干预特征。表现为政府在项目审批、用地、信贷、税收、上网电价补贴以及上市等方面出台一系列倾斜性的优惠政策。这种做法造成一种扭曲的市场激励信号,只要进入光伏产业就可以获得政策红利,这是大量企业盲目跟风、搞低水平重复建设,进而造成我国光伏产业陷入困境的一个重要原因。在部分光伏企业濒临破产的边缘之际,一些地方政府再次伸出援手。有媒体报道,江西省政府为拯救赛维已拨出 20 亿元作为“赛维 LDK 稳定发展基金”,而新余市政府也将赛维 5 亿元金融机构贷款偿还纳入地方财政预算。

(3) 实现我国光伏产业可持续发展,可以从以下三个方面去思考:一是需要深入思考光伏产业的发展规律。总结全世界产业发展的历程及其经验教训,有关研究成果表明,光伏产业作为一个新兴产业,其发展与传统产业相比,存在不确定性、风险性、创新性、相对优势性等基本特性,所以,要使光伏产业等战略性新兴产业能够持续和健康发展,就必须对其带有规律性的基本特性有更加科学、更加准确地认识和把握。二是需要深入思考光伏产业新的发展方式及加强企业管理。无锡尚德在发展中,忽视了企业经营发展战略中的两个重大问题,即本企业的核心竞争力和快速扩张中的风险管理问题,企业走的还是过去低端制造的老路，把产业发展重点放到了规模的快速扩张上，而产业发展的核心技术、创新能力都没有掌握。整个光伏产业在快速扩张时也是这样，人们往往对未来预期很好，只关注规模的扩张，忽视了投资风险，希望本企业的产能(或产量)最好是全行业的“老大”，而不关注企业的核心竞争力。当光伏产业的产能过剩时，缺乏核心竞争力的企业只有被市场淘汰。因此，对光伏产业而言，需要不断地探索新的产业发展方式，制定并实施新的企业经营发展战略和规划，避免“穿新鞋走老路”。而新的产业发展方式就是产业应该建立在产业技术体系基础上，使其能够有持续的创新能力和发展能力。三是需要深入思考、探索在光伏产业发展中新的政府管理方式。就无锡尚德案例而言，地方政府的“手”自始至终在起着主导作用，整个光伏产业发展也基本是这样，看似民营企业为主，自下而上发展，但实际上是地方政府靠行政力量去推动这一产业发展，使市场之手难以发挥应有的效用，这是目前普遍存在的问题。地方政府凭借土地、税收优惠、投资补贴等手段，支持光伏产业快速扩张，这种行政推动的发展方式放大了企业的投资预期，造成企业对未来发展的过于乐观，使其投资行为发生扭曲。中国光伏产业遭遇的挫折，充分暴露了政府错位的问题。政府应是市场秩序的维护者，而不应是市场经济活动的参与者，要让企业自己在市场中打拼，优胜劣汰。

**案例3-2** 答：国外环保投融资经验对我国的环保工作有很大的启发，但考虑到国情不同，还应具体问题具体分析，在工作中必须把环保投融资上升为事关我国环保事业能否继续向前发展的战略高度来认识，充分吸收借鉴国外先进的经验和方式，创新环保融资机制，改善融资结构，拓宽融资渠道，开创我国环保投融资工作的新局面。

(1) 合理划分各投资主体的环境事权；

(2) 加大政府对环境保护的投入力度；

(3) 培育社会化投资环境；

(4) 组建环境保护专业投资公司；

(5) 推行环境公用事业的企业化经营管理；

(6) 扶持中小企业；

(7) 创新融资方式，拓宽融资渠道。

# 第四章

# 投资学微观领域问题研究

厂商投资行为与决策是投资学在企业微观领域内的重要研究内容。为了持续发展，企业会向企业外部有关项目以及企业内部合适项目进行投资，从而扩大生产经营活动。投资决策能力决定了一个企业能否取得既定的投资目标，而其所处的投资决策过程又对企业投资效果起决定性作用，是影响企业投资是否取得成功的重要因素。在投资管理中，企业的投资行为是如何发生的，其投资决策过程是否合理，对投资过程中的风险把控是否到位，以及整个资产配置的合理性都是本章探讨的内容。因此，有必要分析投资管理的各种可能方法，使企业在针对具体的投资项目中，能在投资方法与应对措施中拥有充分的选择空间。为此，除了掌握具体的投资管理手段与注意事项外，对各个投资环节的把控以及有效的投资准则必须有一个清晰的认识。

## 第一节　厂商投资行为

### □ 一、厂商投资基本概述

1. *厂商投资的概念*

厂商投资是指厂商作为投资主体为达到某项收益而进行的资金投入活动。它不同于政府投资与个人投资，有其自身的独特运行规律。在市场经济中，厂商是经济体系中最重要的细胞，同时也是整个社会投资的基础。

2. *厂商投资的要素*

厂商投资的内涵主要包括四个要素，即投资主体、投资客体、投资动机和投资行为过程。要深入理解并准确把握厂商投资的内涵，需要对这四项要素作一个全面的了解。

（1）投资主体。作为从事投资活动的能动者，投资主体是具备以下条件的各类厂商：

第一，厂商作为投资主体首先应是投资决策的主体，它可以自主地决定是否投资、向哪个方向投资、采取什么形式与以何种技术内容投资、进行多大规模的投资等一系列战略问题，即它必须在一项投资决策中占据主导地位。这种投资决策权是经过法律认可的，是在不违背法律和国家宏观投资政策的前提下正常行使时受到保护的。

第二，自我筹措并自主运用投资资金。无论厂商投资项目所需资金形成于何处，均应是厂商自身设法融资获得，包括内部积累和自外部融通资金；而资金的使用也是完全自主决定的，厂商可以监督控制和实施整个投资活动。

第三，拥有对投资所形成的资产的所有权和经营权。即厂商对投资所形成的资产拥有所有权或支配权，并能相对自主地委托他人经营。

第四，自我承担风险。厂商必须是投资责任主体，它要对投资的结果负责，承受风险，享受收益。

现代厂商具有自主经营权，并拥有经济要素所有权，使厂商有可能也有必要成为投资主体。可以说，投资主体就是经济要素所有权在投资领域人格化的表现。

（2）投资客体。所谓投资客体，就是回答厂商以何种形式投资、厂商投资的目的物是什么的问题。因此，投资客体具有两层含义：一是厂商投资来源的形式，即厂商投资手段的表现形式；二是厂商投资的归宿点，即投资对象的存在形式。

第一，厂商投资手段的表现形式包括有形资产和无形资产。有形资产是指厂商可用于投资的资金、土地、厂房、设备等有形物资。无形资产是指那些本身不具有事物形态的，能够在厂商投资时发挥作用，使厂商获得高于一般水平的投资收益的特殊性资产，如商标、技术、专利权等，当其作为投资时，必须使用价值尺度转化为资金状态。

第二，厂商投资对象的具体内容完全不同于投资手段，但究其形式的来源也采取有形资产和无形资产两种方式。

（3）投资动机。投资动机是投资主体从事投资活动想要达到的目的。一定的投资动机必然是特定的投资主体在特定的投资环境下产生的，不同的投资主体处于不同的投资环境，其投资动机是迥异的。因此，考察厂商投资的动机，就要从投资主体的和投资环境两方面着手。

第一，就投资主体厂商而言，其从事生产经营活动无非源于两个目标：一是厂商本身的存续、扩展；二是作为社会经济的基本单位，维持或促进社会的存续和扩展。前者要求厂商投资必须能够收回成本，达到资本增值的目的，它是厂商投资的动力源。后者要求在投资获利的基础上，更看中厂商投资的社会效益，即一方面直接满足人们的物质文化生活需要，另一方面为社会综合经济效益的提高创造良好的条件。

第二，就投资环境而言，一般地，投资环境决定的是厂商的初始投资动机和中间投资动机，在不同的环境下，厂商实现最终投资目的而采取的手段、经过的途径均不同。

综合而言，厂商投资的动机是预期收益，既包括企业预期获利，也含有获得控制权、市场占有权、新技术等预期目的，并兼有该项投资预期的社会效益。

(4) 投资行为过程。厂商投资是一个严密的行为过程,随着资金的投入、使用、管理与回收,厂商要发生投资筹措行为、投资实施行为、投资管理行为和投资回收行为,从而构成厂商投资行为整体。

**3. 厂商投资的分类**

根据不同要求,采取不同的方法,可对厂商投资进行分类,最常见的分类有以下六种①:

(1) 按投资客体划分,厂商投资可分为实物投资和金融投资。实物投资是指投资主体通过特定的投资行为获取一定实物资产的具体方式,一般有两种基本形式,即收购兼并现有厂商和设备以及创建新厂商;金融投资是一个商品经济的概念,它是在经济的发展过程中,随着投资概念的不断丰富逐渐发展起来的,通常指购买股票、债券等的投资行为。

(2) 按投资资产划分,厂商投资可分为有形资产投资和无形资产投资。有形资产投资是指以资金或实物方式投入,包括以厂房、机器和原材料等有形资产投入所形成的投资。无形资产投资是指投资主体以专利权、商标权、著作权、土地使用权、非专利技术、商誉等无形资产进行的投资。其中,有形资产投资的特征是具有投资实体、投资金额大、投资回收期长、投资风险小、投资报酬率低等;相应地,无形资产投资的特征是不具有投资实体、投资回收期长、投资风险小、投资报酬率高等。

(3) 按投资内容划分,厂商投资主要包括固定资产投资和流动资产投资两类。这也是最为基本的投资分类。固定资产投资是指用于建筑和形成固定资产的投资,根据我国现行规定,厂商固定资产投资按再生产的性质和计划管理的要求,可分为基本建设投资、更新改造投资和其他固定资产投资。它们可形成厂商生产经营能力或生产的物质基础的投资。流动资产投资是指投资主体用以获得流动资产的投资,即为了保证生产经营能力正常发挥作用而在原材料和产品储备、人工等方面进行的投资。这两种投资是相辅相成、缺一不可的。

(4) 从对厂商生产经营的影响程度看,可将投资分为战术性投资和战略性投资两类。只涉及厂商生产、经营的局部,不会影响厂商整个前途的投资称为战术性投资,如为保证产品质量、降低产品成本而进行的投资。涉及厂商生产经营全局,可能改变厂商生产经营的方向和结构,从而能够决定厂商未来面貌与命运的投资称为战略性投资,如调整生产方向、大幅度增加新产品的投资。

(5) 从投资方案之间的关系看,可分为独立性投资和相关性投资两类。如果一项投资可以不依赖于其他投资而独立实施,这项投资称为独立性投资,如购买一台设备、建设一条生产线等。如果一项投资需要依赖于其他投资才能实施,该项投资将成为相关性投资,例如,建设电厂,必须相应地架设输电线路;在交通不方便的地区建设煤矿,必须相应地进行铁路或公路的配套投资等。

(6) 按投资与厂商原有的生产经营能力的关系,可将厂商分为发展性投资和重置性投资两类。所谓发展性投资,就是可以增加新的生产经营能力,从而导致厂商生产经营规模扩大、水平提高的一类投资,如新建一座工厂或增加一条生产线等,它属于扩大再生产

① 杨大楷.投融资学[M].上海财经大学出版社,2006。

的范畴。重置性投资则是为了维持原有的生产经营能力而进行的投资,如更新原有设备、对原有设备进行大修理等,它属于简单再生产的范畴。

4. 厂商投资的意义

(1) 厂商投资是厂商生存发展的直接动力。厂商是否能成立以及成立后拥有多少资产、多大规模、多少生产能力等,皆取决于厂商的投资水平和投资内部配置状况,也就是厂商的投资规模和结构。毫无疑问,厂商投资规模的大小直接决定和影响着生产能力效应的大小。在其他条件(如生产环境、生产经营管理水平等)不变的前提下,厂商投资的结构也将影响厂商的生存状况和发展速度。一般认为,投资是经济增长的第一推动力量,是经济得以在原有基础上增长的最初动力。显然,厂商投资是厂商成长、发展的第一推动力量。

(2) 厂商投资是影响宏观经济的重要因素。在正确的投资方向、投资结构和投资规模的引导控制下,厂商投资无疑是加快宏观经济发展、为社会建设提供积累和创造财富的主要途径,特别是近年来,技术创新和制度改革激发出来的厂商活力和实绩可谓是相当可观的。另一方面,厂商投资规模的大小在一定条件下会造成社会总需求和总供给的不平衡以及宏观经济总量失衡,如造成重复建设、产业部门结构失衡、地区结构不合理、资源利用结构性浪费等问题;另外,厂商投资规模在一定条件下,还会影响社会现行生产和社会消费,例如,当厂商投资规模扩张超过现有的物资供给能力时,便会出现通常所说的投资挤压现行生产、投资挤压人们的消费等不良后果。因此,厂商投资是一个对宏观经济有双重重大影响的宏观经济问题。

(3) 厂商投资是保障社会安定的主要助力。这里的所说的“保障社会安定”主要指厂商投资扩大了就业机会,而这对增进社会的安定和谐是一个非常有利的因素,因此,厂商投资在这一层面上看,具有显著的社会意义。据国家工商总局统计,截至 2013 年 3 月底,我国实有企业 1 374.88 万户,其中,私营企业 1 096.67 万户,占企业总数的近 80%。由此可见,厂商(尤其是私营企业)在吸纳就业方面所表现出来的弹性之大。因此,扩大厂商投资,更好地发展企业,是提高就业率、解决就业问题以及保障社会安定和人民生活的必然选择。

## 二、厂商投资行为理论

1. 西方学者关于厂商投资行为的理论

自“重农学派”投资行为理论问世以来,古典政治经济学中就投资基本范畴的界定、投资与经济增长和经济波动的关系进行了广泛的讨论,其诸多深邃的观点为以后经济理论的发展奠定了基础。由于古典经济学更倾向于把投资看成是一个资本积累的过程,而不是一种经济行为,从而混淆了投资行为理论与资本理论两者的区别,最后该学派只得放弃这一时期的研究成果。相反,“边际主义革命”却趁势而上,成为现代西方厂商投资行为理论的起点,其研究进程可分为以下三个阶段①。

① 刘凤良,刘明兴.现代西方厂商投资理论及其在中国的应用前景[J].教学与研究,2000(2):64-68。

(1) 早期的传统厂商投资行为理论。该理论的形成主要从 19 世纪 70 年代初到 20 世纪 50 年代末。在这一阶段中,边际主义革命的兴起从根本上改变了经济学的研究工具,使行为均衡分析(尤其是跨期的行为优化)成为可能。凯恩斯主义的出现为投资行为理论提供了一个全新的总量分析的视角,提出了一个明确的问题以及一些较为粗略的分析框架。证伪主义科学哲学的盛行,有利于整个经济理论逐渐从传统的道德哲学中分离出来,向着科学主义的方向迈进。所有这些均促使厂商投资行为理论现代分析框架的最终形成,因而,我们将这个阶段称为理论的形成期。

这一阶段又可以以 1936 年凯恩斯《就业、利息和货币通论》的出版为分界线而划分为前后两个时期。

第一,前期有三个理论的源流对投资行为理论的形成起到重要的作用:一是以杰文斯、庞巴维克、维克赛尔、费雪、奈特等人为代表的新古典主义资本理论;二是以马歇尔为代表的新古典主义厂商理论;三是以克拉克为代表的朴素的加速器理论。前两者构成了投资行为分析的微观基础,加速器理论则为投资行为以及投资变动的宏观经济效应的实证分析做出了开拓性的贡献。

第二,后期 20 世纪 30 年代由于长达数年的危机而出现厂商投资不足的局面,对凯恩斯的厂商投资需求的利率弹性提出了挑战,从而在宏观经济学领域掀起革命,由此而构造的厂商投资行为理论模型成为经济研究的一个热点。此后的研究进展大致分为如下四个方面:一是在原有的新古典主义资本理论的基础上,发展了最优资本积累理论和最优投资决策理论;二是后凯恩斯主义宏观经济学在投资总量分析上取得了较大进展;三是将朴素的加速器理论拓展到灵活加速器理论和分布滞后加速理论;四是凯恩斯、克莱因、怀特、克洛沃等人对构建厂商投资行为模型进行了种种尝试,尽管这些模型大多数是建立在比较静态分析框架中,但为 20 世纪 60 年代厂商投资行为理论的确立和飞速发展打下了坚实的基础。

(2) 中期的确定性条件下的厂商投资行为理论。该理论的形成主要在 20 世纪 60 年代初到 70 年代末。这一阶段形成的理论有一个共同特点,就是假设外部市场环境是确定的而不是随机的,或者说模型的外生参数的变化路径是已知的。这些确定性的假定一方面降低了分析的繁杂性,另一方面也削弱了理论对现实的解释能力。该阶段主要的理论流派如下:

第一,新古典主义的厂商投资行为理论。乔根森(Jorgensen, 1963)在其经典论文《资本理论和投资行为》中,利用一个连续时间的动态最优化模型来描述厂商的投资行为,从而标志着现代厂商投资行为理论的正式形成。该理论在经济学中被称为"新古典主义的厂商投资行为理论",其基础就是"NPV 原则"(利用标准增量或经济学家的边际方法所表达的规则:投资直到增加的单位资本的价值正好等于其成本),这在确定性条件下可以很好地量化投资指标。其理论内容是将增加的单位资本的每期价值(边际产出)与从购买价格、利率与折旧率及使用的税率中算出的一个"等价的每期租赁成本"或"使用成本"进行比较。通过令资产的边际产出等于其边际使用成本,可以发现厂商必需的资本存量。

一般地，将适宜的资本存量表示为如下形式：

$$K^{*} = f(p, c, Y^{*}) \tag{4-1}$$

上式中：p 是产出的价格；c 是资金使用者的成本，$c = q[i-(\Delta q/q)+d]$，q 是资本品供给价格，i 是资金的机会成本，$\Delta q/q$ 是资本品价格变动带来的资本收益或损失，d 是经济折旧率；$Y^{*}$ 是投资者认为适宜的产出水平。

而运用厂商最优化行为模式建立的新古典派厂商投资行为理论的资本需求函数公式为

$$\sum K^{*} = b(p/c)Y^{*} \tag{4-2}$$

上式中，b 是柯布-道格拉斯生产函数产出相对资本的弹性。在此方程中隐含着货币政策和税收政策通过影响利率、加速折旧、资本收益的免税等措施对厂商投资需求具有强有力的调节作用的意思。

该理论不足之处在于，假定实际的资本存量调整到理论状态，或者是特定的时滞过程是对确切的调整成本的最优反应，则乔根森忽视了资本存量调整的成本。在他的模型中，厂商的资本存量一旦偏离了最优水平，则调整可以在瞬间内完成，因为模型中并不存在投资的路径。为了解决这一矛盾，阿罗提出了不可逆条件下的厂商投资行为理论，卢卡斯提出了调整成本的厂商投资行为理论。所谓投资的不可逆性，是指不存在完善的二手资本品市场，任何一笔投资都必须支付一个沉没成本。所谓调整成本，是指厂商进行资本存量调整所必须支付的成本，它是投资量的增函数。这两种理论均可以得到一个显性的投资函数，从而规避了乔根森模型中的缺陷，对以后理论的发展产生了深远的影响。

第二，托宾 q 理论。托宾（Tobin，1969）为协调乔根森和凯恩斯之间的理论差异，提出了 q 理论，其严谨的模型是在 20 世纪 70 年代后期和 80 年代初建立起来的，并随之成为投资理论的主流。相比新古典投资理论，q 理论更具有一般性，更重要的是，q 理论中的投资决定不是依赖于过去的变量，而是依赖于对未来的预期，这一点对经济学家们具有明显的吸引力。

托宾 q 理论代表着新古典厂商投资行为理论研究的另一个方向：将厂商预期收益引入投资需求函数。该理论同样基于 NPV 规则，其实质是比较边际投资的市场价值与其购买成本，即把二级市场中交易的所有权价格或者预期利润流的预期现值，去比上单位购买价格（重置成本）的比率，成为托宾 q 值，支配了投资决策。如果 $q>1$，厂商的市场价值要高于资本的重置成本，投资应当进行或扩张；如果 $q<1$，投资不应当扩张，而且现有资本也应当削减。令调整的边际成本等于其收益，则可以找到投资扩张或收缩的最优比率，它取决于 q 与 1 之间的差别。托宾还进一步把 q 区分为平均 q 与边际 q。平均 q 可以观测，而真正影响投资行为的是边际 q。阿贝尔与哈雅什又进一步论证了平均 q、边际 q 及调整成本理论之间的逻辑一致性。

一个简单的托宾模型可以形象地说明基于q比率套利机制的市场均衡①。用K表示资本存量，I表示总投资，δ表示折旧率。基于无套利原则的要求，总投资是q的增函数。在图4-1中，左边象限的横轴表示在某个时点上的资本存量，右边则表示在一个规定时段内的资本流量。投资者对股权的需求即为存量需求。假设资本市场处于均衡状态，由于受到外部冲击（如贴现率下降），投资者对股本的需求增加，这时，$K_d$ 会立即升至 $K'_d$。由于短期资本的存量供给是既定的，新的均衡点将位于B点。与此同时，提高了的q水平会使新的投资流量增加到 $I'$。由于此时总投资超过折旧，因此，净投资额为正。正的净投资意味着资本存量在逐渐增加，经济将趋于新的稳态均衡点C。在点C，q恢复到1的水平，但此时资本存量已增至 $K'_s$，净投资重新归零。这就解释了高的q比率刺激投资的机制，反之亦是。

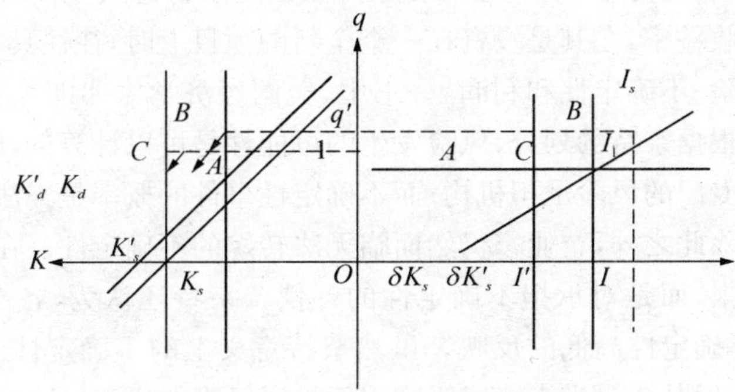


**图4-1　q比率套利均衡机制**

由此产生的一个前瞻性的理论——最大化厂商的投资函数，其可以表达为

$$\Delta t = E_t\{\Delta_t\} = \rho P^s \lambda_{t+s} \quad (4-3)$$

上式中：$\Delta_t$ 为资本品的影子价格（未来边际收益流量的现值），即资本品的购入价格；$E_t\{\Delta_t\}$ 为在t期现有信息基础上的预期因子；ρ为不变折现因子；$\lambda_{t+s}$ 为在t+s期资本品的当期边际收益。

在公式(4-3)中，无论何时，只要 $E_t\{\Delta_t\} > P$，该厂商就会有改变其资本存量的动机。然而，在实践中这是难以观测的，要对方程进行经验验证就必须寻找一个与 $E_t\{\Delta_t\}$ 相关的可观测变量。Hayashi(1982)证明了在若干前提条件下，“Q”替代 $E_t\{\Delta_t\}/P$ 是合适的。那么，Q的投资模型可以表示为

$$I_t/K_t = \alpha + (1/\beta)(Q_t - 1.0) + \mu_t \quad (4-4)$$

$$Q_t = V_t/P_tK_t \quad (4-5)$$

式(4-5)中：$V_t$ 代表厂商的市场价值；$P_tK_t$ 代表厂商资产的重置价格。采用Q模型，研究人员可以获取大量的影响厂商投资未来条件的信息，从而不必对预期形成或厂商

① 詹姆斯·托宾，斯蒂芬·S·戈卢布.货币、信贷与资本[M].东北财经大学出版社，2000。

未来状况作出特定的假设。同时，采用Q模型估计厂商投资可以避免由乔根森开创的新古典派的厂商投资模型所存在的不足，因为其没有考虑预期因素对厂商投资行为的影响。尽管运用Q模型估算厂商投资的实证效果并不尽如人意，但Q作为厂商投资机会的替代值的作用是不可忽视的。

(3) 现阶段不确定性条件下的厂商投资行为理论。从20世纪80年代初至今的30余年间，不确定性被广泛地引入到厂商投资行为分析之中，我们把这段时期称为理论研究的第三阶段。这期间，关于不确定性和信息经济学的研究逐渐兴起，形成了诸如预期效用函数、委托代理理论等比较成熟的分析处理不确定性和信息问题的理论工具。经济学家们将这些分析工具应用到了厂商投资行为的分析中，大致有如下三个方面。

第一，奈特意义上的不确定性。在传统的不确定性分析中，总是假定变量的概率分布已知，然而在实际经济运行中，未来的不确定性往往是奈特意义上的，即概率分布也是未知的。厂商投资的收益率，尤其是投资在一个全新的项目上时，往往具有这种性质。在发表于1921年的《风险、不确定性和利润》一书中，美国经济学家弗朗克·奈特对风险和不确定性分别对待。根据奈特的划分，风险发生的可能性是可以计算的，因而风险可以通过投保等方式转嫁给专门的风险承担机构；而不确定性事件的概率是无法计算的，只有通过主观判断来决定。除此之外，企业家仍然面临无法转嫁的不确定性。在奈特看来，利润不是对承担风险的回报，而是对承担不确定性的补偿。奈特还认为，各个行业的利润率不同，正是各个行业不确定性高低的反映。虽然奈特意义上的不确定性模型化的研究已经取得了一定的进展，但其成果尚未能广泛应用于投资行为的研究，这也就成为一个极有希望的研究方向。

第二，不确定性与投资行为。卢卡斯首次创见性地将不确定性引入厂商投资行为分析中，尽管此方面的研究真正深入展开是在十余年后。1974年，在其和普雷斯科特合作的《不确定条件下的投资》一文中，卢卡斯认为，在一个竞争性行业中，每一个厂商均面对着外生的随机的市场价格进行投资决策，但这些投资决策从总体上会通过总供给影响到市场价格，而市场价格的变化又会改变厂商的投资决策，所以，厂商的投资应当和整个行业的均衡同时被确定。假设行业由使利润贴现之和最大化的无差异厂商组成，生产所需的唯一投入是资本。由于实物投资存在调整成本，因此厂商的最优决策是使其实际资本存量缓慢调整到与其意愿资本存量相等。在该模型中，资本具有不变价格，对厂商产出的需求服从已知的马尔可夫过程。行业产出的价格取决于需求和行业供给，行业供给取决于资本存量。当均衡实现时，厂商选择的行业资本存量路线必须使由该路线确定的产品价格与厂商的预期价格相等。因此，该模型中的均衡是一种理性预期均衡。遗憾的是，卢卡斯的论文给出了行业投资水平均衡的存在性和唯一性证明，但没有给出不确定性条件下单个厂商的最优投资准则和路径。

第三，不确定性、不可逆性与投资行为。1983年，阿贝尔利用一个随机最优模型，弥补了卢卡斯理论中的上述不足，并得到了一个在宏观经济分析中被广泛引用的结论：对于一个调整成本具有凸性并且风险为中性的竞争性厂商而言，给定当前的产出价格，未来价格的不确定性的提高刺激了现期的投资率，而不论边际调整成本函数的曲率如何。

然而,阿贝尔的结论多少与我们通常的直觉有些违背。因此,在之后的研究中,伯南克首次将不可逆性融入不确定性分析的模型之中,提出了投资的期权价值理论。该理论强调,厂商拥有是否投资于一个价值随机波动的项目的权利,就如拥有一个股票的看涨期权,当市场行情有利于投资时,厂商就可以行使这一权利。厂商进行投资的准则是使未来预期收益流的贴现值大于投资的期权价与现期投资的成本之和。由于不确定性的增强提高了投资的期权价值,所以必然会抑制厂商的投资。此后,平迪克和阿贝尔又沿着伯纳克的思路对投资的期权价值理论进行了重要的拓展。

进入 20 世纪 90 年代以来,西方经济学家关于行业投资水平均衡的研究出现了比较大的进展,这种进展主要体现在以下三个方面:一是将投资的期权价值理论引入行业水平分析;二是引入了不完全竞争和不完全信息的假定;三是关于政府如何采取刺激投资的政策有一些新的见解。此外,关于投资行为的非线性理论也取得了一定的进展。实证研究表明,对于投资期权执行的非线性假定至关重要,因为大多数投资都是在某一个时点上集中进行的,而不是随时间变化的一个平滑过程。当然,所有这些进展都是十分不成熟的,而进一步的深入研究目前也正处于方兴未艾之时。

2. 中国学者关于厂商投资行为的理论

处于社会主义市场经济转型背景下的中国投资理论界,通过对中国经济的实证研究,得出了符合自身发展规律的厂商投资行为理论。提出研究厂商投资行为,既要分析投资的一般特征,更要结合中国的国情实际,了解中国厂商投资行为的发展和变革。厂商投资活动既不同于各级政府部门为发展经济而进行的建设投资,又不同于金融市场上投资者的炒作,它有着本身特定的经济规律和范围。研究厂商与投资的关系,明确投资活动的规律,对优化厂商投资行为、实现厂商投资管理的科学化都具有十分重要的意义。

(1) 厂商与投资的关系。

第一,从厂商投资的内在必要性看。厂商是从事生产、建设、流通等活动,为满足社会需要并获得盈利,而进行自主经营、实行单独核算、具有法人资格的基本经济实体。社会主义厂商的根本任务和生产目的,是在不断提高技术水平、劳动生产率和经济效益的基础上,为社会提供有用的产品或劳务,为社会提供积累资金。也就是说,我国厂商生产的目的是为了创造财富,满足人民群众不断提高的物质文化生活的需要。毫无疑问,我国国民经济的发展,人民生活水平的提高,需要大量的厂商从事生产,不断开拓新的生产领域并提供积累。按马克思的观点来讲,就是不论单靠增加生产要素的投入、扩大生产能力和规模,即外延型扩大再生产,还是依靠采用新的科学技术、先进装备、改革工艺,提高劳动力素质,在原有基础上依靠生产要素的分别组织和配置来提高劳动生产率和经济效益,即内涵型的扩大再生产,都必须投入一定量的资金。这是厂商进行生产经营活动所必需的,也是社会扩大再生产的客观规律。

第二,从厂商投资的外部竞争性看。厂商在我国国民经济中占有举足轻重的地位。按照产业结构划分,第一产业主要包括农业,第二产业主要是工业和建筑业,第三产业主要包括服务业。2013 年,我国第二产业增加值为 249 684 亿元,第三产业增加值为 262 204亿元,两者合计占 GDP 的总额超过 90%,而这两大类产业产值基本来源于厂商,以此，要使我国经济体制富有生机，经济发展充满活力，关键是搞活厂商。随着改革的逐步深化，市场经济机制的不断完善，我国厂商已成为或正在成为真正相对独立的经济实体，成为自主经营、自负盈亏的商品生产者和经营者，其自我积累、自我改造和自我发展能力也在不断增强，经济效益不断提高。在这种情况下，自我积累、自我改造和自我发展就成了厂商刻意追求的目标，也是迫使厂商行为终止的一种内在约束机制。否则，厂商就会在激烈的市场竞争中被淘汰。因此，厂商把盈利的一部分或大部分连同通过各种渠道和方式筹集到的资金用于扩大生产能力和规模、提高技术水平、更新装备、改革工艺等，这实际上是适应市场经济竞争的客观要求和必然选择。

(2) 厂商投资与政府投资的关系。厂商和政府虽然是两个不同层次和职能的投资主体，但它们之间存在着密切的、不可分割的联系。

第一，最终目标的共同统一。社会主义厂商生产的目的，是在这个过程中获得厂商生存和发展所必需的经济利益，并满足不断提高的人民群众物质和文化生活的需要。而政府发展国民经济，增强经济实力，在根本上同样也是为了不断改善和提高全体社会成员的物质文化生活水平。因此，厂商和政府都是通过投资扩大再生产来增加社会财富和满足社会需求，其最终目标是一致的，没有矛盾。也正是在这种统一的目标下，厂商和政府共同推动和实现了我国社会主义经济的发展和繁荣。

第二，协调一致的综合平衡。综合平衡就是从宏观与微观、整体与局部、当前和长远等方面来协调政府和厂商的关系。政府作为国民经济的管理者，为了保证国民经济的协调发展，在进行投资时必然首先从宏观的层次把握资源配置。而厂商所处的层次和功能决定了它只能在一定的范围和领域内进行投资。两者之间存在着一定的冲突和矛盾。例如，厂商可能因为谋求自身的经济利益，以牺牲宏观利益为代价，耗费过多的投资资源，进而影响到总供给和总需求的平衡。因此，厂商投资和政府投资需相互配合，使集中决策的政府投资和分散决策的厂商投资趋于协调一致，从而提高投资效益和经济发展水平。

第三，相互依存、相互促进。厂商作为国民经济的经济细胞，是经济发展的基础。厂商充满活力的体现就在于能够不断投资扩大再生产，为社会创造财富。政府通过分配获得收入，取之于厂商，用之于社会，不断改善能源、交通运输、文化教育等基础产业和基础设施，为厂商扩大再生产创造更好的环境。没有政府投资，厂商投资就失去了条件和基础；而没有厂商投资，政府投资就失去了来源和保证。厂商投资和政府投资之间这种相互依存、相互促进的关系使整个社会扩大再生产处于良性循环之中。

(3) 厂商投资的一般规律。厂商投资首先是厂商相对独立进行的且遵循厂商主体行为规律；其次厂商投资是一种特殊的投资活动，其发展运行依从投资活动的一般规律。正是在这两个规律的制约下，厂商进行投资，并促使投资目标的实现。

第一，投资主体行为规律。厂商作为投资主体，其投资行为是按照一定规律进行的，投资动机→投资行为→投资效果是一条最基本的路径。厂商投资刺激一般来自厂商外部环境，如政府的鼓励政策、市场供给的短缺等。当外部刺激与厂商投资目标一致时，厂商就会产生投资动机，从而导致一定的投资行为，并产生一定的投资效果。若投资效果与厂商最初的投资目标一致，就能够强化厂商的投资动机；若投资效果与厂商最初的投资目标偏离，则会削弱甚至改变厂商的投资动机。因此，厂商在受到外界刺激，产生投资反应时，要充分估计投资效果，而不能盲目投资。

第二，厂商投资活动的一般规律。①现代厂商投资具有社会化大生产的特点，投资规模具有明显的扩张性。在现代经济环境中，任何厂商都不是孤立的。一种产出有赖于众多厂商的万千投入；一种投入也会促进众多厂商的万千产出。这样，单个厂商的投资就成为社会性的活动，而且，厂商投资额的数量限制也越来越大，为发挥规模经济的效力，更强调厂商投资要素的“集聚效应”。因此，厂商在投资时，一方面要保证投资要素的数量，另一方面要考虑厂商投资所处的社会环境，必须通过对相关因素的逐一分析，才能对投资效益得出准确结论。②厂商投资是一个复杂的、连续不断的循环周转过程。厂商投资是通过具体的投资项目来实现的。而投资项目包括了项目选择、准备、评估、谈判、实施、投产和发挥效益、投资回收的过程，只有各阶段工作循序渐进地实行，才能实现厂商投资的目的。否则，就会因为投资基金在某一阶段的呆滞，造成投资价值的损失，使厂商既达不到投资目的，又遭受不同程度的经济损失。而且，投资运动过程只有不断地持续下去，经过投入到收回的不断循环和周转，厂商才会有旺盛的持续生命力。③厂商投资效益有一定的风险性，且投资效益存在个别效益和社会效益的不一致性。厂商投资之所以具有收益上的风险，是因为投资决策是人们的主观反映，投资实施与经营是客观过程，主客观完全一致是不可能的；再者，投资的实施和经营是一个变化发展的运动过程，这个运动过程会因为投资实施中的操作不当而发生主观风险，也会由于其环境条件的变化，遭受意想不到的客观风险。另一方面，厂商投资毕竟是单个厂商的行为，在某项投资给厂商带来很大收益的同时，也存在损坏或影响其他厂商利益的可能性。个别收益与社会效益这种不一致性，从长远看，势必会束缚厂商的发展。

*3. 厂商投资行为理论的研究方向*

(1) 产权制度与厂商投资行为。迄今为止，投资行为的研究都是以新古典主义的厂商理论为基础的，厂商只不过是一个动态的生产函数而已。然而，新制度学派的经济学家们却极力反对这种观点。但其对“厂商性质”的理解也是形形色色的，目前占据主导地位的是将厂商理解为“一系列显性的或隐含的合约”，由于这些合约总是不完备的，所以，产权对厂商经济效率的影响便是至关重要的，不同的产权结构对投资行为的影响是不同的。

关于厂商的起源，新制度经济学派的解释是，厂商的产生是由于市场运行交易成本与厂商运行交易成本的比较，即市场的运行是有成本的，通过形成一个组织，并允许某个权威来支配资源，就能节省某些市场运行成本。这个解释的合理性现在已基本上被大多数经济学家所接受。如果以规模(用 S 表示)作为代表厂商的一个变量，R 代表厂商的总成本，C1 代表直接成本，C2 代表外部交易成本，C3 代表内部交易成本的话，则确定厂商的规模临界点的原则应该是：

$$MR(S) = MC1(S) + MC2(S) + MC3(S)\text{（M 表示“边际”）}$$

关于厂商的性质，钱德勒在他的名著《看得见的手——美国管理革命》中强调，“管理协调”和经理们的作用实际上反映的是厂商社会性的一个层次，即以计划、组织、协调和控制等为活动内容的科层管理体系,它的职能是使生产活动和要素配置时刻遵循技术的要求,这是和生产力紧密相接的一个层次。科斯也指出,厂商是用"权威"代替市场,而产权为科层管理和劳动体系这一以人为活动主体的社会系统提供了运行的社会规则和根本性支撑,使它经过人格化,赋予各主体以权利、责任以及价值目标。"权威"的产生,正是源于所有关系所产生的服从与被服从的人际关系,技术生产只有借助于此才能获得自己的社会存在形式。

把厂商的产权结构纳入一个动态最优模型中是一个很困难的问题,因为现存的各种关于厂商产权结构的理论模型都是在比较静态的框架中展开的。如何把这一整个过程动态化,把资本累积的路径和效率与厂商制度的形成和演变结合起来,这其实也是将厂商投资行为理论应用于中国经济发展和经济体制改革实践的关键所在。

(2) 资本市场与厂商投资行为。这是近几年来研究中的一个热门话题,其中相当一部分研究成果被贴上了"新凯恩斯主义宏观经济学的标签"。该理论的基本观点是,金融市场中的低效率和不稳定性通过厂商的资本结构直接影响到厂商的投资行为。

厂商投资行为是在内生的资本市场货币量值下实现存量与流量的均衡。也就是说,银行的内生货币供给和资本市场的资本流动对厂商投资的融资流动性约束与融资成本形成一种双向传导机制影响着厂商的投资行为,从而使投资存量与流量之间形成一种均衡。而在厂商投资的存量与流量的均衡中,厂商的资产定价与融资约束是重要的决定因素。在厂商的资本结构中,由于债权比例的过高或过低,会使厂商经理人的投资有不同倾向。若债权控制过少,经理人就有较多的自由去运用内源资金和外源资金进行新项目投资,甚至包括风险极大或者亏本的投资,这种情形可称为"投资过度(Over Investment)"。若厂商债台高筑,随时会面临债务危机,债权控制硬约束十分有效,厂商经理人被迫或因为信心不足而放弃有利可图的投资机会,这时就会出现"投资不足(Under Investment)"。而厂商的最优资本结构必须使厂商在预期的"投资过度"与"投资不足"中达到均衡,使两者的机会成本之和最小,才能使厂商期望价值最大。见图 4-2。

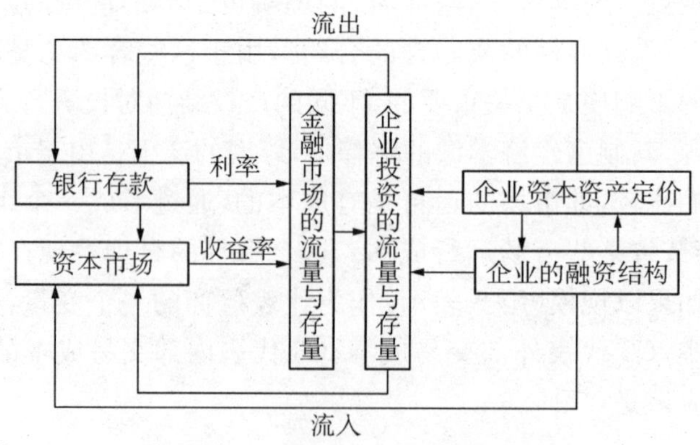


**图 4-2 货币金融体系下的厂商投资**①

① 姚勇,罗娅.货币金融体系下的企业投资行为研究[J].南开经济研究,2003(2):45—57。

此外，可以从以下三个方面考虑厂商投资行为的资本因素。

首先，厂商投资规模的确定。厂商投资是全社会总投资的重要组成部分，对宏观经济增长和结构优化具有极其重要的意义。在市场经济条件下，由于厂商融资市场信息不对称会导致对厂商的融资约束，所以，厂商投资规模的大小不仅取决于厂商面临的投资机会和资本成本这类真实因素，厂商的融资状况也会在厂商内部财务上对投资规模产生影响，从而使厂商投资规模低于在没有融资约束时的最高水平，而且也更易于波动。

其次，投资结构的优化。厂商投资结构十分复杂，对现代经济增长的贡献也日益突出。因为厂商技术改造开发投资和购并投资对厂商财务状况和融资能力有较高的要求，同时也需要完善的资本市场体系降低购并投资的信息成本，为创造技术的投资者提供有效的退出机制，所以，资本市场的发展为改善厂商投资结构提供了契机，会促进厂商技术改造开发投资和购并投资在厂商总投资中所占的比重发生变化。

最后，厂商投资效益的改善。资本市场是资金配置的渠道，资本市场效率是体现在对厂商投资效益的改善当中的。资本市场的发展对厂商投资效益提供了有效的市场价格机制，对融资厂商的效率提供了有效的市场价格机制，对融资厂商投资效益作出及时准确的判断，并作用于厂商再融资渠道和接管渠道，对厂商投资效益构成直接的监督和约束作用，从而形成一套内在的动态优化资金配置和改善厂商投资效益的机制。因此，资本市场的深化发展可能会有效地促进融资厂商投资效益的改善。

## 第二节　厂商投资决策

### □ 一、厂商投资决策概述

*1. 厂商投资决策及其要素*

厂商投资决策就是厂商根据预期的投资目标，拟定若干个有价值的投资方案，并用科学的方法或工具对这些方案进行分析、比较和遴选，以确定最佳实施方案的过程[①]。厂商的投资作为一种资源运用方式，在投资决策过程中必须考虑以下五个方面的要素。

(1) 投资收益。投资的根本动机是追求投资收益。在厂商投资中，投资收益包括投资利润和资本利得，投资利润是投入资金运用后取得的收入与发生的成本之差；资本利得是金融商品卖价与买价之差。在投资中考虑投资收益，要求投资方案的选择必须以投资收益的大小来取舍；要以投资收益具有确定性的方案为选择对象；要分析影响投资收益的因素，并针对这些因素及其对投资方案的作用、方向、程度，寻求提高和稳定投资收益的途径。

(2) 现金流量。它是指与投资决策有关的现金流入、流出的数量，并以收付实现制为基础。厂商无论是把资金投在企业内部形成各种资产，还是投向企业外部形成联营投资，

① 杨晔，杨大楷. 投资学[M]. 上海财经大学出版社，2012。

都需要用特定指标对投资的可行性进行分析，而这些指标的计算都是以投资项目的现金流量为基础的。因此，现金流量是评价投资方案是否可行时必须首先计算的一个基础性数据。

一个投资项目的现金流入量是指该项目引起的现金收入额；现金流出量是指该项目的现金支出额。在一定时期内，现金流入量与现金流出量的差额为净现金流量(NCF)。

(3) 资金的时间价值。时间因素在长期投资项目决策中具有特别重要的意义。因为项目的全过程可能要经历数年甚至更长的时间。资金的时间价值是资金随时间的推移在周转使用中而形成的增值。资金的时间价值取决于社会平均资金利润率，它可以用两种方法表示：一是绝对数，即增值额；二是相对数，即增值额和本金的比率，它相当于没有风险和没有通货膨胀条件下的社会平均资金利润率，通常用相对数表示资金的时间价值。由于资金的增值额一般都作为追加资本继续留在厂商使用，所以，资金的时间价值的计算方法一般采用复利制，即每经过一个计息期，要将所生利息加入本金再计利息。反映资金时间价值的复利指标主要有复利终值、复利现值和年金。复利终值是指资金的未来价值，即一定数额的资金若干期后的本金和利息总和。现值是指资金的现在价值，即未来某一时点一定数额的资金折合成现在的价值，可以用倒求本金的方法计算。计算现值的过程也称为贴现或折现，贴现所用的利率称为贴现率或折现率。年金是指定期、等额的系列收付款项，如直线折旧额、每期相同的现金流量、债券的年利息等，都是年金现象。按年金发生的时点不同，可分为普通年金、预付年金、延期年金和永续年金。

每期期末收付的年金称为普通年金，也称后付年金。每期期初收付的年金称为预付年金，也称即付年金。首次收付金额不是从第一期开始的普通年金称为递延年金。没有终止期限的普通年金为永续年金，永续年金只能计算现值。

由于投资决策中使用的现金流量是未来产生的，一般不考察未来收益的终值是多少，而是将未来收益折成现值，站在现在的时点上分析投资收益与投资成本。不论现金流量以何种形式(等额或不等额)、何时出现(期初或期末)，都可以将所有现金流量(由于一年内任何时间点上的现金流量受时间因素影响较弱)均匀化为各期相等的值，使之以年金的形式出现，便于投资决策的评价与分析。

(4) 资金成本。厂商从各种渠道筹集的资金不能无偿使用，而要付出代价。厂商筹集和使用资金而支付的各种费用就是资金成本，它包括资金使用费用和资金筹措费用。使用费用主要包括资金的时间价值和投资者要考虑的投资风险收益两部分。投资风险大的项目，其使用费率(股利率、利息率等)较高。厂商在筹资过程中为获得资本而付出的费用为筹资费用，如向银行借款时需要支付的手续费，委托金融机构代理发行股票、债券的注册费和代办费。使用费用同筹资金额、资金占用期限有直接联系的，可把它看作资金成本的变动费用；筹资费用同筹资金额、资金占用期限无直接联系的，可把它看作资金成本的固定费用。资金成本通常以相对数表示，是厂商使用资金所负担的费用同筹集资金净额的比率，称为资金成本率(也通称为资金成本)。资金成本率＝资金使用费用/(筹资总额－筹资费用)。

(5) 灵活性。投资灵活性涉及三个方面：一是规模，投资厂商必须根据自身资金的可供能力和投资收益或者市场供求状况，调整投资规模；二是结构，投资厂商必须根据市场风险或市场价格的变动，调整投资结构，即调整现存投资结构；三是时间，时间是投资中的杠杆，暂时的等待可能会给投资带来巨大的收益。研究投资灵活性也是为了防止投资风险，或者是根据市场风险的变化，相应地调整投资规模和结构，或延迟投资。

2. 厂商投资决策的分类

(1) 实物投资决策。对具体产品项目或公益项目的投资称为实物投资，其投资对象是有形资产。由于项目的类型较为复杂，按项目最终产品经济用途的不同，可分为农业项目和工业项目。其中，工业项目门类是最多的，厂商的实物投资绝大多数是对工业项目的投资。厂商选择工业项目进行投资的根本点在于厂商对工业项目投资价值的衡量。

(2) 证券投资决策。证券投资是一种金融投资，是通过买卖有价证券进行投资的一种方式。证券投资大体上可分为股票投资和债券投资两类。证券投资要考虑三个基本要素。

第一，收益。证券收益表现为证券投资者一定时期内投资所得与支出的差额。证券投资收益由两个部分组成，一部分是当前的利息或股息收入，另一部分是由证券价格的升降而产生的资本增值或损失。

第二，风险。证券投资风险表现为证券投资收益的不确定性。预期收益与实际收益之间的差额表明了证券投资的风险程度。一般来说，证券投资的风险与收益直接相关，风险越大，投资收益就越高；反之亦然。不过，投资者追求额外的风险并不一定产生额外收益。

第三，时间。债券票面利率的高低反映了债券对时间因素的考虑，在同期发行的同类债券中，期限长的债券的票面利率必然高于期限短的债券。在股票投资上也要确定是短期投资还是长期投资。另外，证券投资者进出证券市场总是有一定的时机可供选择的，这种时机选择也是证券投资时间因素的一个重要方面。

## □ 二、厂商投资决策的程序

科学的厂商投资决策程序是一个动态的系统反馈过程。该过程可用图 4－3 表示。

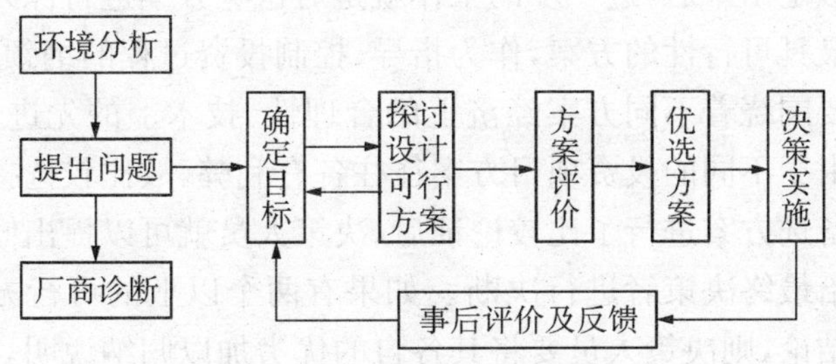


**图 4－3　厂商投资决策程序**①

① 杨晔，杨大楷. 投资学[M]. 上海财经大学出版社，2012。

1. 确定投资决策目标

投资决策目标是厂商投资决策的起点,决策的最终目的就是要达到既定目标。投资目标制定得不合理或不明确,就会导致厂商投资决策失误。厂商在经营过程中往往会同时面临很多情况需要投入资金,这时就需要确定哪里应该优先投资。确定厂商投资决策目标的过程可以分为五个步骤:通过经营环境的调查分析和厂商经营诊断,找出应达到的经营状态同实际经营状态之间的差距;根据存在的差距,找出主要问题及其产生的原因;根据主要问题初步确定投资目标;对初步投资目标进行可行性分析,遇到多目标时进行多目标的处理;在可行性分析的基础上,确定厂商投资决策目标。

2. 探索设计可行方案

一个资本投资项目要付诸实践,可以通过不同的途径,采用不同的方式,对所涉及的各种主要经济技术指标必须做审慎的选择。为了寻找到最合理的投资途径与方式,使投资项目的主要指标既满足厂商发展的基本需要,又具备实现的可能性,并为投资效益的最大化提供保证,就必须确定科学的投资项目方案,而这首先要求根据项目建议拟定出若干个全面、可行的备选方案。

投资项目备选方案的拟定,需要在进行广泛的调查研究、掌握足够的市场与政策信息的基础上进行。在这项工作中要特别注意以下三点:①拟定的投资项目备选方案应有若干个,至少不能低于两个,否则,便无法进行比较选择。当然,这并不等于备选方案越多越好,因为那样也会增加不必要的人力、资金与时间消耗。至于备选方案的数目,可以根据该项目投资的重要程度、规模的大小等酌情确定。②每一个投资项目的备选方案都应围绕着项目的主要内容、范围进行全面设计,并且要突出重要问题与基本指标。特别是像投资额、新增生产能力、产品内容及规模、厂址、建设所需时间、项目技术水平、项目经济寿命期、投资建设组织形式、生产成本及盈利等主要目标参数。此外,对于各种潜在的投资风险因素和相应的防范措施等,也应在备选方案中加以说明。③拟定的各个备选方案应在规划和反映的基本内容以及所使用的指标口径等方面保持一致,以便决策人员能够进行对应、综合的比较论证。

3. 投资方案的评价与选择

备选投资方案拟定出来后,进一步的工作就是对这些方案进行深入的分析比较,并在此基础上确定一个最具可行性的方案,作为指导、控制投资过程的纲领和基本依据。投资方案的比较选择主要围绕着不同方案经济上的合理性、技术上的先进性和实施条件的保证性等方面进行。由于不同的投资项目方案往往各有利弊,故比较选择必须注重综合性。在对各个投资项目备选方案进行了比较论证后,决策人员就可以提出倾向性意见,将最具可行性的方案提供给最终决策者进行决断。如果有两个以上的可行方案,经过比选仍难以做出明确的取舍结论,则决策人员要将其各自的优劣加以归纳说明,提供给最终决策者作决断参考。如果在比选论证过程中,发现各项备选方案均无法令人满意,则不能随意应付,而应重新组织方案拟定和论证,必要时甚至可放弃投资意图。在实践中,投资方案的比选论证(包括其拟定)工作一般是通过专门的可行性研究来完成的,而投资方案的最后确定一般应由厂商领导班子集体决议。

4. 不断调整、完善决策内容

如果把厂商资本投资决策看作一个严密、动态的过程，则投资方案在实施前的确定并不意味着决策过程的结束。因此，在决策方案实施工程中，往往还需要随着实践中变化的情况进行不断地修改与充实；已做出的决策是否科学，也必须从实践结果中得到检验。事实上，任何系统型、多内容的决策，都难以做到完美无缺；而厂商投资的复杂性更决定了决策偏差存在的普遍性，只不过其程度有所不同罢了。这就需要重视决策执行的效应，及时地组织信息反馈，以发现各种问题，纠正原来决策存在的错误，弥补其缺陷，随着时间的要求对原定目标及其趋近手段加以调整，从而使决策内容进一步完善。如果忽略了这项工作，决策的科学性和严肃性就难以保证，厂商投资的经济效益水平就会下降，甚至蒙受经济损失。

5. 进行事后分析和评价

这是厂商投资决策过程中的最后一个工作环节。在决策实施完成以及投资活动结束后，决策者应及时地对决策情况进行总结，从成功中总结经验，从问题中汲取教训，揭示出某些带规律性的东西，为今后的投资决策提供借鉴。决策是否正确，首先表现为实施过程是否顺利。实施过程顺利，决策就可能是正确的；反之，决策往往就存在较大问题。但是，仅考察这一点还远远不够，厂商决策是否正确，一般还要求结合宏观要求和投资后的长期效应来加以评判。有些时候，一项决策初看起来，执行过程相当顺利，似乎是正确的，但仔细分析，可能有损于宏观或社会利益，或为长远效益的发挥留下了隐患，它就仍不能被视作正确的。此外，一项厂商投资决策无论成功还是失败，都是相对而言的。成功的决策中不会没有任何问题，而不成功的决策也不意味着毫无可取之处。这就需要坚持两点论，对任何结果的厂商投资决策都要分别从积极和消极两个方面进行总结。厂商投资决策水平的逐步提高，正是通过对大量决策工作的总结分析，积累起各种经验教训以后才得以实现的。

完整的厂商投资决策活动主要包括以上几个步骤，都有其特定的工作内容与要求，均是不可缺少的。这些步骤又是相互联系、相互衔接的，往往交叉渗透。从认识和解决问题的角度看，它是一个由浅入深和不断去粗取精、去伪存真的严密行为过程。

## □ 三、厂商投资决策的分析方法

1. 传统静态投资决策分析方法

投资决策的静态分析方法是按照支出、收入、利润和资金占用、周转等方面的传统会计观念，以厂商投资的经济效益进行评价与分析的方法，因而又称为投资决策的会计方法。按照传统会计观念来评价和分析投资的经济效益时，不需要考虑现金流入与流出的时间性。投资决策的静态分析方法实际上是将财务会计中关于损益计算的原理与方法应用在投资决策分析中。静态分析方法主要有回收期法、投资收益率法等。

(1) 回收期法。投资回收期是指一项投资的现金流入逐步累计至相等于现金流出总额(即收回全部原始投资)所需的时间。投资回收期法是以投资回收期的长短作为评价和分析投资经济效益高低的标准并依此进行投资决策的方法。其计算方法为：

$$\sum_{t=0}^{T_P} NB_t = \sum_{t=0}^{T_P} (B_t - C_t) = K \tag{4-6}$$

其中，$T_P$ 为投资回收期；K 为投资总额；$B_t$ 为第 t 年的收入；$C_t$ 为第 t 年的支出；$NB_t$ 为第 t 年的净现金流量。

设厂商可接受的投资最高回收期标准为 $T_b$，其决策准则为：若 $T_P \leqslant T_b$，则投资项目是可接受的；反之，则拒绝投资。应用这一方法的难点在于怎样确定厂商可接受的最高回收期标准。确定这一标准一般需要厂商的管理者具备相关的知识和经验，并需要对投资的性质和未来的经营收益作出恰当的预测与分析。

投资回收期法的优点是计算简便、通俗易懂，不仅在一定程度上反映了投资项目的经济性，而且在一定程度上反映了项目风险的大小。因为投资回收期越长，由于不确定性导致的与预测的差异就越大，从而项目的风险就越大。它在厂商项目投资决策分析中具有独特的地位，常被用作项目投资的辅助分析指标。

但是，投资回收期法存在着明显的局限性。一是投资回收期法只反映了投资的回收速度，不能反映投资的整个寿命期限与赢利能力，因而这一方法在很大程度上侧重于对投资变现性的偏好，而不是依据投资的整体效益来评价和分析投资方案；二是投资回收期法没有考虑投资现金流发生的时间性，在评价与分析投资方案时，忽略了货币的时间价值这一重要因素；三是投资回收期法没有考虑投资不可逆性与收益不确定性所带来的当前决策的机会成本，不能进行投资的时机选择，缺乏决策柔性。

(2) 投资收益率法。投资收益率是指投资项目平均每年获得收益与投资成本的比率，它表示单位投资成本每年获得的收益，是一项反映投资获利能力的相对数指标。投资收益率法是根据投资收益率的大小来评价与分析投资方案经济效益的方法。其计算公式为

$$R = \frac{\sum_t NB_t}{\sum_t K_t} \tag{4-7}$$

其中，R 为投资收益率；$NB_t$ 为第 t 年的净现值；$K_t$ 为第 t 年的投资成本。

若企业的要求收益率为 $\mathrm{cov}(R_j, R_m)/\delta_m^2$，则按投资收益率法进行投资决策的原则为：若 $R \geqslant R_b$，则接受投资项目；反之，则拒绝投资。这种方法从某种程度上反映了投资所产生的盈利水平，较回收期法客观、全面，且计算简单，容易理解。

同样，投资收益率法也有不足之处。一是投资收益率法没有考虑投资现金流量的时间性和货币的时间价值这一重要因素，使厂商难以判断投资所实现的盈利水平能否满足其要求，易导致错误的决策；二是投资收益率法只考虑了投资所得，忽略了投资的回收问题；最后，与投资回收期法一样，没有考虑投资不可逆性与收益不确定性，更没有从战略上考虑厂商之间的竞争互动。

**2. 传统动态投资决策分析方法**

厂商投资决策的动态分析方法是根据货币时间价值的原理与方法，将投资项目不同时期的现金流入与流出按某一可比基础换算成可比的量，据以评价与分析投资效益的方

法。因为投资决策的动态分析方法考虑了货币的时间价值这一重要因素，所以与静态分析方法相比，更客观、更精确。动态分析方法一般包括内部收益率(IRR)法、净现值(NPV)法、决策树法等。

(1) 内部收益率法。内部收益率就是在投资的整个有效年限内能使投资的现金流入现值总额与现金流出现值总额恰好相等，即净现值为零的收益率。内部收益率法就是具体测定投资项目的内部收益率，并据以分析和评价投资项目的经济效益，选择最优投资方案的投资决策方法。应用内部收益率法分析和评价投资方案时，应将投资项目的内部收益率与资金成本率和目标收益率进行比较。如果内部收益率低于资金成本率，该项目的投资不仅不能给企业带来利润，就连融资成本都难以补偿，因而该投资项目应不予考虑；如果内部收益率高于资金成本率而低于目标收益率，则表明该投资项目在负担融资成本后不能为厂商提供满意的收益，一般厂商也不会接受这样的投资项目；只有在内部收益率不低于目标收益率的投资项目情况下，厂商才会进行投资。

该方法的优点是能反映投资项目的赢利率和资金的使用效率，概念明确清晰。而且如果投资项目的未来期望现金流预测准确，则内部收益率是投资项目内生确定的，这有利于项目投资分析与评价的客观性。

(2) 净现值法。净现值法是按投资项目净现值的大小评价与分析投资项目经济效益的投资决策方法。净现值法是收益法的一种形式，其基本原理就是未来现金流的“现值”规律，这基于财务管理的两个基本假设前提：一是今天的一元钱比明天的一元钱价值大；二是有风险的一元钱的价值低于无风险的一元钱的价值。投资项目的净现值是指该项目在其整个寿命周期内的全部现金流入与全部现金流出现值之差。净现值的大小则成为该方法的投资准则：如果净现值为正，则项目可行，进行投资；如果净现值为负，则项目不可行，应放弃投资。用公式表示为如下形式：

$$NPV = -I_0 + \sum_{t=1}^{n} \frac{CF_t}{(1+r)^t} \tag{4-8}$$

其中，$I_0$ 为初始投资；$CF_t$ 为 t 期的期望现金流；r 为期望现金流的风险折现率。运用净现值法进行投资决策一般分为四步：第一步，预测投资项目经济寿命周期内的现金流量；第二步，分析现金流量中所隐含的风险程度，确定资本的机会成本；第三步，用上述资本的机会成本折现现金流得到项目价值；第四步，计算项目净现值，并选择净现值大于零的项目。

采用净现值法对投资项目进行评估时，重要的是对两个基本输入变量的估计：一是对投资项目经济寿命周期内的预期现金流量的估计；二是折现率的估计。

第一，现金流量的估计。现金流量的预测是价值评估中的一个既困难又重要的环节，有许多因素影响着现金流量的预测，如产品销售数量、价格、通货膨胀以及消费者心理变化等。与项目投资有关的现金流量一般可分为初始现金流量、营业现金流量和终点现金流量。初始现金流量又叫初始资本支出，是进行资本投资时发生的现金流量。主要包括资产的购买价格、运输安装成本、营运资本的投入(增加)、人力资源费以及其他费用等。

营业现金流量是每年营业活动创造的现金流量，为税后净现金流量加上折旧。终点现金流量是投资项目完结时所产生的现金流量，包括与清理、出售设备有关的现金流量(包括纳税)和营运资本的回收。对于实物投资项目，项目的预期现金流量=(销售收入一经营成本一折旧)×(1一所得税率)+折旧一资本性支出一营运资本增加额。

第二，折现率的确定。折现率反映了投资者对投资收益的期望和对风险的态度，其选择应与现金流相匹配。项目的折现率等于同样风险水平的金融资产的预期收益率，这个收益率可以用证券市场线(SML)来确定。只有当项目的预期收益率大于风险水平相当的金融资产的预期收益率时，项目才是可行的。与现金流相匹配的折现率有股权资本成本和加权资本成本。国际上估计股权资本成本的方法通常有红利增长模型、风险叠加模型、资本资产定价模型和套利定价模型。国内采用较多的是风险叠加模型，由于数据信息有限，实际应用中多采用主观分析来确定各项风险溢价。因此，这是一种很主观的方法，国外多采用资本资产定价模型来估计股权资本成本。资本资产定价模型(CAPM)用不可分散化的方差来度量风险，并将风险与预期收益联系起来。任何资产不可分散化的风险都可以用β值来描述，并相应地计算出预期收益率。在风险确定的情况下，投资者所要求的收益率即为公司股权资本成本。市场预期收益率与无风险利率之差为风险溢价。

$$R = R_f + \beta(R_m - R_f) \tag{4-9}$$

式中的 $R_f$ 为无风险利率，一般采用即期的长期国债利率。$R_m$ 为市场的预期收益率。市场的预期收益率可以通过观察期内证券市场的股指收盘数据 $P_t$ 计算得出，即 $\ln(P_t/P_{t-1})$。这里的 $P_t$ 和 $P_{t-1}$ 是相邻两个交易日股指的收盘价，然后计算该数据序列的算术平均值并按照每年 365 天予以调整得到年预期收益率。

β被称为公司风险参数，是一系列因素的函数，其中最重要的三个因素是收入的周期性、经营杠杆和财务杠杆。估计β值的一般方法是把该公司的股票收益率 $R_j$ 与整个市场收益率 $R_m$ 进行回归分析：

$$R_j = a + bR_m \tag{4-10}$$

回归曲线的斜率就是股票的β值，为 $\mathrm{cov}(R_j,\ R_m)/\delta_m^2$。

对于非上市公司或者上市时间很短的公司来说，许多资料很难取得，估计公司的β值比较困难，只能采用其他方法估计β值。例如，采用可比公司法时，利用与公司经营风险和财务风险比率都具有可比性的公司的β值，然后根据β值与杠杆比率的关系以及被评估公司与可比公司之间的财务杠杆的差异对β值进行调整，得到所要求的β值。又如，可以公司基本因素法，通过综合考虑行业与公司的基本因素作出判断。

资本资产定价模型为我们提供了一个权益资本成本的计算方法，从模型中看到，在无风险利率和市场预期收益率一定的情况下，资产的预期收益率取决于它的β系数。在具体的投资项目评价过程中，折现率的选择应视公司和项目的具体情况而定。

当厂商为无杠杆厂商时，可以用根据资本资产定价模型计算出的权益成本作为项目的折现率；当企业既有债务融资又有权益融资时，将负债成本和权益成本的加权平均数作为项目的折现率。

但是，并非所有的项目都按厂商的资本成本进行折现。在实际的投资决策中，会遇到这样的问题，即有的项目的风险与厂商的风险不同，项目本身的β值与厂商的β值不一致。在这种情况下，应以项目的β值为准。

(3) 决策树法。决策树法是一种在净现值法的基础上试图考虑不确定性和管理者把握投资机会的后续决策可能性的估价方法，是折现现金流法在不确定性环境下的一种拓展模型。在不确定环境下，决策者可以采取多阶段投资，其决策过程一般是系列性的。当第一阶段的投资获得预期的收益时，再进行下一阶段的投资；如果没有达到预期的效果，则放弃继续投资。决策树法通过列出各种可能状态下所有可选择的行为来帮助管理者构造一个决策的程序，使决策者可以检验经营决策，并且明确地辨识出在初始投资决策和后续决策之间的相互依赖性，这对于分析复杂的连续投资决策是非常有用的。如图 4－7 所示。

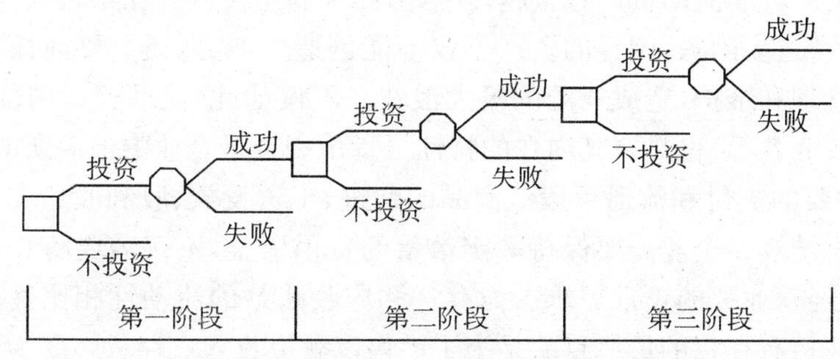


**图 4－4　决策树法**[①]

传统的 NPV 法根据预期未来均值的情况进行决策，是没有选择权的；而决策树法是根据预期收益未来的分布情况，对未来的不同情况有选择权，从而表现出更强的开放性，更能适合公司的经营决策。新信息的获得有助于提高改变投资方向的能力，在定量评估阶段，保持一定的选择权利能取得显著的附加值。决策树法虽然考虑了不确定性因素，考虑了决策的灵活性，但是选择权的存在通常会改变项目的风险暴露程度，而决策树法并没有解决折现率的难题。

## 第三节　资产配置与风险管理

### □ 一、资产配置理论

1. 资产配置

资产配置是指厂商根据投资需要将资金在不同的资产类别之间进行分配。这个概念

① 杨晔，杨大楷．投资学[M]．上海财经大学出版社，2012。

既可以从投资者的角度进行定义,也可以从经营者的角度进行定义[①],本章侧重于后者,认为资产配置是根据企业经营的需要选择资产的类别并确定其比例。

(1) 企业之所以对资产进行配置,是因为各种资产有其各自的特点。流动资产是指企业可以在一个营业周期内变现或者运用的资产。流动资产在周转过渡中,从货币形态依次改变其形态(储备消费、生产、待售等),最后又回到货币形态,与生产流通紧密相结合,周转速度快,变现能力强。一般来说,流动资产比例越高,企业资产的流动性越大,表明企业有足够的变现资产用于偿还债务。但并不是流动资产比例越高越好。流动资产占用比例越大,就越会影响企业的获利能力。而固定资产等非流动资产则一般不能在一个营业周期内通过经济运作变现。它们往往具有占用资金多、周转速度慢、变现能力差等特点。但它们又是企业生产经营所不可缺少的组成部分,是企业经营活动的物质基础,代表企业的生产发展能力。固定资产等非流动资产数量越多,企业的生产能力就越强。这并不意味着固定资产等非流动资产数量越多越好,如果固定资产等比重过大,资产得不到充分利用,导致资产过多闲置,闲置的资产不仅不能创造生产力,还需要消耗一定的人力和物力对其进行管理和维护,造成资源的极大浪费。不仅如此,流动资产内部各资产(货币资金、存货、应收账款等)也具有其内在的特性。货币资金是企业中最活跃的资金,流动性最强,是企业重要的支付和流通手段。商品的购进、工资发放、股利股息支付等都需要货币资金进行收付结算。企业需要保持一定数量的货币资金,不仅需要防止不合理地占用资金,又要保证经营业务的正常需求。而存货和应收账款的流动性相比货币资金就显得逊色不少。企业持有存货的最终目的是为了销售以获得收入。存货转变为收入需要经过一段时间,如果企业持有过多的存货,又不能及时地销售出去,存货就会积压,占用的资金无法变现,从而影响企业经营活动的持续性。而应收账款也是企业资金管理的一个重要内容。由于激烈的市场竞争,迫使企业以各种手段扩大销售,提高市场占有率,从而导致应收账款居高不下。虽然应收账款增加有可能带来存货的减少,但过多的应收账款加大了坏账损失的可能性,这就需要企业对应收账款持有量进行合理地控制。

正是因为各种资产具有不同的特点,从而产生不同的风险和收益,并且资金又是有限的,一定的情况下,既要使收益最大化,又要使风险最小化,经营者就需要合理配置各不同资产类别的比例,从而使资产利用效率最大化。

(2) 目前,我国有关资产结构配置的理论和实践都比较薄弱,但我们可以借鉴资产投资组合理论的核心思想来对企业的资产结构进行配置。虽然投资组合理论被广泛地运用于证券投资市场(主要针对金融资产),但其内在的投资组合思想为今后研究企业资产结构提供了理论支持和实践操作的可能。资产投资组合理论最早是从投资管理理论发展起来的。1500 年以前的犹太法典里就记载了世界上最早的资产组合的思想。1935 年,英国经济学家 Hicks 提出了资产选择理论,他把风险引入研究中,得出风险是可以分散的结论。之后,经济学家们也提出了其他有关分散风险的资产配置理论。但是,他们把研究的重点放在对资产总量的研究上,而对结构的研究并不是非常关注。直到 20 世纪

① 李连华.资产结构及其效率研究[D].浙江财经学院博士学位论文,2013。

50年代以后，经济学家们才开始逐渐对结构问题进行探索。1952年，美国经济学家马柯维茨提出了现代投资组合理论，主要应用于证券投资组合的研究上，他创立了一套完整的“均值—方差”分析框架来研究资产的选择和组合问题，通过有效的分散化来选择最优的资产组合。以马柯维茨模型为代表的投资组合理论已开始被运用在资产配置的实践领域，该模型的主要目的是解决资金如何分配到不同资产上才能够得到使投资者满意的最优组合的问题。这一核心思想与资产结构配置思想大同小异。资产结构配置理论主要是通过合理的配置企业资产，找到企业最优的资产结构。从广义来说，企业经营活动也是一种投资活动，只有把有限的资金投入到相应的资产上，企业才能正常运作，而资产结构就是资产组合后的状态。通过对资产配置结构的研究分析，才能发现其内在的规律和差异，以便为合理优化企业资产结构、提高企业资产利用效率提出具有实践指导意义的结论和建议。

**2. 营运资金管理**

厂商资产配置的异同对其投资决策过程有着直接影响，由于不同的资产配置水平，当面临投资机会时，厂商捕捉机会的能力也会产生差别，其中，营运资金的配比管理与厂商的日常生产密切相关。营运资金又称营运资本、循环资本，是指企业在生产经营活动中占用在流动资产上的资金。广义的运营资金又称毛运营资金，是流动资产的总额。狭义的运营资金又称净营运资金，通常是指流动资产减去流动负债后的余额①。

企业应持有适量的运营资金，既要避免过多，又要防止不足。因为较高的运营资本持有量会降低企业的收益，而较低的营运资本会加大企业的风险。

(1) 流动资产。流动资产是指预计能够在一个正常的营业周期中变现、出售耗用或主要为交易目的而持有的资产。流动资产具有占用时间短、周转快、易变现等特点，若企业持有较多的流动资产，就可在一定程度上降低财务风险。流动资产主要包括现金、交易性金融资产、应收及预付款项和存货等。

(2) 流动负债。流动负债又称短期融资，是指在一年或者超过一年的一个营业周期内需要偿还的债务。流动负债按其是否确定分为确定负债和或有负债。确定负债是指负债已经成立，企业必须履行的义务，主要包括短期借款、应收账款、应收票据、预收账款、应交税费等；或有负债是指企业的潜在义务和特殊的现实义务，主要包括已贴现的商业承兑汇票形成的或有负债、产品质量保证形成的或有负债、未决诉讼和未决仲裁等。

**3. 企业的筹资组合**

企业所需要的资金既可以通过短期资金来筹集，又可以通过长期资金来筹集。短期资金主要是指企业的流动负债；长期资金包括长期负债和所有者权益。企业的筹资组合是指短期资金和长期资金在企业资金总额中所占的比例。在营运资金管理政策中，筹资组合是研究的重要内容。

(1) 影响企业筹资组合的因素。决策者在决定有多少资金要通过短期资金来筹资、多少资金用长期资金来筹资时，通常应考虑如下四项因素。

---

① 孟越. 财务管理[M]. 化学工业出版社，2011。

第一，风险与成本。一般来说，短期资金的到期日越近，企业不能偿付本金和利息的风险就越大；相反，到期日越远，企业的筹资风险就越小。例如，一个企业要建造房产，1年期的短期融资风险远远大于10年期的融资所带来的风险。

金融市场上短期资金利率很不稳定，甚至有时会产生较大的波动，因此，短期债券在利息成本方面也有较大的不确定性。而采用长期资金融资，企业可以明确地知道整个资金使用期间的利息成本，但其利息成本较短期资金高。决策者应当在充分衡量风险与成本后，做出有利于企业的选择。

第二，企业所处的行业。不同行业的筹资组合通常有较大的差异。例如，就流动负债占总资产的比重而言，矿产行业远远小于批发行业。

第三，经营规模。企业经营规模对筹资组合同样有重要影响，通常，资产规模越大，流动负债占总资产的比重就越小，其主要原因是大企业可发行债券筹资，而较少利用流动负债筹资。

第四，利率状况。若长期资金的利率与短期资金利率相差较大时，企业为降低资金成本，会较多地选用流动负债进行筹资；相反，若长期资金的利率与短期资金利率相差较小时，企业会较少使用流动负债，以降低筹资风险。

(2) 企业的筹资组合策略。企业的筹资组合一般是针对不同类型的资产而言的。按照资产的流动性可以把企业的资产分为短期资产和长期资产两类。这里，短期资产是指流动资产，长期资产主要包括固定资产，也包括无形资产和长期投资。更进一步划分，短期资产又可按照其用途不同分为临时性短期资产和永久性短期资产。临时性短期资产是指季节性要求或商业周期波动的临时性要求而变化的那部分短期资产，如产品销售旺季增加的应收账款和存货等。永久性短期资产是指企业持有的最低数额的流动资产，以此来维持企业的正常需要及保持企业长期稳定的发展。例如，企业经常要求持有最低数额的产品或原材料以满足企业的日常需要。

短期资产和长期资产分别在筹资中占多大比例最合理，并没有确定的答案。决策者在进行决策时，通常有以下三种可供选择的筹资策略。

第一，匹配型筹资策略。在匹配型策略下，临时性短期资产用临时性短期负债融资解决，永久性短期资产和固定资产通过自发性短期负债、长期负债、权益资本融资解决。

这种策略通常做出以下假设：首先，资金总能被筹集到，并且融资成本不会大幅度上升；其次，在经营低谷期，公司的短期负债为零；在经营高峰期，公司才举借短期借款，并且用短期现金收入来偿还先前的短期借款。

这是一种理想的筹资模式，对企业的资金使用有较高的要求。在现实的经济生活中，企业往往做不到资产与负债的完全匹配。在销售旺季，一旦企业未取得预期的现金收入，就会陷入无法偿还债务的困境。因此，这种策略在实际中很难实现。

第二，激进型筹资策略。采用激进型筹资策略，不但临时性短期资产通过临时性短期负债融资，部分永久性短期资产也要通过临时性短期负债融资；而且部分永久性短期资产和全部固定资产通过自发行短期负债、长期负债和权益资本融资。

这一策略的特点是用短期融资方式筹集长期资产。其好处在于短期利率通常比长期利率低，所以，采用这种策略的资本成本较低，可以为企业增加收益。但另一方面，资产与负债的期限不匹配，企业要在临时性短期负债到期后重新举债或申请展期，这样就加大了企业的风险；另外，短期利率的波动比长期利率大，这也会增加企业的盈利变动风险。因此，激进型筹资策略是一种高收益、高风险的筹资策略。

第三，稳健型筹资策略。在稳健型筹资策略中，永久性流动资产、固定资产以及部分临时性流动资产通过自发性短期负债、长期负债和权益资本筹集，而其余的临时性流动资产通过临时性短期负债来筹集，如图 4－5 所示。

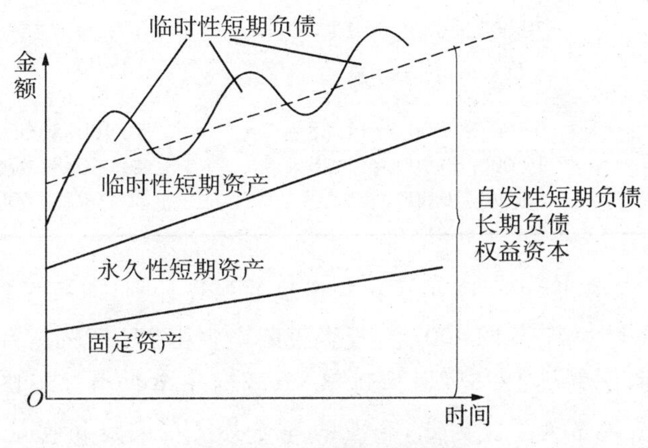


**图 4－5　稳健型筹资策略**

与激进型筹资策略相比，这种策略的最大优点在于企业留有较多的营运资金，降低了到期无法偿债的风险，同时也降低了利率变动带来的风险。但在降低风险的同时也降低了企业受益，例如，在销售淡季，企业仍需负担长期债务的利息。所以，这是一种低风险、低收益的筹资策略。

(3) 不同的筹资组合对企业报酬和风险的影响。不同的筹资组合策略对企业的报酬和风险会产生不同的影响。例如，增加短期资金，可导致报酬和风险的同时增加。

**案例 4.1** 某企业目前的资产组合和筹资组合如表 4－1 所示。

**表 4－1　资产组合及筹资组合**　单位：元

| 资产组合 | | 筹资组合 | |
|---|---|---|---|
| 项目 | 数值 | 项目 | 数值 |
| 流动资产 | 30 000 | 短期资金 | 10 000 |
| 固定资产 | 50 000 | 长期资金 | 70 000 |
| 合计 | 80 000 | 合计 | 80 000 |

企业当前的息税前利润为 20 000 元，短期资金的成本为 4%，长期资金的成本为 15%。假设息税前利润不变，资产组合不变，不同的筹资组合对企业风险和报酬的影响如表 4－2 所示。

表 4-2　　筹资组合对某企业风险和收益的影响　　单位:元

| 项目 | 现在情况(保守的组合) | 计划变动情况(冒险的组合) |
|---|---|---|
| 筹资组合 | | |
| 短期资金 | 10 000 | 40 000 |
| 长期资金 | 70 000 | 40 000 |
| 资金总额 | 80 000 | 80 000 |
| 息税前利润 | 20 000 | 20 000 |
| 减:资金成本 | | |
| 短期资本成本 | 10 000×4%＝400 | 40 000×4%＝1 600 |
| 长期资本成本 | 70 000×15%＝10 500 | 40 000×15%＝6 000 |
| 净利润 | 9 100 | 12 400 |
| 几个主要比率 | | |
| 投资收益率 | 9 100/80 000＝11.38% | 12 400/80 000＝15.5% |
| 短期资金/总资金 | 10 000/80 000＝12.5% | 40 000/80 000＝50% |
| 流动比率 | 30 000/10 000＝3 | 30 000/40 000＝0.75 |

从表 4-2 中可以看出,由于采用了比较激进的融资计划,即用了较多的短期资金,企业的净利从 9 100 元增加到了 12 400 元,投资报酬率也由 11.38%增加到 15.5%。但是,短期资金占总资金的比重从 12.5%增加到 50%,流动比率也由 3 下降到 0.75。这说明,企业的财务风险相应地增大了。因此,企业的筹资必须在风险和收益之间进行认真地权衡,选取最优的筹资组合,以实现企业财务管理目标。

4. **流动资金管理**

流动资金的概念有广义和狭义之分。广义的流动资金是指企业全部的流动资产占用的资金,包括现金、存货(材料、在制品、成品)、应收账款、有价证券、预付款等项目占用的资金。狭义的流动资金是指流动资产减去流动负债后的差额占用的资金。本节主要对现金、应收账款、存货的管理予以详细讨论。

现金是指在生产过程中暂时停留在货币形态的资金,包括库存现金、银行存款和其他货币资金等。现金是一项比较特殊的资产,其特殊性表现在:一方面,其流动性最强,它代表着企业直接的支付能力和变现能力;另一方面,其收益性最差。现金管理的目的在于保证企业经营活动现金需要的同时,降低企业闲置的现金数量,提高资金收现率,也就是说,现金管理的过程就是在现金的流动性与收益性之间进行权衡选择的过程。

(1) 现金管理的动机。企业持有一定数量的现金,主要有以下三方面的动机。

第一,交易动机。企业在日常经营中,为了维持正常的生产、经营周转,必须保持一定数量的现金余额。企业必须保持一定的现金支付能力,才能使业务活动正常地进行下去。通常情况下,企业的销售水平决定了其为满足交易动机所应持有的现金余额,销售额增加所需的现金余额也随之增加。

第二,预防动机。预防动机是指企业为应付紧急情况而保持的现金支付能力。由于企业所处的外部环境和自身经营环境的好坏具有很大的不确定性,现金的流入和流出经常无法做出准确地估计和预期。因此,为了应付一些突发事件和偶然情况,企业必须要追加一定数量的现金余额以应付未来现金流出的随机波动，这就是预防动机所要求的现金持有量。

第三，投机动机。投机动机是指企业为了抓住各种市场机会以获得较大的收益而准备的现金余额。例如，遇到廉价原料时，如果手头有现金，便可大量购入。投机动机只是企业确定现金余额时应考虑的一项次要因素，其持有量往往与企业在金融市场的投资机会及企业对待风险的态度有关。

(2) 现金的成本。现金的成本包括持有成本、转换成本和短缺成本。

第一，持有成本。现金的持有成本指的是企业因保留一定现金余额而增加的管理费用及丧失的再投资收益。企业保留现金，会发生一定的管理费用，这部分费用具有固定成本的性质。它在一定范围内与现金持有量的多少关系不大，是决策无关成本。再投资收益是指企业不能用该现金进行其他投资，如有价证券投资所获得的收益，实质上是一种机会成本，属于变动成本，它与现金持有量成正比例关系。

第二，转换成本。转换成本是指企业用现金购入有价证券以及转让有价证券换取现金时付出的交易费用，如委托买卖佣金、手续费、过户费等。转换成本既有依据成交额计算的费用，也有基于证券变现次数计算的费用，具有变动成本的性质。

第三，短缺成本。短缺成本是指在现金持有量不足而又无法及时通过其他资产变现加以补充而给企业造成的损失，包括直接损失和间接损失。现金的短缺成本与现金持有量成反比变动关系。

(3) 最佳现金持有量的确定。最佳现金持有量的模式主要有成本分析模式和存货模式。

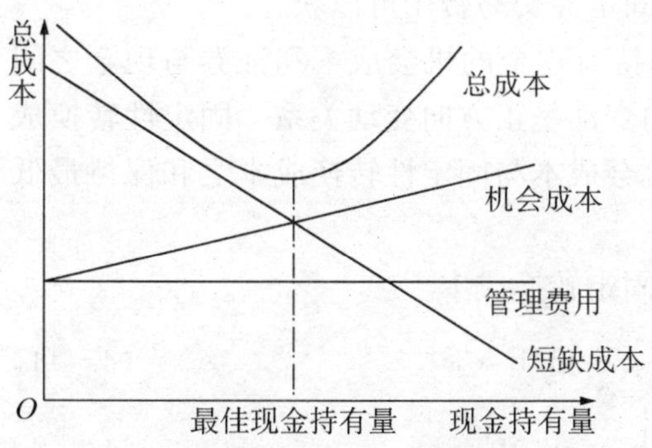

**图 4-6　现金成本同现金持有量之间的关系**

第一，成本分析模式。成本分析模式是通过分析现金有关成本，寻找持有成本最低时的现金持有量的模式。运用成本分析模式确定现金最佳持有量，只考虑因持有一定量的现金而产生的机会成本及短缺成本，而不予考虑管理费用和转换成本。机会成本与现金持有量成正比例变动关系，短缺成本与现金持有量成反比例变动关系。现金的成本同现金持有量之间的关系如图 4-6 所示。

从图 4-6 可以看出，机会成本与短缺成本之和表现为总成本。总成本曲线呈抛物线形，抛物线的最低点即为成本最低点，该点所对应的现金持有量即为最佳现金持有量。

确定最佳现金持有量的步骤如下：一是根据不同现金持有量测算并确定有关成本数值；二是根据不同现金持有量及其有关成本资料，编制最佳现金持有量测算表；三在测算表中找出总成本最低时的现金持有量，即最佳现金持有量。

**案例 4.2** G 企业现有甲、乙、丙、丁四种现金持有方案，有关成本资料如表 4-3 所示。

表 4-3　　现金持有量备选方案

| 项目 | 甲 | 乙 | 丙 | 丁 |
|---|---|---|---|---|
| 平均现金持有量(元) | 200 000 | 300 000 | 400 000 | 600 000 |
| 机会成本率(%) | 10 | 10 | 10 | 10 |
| 短缺成本(元) | 40 000 | 20 000 | 15 000 | 8 000 |

最佳现金持有量测算见表 4-4。比较上述各方案的总成本可知,乙方案的总成本最低。乙方案平均持有 300 000 元的现金时,其总成本为 50 000 元,是最低的,故 300 000 元为现金最佳持有量。

表 4-4　　最佳现金持有量测算表　　单位:元

| 方案及平均现金持有量 | 机会成本 | 短缺成本 | 总成本 |
|---|---|---|---|
| 甲(200 000) | 20 000 | 40 000 | 60 000 |
| 乙(300 000) | 30 000 | 20 000 | 50 000 |
| 丙(400 000) | 40 000 | 15 000 | 55 000 |
| 丁(600 000) | 60 000 | 8 000 | 6 800 |

第二,存货模式。存货模式又称鲍曼模式,是将存货经济订货批量模型原理用于确定目标现金持有量,其着眼点也是现金相关成本之和最低。

运用存货模式确定最佳现金持有量时,前提为以下四个假设:一是企业所需要的现金可通过证券变现取得,并且证券变现的不确定性很小;二是现金的支付过程比较稳定,并且每当现金余额降至 0 时,均通过部分证券变现得以补足;三是企业预算期内现金需求总量可以预测;四是证券的利率或报酬率以及每次固定性交易费用可以获悉。

利用存货模式计算现金最佳持有量,只考虑持有现金的机会成本和证券与现金之间的固定性转换成本。机会成本随着现金持有量的变动呈正方向变动关系。固定性转换成本随着现金持有量的变动呈反方向变动关系。机会成本与固定性转换成本之和保持最低时的现金持有量即为最佳现金持有量。

总成本的计算公式为:总成本＝机会成本＋固定转换成本

即
$$TC = (Q/2)K + (T/Q)F \tag{4-11}$$

式(4-11)中,F 表示每次转换有价证券的固定成本;K 表示有价证券的机会成本(利息率);Q 表示最佳现金持有量;T 表示一个周期内现金总需求量;TC 表示现金管理总成本。

总成本与机会成本、固定性转换成本的关系如图 4-7 所示。

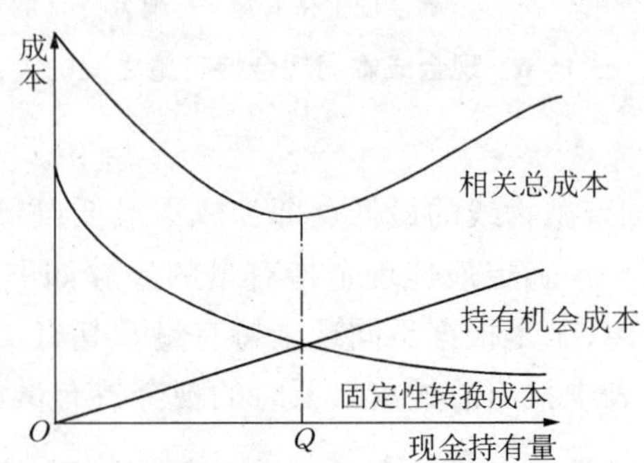


图 4-7　总成本与机会成本、固定性转换成本的关系

从图 4-7 可以看出,机会成本与固定转换成本相等时,现金管理的相关总成本最低,这个时候的现金持有量为最佳现金持有量,即:

$$Q=\sqrt{\frac{2TF}{K}} \tag{4-12}$$

将式(4－12)代入总成本计算公式(4－11),得到最低现金管理相关总成本为:

$$T_C=\sqrt{2TFK} \tag{4-13}$$

**案例4.3** A企业现金收支状况较稳定,预计全年(以360天计算)需要现金300万元,现金与有价证券的转换成本为300元,有价证券的年利率为8%,则有:

$$Q=\sqrt{\frac{2TF}{K}}=\sqrt{\frac{2\times 3\,000\,000\times 300}{8\%}}=150\,000(\text{元})$$

$$TC=\sqrt{2TFK}=\sqrt{2\times 3\,000\,000\times 300\times 8\%}=12\,000(\text{元})$$

## □二、风险管理

1. 风险管理概述

风险管理是一门相对较新的学科,有很多不同的定义方式。一种观点认为,风险管理主要考虑纯粹风险并管理这些风险;另一种观点认为,风险管理是一种应对纯粹风险的科学方法,它通过预测可能的损失,设计并实施一些流程去最小化这些损失发生的可能;而对确实发生的损失,最小化这些损失的经济影响。这一观点主要针对损失管理。它没有包括一些无法减少损失的风险管理手段。

我们认为,既然是风险管理,其定义必须围绕风险进行,因此,对风险管理提出了第三种观点,即风险管理是以最小的代价降低纯粹风险的一系列程序。这一定义除了明确"纯粹风险"以外,还有两个重要的特征:一是降低风险,也就是消除或降低风险中的不确定性;二是必须考虑代价。因为通过控制损失发生的频率和大小,使损失的分布更为集中,从而降低了不确定性,而对损失发生的频率和大小的控制又降低了预期损失;三是风险中的预期是风险管理成本的重要组成部分。这个定义中对"最小代价"的要求使得企业必须首先尽可能地降低损失。我们知道,损失和风险没有直接的关系,但是,损失与风险管理的代价有关。例如,生活中购买保险的代价就是支付保险费,而保险费是与企业的平均损失有关系的。如果企业频繁地发生火灾,那么,该企业在对火灾风险进行投保时,必须支付较高的保险费。事实上,保险费的构成中很大一部分就是企业的平均损失。因此,如果想降低保险费,就必须千方百计地降低平均损失。所以,虽然损失与风险没有直接关系,但在风险管理中,损失控制是非常重要的。

2. 投资风险的类型[①]

企业集团投资风险是企业集团投资后,由于内外部诸多不确定因素的影响,使投入资金的实际使用效果偏离预期结果,存在投资报酬率达不到预期财务目标的可能性。企业集团投资风险与单体企业投资风险一样受外部市场环境、被投资企业经营情况等不确定

① 尹晓阳.企业集团投资风险管理体系研究[D].东北财经大学博士学位论文,2011。

性因素的影响,存在对外直接投资风险、证券投资风险和项目投资风险等,同时又存在一定的不同,企业集团是一个企业群体,其对外投资往往还要考虑企业集团的发展战略目标,因此,企业集团对外投资风险造成的企业集团收益与预期收益的偏离不单纯地表现在所投出资本收益发生的偏差上,还表现在因各种不确定性因素使企业集团整体布局不合理和未来发展受到影响而发生的收益偏差上。在投资风险分析和管理之前,首先要明确投资风险的分类,我们可以按照投资风险的内容、投资风险的来源和投资风险的性质对投资风险进行分类。

(1) 按投资风险的内容分类。根据企业集团投资的内容,投资风险包括对外投资风险、集团内部项目投资风险和集团企业内部企业之间的相互投资风险。对外投资风险是企业集团对外投资活动的收益与预期目标出现不利差异的可能性,包括集团公司将资金投放于被投资企业生产经营性资产(现金、实物资产、无形资产等)、债券和股票上产生的风险;内部项目投资风险是企业集团将资金投放于内部项目上,各种不确定因素使投资收益发生变动的可能性;企业集团内部成员企业相互投资风险主要是内部成员企业之间进行投资时,因企业集团内部管理不当、投资关系不协调等因素使相互投资难以体现集团战略意图,从而造成投资收益与预期收益发生偏差的不确定性。

(2) 按投资风险的来源分类。根据我国企业集团投资的主体集中、客体多元化和跨地区趋势等特点,我国企业集团投资风险主要来源于投资主体、取得投资过程中与投资客体相关风险以及投资国际化的特殊风险。

第一,投资主体战略决策风险。企业集团对外投资活动是根据企业集团战略进行的,并根据合理的决策方法和制度选择投资对象、投资方式、投资合作伙伴等相关决策,因此,战略投资风险是企业集团投资中要面对的首要风险。更具体地说,战略决策风险还可细化为战略风险和决策风险。

战略风险是指企业集团战略目标选择的错误的可能性,对企业集团而言,经营战略一般分为多元化经营和专业化经营,而企业集团战略必然是投资活动的出发点和目的地,只有合理的战略目标才能引导正确的投资决策,即“做正确的事远比正确地做事更重要”。

决策风险是指相关投资决策错误带来的投资收益的波动性。投资过程实际上是一系列决策的过程,投资收益也取决于决策的合理程度。具体来说,决策风险是指投资时机选择风险,对企业集团来说,由于投资规模较大,投资主体在进行投资前更需要对投资机会进行充分地评估和把握:①投资方式选择风险。由于当前资本市场和货币市场的发展,投资主体可以选择多种投资渠道和投资方式,而是否能够找到或选择最符合投资目的而且投资效果最好的方式对投资活动的成败有重大影响;②投资合作伙伴选择风险。选择一个或多个负责任的投资合作伙伴是成功合作投资的基础,尤其是公司治理完善、遵纪守法并和投资者投资理念相同的合作伙伴能有效降低合作难度、保证项目运营顺利、保持高效的争端解决机制,从而降低投资风险。同时,企业集团需要注意由于公司治理结构给投资决策带来的风险以及投资决策制度和方法本身的科学性对投资收益的影响。

第二,实施投资过程中的相关风险。①在投资活动中,总是会涉及资产的易主,而买卖双方最关心的就是交易价格问题。由于成交价格的高低牵涉到各方的切身利益,谈判双方必定会有一场激烈的讨价还价。成交价格的确定在很大程度上取决于双方在谈判中的实力，而影响双方实力的主要因素是已掌握的信息量和谈判技巧。这些因素的变化将影响成交价格及投资活动的绩效。在我国，目标企业管理层出于利益考虑，对本公司成为别的公司的并购目标，一般都是持不欢迎和不合作态度。尤其是面临敌意收购时，他们往往会不惜一切代价进行反收购防御，这势必增加并购难度，提高并购成本，对并购方构成相当大的风险。②谈判之后的合同签订问题。在并购合同的签订过程中，买卖双方都想回避与转嫁风险，使自己多受益。但由于受许多因素的影响，并购方一旦考虑欠周就会导致签订合同风险的产生。它主要包括的风险是合同签订后将资产产权正式移交这一期间可能会出现资产管理失控局面以及产生的或有负债风险。③实施过程中的财务风险。投资的财务风险是指由于投资定价、融资、支付以及财务整合等各项财务决策所引起的企业财务状况恶化或财务成果损失的不确定性，是投资价值预期与价值实现严重偏离而导致的企业财务困境和财务危机。而投资过程中的财务风险又可以具体分为定价风险、融资风险、支付风险以及流动性风险。定价风险主要是指目标企业的价值风险，即由于对目标企业的资产价值和盈利价值(获利能力)估计过高，以至出价过高而超过了自身的承受能力。融资风险主要是指能否按时筹集足额的资金、能否选择适当的筹资方式或安排合理的资本结构，从而保证资本运作的顺利进行。支付风险主要是指与资金流动性和股权稀释有关的并购资金使用风险，主要表现在三个方面：即现金支付产生的资金流动性风险以及由此最终导致的债务风险、股权支付的股权稀释风险；杠杆支付的偿债风险，不同支付方式选择带来的支付风险最终表现为支付结构不合理和现金支付过多，从而使整合运营期间的资金压力过大；流动性风险主要是指由于企业债务期限安排不合理而到期不能及时偿还债务的风险。

第三，与投资客体相关的风险。在投资风险管理中，与投资对象有关的相关风险主要指收购后的整合过程中产生的一系列的不稳定性。从并购投资的程序看，收购后的整合是指收购公司在完成对目标公司控制权的转移后，在兼并公司与被兼并之间进行的一系列企业组织形式的调整，它是通过联合、收购、出售、债务重组等形式进行的以资产为纽带的企业组织的优化和再造。它包括战略整合、业务整合、制度整合、组织文化等方面的整合。通过这种整合，提高企业的核心竞争力，实现价值增值，最终达到股东财富的最大化。整合主要是在企业管理制度、经营方式及企业文化等方面的融合。因此，整合风险可细分为管理整合风险、经营方式整合风险和文化整合风险。

收购后的整合是资本运营过程中的最为重要因素，然而，在现实的企业并购中，很多企业并没有把整合的重要性提到一定的认识高度，从而没有取得经营、管理、财务上的协同效应所能带来的经济效益。在我国，上市公司近几年并购成功的案例很少，主要原因是上市公司资产重组完成控制权转移后，往往忽视或淡化了重组后的整合问题，即未完成企业核心能力的转移，在资源、制度、企业文化等方面的整合，形成置换的资产与业务不相关的资产结构，严重地阻碍了上市公司业绩的增长。当购并企业取得了目标公司的控制权后，并购后的整合过程是收购公司价值创造成功与否最重要的决定因素。要实现资产并购的“1＋1＞2”的协同效应，就必须对重组后的整合给予更多关注。对整合的忽视往往导致重组的失败。因此,必须重视并购后整合的风险对并购投资成败的决定性影响。

第四,投资国际化的特殊风险。我国企业集团投资实现国际化,不可避免地要受到东道国的政治体制、法律制度和文化背景的影响。因此,投资国际化的特殊风险主要有政治风险、法律风险和文化风险。投资的政治风险是各种政治力量在一个国家的经营环境中发生超过某种程度变化的可能性,此种变化将影响某个具体企业的利润及其他目标的实现。由此可见,政治风险的本质是经营环境发生变化的可能性,产生的根源是社会政治力量的作用。中国法人或自然人到外国投资,尤其是到发展中国家投资,将面临陌生的政治、法律、经济和社会环境,因经营中存在更多不确定性而使投资者面临更大的风险。

投资的法律风险是指在投资过程中,由于投资者不懂东道国的法律规范、疏于东道国的法律审查或者逃避东道国的法律监管,使自己的投资经营行为违反了东道国的法律或者法律所保护的其他主体的权益,从而造成投资失利发生的可能性。投资的文化风险是企业经营和投资所面临各种风险中的一种,它主要是指企业在跨文化经营过程中,由于文化间的差异以及文化交流过程中各种不确定性因素而导致企业实际收益与预期收益目标发生背离,甚至导致企业跨文化经营活动失败的可能性。

(3) 按投资风险的性质分类。按投资风险的性质,影响企业集团投资效果的风险主要有系统性风险和非系统风险两大类:前者是指由于全局性不确定所引起的整体投资收益的变动,而后者则指非全局性事件所造成的风险,这些风险受局部因素的影响,与其他因素没有关联,只会影响某项投资的收益。

毋庸置疑,任何一项投资活动都是一项经济行为,必然受到该项投资所处环境的影响。影响该投资环境的宏观经济、政治、法律和文化因素必然对投资收益状况产生影响,也即投资的系统性风险。因此,系统性风险一般包括宏观经济风险、政治风险、法律风险和文化风险。

非系统风险是指非全局性事件所造成的风险,这些风险受局部因素的影响,与其他因素没有关联,只会影响某项投资的收益。一般来说,非系统风险主要包括战略决策风险、谈判与签订合同风险、财务风险、整合风险。投资风险的类型如图 4-8 所示。

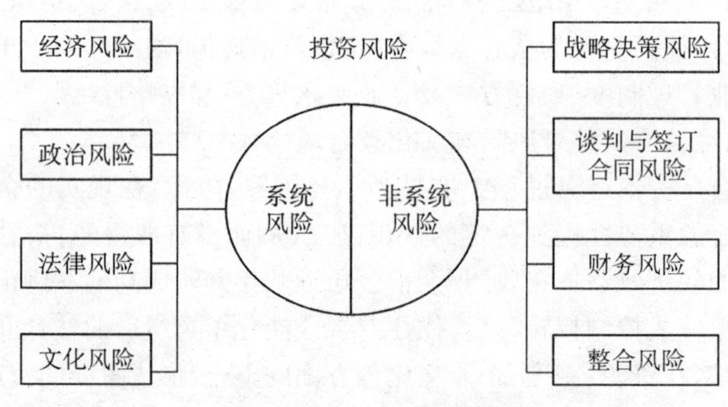


**图 4-8 投资风险分类**

资料来源:尹晓阳.企业集团投资风险管理体系研究[D].东北财经大学博士学位论文,2011。

### 3. 投资风险管理体系

投资风险管理可以用事前、事中和事后的集主体、目标、程序和方法四维一体的企业集团投资风险管理框架来处理,如图 4-9 所示。这里的"维度"是指一种视角,而不是一个固定的数字,是判断、说明、评价和确定一个事物的多方位、多角度、多层次的概念。也就是说,投资风险管理体系是立体的、动态的,而不是平面的、静止的。这四个维度其实是联成一体不可分割的,都是构成企业集团投资风险管理体系的重要组成部分。投资风险管理归根结底取决于人的因素,无论是投资决策和监督还是投资执行,因此,主体是企业集团投资风险管理体系的第一维度。没有目标,投资风险管理可能会失去方向,目标是投资决策的标准,也是投资风险管理措施采取的依据。但是,目标是对主体而言的,不同类型的投资风险管理主体具有不同的投资风险管理目标。因此,目标属于企业集团投资风险管理体系的第二维度。在主体和目标既定的前提下,投资风险管理需要遵循合理的流程和采取恰当的方法,否则,目标就难以落实。而方法又是依不同的程序而存在差别,不同的环节具有对应的方法。因此,程序和方法分别属于企业集团投资风险管理体系的第三维度和第四维度。

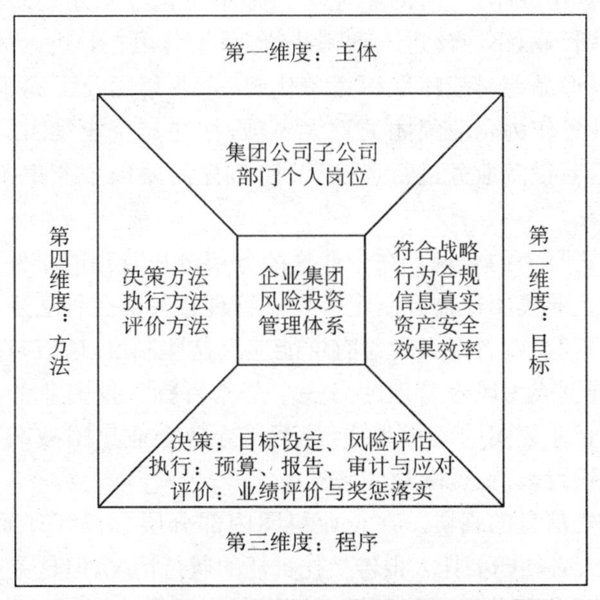


**图 4-9　四维一体的企业集团投资风险管理框架**

资料来源:同图 4-6。

(1) 第一维度:投资风险管理的主体。这里的主体既包括投资风险控制的主体,也包括投资风险发生的主体。从整个企业集团来讲,主体可以划分为企业集团、子公司、部门、个人岗位四个层面;从主体发挥的功能来看,可以划分为决策机构(如董事会及其下设投资委员会)、执行机构(如企业集团投资管理部门和子公司经理层)和监督机构(如董事会下设的审计委员会、监事会和企业集团的内部审计机构等)。

需要说明的两点是:①之所以将子公司纳入,是因为子公司往往既是企业集团投资业务的执行主体，又是投资风险的发生主体；②所有这些主体只有在从事投资业务的过程中才会发生风险，也就是投资风险管理与企业集团中从事投资业务的主体密切相关。

例如，某集团公司下属子公司，其具体执行的投资项目是由其自身担当风险控制的主体还是集团公司担当风险控制的主体需要得到明确指定，而风险发生的主体往往就是子公司本身。因此，划分投资风险管理的主体对明确责任起到首要作用。

(2) 第二维度：投资风险管理的目标。按照《企业内部控制基本规范》，内部控制的目标是合理保证企业经营管理合法合规、资产安全、财务报告及相关信息真实完整，提高经营效率和效果，促进企业实现发展战略。按照《中央企业全面风险管理指引》，进行风险管理的目的是增强企业竞争力，提高投资回报，促进企业持续、健康、稳定发展。按照《中央企业投资监督管理暂行办法》，强化投资监督管理的目的是规范中央企业投资活动，提高中央企业投资决策的科学性和民主性，有效防范投资风险。通过对企业集团投资风险管理责任主体所从事的经营管理活动进行风险识别和风险控制是一种有目的的行为，这些目的主要包括以下五个方面。

第一，要符合企业集团及子公司发展战略。作为一个规范管理、健康发展的企业集团，其母公司往往会规定战略边界，即企业集团是单一化经营还是多元化经营；其下属子公司应该进入到哪些行业，不应该进入到哪些行业；子公司在其进入的行业当中究竟应该以低成本战略还是以产品差异战略取得竞争优势；企业集团及下属子公司阶段性的战略目标是什么。投资业务作为企业集团的重大事项，往往与企业集团的经营领域增加或者减少密切相关，因此，对投资业务进行风险管理，首先需要以企业集团及子公司的战略定位与战略目标为前提。

第二，要确保投资行为的合规。在企业集团分层分权管理的条件下，为了协同整个企业集团的经营行为，企业集团往往会制定与投资管理相关的各种法规制度，但分层分权所属责任主体出于部门利益或者个人利益有可能违反这些制度，所以，保证各责任主体的投资经营管理行为合规就成为风险管理的另一个基本目标。投资业务不合规，往往会导致投资失败，从而降低企业集团的经营业绩，甚至是导致企业集团破产，这样的例子在实际中经常发生，如巴林银行破产、德隆集团破产等。

第三，要确保投资信息的真实。在企业集团内部分层分权管理而形成多重委托代理关系的条件下，受托人必须向委托人报告受托责任的履行情况，但是受托人为了隐瞒受托责任的履行情况可能制造虚假信息，所以，保证投资信息的真实就成为风险管理的又一个基本目标。在企业集团中，子公司通常是投资业务的执行主体，企业集团承担的是投资业务的监控主体角色，此时需要子公司向企业集团及时报告投资业务的进展情况，企业集团也需要审核子公司关于投资业务的汇报信息。子公司往往有可能隐瞒甚至上报虚假信息，这种情况的发生会导致企业集团的监控失去依据，从而无法对投资风险实施有效控制。

第四，要保障投资资产的安全。无论是外部投资还是内部投资，都会占用企业集团的大量资金，其结果是形成企业集团的重要资产，因此，投资如果发生决策失误或者监控失效，往往会导致企业集团的资源甚至是财产损失，因此保障投资的安全成为投资风险管理的最基本目标。

第五，要追求投资的效率效果。对于投资者而言，之所以进行投资，是期望从投资中最终获得回报。因此，企业集团投资行为合规、信息真实、资产安全的最终目的是提高企业投资的效率效果，从而实现企业集团的战略目标，最终实现企业价值的最大化。但是企业集团内部各投资风险管理责任主体有可能非理性地决策和执行，导致投资效率低下，所以，保证各责任主体理性决策和执行、提高投资效率和效果就成为风险管理的最高目标。

例如，某集团子公司要进入与母公司完全无关的新领域，在风险管理中需要做到的就是明确投资风险管理的目标，这一目标是否与集团公司目标相符要在投资前就有明确分析，不同的目标会导致风险管理的目的、强度、手段等多种不同。

(3) 第三维度：投资风险管理的程序。企业集团需要为投资风险管理建立一整套的程序。COSO的《企业风险管理—整合框架》为企业集团投资风险管理程序的建立提供了线索。该报告指出，企业风险管理由内部环境、目标设定、事项识别、风险评估、风险应对、控制活动、信息与沟通、监控等八个相互关联的要素组成。这些要素源于管理部门经营业务的方式，并应该与管理过程融合在一起。我国出台的《企业内部控制基本规范》融合了《企业内部控制—整体框架》和《企业风险管理—整合框架》之精髓，指出企业建立与实施有效的内部控制，应当包括内部环境、风险评估、控制活动、信息与沟通、内部监督等要素，其中，风险评估是企业及时识别、系统分析经营活动中与实现内部控制目标相关的风险，合理确定风险应对策略。国资委颁布的《中央企业全面风险管理指引》明确指出，风险管理的基本流程包括以下主要工作：收集风险管理初始信息；进行风险评估；制定风险管理策略；提出和实施风险管理解决方案；风险管理的监督与改进。以上所述风险管理程序基本大同小异，原因在于我国目前的风险管理相关规范的制定主要借鉴了COSO的报告。

投资业务作为企业集团容易引致重大风险的一项重要事项，无疑也需要遵循上述程序进行风险管理。问题在于如何与投资业务本身的业务流程相嵌合，投资业务本身的业务流程包括决策、执行和评价等。另外，对投资进行风险管理也属于一项企业管理行为，又应该如何与企业集团其他管理制度融合呢？如和企业集团预算的关系、和企业集团经营业绩评价及管理者报酬的关系。这些问题都是需要在建立投资风险管理程序中考虑的。综合以上因素，企业集团投资风险管理的程序应该包括：首先，投资决策阶段的风险管理，包括目标设定、风险识别、风险评估等环节；其次，投资执行阶段的风险管理，包括投资预算、内部报告、内部审计、风险应对等环节；最后，投资评价阶段的风险管理，包括投资业绩评价、投资奖惩落实等环节。

(4) 第四维度：投资风险管理的方法。进行风险管理，有赖于一定的手段。例如，在风险评估环节，企业如何及时识别、系统分析经营活动中与实现风险管理目标相关的风险呢？又如，在已经掌握风险评估结果的前提下，哪些控制措施可以采用以将风险控制在可承受度之内呢？如果说不明确风险管理的目标和程序，企业进行风险管理可能会本末倒置或者失去方向；那么不掌握风险管理的方法与手段，企业进行风险管理就会束手无策，或者所采取的措施不具有针对性，最终导致风险管理效果差甚至失败。

对企业集团而言，进行投资风险管理同样需要掌握一系列有效的方法。这些方法依风险管理目标和程序的不同而存在不同。企业集团可以根据其自身的实际情况进行选择。

运用上述四维框架分析方法我们对雅戈尔集团投资进入房地产领域的案例进行梳理。

**案例 4.4** 雅戈尔集团创建于 1979 年，品牌服装是雅戈尔集团最初的主营产业。而从 1992 年起，雅戈尔开始涉足房地产开发，为此，雅戈尔成立了全资子公司雅戈尔置业控股有限公司。在决定投资进入一个之前完全陌生的产业前，风险管理控制是必不可少的，雅戈尔在房地产行业的投资是通过雅戈尔置业来进行的。首先，明确第一维度（投资风险管理的主体）就成为首要任务。在这一案例中，雅戈尔置业是投资风险发生的主体，但在进入地产行业的初期，集团母体担当了投资风险控制的主体，明确这点，就能明确后续投资风险监管其余维度的取舍。随着进入房地产领域时间的增加，在这一领域新投资的风险管理主体和投资风险发生主体也就成了雅戈尔置业自身，因此，在进行投资风险管理的资源分配上有了变化。其次，从第二维度（投资风险管理的目标）来看，进入地产领域是雅戈尔实施多元化、分散风险、开拓新利润来源的尝试。但在进入该领域初期，主要的目的是分散风险，利用母公司闲置资源。所以，最初的目标决定了最初的投资都是趋于谨慎的，利润并不是第一位的追求，而风险管理的强度则非常大。在后期，随着雅戈尔置业的逐渐成熟，对利润有了一定要求，因此，公司战略目标的调整也导致此阶段风险管理目标的调整。明确了第一、第二维度后，对第三维度（投资风险管理的程序的运用）以及第四维度（投资风险管理的方法）的选择就有的放矢了。雅戈尔置业与母公司分别有其自身的风管程序，这些程序的运用最终还是取决于风险控制的主体与目标。

## 阅读文献


[1] 杨大楷. 投融资学（第二版）[M]. 上海财经大学出版社，2008。

[2] 刘凤良，刘明兴. 现代西方厂商投资理论及其在中国的应用前景[J]. 教学与研究，2000(2)：64—68。

[3] 詹姆斯·托宾、斯蒂芬·S·戈卢布. 货币、信贷与资本[M]. 东北财经大学出版社，2000。

[4] 杨大楷，刘伟，杨晔. 中级投资学（第一版）[M]. 上海财经大学出版社，2004。

[5] 杨大楷. 投资学[M]. 上海财经大学出版社，2006。

[6] 姚勇，罗娅. 货币金融体系下的企业投资行为研究[J]. 南开经济研究，2003(2)：45—57。

[7] 杨晔，杨大楷. 投资学[M]. 上海财经大学出版社，2012。

[8] 尹晓阳. 企业集团投资风险管理体系研究[D]. 东北财经大学博士学位论文，2011。

[9] 李连华. 资产结构及其效率研究[D]. 浙江财经学院博士学位论文，2013。

[10] 孟越. 财务管理[M]. 化学工业出版社，2011。

[11] 杨大楷.基于公司治理的财务报告舞弊研究[J].财贸经济,2009(5)。
[12] 杨晔,谈毅,杨大楷.打破“玻璃门”,卸掉“弹簧门”,补齐“短板门”[J].财政研究,2014(2)。
[13] 杨大楷,王鹏.股权集中下的大股东侵占和债务融资的关系研究综述[J].北京工商大学学报,2013(6)。

## 习题与案例

**一、名词解释**

1. 厂商投资　　2. 投资客体　　3. 厂商投资决策
4. 资产配置　　5. 风险管理

**二、简答题**

1. 厂商投资行为的资本因素有哪些?
2. 简述流动负债的概念。
3. 简述厂商投资的一般规律。
4. 简述净现值法。
5. 简述厂商投资中的非系统风险。

**三、论述题:**

1. 试述托宾Q理论。
2. 试述决策树法在投资决策中如何应用。
3. 传统净现值法与决策树法在厂商投资决策中有何不同。

**四、计算题:**

1. 某项目第一年年初投资2 000万元,第二年年初又投资2 500万元,从第三年年末开始至第十年年末,每年获净收益2 200万元。若基准收益率为12%,计算其现值。

2. 某实物投资项目,年销售收入1 000万元,经营成本与折旧共500万元,缴纳17%的所得税,该项目折旧恰好等于资本性支出和营运资本增加额之和,求项目的预期现金流量。

**五、案例分析**

**【案例4-1】　某电厂投资项目的风险与启示**

某电厂于20世纪90年代中期由原国家计委批准立项,总投资为7亿美元,评标委员会根据评标准则从参与公开竞标的4家跨国公司选中西方某跨国能源投资公司为中标人,其低廉的电价和合理的调价机制获得了评委的特别青睐。该电厂采用BOT方式,特许经营期18年(含建设期),由中标人提供100%注册资本组建外商独资企业(项目公司)负责电厂的融资、建设与运营。电价根据特许权协议每年调整,特许期满后,项目公司按协议要求将电厂无偿移交给项目所在地省政府。在项目进行期间，厂商面临着政治风险、融资风险、完工风险、运营风险及价格风险、外汇风险、资金使用风险等。项目融资前期准备工作进展顺利。但我国驻南斯拉夫大使馆被炸事件发生后，在严峻的政治形势下，任何一家国际金融机构和国际财团都不可能冒如此巨大的政治风险继续支持该项目的融资，项目公司最终没能在延长的融资期限内完成融资任务，省政府按特许权协议规定收回了项目并没收了中标人的投标保函，从而导致了外商在本项目的彻底失败。

本案例中，厂商投资面临何种风险？该案例给了我们什么启示？

**【案例 4－2】　雅戈尔集团多元化投资**

雅戈尔集团的全资子公司雅戈尔置业控股有限公司成立了一家子公司——雄发投资与金地(集团)股份有限公司及其全资子公司宁波金翔房地产发展有限公司各出资 5 000 万元，用来组建项目公司宁波朗悦房地产发展有限公司，共同开发宁波市长丰区块住宅拍卖 1 号地块。该地块于 2013 年 3 月 4 日由金翔发展以 10.66 亿元的价格竞得。地块位于宁波市鄞州区钟公庙街道长丰村，土地面积 5.9 万平方米，出让年限为住宅 70 年、商业 40 年，雅戈尔表示，本次投资不属于关联交易和重大资产重组事项，合建的朗悦发展主营业务为房地产开发经营。而在新公司董事会及管理层的人员安排上，项目公司董事会由 4 名董事组成，其中，雄发投资委派 2 名(其中 1 名兼任董事长)，金翔发展委派 2 名(其中 1 名兼任副董事长)。

该如何运用风险控制的四维框架来对该投资项目进行风控？

## 习题答案

### 一、名词解释

1. 答：厂商投资是指厂商作为投资主体为达到某项收益而进行的资金投入活动。它不同于政府投资与个人投资，有自己独特的运行规律。

2. 答：所谓投资客体，即是回答厂商以何种形式投资、厂商投资的目的物是什么的问题。

3. 答：厂商根据预期的投资目标，拟定若干个有价值的投资方案，并用科学的方法或工具对这些方案进行分析、比较和遴选，以确定最佳实施方案的过程。

4. 答：资产配置是指根据投资需要将资金在不同的资产类别之间进行分配。

5. 答：风险管理是以最小的代价降低纯粹风险的一系列程序。

### 二、简答题

1. 答：共有三个因素，分别为厂商投资规模的确定，投资结构的优化与厂商投资效益的改善。

2. 答：流动负债又称短期融资，是指在一年或者超过一年的一个营业周期内需要偿还的债务。流动负债按其是否确定分为确定负债和或有负债。确定负债是指负债已经成立，企业必须履行的义务，主要包括短期借款、应收账款、应收票据、预收账款、应交税费等；或有负债是指企业的潜在义务和特殊的现实义务，主要包括已贴现的商业承兑汇票形成的或有负债、产品质量保证形成的或有负债、未决诉讼和未决仲裁等。

3. 答：厂商投资首先是厂商相对独立进行的且遵循厂商主体行为规律；再者，厂商投资是一种特殊的投资活动，其发展运行依从投资活动的一般规律。正是在这两个规律的制约下，厂商进行投资，并促使投资目标的实现。

4. 答：净现值法是收益法的一种形式，其基本原理就是未来现金流的"现值"规律，这基于财务管理的两个基本假设前提：一是今天的一元钱的价值比明天的一元钱价值大；二是有风险的一元钱的价值低于无风险的一元钱的价值。投资项目的净现值是指该项目在其整个寿命周期内的全部现金流入与全部现金流出现值之差。净现值的大小则成为该方法的投资准则：如果净现值为正，项目可行，进行投资；如果净现值为负，则项目不可行，应放弃投资。

5. 答：非系统风险是指非全局性事件所造成的风险，这些风险受局部因素的影响，与其他因素没有关联，只会影响某项投资的收益。一般来说，非系统风险主要包括战略决策风险、谈判与签订合同风险、财务风险、整合风险。

## 三、论述题

1. 答：托宾q理论代表着新古典厂商投资行为理论研究的另一个方向：将厂商预期收益引入投资需求函数。该理论同样基于NPV规则，其实质是比较边际投资的市场价值与其购买成本，即把二级市场中交易的所有权价格或者预期利润流的预期现值，去比上单位购买价格（重置成本）的比率，成为托宾q值，支配了投资决策。如果$q>1$，厂商的市场价值要高于资本的重置成本，投资应当进行或扩张；如果$q<1$，投资不应当扩张，而且现有资本也应当削减。令调整的边际成本等于其收益，则可以找到投资扩张或收缩的最优比率，它取决于q与1之间的差别。

2. 答：决策树法是一种在净现值法的基础上试图考虑不确定性和管理者把握投资机会的后续决策可能性的估价方法，是折现现金流法在不确定性环境下的一种拓展模型。在不确定环境下，决策者可以采取多阶段投资，其决策过程一般是系列性的。当第一阶段的投资获得预期的收益时，再进行下一阶段的投资；如果没有达到预期的效果，则放弃继续投资。决策树法通过列出各种可能状态下所有可选择的行为来帮助管理者构造一个决策的程序，使决策者可以检验经营决策，并且明确地辨识出在初始投资决策和后续决策之间的相互依赖性，这对分析复杂的连续投资决策是非常有用的。

3. 答：传统的NPV法根据预期未来均值的情况进行决策，是没有选择权的；而决策树法是根据预期收益未来的分布情况，对未来的不同情况有选择权，从而表现出更强的开放性，更能适合公司的经营决策。新信息的获得有助于提高改变投资方向的能力，在定量评估阶段，保持一定的选择权利，能取得显著的附加值。决策树法虽然考虑了不确定性因素，考虑了决策的灵活性，但选择权的存在通常会改变项目的风险暴露程度，而决策树法并没有解决折现率的难题。

## 四、计算题

1. 答：$NPV=-2\,000-2\,500/(1+12\%)+2\,200\times(P/A,\ 12\%,\ 8)\times(P/S,\ 12\%,\ 2)=-2\,000-2\,500/(1+12\%)+2\,200\times4.967\,6\times0.797\,2=4\,480$ 万元。

2. 答：$(1\,000-500)\times(1-17\%)=415$ 万元。

## 五、案例分析

**案例4-1** 答：作为一个跨国家（地区）的投资项目，案例中该项目所面对的主要风险包括政治风险、融资风险、完工风险、运营风险、价格风险、外汇风险和资金使用风险。以上有些风险是可以控制的，有些风险是不可控制的，必须区别对待。该项目是由外部政治风险导致的主权和信用风险而最终失败的典型案例。此案例给我们的启示是，即使在政府提供了支持和担保的基础上，项目公司仍然必须承担政府信用风险和外部政治风险，特别是当这些风险不是由东道国自身原因所导致的，或东道国政府不能合理预知的，或单凭东道国政府的力量是不可控制的时候。

**案例 4-2** 答：此时的第一维度风险控制主体变为雅戈尔置业控股有限公司与宁波金翔房地产发展有限公司，投资风险发生主体为宁波朗悦房地产发展有限公司。此后的分析可参照正文。（略）

# 第五章

# 投资学间接投资问题研究

间接投资行为是指投资者以其自有资本投资于债券、股票或其他金融衍生品，以期获得一定的收益。与直接投资不同，间接投资的目的仅仅是获得应有的投资回报，投资者通常不参与也无权参与被投资对象对资金的运营管理。另一方面，间接投资具有极大的灵活性，通常持有的资产可以在二级市场进行上市交易，从而保证了投资者可以较为方便地转换投资标的或资金回撤，从而减少因政治环境、经济环境或企业经营导致的风险。



## 第一节 行为金融学

### 一、传统金融学的理论缺陷及行为金融学的兴起

根据传统金融学，整个金融市场运行的机理搭建在三大假设之上：(1)理性人假设，即市场中的投资者均是理性投资者，其行为均以个人效用最大化为原则，并且有能力对已知信息进行正确加工；(2)个体随机行为假设，由于每个投资者都是理性人，市场中的投资者彼此独立，不受到任何相互影响，从整体来看，每个个体交易都具有随机性，这保证了即使出现某些非理性的投资者，由于投资者交易的随机性，这种非理性行为产生的影响也可以被抵消；(3)市场有效性假设，即套利有效性，表示市场中如果出现群体性的非理性行为和现象，将产生无风险套利机会，而套利者会立刻运用这一机会获利，并使市场价格回到理性的水平。

在传统金融学问世之后，人们普遍认为其具有科学般的严谨性，然而，在金融市场中陆续出现了许多难以被传统金融学解释的“奇怪”现象。

第一，“黑色星期一”。根据有效市场假说，理性投资者根据信息及时、迅速地做出理

智反应，从而推动价格趋向合理，市场趋向均衡。由于投资者对信息的反应是瞬时的，因此，在绝大部分时刻，股票市场上的价格都位于"公平合理"的水平上。股价的任何波动都应归于不断生成的、与以前无关的新信息。1987 年 10 月 19 日，美国纽约股票市场突然爆发了前所未有的狂跌风暴，由于这天恰好是星期一，所以将其称为"黑色星期一"。股市的暴跌不仅给投资者造成了巨大损失，而且给信奉并鼓吹有效市场理论的学者们一记重击。因为如果市场有效，在此之前必然有预示股票暴跌的信息发布。但是，事实证明，市场有效假说的推论不能成立。

第二，"红利之谜"。在 1973—1974 年的能源危机期间，纽约城市电力公司(CEC)准备取消红利支付。在 1974 年该公司的股东大会上，许多中小股东为此闹事，甚至有人扬言要对公司成员采取暴力举动。这一事件的发生也是经典金融理论无法解释的。根据主流金融学的分析框架，公司股东只会对能源危机对公司股价的影响敏感，而绝不会为公司暂停支付红利的决定如此激动。投资者应遵循 Miller 和 Modigliani 的套利理论，可以随时通过卖出股票自制"红利"，而且在收入税率高于资本利得税率的情况下，减少红利支付反而会使股东状况更好。那么，为什么这么多公司要发放红利呢？CEC 的股东为什么会对公司停止支付红利做出如此激进的反应呢？这些质疑都是主流金融学家所无法回答的。因此，有些经济学家把"红利之谜"视为经典金融学理论的"死穴"。

第三，长期资本管理公司的破产。1998 年，由布莱克和斯克尔斯领导的长期资本管理公司破产。这两位经济学家共同创立的期权定价模型曾被称赞为"20 世纪金融领域的重大发现"，布莱克和斯克尔斯也因此被授予 1997 年诺贝尔经济学奖。但他们经营的公司却无法避免投机失败直至破产的命运。

这些事件的出现对传统的金融理论提出了质疑和挑战，各种对其进行批评和修正的理论研究不断涌现。最终，以席勒(Thaler)为代表的一批金融学家对经典理论模型的理性分析方式提出了质疑，并将行为经济理论应用于金融学领域，形成了一个新兴的理论学派——行为金融学。行为金融学借鉴了行为科学、心理学以及社会学的研究成果，初步形成了以金融活动当事人心理因素为基本特征的概念体系，并以此作为行为分析的微观基础。

行为金融学的研究可以追溯到 20 世纪 50 年代。1951 年，俄勒冈大学商学院教授 O. K. Burrel 发表了题为《实证方法研究投资战略的可能性》(*Possibility of An Experimental Approach to Investment Studies*)[①]的文章，标志着行为金融学的问世。在这篇文章中，作者认为金融理论的正确性要用实验结果来验证。之后，Paul Slovic 和 Bauman W. Scott 合作研究，并于 1972 年发表了行为金融学领域又一开创性的文章《人类行为判断的心理研究：对投资决策的影响》(*Psychological Study of Human Judgment: Implications for Investment Decision-Making*)[②]。但是，由于当时以"有效市场"为核心的经典金融理论的影响占主导地位，因此，行为金融学并没有引起学者们的关注，反而被视作异

---

① O. K. Burrell, Possibility of An Experimental Approach To Investment Studies, *Journal of Finance*, No. 6 in 1951, P211 - 219.

② Paul Slovic, Bauman W. Scott, Psychological Study of Human Judgment: Implications for Investment Decision-Making, *Journal of Finance*, No. 27 in 1972, P779 - 799.

端，随着人们对有效市场理论的不断质疑，行为金融学的境况才得到改善。

1965年，曼德勃罗特（Benoît B. Mandelbrot）发表 *Forecasts of Future Prices, Unbiased Markets, and "Martingale" Models*①一文，文章通过研究股票价格时间序列的波动规律，发现金融市场的价格波动服从一种特殊的分布族——分形分布，而不是原先人们认为的随机分布。此后，Fama②、Mackinlay③等学者的研究均表明分形分布对股票市场收益的拟合效果确实较好。Peters④在分形几何的基础上提出分形市场理论，并将该理论应用于资本市场。Peters计算了资本市场的分形维度和Lyapunov指数，结论表明，美国、英国、德国和日本这四个股票市场具有显著的分形结构，并不符合学者通常认为的线性系统，从而意味着这些股票市场并不是有效市场。

理论界对于有效市场假说的质疑并没有停留在欧美等发达国家市场，在拉丁美洲、亚洲等新兴市场兴起后，学术界也对这些市场进行了检验。Cajueiro和Tabak⑤通过检测2004年前4年的股票数据得出hurts指数，发现拉丁美洲和亚洲的股票市场并不是有效市场，但在其研究中也发现这些市场正在变得有效。

在理论界不断对市场是否有效进行实证检验的同时，Bazn⑥、De bondt、Thaler⑦以及徐益华和杨晓明⑧等学者对传统金融学中关于理性人、个体行为随机性的假设提出了质疑并加以解释，并阐释了与之相对立的理论：金融市场是一个自由市场，由众多的投资者构成，既包含机构投资者，也包含个人投资者，这些投资者并非完全理性，往往是有限理性甚至非理性的；与此同时，金融市场的交易也并非完全随机，许多戏剧性事件的发生表明了投资者的个体行为能够对其他投资者甚至金融市场产生一定影响。在此基础上，行为金融学的理论框架逐渐成形，加之其能够更好地解释市场异象的频繁出现，从而逐渐成为金融学理论研究中的一个重要主体。

## □ 二、行为金融理论

### 1. 行为金融学基本假设

行为金融学理论体系的确立是在对传统金融学派的挑战中实现的。前文中对传统金

---

① Benoît B. Mandelbrot, Forecasts of Future Prices, Unbiased Markets, and "Martingale" Models, *Journal of Business*, No. 36 in 1965, P242.

② Eugene F. Fama Sr., Efficient Capital Markets: A Review of Theory and Empirical Work, *Journal of Finance*, No. 25 in 1970, P383 - 417.

③ Craig A. MacKinlay, A Simple Specification Test of the Random Walk Hypothesis, Rodney L. White Center for Financial Research Working Papers with number 13 - 87.

④ Peters, E., Fractal Structure in the Capital Market, *Journal of Finance Analysts*, No. 45 in 1989, P32 - 37.

⑤ Cajueiro, Daniel O, Tabak, Benjamin M, The Hurst Exponent Over Time: Testing the Assertion That Emerging Markets are Becoming More Efficient, *Physica A: Statistical Mechanics and Its Applications*, No. 336, P521 - 537.

⑥ Bazn, R. W, The relation between return and market value of common stocks, *Journal of Financial Economics*, No. 9 in 1981, P3 - 18.

⑦ De Bondt, and Thaler R. H., Dose the stock market overreact?, *Journal of Finance*, No. 40 in 1985, P793 - 808.

⑧ 徐益华、杨晓明. 中国证券市场效率的实证研究[J]. 财经问题研究，2002(1)：17 - 25。

融学已经做了简单介绍，其理论根基是理性人和市场有效性假设。行为金融学对传统金融学的挑战也是从这两方面展开的。

(1) 投资者的非理性。行为金融学的研究表明，投资者并非理性的经济人。2002年，丹尼尔·卡耐曼与弗农·史密斯由于他们对行为金融学的突出贡献而获得了当年的诺贝尔经济学奖。英国著名经济期刊《经济学家》(*The Economist*)在2002年10月12日的一期中对这一奖项的颁发发表了评论文章《归根到底还是人》(*All too Human*)。该评论的第一句就是："再见，那些自从亚当·斯密以来就一直被经济学家们用作经济学模特的那种心肠冷酷的经济人。他(总是被称为'他')毫无可爱之处：他自私到了极点，仅靠脑袋就可以进行复杂的数学运算，并且他的知识之渊博到了让人难以忍受的程度。现在让我们来见见这位新的、感情敏感的'经济人'：他(也可能是'她')显得自在得多，他(或她)靠直觉与经验作出决定，而且并非总是无所不知。"行为金融学将传统经济学对投资者的假定根据心理学的研究成果进行了新的解释，认为不论是初涉市场的个人投资者，还是经验丰富的金融从业人员，其决策都或多或少地受到主观因素的影响，如情绪、性格、直觉等，因此，他们的决策往往并不是完全基于理性的。在金融活动中，当事人的这些心理活动可能使他们的实际决策过程偏离了经典金融理论所描述的最优决策过程。这种偏离是系统性的，不会因为统计平均而消除。

(2) 市场的非有效性。德隆(De Long)、希勒菲尔(Shleifer)、萨默斯(Summers)和瓦尔德曼(Waldmann)等行为金融学家认为，理性套利者作为风险厌恶者，它可能放弃套利机会，不与非理性投资者的错误判断相对抗，从而使非理性投资者获得高于理性投资者的收益。这种非理性预期变动的风险是相对于短期套利者而言的，即在套利者进行套利变现时，价格并未发生如他所料的逆转。例如，当非理性投资者对某一资产持悲观态度时，会使价格下跌，套利者此时进行交易是因为他认为价格在不久就会恢复。如果非理性投资者的看法并未扭转反而更加悲观时，短期套利者就可能遭受损失。由于这种风险的存在，套利者对非理性投资者的对抗力量削弱，从而可能使价格明显偏离于基础价格，非理性投资者可以从他们自身创造的风险中获利。从一定时期来看，非理性投资者会暂时主导市场，从而使市场效率消失。因此，在大部分时候，市场并非是有效的。

**2. 有限理性个体行为表现**

基于心理学的研究，金融市场的投资者都并非是理性的。在投资者进行决策时，人类自身所固有的一些行为模式便会无声无息地影响甚至主宰着投资者的行为。根据行为金融学的研究，投资者往往会出现以下有限理性的个体行为。

(1) 过度自信(Overconfidence)。表示大多数人总是在很多方面过于乐观地对自己的能力和未来的前景进行估计。在行为金融学过去的研究中，De Bondt 和 Thaler 等人曾经列举大量证据显示了人们在做决策时对不确定性事件发生的概率的估计过于自信。另一方面，由于普遍存在的自我强化归因偏差，在面对不同的结果时，人们往往会将差的结果归因于外部环境，却将好的结果归功于自身能力。因此，人们这种过于乐观的心态通常导致了行为上的过度自信。

(2) 保守主义(Conservation)。表示人们在出现新的与决策相关的信息时，人们很难改变其原有的信念，即表现为对原有信念的一种惰性。进一步地，这样的行为使人们在决策过程中往往不遵循贝叶斯规律，使其行为与经典模型产生系统性偏差。

(3) 后悔厌恶(Regret Aversion)。是指当人们做出错误的决策时，会对自己的行为感到痛苦。人在犯错误之后都会感到后悔，并且后悔带来的痛苦可能比由于错误引起的损失还要大。因此，为了避免后悔，投资者常常做出一些非理性行为。有这样一个例子，假设有一个人一直以来上下班都走同一条路。有一天他决定换条新的路线，结果不幸遇到了交通事故，尽管事实上两条路线遇到交通事故的概率是一样的，但他仍然会后悔："早知道如此，我就走原来的路线了。"很显然，后悔厌恶会影响人们的决策。后悔厌恶会使人们墨守成规，以使后悔达到最小化。

(4) 损失厌恶(Loss Aversion)。损失厌恶是指人们面对同样数量的收益和损失时，认为损失更加令他们难以忍受。Kahneman 和 Tversky(1979)给出一个例子：假设有两项选择，一是损失 \$7 500，二是 75%的概率损失 \$10 000，25%的概率没有损失。他们研究发现，绝大多数人选择后者，并将这种现象称为厌恶损失①。进一步的研究发现，同量的损失带来的负效用为同量收益的正效用的 2.5 倍。

(5) 模糊厌恶(Ambiguity Aversion)。是指对于未知的不确定性以及已知的不确定性而言，人们更加厌恶未知的不确定性。对于某种有风险的事，在已知风险情况下，人们能够得到确定的概率计算，即便是最终出现的结果具有不确定性，人们仍然对此持有信心。而对于模糊的事件，因其概率分布本身是未知的，会存在更大的不确定性，人们往往对这类的不确定性持有更加厌恶的态度。

(6) 心境(Mood)。是指强度较低但持续时间较长的情感。一般而言，心境会影响记忆和判断。好的心境使人们自主地回忆事物积极的方面，试图维护积极的心境，从而偏向于做出积极的判断，并乐于付之于行动；而坏的心境则自主地回忆事物消极的方面，偏向于做出消极的判断，从而不愿意采取行动。Hir-shleifer 和 Shumway(2003)研究了 26 个主要股票市场指数 1982—1997 年的数据，发现阳光量与每日股票收益显著正相关，他们的解释是：通常晴朗的日子里人们的心情会好些，而人们的心情会影响投资决策。

**3. 有限理性个体行为的成因**

上面考察了六种主要的有限理性个体会出现的行为表现，这些行为与理性个体的行为相比有着很大的偏差，这些偏差往往涉及人们信念的形成与更新、基于信念的推理以及按自身偏好进行决策等多个方面，这些都与人们的认知心理密切相关。分析上述行为表现的成因便要分析人们认知的方式和认知过程产生的偏差。

对个体投资者来说，通常无法获得全部信息，也不可能对所有的信息进行分析，并作出复杂的判断。因此，人们的决策过程实际上是利用非常简单的方法来简化复杂的问题，这种单一决策的过程被称为启发式认知方法。主要的启发式认知方法有代表性启发认知、可用性启发认知和锚定性启发认知三类。

(1) 代表性启发认知。是指人们在不确定性的情形下，会抓住问题的某个特征直接

① 张圣平，熊德华，张峥，刘力. 现代经典金融学的困境与行为金融学的崛起[J]. 金融研究，2003(4)：49。

推断结果,而不考虑这种特征出现的真实概率以及与特征有关的其他原因。为了更好地理解这一概念,先来看看丹尼尔·卡纳曼(Daniel Kahneman)[①]曾做过的一个著名实验:向测试者描述某一个对象,之后告诉测试者这一对象来自一个由工程师和律师组成的样本群。在这个样本群中,有工程师和律师的先验概率,让测试者猜测这个对象更可能从事的职业。例如"约翰,男,45 岁,已婚,有子女;他比较保守,谨慎并且富有进取心;他对社会和政治问题不感兴趣,闲暇时间多用于业余爱好,如做木匠活和猜数字谜语。"尽管两组测试者分别被告知工程师人数为样本的 30%,律师为 70%。另一组被测试者被告知工程师人数为样本的 70%,律师为 30%。有趣的是,实验结果表明,两组被测试者大都认为约翰是工程师。这个实验很好地解释了代表性启发认知的概念,人们只根据描述性语言的代表性进行判断却全然不考虑先验概率的影响。代表性启发认知在很多情况下是一种能帮助人们迅速抓住问题本质进而推断出结果的非常有效的方法,但有时也会造成严重的偏差。例如,若在公平地扔硬币中连续产生 5 次正面,人们会说下一次一定是反面。因为他们认为即使是一个小的样本也应该反映扔硬币的公平特征,因此,必须有更多的反面来平衡这么多的正面。

(2) 可获得性启发认知。是指在很多时候,人们只是简单地根据他们对事件已有的信息(包括记忆的难易程度或记忆中的多寡)来确定该事件发生的可能性,而不是去寻找其他相关的信息,容易被知觉到或回想起的被认为更容易出现。同样通过丹尼尔·卡纳曼(Daniel Kahneman)的实验来说明这一概念。当人们被问到以 r(如 ride)开头的单词多,还是第三个字母是 r(如 circle)的单词多时,人们因为很容易地从记忆中提取一些单词,如 red、roof 等一系列以 r 开头的单词,却很难短时间内提取第三个字母是 r 的单词。于是往往立刻做出判断:以 r 开头的单词多。但实际上仅仅是因为我们对第二种情况不够熟悉,认为第三个字母这一搜索是无效的,真正的情况恰好与人们的选择相反。在投资领域,可获得性启发认知常常会导致投资者对一些令人感到惊讶的新闻作出情绪性反应,从而产生非理性行为。

(3) 锚定与调整启发认知。是指在没有把握的情形下,人们通常利用某个参照点作为锚来降低模糊性,然后再通过一定的调整得出最后的结论。根据丹尼尔·卡纳曼(Daniel Kahneman)[②]的实验,他们让一组人员在五秒钟内说出 1×2×3×4×5×6×7×8 的积为多少,而让另外一组人员在五秒钟内回答 8×7×6×5×4×3×2×1 的积为多少。结果第一组的答案远远低于第二组的答案。估计的答案分别为 512 和 2 250,而正确的答案应该是 40 320。在这个实验中两组实验者分别以 1×2 和 8×7 的结果作为锚定基础,并在此基础上估计最终结果,显然两组估计值都不够充分,但初始定位值低的实验对象所估计的最终结果更小。在金融市场上,当投资者对某种股票形成较稳定的看法后,就会在一定程度上被锚定在这种看法上,并以此为基准形成对该股票将来表现的预期判断。当

---

① Daniel Kahneman, Tversky, Amos, Prospect Theory: An Analysis of Decision under Risk, *Econometrica*, No. 47 in 1979, P263 - 291.

② Daniel Kahneman, Tversky, Amos, Prospect Theory: An Analysis of Decision under Risk, *Econometrica*, No. 47 in 1979, P263 - 291.

该股票基本面信息（如每股盈利）变化时，投资者在进行下一期预测时，受制于锚定的影响而不能做出充分调整，结果发现信息（每股盈利）不是又一次高于就是又一次低于预测值。

4. 金融市场群体行为

传统的金融学研究认为，在投资者个人理性的基础之上，即便是出现了个别投资者的非理性行为，也会由于大量投资者行为的随机性而使市场价格不会出现偏离。然而，这一假设在行为金融学看来完全站不住脚。行为金融学认为，市场上的投资者并非都是理性的，众多非理性的投资者会产生非理性的群体性行为，最典型的例子便是“羊群行为（Herd Behavior）”。

“羊群行为”最初是指羊群作为一个散乱、无序的组织，当其头羊带头做出行动，其他羊也会跟随头羊而行动，却不会在意前面是否有其他捕食者的威胁或者有更优的食物等情况。在社会学中，这一概念被用来描述个人放弃自己的观点，与大多数人持相同意见或保持行为一致的现象，即从众行为。将“羊群行为”在金融市场中进一步引申，是指投资人由于受到他人决策的影响而选择相同的投资策略，通常情况是投资人过分依赖舆论，放弃个人所挖掘的信息及理性分析，盲目地模仿他人的行为。

金融市场投资中的羊群效应最早由 Keynes 的选美论（Beauty Contest）提出。Keynes 用选美比赛来比喻股票市场的投资。他设计了如下实验[①]：向几名实验对象展示 100 张照片，并让他们从中选择出最漂亮的 6 张，之后根据所有实验对象选择的结果进行评判，与所有实验对象选择的结果最为接近的人将获胜。Keynes 认为，上述实验对象在进行选择时为了能够获得胜利，其选择依据并非是自己认为最漂亮的 6 张，而是尽可能地猜测别的实验对象将进行何种选择，并模仿他人进行选择。显然，上述的例子中产生了“羊群行为”。

在金融市场中，既有机构投资者，也有个人投资者。因此，可以根据“羊群效应”的行为主体将其分为机构投资者的“羊群行为”和个人投资者的“羊群行为”，其中，机构投资者往往模仿其他机构，而个人投资者或模仿机构投资者或模仿其他个人投资者。虽然两类投资者产生“羊群行为”的原因十分相似，但仍然有一定的差别。

对个人投资者而言，其产生“羊群效应”的主要原因有如下四个方面。

（1）信息的阶梯性传播。信息的阶梯性传播是指人们通过观察别人的行动及其结果，从而进行模仿。信息的阶梯性传播常常与信息不对称相联系，人们由于无法获得足够的信息因而往往通过观察和模仿他人来作出决策。信息的阶梯性传播发生的概率非常高。研究发现，即使最初熟人发出的信息包含很多的杂音（即他们所发出的信息并不能让后来者迅速且明确地作出选择），在 10 人一次通过观察别人的方式而作出自己的选择之后，阶梯式传播得以形成的概率高达 99%[②]。

我们可以通过一个简单的例子来理解信息的阶梯性传播是怎么发生的。假设两个餐厅 A、B 刚刚开始营业，A 与 B 分别在街道的两旁，两家餐厅的菜系、规模、档次等都相差

① Keynes J M. *The General Theory of Employment, Interest and Money*. London: Macmillan for the Royal Economic Society, 1936.

② Bikhchandani, Sushil, A Bargaining Model with Incomplete Information, *Review of Economic Studies*, No. 59 in 1992, P187－203.

无几。由于餐厅刚刚开始营业，很少有人了解餐厅的质量究竟如何，经过的行人准备在两家餐厅之中进行选择时，他们可以通过观察在餐厅内的情况而做出判断。第一个人到达餐厅时，由于两家餐厅均空无一人，他只能随机地进行选择，如选择 A。之后到达的第二个人，既可以像第一个人一样根据自己的喜好随机地选择一家餐厅，也可以根据第一个人的判断而做出相同的判断。由于第二个人对餐厅没有任何了解，他很有可能认为第一个人做出这样的选择是由于其对餐厅有更多了解，知道 A 餐厅质量更好，因此，他很可能会模仿第一个人而选择 A 餐厅。而当第三个人进行选择时，他会发现 A 餐厅中有两位顾客而 B 餐厅空无一人，根据上述分析他也会有很大的可能选择 A。以此类推，这样的一组选择结果，其最初的根据是第一位顾客进行的随机选择，也许 A 餐厅的质量要比 B 差。之所以出现这样错误的决策结果，是因为所有的顾客都没有能够将其拥有的信息表达出来，众人之间没有任何有效的信息交流①。

从上述例子中可以看出，信息的阶梯性传播是一种低质量、低效率的信息聚合，在这一过程中人们不能把自己拥有的信息表达出来，从而导致了普遍的错误；其次，当阶梯性传播形成之后，最初数人的信息决定了整个决策结果，后来的人所拥有的信息将不被纳入整个决策体系，即便是后来的个体本身在进行决策时往往也会将自己所拥有的信息忽略。

（2）专业知识和投资经验不足。机构投资者通常具有金融、经济方面的专业背景，并长期专注于金融市场，其往往能够对全球经济形势、国家经济宏观发展的大环境、证券市场的交易情况以及上市公司的各种消息进行详细而深刻地分析，并能够在此基础上进行较科学的交易。然而，对大多数个人投资者而言，他们缺乏金融及投资相关的知识储备，没能建立科学、成熟的投资理念，因此，投资经验和投资方法都不能达到机构投资者的高度。另一方面，由于个人投资者往往将投资作为其副业，在投资上花费的时间和精力都较少，往往不能获得充分的信息，难以进行有效的信息筛选和分析。由于个人投资者在上述的专业知识和技能方面略有不足，因此，他们很容易对自己的决策能力缺乏信心，过分依赖机构投资者或其他投资者，从而导致了盲目跟风的行为。

（3）盲目服从权威和社会群体。人们往往会盲目地服从于权威，或者轻信社会大多数人构成的群体。下面我们通过美国著名社会心理学家所罗门·阿施的一项实验②来理解人们的行为是如何受到社会大多数人影响的。

该实验要求 9 名被测试对象判断一些线段的长度，主持人向全部测试对象展示两张卡片，第一张卡片上只有一条线段，第二张卡片上有三条线段，这三条线段中有一条的长度与第一张卡片上的线段长度完全相同，而另外两条的长度与第一张卡片上的线段长度有着显著差别。实验开始后，9 名被测试对象依次说出自己的判断，毋庸置疑，所有人的答案都一样，并且正确。然而，随着实验继续进行，情况发生了变化。

当第一位被测试对象认真检查过第二张卡片上的线段之后，他郑重地给出了一个错

① 李国平. 行为金融学[M]. 北京大学出版社，2006：184—185。

② S. E. Asch, Studies in the Principles of Judgments and Attitudes: I. Two Basic Principles of Judgment, *The Journal of Social Psychology*, No. 12 in 1940, P433 - 465.

误答案，随后第二、三、四位，直到第八位被测试对象都与第一位被测试者选择了同样一条线段。当轮到第九位被测试者进行选择时，他表现出了明显的犹豫和不安，一方面，他看到的正确答案明显是另外一条，另一方面，其余 8 个人都做出了完全相同的判断。实际上，真正的测试对象只有一位，即最后一个被测试者，前 8 位被测试者都是主持人安排好的助手，他们被要求故意选择一个错误答案，并且 8 个人保持一致。虽然正确答案应该是被测试者眼中看到的那样，但在所罗门·阿施进行的 12 次实验中，只有四分之一的人能够始终坚持自己所看到的正确答案；其余四分之三的人在选择中出现了一次或多次错误判断。在做出错误判断的人中，一些实验对象虽然相信别人的判断是错误的，但因为不想违反他们的选择而故意选择了错误的线段；一些实验对象则表示无法判断其他 8 人是否正确，并同时怀疑自己的视力是否有问题；还有一些人则完全相信其他 8 人是对的。

这个实验还有另外一组更加有趣的现象，当实验主持人将第二章卡片上的三条线段改换成差别很小的线段之后，再次进行上述实验，这一次想要判断出究竟哪条线段同第一张卡片中的线段相同成了一件比较困难的事情。果然，在这一次实验中，几乎所有的实验对象（第九名被测试者）都选择了主持人助手给出的答案，并且他们都表示其给出的答案完全依照自己的判断，并没有受到其他人的影响。

根据所罗门·阿施的论证，该实验并没有设置任何奖赏或惩罚的机制，被实验者可以随意选择答案，但当最后一位实验对象作出选择时，面临了强大的心理压力，这些心理压力来自群体。人们常常认为，当其他人得出一致的结论时，他们不可能全部同时犯了错误，当绝大多数人都做出同样反应时，个人判断很容易动摇。因此，在金融市场中，除了前文所述人们由于专业知识储备不足而导致的盲从之外，心理上对权威及群体的依赖也会使个人投资者趋向于听信自认为可靠的“权威信息”或某些所谓的“内幕消息”。

（4）个人投资者与机构投资者博弈。在分析过个人投资者自身特点之后，当从个人投资者和机构投资者这两个群体整体来看时，可以发现个人投资者选择跟随机构投资者的这一行为恰恰也符合个人投资者和机构投资者之间进行博弈的均衡，这一博弈可被视作是智猪博弈中的大猪-小猪博弈均衡原理。

假设猪圈里有一头大猪和一头小猪。猪圈的一头有猪食槽，另一头安装着控制猪食供应的按钮，按一下按钮会有 10 个单位的猪食进槽，但是谁按下按钮就会首先付出 2 个单位的成本，若大猪先到槽边，大猪和小猪吃到食物的收益比是 9：1；同时到槽边，收益比是 7：3；小猪先到槽边，收益比是 6：4。那么，在两头猪都有智慧的前提下，最终结果是小猪选择等待。在金融市场中，实力雄厚、信息灵敏、操作专业的机构投资者即为智猪博弈中的大猪；而力量薄弱、信息闭塞、经验缺乏的个人投资者即为智猪博弈中的小猪。根据智猪博弈的原理，我们可以设计出个人投资者和机构投资者进行博弈的过程①。首先，假设机构投资者在正确信息、正确操作的情况下可以获得 100 个单位的投资收益，而个人投资者由于资金量少、操作不够专业，即便获得了正确的信息往往也只能实现 40 个单位的投资收益。除此以外，在市场上收集信息需要花费成本，个人投资者和机构投资者

① 周毓萍，徐光.证券市场上的羊群效应及其博弈分析[J].资本纵横，2004(9)：29—30。

如果想要收集到正确的信息，其花费的成本均为30个单位，而如果其仅仅收集对方的情报则只需要付出5个单位的成本，这便是搭便车的好处。在双方进行博弈产生的四种可能情况中，彼此的收益如下：当机构和个人同时收集到全部的正确信息时，双方收益分别为70(100－30)和10(40－30)；当机构收集全部信息而个人投资者搭便车时，双方收益为70(100－30)和35(40－5)；当机构搭便车而由个人投资者收集全部信息时，双方收益为95(100－5)和10(40－30)；当机构及个人均不收集信息时，收益均为0。

根据表5-1所示的收益矩阵，可以很容易看出无论机构投资者选择收集信息还是不收集信息，个人投资者都将采取不收集信息，等机构收集信息进行搭便车。对机构投资者而言，情况也是如此。但是在通常情况下，即便是机构投资者跟随个人投资者可以获得最大的利益，他们也不愿意去做。因为机构投资者普遍认为个人投资者不具备专业的投资知识和技能，同时又缺乏足够的资金支持，因而难以收集到全部、正确的信息，如果选择跟随个人投资者，将会让机构投资者面临极大的风险。因此，机构投资者通常会主动采取收集信息的策略。显然，在此情形下，个人投资者的最优方案就是花费极低的成本去跟随机构投资者，模仿他们的操作，从而形成了个人投资者追随机构投资者的"羊群效应"。

**表5-1　　收益矩阵**

| 机构投资者 | 个人投资者 | |
|---|---|---|
| | 收集信息 | 不收集信息 |
| 收集信息 | 70, 10 | 70, 35 |
| 不收集信息 | 95, 10 | 0, 0 |

对机构投资者而言，其产生"羊群效应"的原因还有以下两个方面。

(1) 基于名誉的"羊群效应"。在金融市场上，资金总是有着极大的流动性。对基金经理和分析师们而言，在业内的名誉极为重要，是其在业内生存的一项重要指标。基于名誉的重要性，机构投资者们为了规避名誉受损的风险从而采取的行为往往容易导致"羊群效应"。

根据David Scharfstein等人的研究①，机构投资者对名誉的担忧来源于彼此之间的能力有较大差异，但没有人知道他人或自己的智力水平究竟如何。智力水平高、能力较强的投资者会有更高的概率得到正确的信号，从而做出正确的投资决策；反之，能力较弱的投资者得到正确信号的概率较低，从而难以做出正确决策。由于名誉的评价通常基于投资者与他人的比较，因此便会出现如下情形：当两个投资者先后投资于同一个项目时，假设投资者1根据自己掌握的信息和分析采取了某种行动(投资或不投资)，投资者2观察到了投资者1的该次行动，由于他关心的主要是自己的名声，并且他不知道投资者1与自己相比较在智力与能力上孰高孰低，因此，不论他收集到何种信号，他都会采取和投资者1一样的行动。因为在这一情况下，不论他们两人采取的行动最终是否正确，要么两人都是聪明的，要么两人都是愚蠢的，或者两人都得到了相同错误的信号，因而这样的结果并不

① Froot, Kenneth A, Scharftstein, David S, Stein, Jeremy C, Herd on the Street: Informational Inefficiencies in a Market with Short-term Speculation, *Journal of Finance*, No. 47 in 1992, P1461-1484.

会损害投资者2的名誉。相反,如果投资者2采取了与1相异的行动,则两人之间必有一人被证明是错误的,因此,采取这样的做法将会面临名誉受损的风险。

当市场上的多个投资者相继按照上述方式进行决策时,每个人都模仿之前投资者的行为而决策,机构投资者中的"羊群效应"便会形成。

(2) 基于报酬的"羊群效应"。投资经理的报酬通常都与其投资绩效有直接联系,除了用绝对化的收益衡量投资绩效之外,由于市场系统性风险的存在,人们往往也通过某个投资经理与其他投资经理的相对投资绩效来评价该投资经理的绩效,并进一步确定其报酬。因此,这样的报酬激励机制也是导致机构投资者中"羊群行为"的一个重要原因。如果投资经理选择自己认为的组合进行投资,或许他可以得到较大收益,甚至超过其他投资者的收益,但他也将面临投资失败而减少薪酬的风险;如果他选择模仿其他投资经理的行为,则至少他能够获得市场平均绩效,而不至于影响所获得的报酬。因此,这样的激励方式和投资经理对风险的厌恶会导致其选择的投资组合无效①。

## □ 三、行为资产定价模型

### 1. BAPM理论

1994年,席菲瑞和斯泰曼提出了行为资产定价模型(BAPM)。BAPM是CAPM的扩展。BAPM模型认为市场上存在信息交易者和噪声交易者。信息交易者严格按照CAPM模型构建资产组合,噪声交易者则不会。他们会受到认知错误的影响,并且没有严格的均值方差偏好。两类交易者相互作用共同决定证券价格。当信息交易者在市场上占据主导地位时,市场是有效的;当噪声交易者在市场上起主导作用时,市场是无效的。

市场中同时存在信息交易者和噪音交易者具有十分重要的意义。设想市场中只存在信息交易者,对某只股票而言,所有交易者都能够对其进行精确分析,每个人对该股票的内在价值的认识都一致。因此,股票持有者只愿意在市场价格高于内在价值时出售股票,而潜在购买者只愿意在市场价格低于内在价值时购入股票,这就导致了股票价格永远维持在其内在价值上,并且不存在任何交易。可见,市场中存在不同的观点很重要,只有存在不同的观点,才会使得交易发生,由于噪音交易者对股票的估值没有严格的均值方差偏好,使他们对股票内在价值的认识有一定的偏差,从而让交易得以实现。

在早期的有效市场理论下,人们认为市场上的噪音交易者不能够长期存在,其原因是当噪音交易者使股票价格偏离其内在价值时,套利者便会出现并且迅速地将这一偏离纠正回应有的水平。然而,De Long、Shleifer、Summers和Waldman提出的DSSW模型②证明了噪音交易者实际上是可以获利的,甚至可能比理性交易者获利更多。噪音交易者得到的额外获利并非因为他们拥有更好的交易技巧,而是因为他们面临了更大的风险。噪音交易者承担的额外风险通常被称为"噪音交易者风险"(NTR,Noise Trade Risk)。

---

① Brennan, Michael J, Agency and Asset Pricing, Finance Working Paper, UCLA, 1993.

② DeLong, Shleifer, Summers, and Waldmann, Positive Feedback Investment Strategies and Destabilizing Rational Speculation, Working Paper, National Bureau of Economic Research, 1989.

由于噪音交易者并非按照有效信息进行交易，因此人为的非理性因素会造成一种新的不确定性。这种不确定性会继而影响到信息交易者，因为信息交易者往往无法得知噪音交易者会如何行动。因此，DSSW 模型指出噪音交易者由于承担了额外风险而能够赚取更多的钱。

更为重要的是，噪音交易者的存在会导致市场中的任一资产价格中都包含了噪音的因素，而这些噪音以及噪音交易者的行为会使得市场上存在噪音信号。当市场中噪音信号存在时，投资者并不能够很好地甄别有用信息和噪音，如上文所述，即便是信息交易者的估计也会存在偏差，从而形成了系统风险。除了基本风险以外，投资者还要承担噪音交易者风险(NTR)，它可以被看作是噪音交易者的力量。噪音交易者的情绪是随机的，难以被理性交易者很好地预测。套利者是否进行市场出清，取决于噪音交易者的反应，但他们的反应是很难预测的。如果他们对市场看“牛”，他们将把价格推高到超出其内在价值(假设他们比套利者更有力量)，以至达到他们想达到的程度。如果他们没有停止，意味着市场可能会变得疯狂。信息交易者也意识到他们面临着未知的风险要素。因此行为资产定价模型就要考虑这些错误，并在模型中消除噪音估计。

2. BAPM 模型

我们考虑这样一个金融市场，在金融市场中有 H 个交易者，时间是离散的 $(t=0,1,2,\cdots,T)$。新信息 s 在每一日期之初披露。在这里我们称 s 为某一状态，并假定 $s\in S=\{s_i\}$(S 为有限集)；$s^t\in S$ 表示在日期 t 被揭示的状态；$x_t=(s^0,s^1,\cdots,s^t)$ 表示在日期 t 之初的公共信息。显然，这意味着，我们可以用树形结构来表示不确定性，反映到这里树形结构的节点为 $\{x_t\}$。不妨令 $s_i$ 发生于日期 t，$s_j$ 发生于日期 t+1，且从 $s_i$ 到 $s_j$ 的变换由变换矩阵为 $\Pi=\Pi_{ij}$ 的不可约马尔可夫链决定。

在日期 0 之初，交易者 h 所持有的初始组合为 $w_h$。如果 h 持有组合 $w_h$ 到日期 t，且在日期 t 之初的公共信息为 $x_t$，那么 h 在日期 t 所获得的股利为 $w_h(x_t)$。在这里我们用符号 $w=\sum_h w_h$ 表示市场组合。日期 $t+1$ 的马尔可夫状态 s 决定了股利增长率 $w(x_{t+1})/x(x_t)$。对每一状态 s 而言，根据特定变换分布 $Prob\{w(x_{t+1})/w(x_t)\mid s\}$ 将 S 分解为子集 $\{s_w\}$。在这里，我们把 $s_w$ 称为在状态 s 条件下股利增长率的充分统计量。

用向量 $Z=[Z(x_t)]$ 表示证券，其中 $Z(x_t)$ 为一单位证券在状态 $x_t$ 支付给投资者的回报数量。我们假定，证券市场所提供的证券集合非常丰富，从而使证券市场具备完全市场特征。因此，存在状态原函数来决定证券价格。令 $r(x_t)$ 表示 $x_t$—状态或有要求权的价格，且 $r=[r(x_t)]$。不妨取 $x_0$ 为计算单位，那么有：$r(x_0)=1$。由此可见，在日期 0 的市场上，证券 $Z=[Z(x_t)]$ 的价格 $q_z(x_0)$ 为 $r\cdot Z$；而在状态 $x_t$ 的市场上，证券 Z 的价格 $q_z(x_t)$ 为 $r'(x_t)\cdot Z/r(x_t)$。

事实上，分析噪音交易者对特定证券集的影响，是本节所主要研究的内容之一。我们假定在每个日期 t，这些证券都是可交易的。这些证券集包括：(1) 零息票、无风险债券。这两种债券是构成利率期限结构的基础。我们假定，到期日为 t 的零息票债券在日期 t 之前都可以进行交易。(2) 市场组合。市场组合用符号 $Z_w$ 表示，且为 w 的实量倍数。(3) 市场组合的买权与卖权。以状态 $x_t$ 发行的买权执行价格为 K、到期日为 t+j、回报为

$\max\{q_w(x_{t+j})-K,0\}$，其中 $q_w(x_{t+j})$ 表示市场组合在 $x_{t+j}$— 市场状态的价格。卖权与买权类似，不同之处在于其回报为 $\max\{0,K-q_w(x_{t+j})\}$。

在日期 t 之初，交易者的财富由两部分组成：(1) $x_{t-1}$ 状态下所持有的组合市值；(2) $x_t$ 状态下的股利支付。此后，交易者将 $x_t$ 状态下的财富分成两部分，一部分用于 t 期的消费，另一部分用于储蓄。储蓄部分投资于证券，并构成该交易者在 $x_t$ 状态下的组合。用符号 $z_h(x_t)$ 表示交易者 h 的 $x_t$— 或有商品的净交易额，那么，消费向量 $c_h=[c_h(x_t)]$ 可表示为：$c_h=w_h+z_h$。

另外我们用过程 $\{x_t\}$ 的概率分布 $P_h$ 表示交易者 h 的主观信念。在这里，对数效用对描述长期交易者生存具有非常重要的意义。在 BAPT 框架里，交易者都具有贴现率为正的对数效用。不仅如此，消费计划 $c_h$ 的设定一般是通过在生命周期预算约束 $r\cdot z_h\leqslant 0$ 条件下最大化期望效用 $EU_h$ 来进行的。通常，交易者 h 的跨期效用函数可表示为：

$$U_h(x_t)=\sum_{t=1}^{T}\gamma_h^{t-1}\ln(C_h(x_t)) \tag{5-1}$$

式中，$\gamma_h<1$ 为交易者 h 的时间贴现因子。假定效用期望函数 $EU_h$ 表示交易者在状态 $x_t$ 下的偏好选择，在这里，期望值 $EU_h$ 是在主观概率分布 $P_h$ 的基础上求得的。

为获得均衡状态原函数 r，不妨考虑交易者 h 期望效用的最大解。定义：

$$\alpha_h(t)=\gamma_h^{t-1}\{1+\gamma_h+\gamma_h^2\cdots\gamma_h^{T-1}\}^{-1}P_h(x_t) \tag{5-2}$$

在 $r\cdot z_h\leqslant 0$ 条件下最大化 $EU_h$，由此可得交易者 h 的需求函数：

$$C_h(x_t)=\alpha_h(x_t)W_h/r(x_t) \tag{5-3}$$

式中，$W_h$ 为交易者 h 的市场财富 $r\cdot w_h$。在 BAPT 框架里，方程(5-3)是确定对数效用最大值的重要条件。值得注意的是，该条件中的或有要求权预算份额可反映交易者 h 的主观信念。

事实上，我们可用条件 $\sum_h z_h(r)=0$ 来定义均衡状态原函数 r。我们知道，在 BAPT 框架中，价格的作用在于将交易者的信念与贴现函数汇聚到代表性交易者的信念与贴现函数中。因此，在这个意义上，通过分析噪音交易者对代表性交易者信念的影响，就可以确定噪音交易者对市场的影响。

在这里，我们用概率 $\{\Gamma(x_t)\}$ 及贴现因子 $\{\gamma_R\}$ 表示代表性交易者。概率 $\{\Gamma(x_t)\}$ 通常可按如下方式确定，即令 $\omega_h$ 表示交易者 h 的相对财富份额 $W_h/\sum_j W_j$(其中 $j=1,2,\cdots,H$)，那么概率 $\Gamma(x_t)$ 就可表示为交易者的主观概率的凸组合 $\sum_h\delta_h P_h(x_t)$，其中，$\delta_h=\omega_h\gamma_h^t/\sum_j\omega_j\gamma_j^t$。另外，贴现因子 $\gamma_R(t)^t$ 可用 $\sum_h\omega_h\gamma_h^t$ 定义。在此基础上，就可直接确定 r 的原函数，即：

$$r(x_t)=\gamma_R^t(t)\Gamma(x_t)w(x_0)/w(x_t) \tag{5-4}$$

## 第二节　间接投资决策

理性的投资人在面对各种可能投资的证券时，会在行动之前做一系列的分析研究，从而确定其投资决策，投资决策的流程包括设定投资政策、进行证券分析、构建投资组合、调整投资组合、绩效评估等五个步骤。

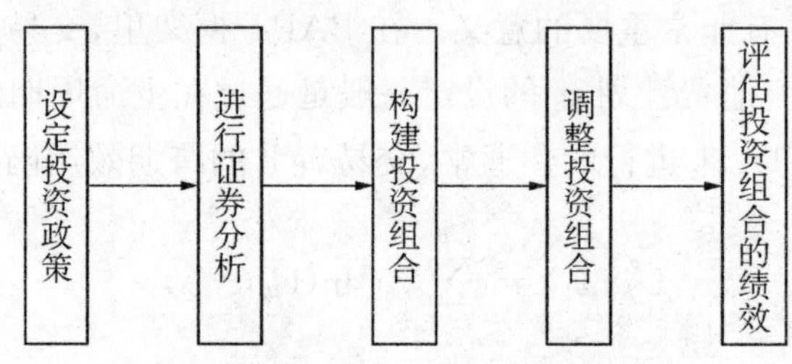


**图 5－1　投资决策流程图**

资料来源：谢剑平．投资学基本理论与实务［M］．北京大学出版社，2004：7。

其中，设定投资政策包括决定投资人的目标和投资额。由于风险和收益对等，投资人在确定投资目标的时候必须考虑所需承担的风险。设定投资政策能够帮助选择最合适的资产类型，以减少不必要的分析成本，例如，具有免税资格的投资人就不会特别强调免税的金融工具。

第二步是证券分析。在设定了投资政策之后，投资者就需要对市场上的投资工具进行选择，以制定适合自己的投资组合。证券分析的方法主要有基础分析和技术分析。

第三步是构建投资组合。现代投资组合理论认为，通过组合投资可以有效降低投资的非系统性风险，实现风险和收益的最佳配置。构建投资组合就是要确定具体的投资资产和投资者在各项资产上的投资比例。

第四步是投资组合的调整，该步骤是前三个步骤周期性的重复，也就是说，随着时间的改变，投资人可能会改变其投资目标。投资目标的改变意味着现在的投资组合已经不再适合目前投资人的投资偏好，投资者可以卖出某些证券，并买入其他证券来改变现有的投资组合。另外一种情况是证券本身属性的改变使原先很有吸引力的证券不再值得投资，或以前不值得投资的证券变得有吸引力，在这种情况下，投资者可能会减少前者而增加后者的比重。这种投资组合的调整还必须考虑调整中产生的交易成本以及调整后的风险。

最后是投资组合绩效的评估。投资目标的达成依赖于投资人对自己投资的表现加以评估、衡量，这就是投资决策流程中的最后一个步骤——投资组合绩效评估。当现有的投资组合表现不如预期的时候，需要按照前面的步骤调整投资组合的内容。在进行评估时，需要检查报酬率并衡量风险。

本节将就设定投资政策、投资分析、构建投资组合以及投资组合绩效评估进行具体分析。

## □ 一、制定投资政策

制定投资政策是投资过程的第一步，是为了实现一定目标所制定的基本方针和政策总和。确立基金的投资目标实质就是确立基金投资组合所具有的风险与收益特征。通常，确立投资目标是基金投资活动的核心，对基金的业绩和具体资产配置有重大影响。建立一个以投资目标为核心的投资决策框架是基金投资组合管理最根本的任务。因为基金投资目标确立了该基金日后具体的投资方向、在股票和债券上面的选择依据等，从而对投资组合的管理更为有效；同时，根据投资目标，投资者也可以了解到基金投资所具有的风险与收益状况，从而使投资者选择那些风险和收益特征与自己的期望相匹配的基金。基金投资目标的设定受到宏观经济环境、投资的行业发展潜力以及基金管理人的投资经验和实力等因素的限制。

根据投资者对收益和风险的不同态度，基金管理公司为吸引不同类型的投资者，大体将基金投资目标分为价值型、收入型、成长型和平衡型。

### 1. 价值型目标

这类目标较为注重公司股票价格与公司价值是否相符。基金经理对当前股票价格较为敏感，一般会选取市盈率和市净率较低的公司。由于一些特殊事件或投资者的情绪波动对股价造成不利影响也会吸引价值型基金经理的兴趣。此外，当一些周期性的股票（如资源类、汽车、钢铁等）在一个经济周期的底部时，也将是价值型基金经理重点关注的对象。

### 2. 收入型目标

这类目标更为强调当期收入最大化及收入的稳定性和长期性。基金经理一般会选择那些绩优股以及派息较高的债券、可转让大额定期存单等收入较高而且比较稳定的有价证券。此外，为保证收入的稳定和持久，基金经理十分强调投资组合多元化以分散风险，其投资决策也比较稳健，经常持有较高比例的现金资产，坚持按时派发股息。

### 3. 成长型目标

这类目标不在于当前收入多少，而在于投资组合的未来价值的增长潜力。基金经理比较看重资本利得，而较少考虑现金红利，以牺牲近期的收入来换取资本的增值。基金经理主要选择市场中有较大升值潜力的小公司股票，有的也投资于一些新兴但目前经营还比较困难行业的股票。

### 4. 平衡型目标

这类目标既追求长期资本增值，又追求当期收入，从而使投资组合在承受相对较小风险的情况下，有可能获得较高的投资收益。基金经理主要投资于债券、优先股和部分普通股，这些有价证券在投资组合中有比较稳定的组合比例，一般是把资产总额的25%—50%投资于优先股和债券，其余的用于普通股投资，其风险和收益状况介于成长型基金和收入型基金之间。

投资目标是决定基金业绩的关键因素，它的制定、实施、修正贯穿于基金投资管理的整个过程。基金在确立投资目标的时候，往往会受到诸多因素的影响。

一方面，投资目标的选择会受到当时的社会、经济与科技的发展状况的影响。当经济进入快速发展阶段时，成长型基金往往会取得比价值型基金更显著的业绩，成长型投资目标及策略会比较盛行；当经济处在缓慢发展或衰退期时，因为众多行业发展停滞，而使非周期性行业（如耐用品、公共事业等）开始崭露头角，显现出稳定的发展特点。这时，投资非周期性行业的收入性投资目标及策略更受青睐。

另一方面，投资目标也与市场环境密不可分。通常，在牛市阶段，市场人气高涨，投机气氛较浓，人们并不注重公司的当前业绩，而更加强调上市公司未来的成长性，股票换手率高、流动性好，投资机构往往实施进攻型战略，把获取资本利得作为主要的盈利模式，大多数基金将选择成长型投资目标；在熊市阶段，市场人气低迷，人们不再对不可测的未来抱有幻想，而更注重公司当前业绩及红利回报，股票交投清淡、流动性差，投资机构被迫采取防守型战略，以获取上市公司红利为主要盈利模式，因此，收入型投资目标更有效。

## 二、证券分析

证券投资分析是通过各种专业性的分析方法和分析手段对来自各个渠道的、能够对证券价格产生影响的各种信息进行综合分析，并判断其对证券价格发生作用的方向和力度。证券投资分析作为证券投资过程不可或缺的一个组成部分，是进行投资决策的依据，在投资过程中占相当重要的地位。证券分析方法可以分为基础分析和技术分析两大类。

### 1. 基础分析

基础分析又称经济因素分析，是根据经济学、金融学、财务管理学、投资学等基本原理，对决定证券价值及价格的基本要素进行分析，以此来评估证券的内在投资价值、预测证券价格未来方向变化并提出合理投资建议的分析法。

（1）基础分析是证券波动成因分析。基础分析要弄懂的是证券波动的理由和原因，必须对各种因素进行研究，分析它们对证券市场有何种方向的影响。如果证券市场大势向下，基础分析就必须对近期证券市场供求关系和影响因素做出合理的分析，并指明证券市场整体走向和单个证券的波动方向。出此可见，投资者可以借助基础分析来解决买卖“什么”的问题，以纠正技术分析可能提供的失真信息。由于技术分析注重的是短线量化分析，很可能会出现“只见树木，不见森林”的现象。例如，当某种股票价格连续攀升，各项技术指标也显示出买入信号时，如果该发行者的基本情况并没有什么明显变化，这时投资者就需谨慎，因为该股票的上涨很可能是主力资金操纵的结果。在主力资金将股价抬到某一预定目标后，它们就会撤退，以套取投机利润，尤其是在不成熟的股票市场上，这类“陷阱”比比皆是，而对这些骗局的识破又非技术分析所能及的，必须依靠基础分析来解决。

(2) 基础分析是定性分析。在基础分析过程中，涉及的虽主要是经济指标的数量方面，但这些指标对证券市场的影响程度却难以量化，只能把它们对证券市场的影响方向加以定性。例如，当有关部门公布某个时点的失业率下降了两个百分点后，基础分析并不能指明股价指数的涨跌幅度与这两个百分点之间的数量关系，只能就股市的影响方向作出大致的判断。失业率的下降表明经济在一定程度上是向好的方面转化，从长期来看，这一指标对股市上涨有支持作用，但它对股票指数上涨有多大贡献度就不得而知了。同时，基础分析不能解决入市时机的问题，只能在对证券市场及单个证券走势有了基本的判断之后，再结合技术分析，才有可能找出合适的入市时机。

(3) 基础分析是长线投资分析。基础分析的第二个特点就决定了它是长线投资分析工具，而非短线投资分析工具。因为基础分析侧重于大势的判断，分析时所考察的因素也多是宏观和中观因素，它们对股市的影响较深远，由此分析得出的结论自然具有一定的前瞻性。对长线投资具有一定的指导意义，依此作出的投资志在博取长期回报以及分享整体经济增长带来的成果，而非短线投机收益。短线投机者的分析工具主要是技术分析法，其在证券市场能否获得成功在很大程度上取决于投机者的洞察力和行动。从长期的实践来看，频繁进出证券市场很难获得丰厚的利润。中小散户不易靠"捡点数"取胜，他们平均下来打个平手也就不错了，众多的时候是亏损出场。而靠基本分析从事长线投资的人，在决定投资某种股票之后，会在一个相当长的时间内把资金放在这只股票上。以求得该只股票带来的长线收益。只有当宏观经济形势发生变化或该个股发行企业经营状况发生重大变化后，投资者才会改变投资策略。

综上所述，基础分析的优点在于它能较准确地把握证券市场走向，给投资者从事长线投资提供决策依据；而其缺点是分析时间效应长，对具体的入市时间较难作出准确地判断，要想解决此问题，还要靠技术分析的辅助。因此，基础分析只适用于大势的研判，而不适用于具体入市时机的决断。

基础分析的内容主要有宏观经济分析、行业分析和公司分析。基础分析相信股票价格是由公司的内在价值决定的，而公司的内在价值是公司在其经营期内能够产生的全部新增现金流。如果考虑到未来现金流的不确定性和资金的时间成本，证券估值就是要确定现金流的折现。因此，证券分析包含预测现金流和评估风险两个核心步骤。公司产生新增现金流的能力取决于公司的经营状况，而这又和公司的经营水平、行业的总体环境以及宏观经济的表现密不可分。因此，"自上而下"分析法已成为证券价值分析的主流方法。所谓"自上而下"分析法，是指投资者按照宏观层次、中观层次(行业或板块)、微观层次(公司或企业)的顺序进行研究，作出投资决策的过程。首先，从宏观经济驱动因素把握宏观经济趋势这个大方向；其次，关注特定宏观经济背景下行业因素，对投资行业或板块进行剖析，判断行业竞争态势、行业景气与周期、行业盈利能力、行业政策等并进行行业筛选和配置；最后，在微观层次方面，要重点进行公司或企业自身要素的分析(如图 5-2)。

宏观经济分析
目标：决定如何在各种资产（股票、债券和现金）之间分配资金

↓

行业分析
目标：以宏观经济分析为基础，分析行业的生命周期，评价影响行业竞争力的因素，决定投资的重点行业、重点子行业

↓

公司分析
目标：在确定了投资的行业之后，通过对公司经营状况的分析，选择最值得投资的证券

**图 5-2 “自上而下”的层次分析法**

资料来源：于瑾，束景虹. 投资分析[M]. 对外经济贸易大学出版社，2009：132。

### 2. 宏观经济分析

(1) 宏观经济指标分析。对一个国家或地区的宏观经济进行评估，首先要对该国家或地区的主要宏观经济指标（变量）进行分析。在此，我们将描述宏观经济的关键经济统计量，主要包括以下经济变量：

第一，国内生产总值。衡量一个国家或地区的综合经济状况的常用指标是国内生产总值(GDP)。它是指某一特定时期内在本国（或本地区）领土上所生产的产品和提供的劳务的价值总和，它是衡量整体经济活动的总量指标。国内生产总值由消费、投资、净出口（出口额减进口额）和政府支出四部分构成。通常表达为：

$$GDP = C + I + (X - M) + G \tag{5-5}$$

其中，C 代表消费；I 代表投资；X－M 代表净出口；G 代表政府支出。GDP 的增长速度一般用来衡量经济增长率，这是反映一定时期经济发展水平变化程度的动态指标，也是反映一个国家经济是否具有活力的基本指标。快速增长的 GDP 表示该国经济正在迅速扩张，公司的经营环境较为有利。因此，在宏观经济分析中，国内生产总值占有非常重要的地位，具有十分广泛的用途，而国内生产总值的持续、稳定增长是任何政府不断追求的目标。

第二，通货膨胀率。这是指物价全面上涨的程度，通常用居民消费物价指数(CPI)和生产价格指数(PPI)来表示。通货膨胀一般与经济过热相联系，也就是说，当产品与劳务的需求超过该经济体的生产能力时，它会导致价格升高的压力。按照弗里德曼的经典观点，“通货膨胀永远是一个货币现象”，通货膨胀率的高低在很大程度上取决于中央银行的货币政策。从程度上讲，通货膨胀可以分为温和的通货膨胀、严重的通货膨胀和恶性的通货膨胀三种。在经济处于低迷状态下，中央银行为了保证经济发展和降低失业率而采取扩大货币发行量和降低利率的政策，其基本过程是货币供应量增大使包括股票在内的所有商品的价格上升，同时，由于货币供应量扩大导致上市公司利润（至少是账面利润）增加，从而导致股市大势的走好。而后两种则往往伴随着该国经济总产量和就业的大幅度变化。各国政府都不会容忍长时间的高通货膨胀率，会采取一定的措施减轻通货膨胀，但

可能伴随而来的结果就是高失业率和低 GDP 增长,并使证券市场价格下降。

不同的行业对通货膨胀的敏感度也不同。石油、能源等原材料行业的产品价格在通货膨胀时候上升得比较多,而生产成本相对固定,这类企业可能受益于通货膨胀;零售业,尤其是非耐用消费品行业,很难将成本上升完全转嫁给消费者,这些行业受到通货膨胀的冲击比较大;资本密集型行业比劳动密集型行业更能抵御通货膨胀的压力。

第三,利率。高利率会减少未来现金流的现值,因而减少投资机会的吸引力。正是基于这种原因,真实利率才成为企业投资成本的主要决定因素。一般而言,利率水平通过两个途径影响股市:其一是金融市场替代效应,即利率水平的高低及其变化趋势将引起资金在不同的金融市场上流动,直至达到某种均衡。例如,如果市场利率高企,且有进一步升高的趋势,则资金有流向银行存款或者借贷出去以获取更高的利息收益的趋势,因此,股市将受到不利影响;反之,则相反。其二是上市公司经营效应,即利率水平的高低及其变化趋势将使企业的盈利水平受到影响,从而进一步影响股市表现。例如,如果市场利率水平高且有进一步升高的趋势,则企业投资的成本也会加大,影响了其投资积极性,其盈利能力势必将受到负面影响。

第四,汇率。它指的是按照购买力平价测度的两国货币的比例关系,汇率的变动直接影响着本国产品在国际市场的竞争能力,从而对本国经济增长造成一定影响。汇率的波动会影响该国的国际收支状况、通货膨胀水平、利率水平及经济增长情况,对该国证券市场的影响也是多方面的。

在当代经济全球化的基础上,汇率对一国经济的影响越来越大,而且影响程度的高低取决于该国的对外开放度。其中,受影响最直接的就是进出口贸易,如果本国货币升值,受益的多半是本国的一些进口企业,也即依赖海外供给原料的企业;相反,出口企业由于本币升值,则会因产品竞争力下降而受损,进而使股票价格下跌。当本国货币贬值时,出口企业将受益,但本币的贬值却可能导致资本外流,使本国证券市场的需求减少,市场价格下降。另外,本币贬值会使以本币表示的进口商品价格上升,进而引发国内的通货膨胀,对证券市场产生一定的影响。因此,不论是本币升值还是贬值,对公司业绩以及经济形势的影响都各有利弊,所以,投资者不能单凭汇率升值就买进股票,贬值则卖出,要区别对待货币升贬值对不同企业的影响。具体来说,汇率变动对那些从事进出口贸易的股份公司影响较大。它通过对公司的进出口额及利润的影响,进而影响着股价。

第五,预算赤字。政府的预算赤字是政府支出和政府收入之间的差额。任何一个预算差额都会通过政府借债进行消除。而大量的政府借债会抬高利率,因为这样就会增加经济中的信贷需求。一般认为,过量的政府借债会对私人部门的借债产生"挤出"效应,从而使利率上升,进一步阻碍企业投资。

第六,失业率。这是评价一个国家或地区失业状况的主要指标,它测度了经济运行中生产能力极限的运用程度。虽然失业率是一个仅与劳动力有关的数据,但从失业率可以得到有关其他生产要素的信息,从而对该经济体的生产能力进行深入评价。当失业率很高时,说明资源被浪费、人们收入减少,经济上的困难会进一步影响人们的情绪和生活,使大家的投资热情减少,证券市场价格下降。同时,失业率也是评价政府宏观经济管理能力的重要指标。

第七，PMI 指数。此指标可谓是制造业的“体检表”，是衡量制造业在生产、新订单、商品价格、存货、雇员、订单交货、新出口订单和进口等八个方面状况的指数，PMI 指数与 GDP 具有高度相关性，且其转折点往往领先于 GDP 几个月，是经济先行指标中一项非常重要的指标，可以用来分析经济走势，更好地进行投资决策。

表 5-2　　宏观经济分析基本变量

| 指标 | 指标说明 | 影　响 |
| --- | --- | --- |
| 国内生产总值 | GDP＝C＋I＋(X－M)＋G＝消费＋投资＋进出口净值＋政府支出 | 反映一国经济实力的重要指标 |
| 通货膨胀率 | CPI，PPI | 温和通货膨胀带来证券市场价格的上升，而严重和恶性通货膨胀带来证券价格的下降。不同行业对通货膨胀的敏感度不一致 |
| 利率 | 贴现率、同业拆借利率、回购利率、各项存贷款利率 | 高利率对证券价格有不利影响 |
| 汇率 | | 对进出口企业影响较大，对不同企业的影响不一致 |
| 预算赤字 | | 对证券价格有不利影响 |
| 失业率 | 城镇登记失业率＝城镇登记失业人数/(从业人数＋失业人数) | 对证券价格有不利影响 |
| PMI 指数 | | 重要的先行指标，用来判断经济走势 |

资料来源：杨晔，杨大楷. 融资学[M]. 上海财经大学出版社，2013：76。

3. 宏观经济政策分析

经济政策主要有财政政策、货币政策和收入政策。财政政策和货币政策的主要工具见表 5-3。

表 5-3　　财政政策和货币政策工具表

| 财政政策工具 | 货币政策工具 | |
| --- | --- | --- |
| 国家预算：调节社会总供求的结构与平衡 | 一般性政策工具 | 法定存款准备金率：比率上升，货币流通量减少 |
| 政策工具 | | 再贴现政策：再贴现率的确定和再贴现的资格条件 |
| 税收：筹集财政收入 | | 公开市场操作 |
| 财政补贴 | 选择性政策工具 | 直接信用控制：规定利率限额与信用配额，信用条件现值，规定金融机构流动性并进行直接干预等 |
| 转移支付制度：调整中央和地方财力的纵向不平衡和地区间的横向不平衡 | | 间接信用指导：道义劝告，窗口指导 |

资料来源：同表 5-2。

财政政策是通过政府的收入和支出调节有效需求来实现一定的政策目标。它不仅具有自动稳定器的作用，而且作为反经济周期的手段，可以通过相机抉择，烫平经济周期。同时须指出，财政政策的松动与紧缩对经济总量变化影响极大。一方面，其本身会引起经济周期波动，进而对股市产生影响；另一方面，其作为调节工具又具有反周期特征，其超前效应也将使股市对其反应更加灵敏。宽松的财政政策有利于股市上涨，而紧缩的财政政策则导致股市下跌。以宽松的财政政策为例，它通过减低税率和扩大减免范围，使个人可支配的收入增加，进而投资需求增加、企业生产规模扩大，利润增加，股价上升；通过扩大财政支出，拉动了社会总需求，使投资和就业增加，企业利润随之增加，从而提升股价；通过减少国债发行，使更多的资金转向股票，推动证券市场的上扬；通过增加财政补贴，增加财政支出，进而刺激供给。

货币政策是指中央银行通过金融系统和金融市场调节国民经济中的货币供应量、影响投资等经济活动。它对经济的影响更多体现在总量调控上，它主要通过货币供应量影响投资等经济活动。它对经济的影响更多体现在总量调控上，它主要通过货币供应量、利率、准备金率、公开市场业务等工具来保证币值稳定、经济增长、充分就业及国际收支平衡的目标(见图 5－3)。具体而言，货币政策通过调控货币供应总量保持社会总供给与总需求的平衡；通过调控利率和货币总量控制通货膨胀，保持物价总水平的稳定，同时也调节国民收入中的消费与储蓄的比例，引导储蓄向投资的转化并实现资源的合理配置。与财政政策的影响效果相同，宽松的货币政策有利于股市上扬，紧缩的货币政策会导致股票下跌。如果利率下跌，则证券内在投资价值上升，企业的融资成本下降，可以增加公司的盈利，股价上升；同时，利率的下降也意味着更多的储蓄可能分流至股票，推动股价的上扬。对于央行的公开市场业务，如果央行大量购进国债，相当于在市场上投放基础货币，供大于求，利率会下跌。如果央行提高存款准备金率，则相当于将更多的资金回收，货币供应量下降，利率会上升，股票和债券的价格会下跌。

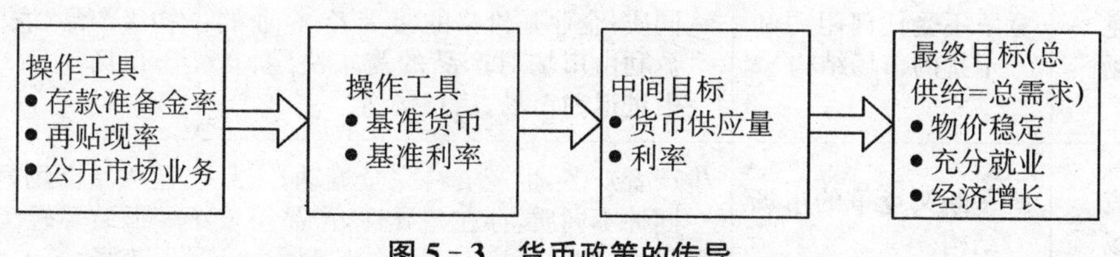


**图 5－3　货币政策的传导**

资料来源：同表 5－2。

收入政策包括总量调控和结构调控两方面。收入的总量调节有紧分配和超分配两种。紧分配政策导致社会可分配收入减少，除消费和实业投资外，进行证券投资的比例降低，入市资金减少，使市场信息不足，导致股价下跌；超分配正好相反。收入结构政策侧重对积累与消费、公共消费与个人消费及各种收入比例进行调节。如财政收入、公共消费比重减少，企业与居民的可分配收入增加，在利率大幅下调的情况下，会促进资金流入股市。各项收入政策都是通过财政政策、货币政策的传导对证券市场产生影响的。

**4. 股票市场的供求关系**

股市的供给方即是资金的需求者、股票的提供者，是由上市公司的质量和数量决定的。它主要受三个因素的影响：一是宏观经济的环境，如果宏观环境好，则投资呈现扩张态势，上市的公司会增加；二是制度因素，主要指发行上市的制度、市场设立的制度及股权流通制度。我国已经由额度控制推荐发行转向了承销商推荐辅导审核发行，并且积极实现全流通；三是上市公司与经济效益状况。

股市的需求方即是股票资金量的供给者，也就是广大的投资者。它主要受五个因素的影响：一是宏观经济环境，宏观经济环境好，会吸引投资者入市；二是政策因素，包括市场的准入限制、利率变动状况、证券公司的增资扩股及融资渠道的拓宽、银证合作的发展前景等；三是居民金融资产结构的调整，随着居民储蓄的增加，对股票投资的比重上升；四是机构投资者的培育和扩大；五是资本市场的逐步对外开放，服务性和投资性开放不断加大，后者即指融资和投资的开放，大量的国外金融机构的入驻将带来需求的增加，也给国内金融机构带来竞争。

**5. 行业分析**

行业是从事国民经济中相同性质的生产或其他经济社会活动的经营单位和个体等构成的组织结构体系。行业分析的主要任务是：解释行业本身所处的发展阶段及其在国民经济中的地位，分析影响行业发展的各种因素以及判断对行业影响的力度，预测行业的未来发展趋势，判断行业投资价值，解释行业投资风险，从而为政府部门、投资者及其他机构提供决策和投资依据。行业分析是对上市公司分析的前提，是连接宏观经济分析和上市公司

**表 5-4　　行业的市场机构分类表**

| 市场结构 | 定义 | 特点 | 举例 |
| --- | --- | --- | --- |
| 完全竞争市场 | 竞争不受任何阻碍和干扰的市场结构 | 生产者众多，生产资料完全流动；产品同质；企业是价格的接受者；企业的盈利由市场对产品的需求决定；自由进退的市场；信息畅通 | 初级产品（农产品）的市场 |
| 垄断竞争市场 | 既垄断又竞争的市场结构 | 生产者众多，生产资料完全流动；产品同种不同质，存在差异性，产品可替代；企业对价格有一定的控制力 | 制成品市场，如纺织、服装等轻工业产品市场 |
| 寡头垄断市场 | 少量生产者占据大市场份额并控制行业供给的市场结构 | 行业初始投入资本较大，组织大量中小企业进入；产品只有在大规模生产时才能获得好的效益，否则会在竞争中自然淘汰中小企业；限制新企业进入 | 资本密集型、技术密集型市场，如钢铁、汽车、石油等 |
| 完全垄断市场 | 整个行业的市场完全处于一家企业所控制的市场结构 | 市场被独家企业所控制；产品没有或缺少相近的替代品；垄断者制定价格和数量的同时受垄断法和政府管制的约束 | 公用事业、资本技术高度密集性或稀有的市场，如金属矿藏的开采 |

资料来源：杨晔，杨大楷．融资学[M]．上海财经大学出版社，2013：50。

分析的桥梁，是基本分析的重要环节。行业的一般特征分析主要从三个方面进行探讨。

(1) 行业的市场结构分析。根据市场竞争或垄断的程度、行业中企业数量的多少、进入限制程度和产品差别，可以将市场分为完全竞争市场、垄断竞争市场、寡头垄断市场和完全垄断市场。这四个市场的定义特点见表 5 - 4。

(2) 经济周期对行业的分析。根据经济周期可将行业分为增长型行业、周期型行业和防守型行业。增长型行业主要靠技术的进步、新产品推出及更优质的服务，使其呈现增长形态，如计算机、复印机行业，它不会随经济周期的变化而变化。周期型行业的运动状态会随经济周期的变化而变化，并夸大经济的周期性。防守型行业的经营状况在经济周期的上升和下降阶段都很稳定。因为这类产品的需求相对稳定，弹性小，为生活必需品，如食品业和公用事业。

(3) 行业生命周期的分析。行业生命周期从成长到衰退的发展演变过程有四个阶段。第一个阶段为幼稚期，即行业产生兴起阶段。在以人们的物质文化需求为条件、社会的物质文化为动力和资本的支持资源稳定供给的情况下，行业形成了。它不仅可以从原行业分化出来，也可以在原行业相关的配套行业中衍生出来和新成长出来。这一阶段的特点是公司数量少、产品价格高，因为研发费用高，利润微薄甚至亏损，风险很高，主要适合投机者和创业投资者。典型的行业如风能和遗传工程。第二阶段是成长期，即行业的扩大再生产阶段。可以从需求弹性、生产技术、产业关联度、市场容量与潜力、行业在空间的转移活动和产业组织变化活动六个方面判断一个行业的成长能力。行业的成长性也体现在生产规模的扩张、区域的横向渗透能力和自身组织结构的变革能力上。这一阶段的特点是：随着技术的提升，市场扩张，产品多样，公司数量增多，产品价格下降，利润提高，行业增长快。因为竞争越来越激烈，破产和收购兼并率上升，因而行业风险比较高，典型的行业如生物医药、物联网等。第三阶段是成熟期，包括技术、产品、生产工艺和产业组织的成熟。这一阶段的特点是：企业规模空前，地位显赫，产品普及程度高；行业生产能力接近饱和，市场需求趋于饱和，买方市场出现；该行业已成了支柱产业；行业市场被少数大厂商控制，市场的生产布局份额稳定；竞争从价格手段转向各种非价格手段；行业垄断性较高，风险稳定，新企业难以进入；公司数量减少，产品价格稳定，利润高，风险下降。典型的行业如石油冶炼、超级市场和电力行业。第四阶段是衰退期。行业可能是自然的衰退，可能是偶然衰退，也可能是绝对衰退，因行业本身内在的衰退规律起作用，或是相对衰退，因结构原因或无形原因引起的行业地位功能发生的衰退。

考察判断行业处在哪一个阶段，可以运用一些指标，如行业规模、产出增长率、利润率、技术成熟程度、开工率及资本进退等。行业在整个产业体系中的地位变迁体现在行业链条(幼稚产业—先导产业—主导产业—支柱产业—夕阳产业)、资本进退(形成—集中—大规模聚集—分散)和新技术的发展(产生—推广—应用—转移—落后)。影响一个行业兴衰的主要因素可以归纳为表 5 - 5。

表 5-5　　　　行业兴衰因素表

| 影响因素 | 解释说明 |
| --- | --- |
| 技术进步 | 以信息通讯技术为核心的高新技术的扩张应用,加速改造传统行业;研发活动功能的投入强度成为划分高技术群类和衡量产业竞争力的标尺;技术进步速度加快,周期明显缩短,产品更新换代频繁。信息产业的两个定律:摩尔定律(微处理器的速度每 18 个月翻一番)和吉尔德定律(未来 25 年,主干网的带宽每 6 个月增加一倍) |
| 产业政策 | (1)产业结构政策选择行业发展重点的优先顺序,对产业结构的长期构想、对战略产业的保护和调整及对衰退产业的调整和援助;(2)产业组织政策以反对垄断、促进竞争、规范大型企业集团、扶持中小企业发展为核心,实现同一产业内企业的组织形态和企业间关系的合理化;(3)产业布局政策贯彻经济性、合理性、协调性和平衡性原则,实现产业布局合理化 |
| 产业组织创新 | 产业及产业内企业在市场结构、市场行为和市场绩效上自组织的过程 |
| 社会习惯的改变 | 主要通过需求变化等改变产业的发展 |
| 经济全球化 | 经济全球化导致产业的全球性转移,带来国际分工的重要变化,使产业的发展也出现相应变化 |

资料来源:同表 5-4。

6. **公司分析**

公司分析是对公司业绩及成长性的分析。主要从公司行业背景、经营决策、经营管理、经营效率、技术创新、营销特点及资本结构等方面考察企业的发展。各项财务指标是对公司经营状况及获利能力定量分析的主要工具,应当充分利用。公司分析的目的是选择有价值但价格被低估的证券。

(1) 公司基本分析。主要包括公司行业地位、经济区位、产品、经营能力及成长性等方面的分析。一是公司行业地位分析。因为公司的行业地位决定了其盈利能力,决定其在行业内的竞争地位。可以根据行业综合排序和产品的市场占有率这两个指标分析公司的行业地位。二是公司经济区位分析。通过对区位内自然条件、政府产业政策、经济特点来分析公司在地理范畴上的经济增长点和辐射范围。三是公司的产品分析。主要考察产品的竞争力、市场的占有情况和品牌战略。通过产品的成本、技术和质量优势反映公司产品在销售市场和同类产品市场上的地域分布和占有情况。四是公司经营能力分析。主要是对公司法人治理结构、经理层的素质、从业人员素质和创新能力的分析。不仅要观察是否具有规范的股权结构、完善的独立董事和监事会制度等,而且要看经理层是否具有专业的技术能力、良好的道德品质和人际关系协调能力。五是公司成长性分析。主要是对公司经营战略和规模变动特征及扩张潜力的分析,判断公司的扩张是由什么拉动的,预测公司的发展趋势和未来前景等。在实际调研中,须注意对公司所属产业、公司背景和历史沿革、经营管理、市场营销、研发及投融资的分析。

(2) 公司财务分析。通过对财务报表的分析，投资者可以据此决定投资策略，公司的经理人员可以据此改善经营管理，而公司的债权人可以关心自己的债权能否收回。财务分析可以评价公司过去的经营业绩、衡量现在的财务状况、预测未来的发展趋势。可以在坚持全面和考虑个性的原则下，对公司的资产负债表、利润表、现金流量表进行比较分析和因素分析。具体的财务指标如表 5－6 所示。

**表 5－6　　公司财务比率汇总表**

| 指标体系 | 具体比率 |
| --- | --- |
| 变现能力分析 | 流动比率＝流动资产/流动负债≥2 |
| | 速动比率＝(流动资产－存货)/流动负债＞1 |
| | 影响变现能力的其他因素：增加因素包括可动用的银行贷款指标、准备很快变现的长期资产和偿债能力的声誉；减少因素包括未作记录的或有负债和担保责任引起的负债 |
| 运营能力分析 | 存货周转率＝主营业务成本/平均存货 |
| | 应收账款周转率＝主营业务成本/平均应收账款 |
| | 流动资产周转率＝主营业务成本/平均流动资产 |
| | 总资产周转率＝主营业务成本/平均资产总额 |
| 长期偿债能力分析 | 资产负债率＝负债总额/资产总额＊100％ |
| | 产权比率＝负债总额/所有者权益＊100％ |
| | 有形资产净值债务率＝负债总额/(股东权益－无形资产净值)＊100％ |
| | 已获利息倍数＝税息前利润/利息费用 |
| | 影响长期偿债能力分析的其他因素：长期租赁、担保责任和或有项目 |
| 盈利能力分析 | 主营业务净利率＝净利润/利息费用 |
| | 主营业务毛利率＝(主营业务收入－主营业务成本)/利息费用 |
| | 资产净利率＝净利润/平均资产总额 |
| | 净资产收益率＝净利润/年末净资产＊100％ |
| 投资收益分析 | 每股收益＝净利润/发行在外的年末普通股总数 |
| | 市盈率＝每股市价/每股收益 |
| | 股利支付率＝每股股利/每股收益 |
| | 每股净资产＝年末净资产/发行在外的年末普通股股数 |
| | 市净率＝每股市价/每股净资产 |

续 表

| 指标体系 | | 具体比率 |
|---|---|---|
| 现金流量分析 | 流动性分析 | 现金到期债务比＝经营现金净流量/本期到期债务 |
| | | 现金流动负债比＝经营现金净流量/流动负债 |
| | | 现金债务总额比＝经营现金净流量/债务总额 |
| | 获取现金能力分析 | 主营业务现金比率＝经营现金净流量/主营业务 |
| | | 每股营业现金净流量＝经营现金净流量/普通股股数 |
| | | 全部资产现金回收率＝经营现金净流量/资产总额 |
| | 财务弹性分析 | 现金满足投资比率＝近5年经营活动现金净流量/近5年资本支出、存货增加、现金股利之和 |
| | | 现金股利保障倍数＝每股经营现金净流量/每股现金股利 |
| | 收益质量分析 | 运营指数＝经营现金净流量/经营现金＝经营现金净流量/(净利润－非经营收益＋非付现费用) |

资料来源：同表5-4。

**7. 技术分析**

技术分析又称为图表分析法，是利用数学、逻辑学工具，通过对市场本身各种数据(如成交量、价格、时间移动)的处理与分析，形成图表、公式，以此来预测市场价格变化特点的分析方法。技术分析的理论依据是：第一，市场行为涵盖了一切信息；第二，证券价格沿着趋势移动；第三，历史会重演。技术分析的主要特点在于仅从证券的市场行为，通过价格的历史变化分析价格的未来变化，通过对价格短期变化的趋向幅度作出定量分析，便于投资者寻找买卖时机；技术分析并不关心股价变动的原因，也不注重股价绝对水平是高估还是低估，它更强调的是价格变化的相对高低点。它的优点是时间点比较接近，适合于短期的行情预测；缺点在于考虑问题的范围相对较窄，对市场长期的趋势不能进行有效的判断。技术分析的工具很多，大致包括五种分析。

(1) 波浪分析。艾略特波浪理论是以周期为基础，每个周期都是由上升(或下降)的5个过程和下降(或上升)的3个过程组成的。波浪分析主要看三个方面，一是股价走势所形成的形态，二是股价走势图中各高点和低点所处的相对位置(比例)，三是完成某个形态所经历的时间长短。我们来看一个周期，见图5-4。

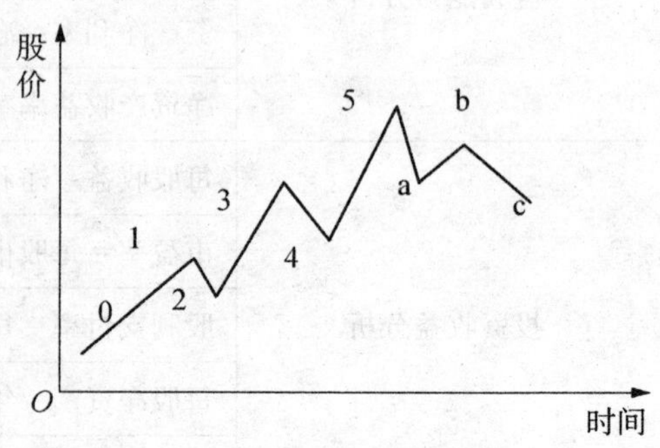


**图5-4　艾略特波浪分解图**

资料来源：同表5-4。

在八个波段中，主浪是指一段时间内代表股价变动主流方向的浪形，由三个推动浪(1、3、5)与两个调整浪(2、4)组成。第1浪在空头末期，上升迅速，行情较短；第 2 浪下跌调幅度大，几乎吃掉第 1 浪的升幅，且第 2 浪不能低于第 1 浪的起点；第 3 浪最具有爆发力，是买进讯号，在推动浪中不应是最短的一个浪；第 4 浪是下跌调整浪，它不能低于第 1 浪的顶点；第 5 浪升幅小于第 3 浪，上升失败。修正浪为上升波完成后出现的总的调整浪，由 a、b、c 表示。a 浪的特征是市场尚未意识到大调整开始，买气仍足，持筹者依然惜售。b 浪是上升浪，下跌幅度大，出现恐慌性的抛盘。一般波浪中常见的绘图比率为 0.382、0.5、0.618。波浪理论中最重要的是波浪的形态，其次是比率和时间。

波浪分析的意义在于使投资者了解股市周期波动的概况，明确当前股价在整个周期中所处的位置，明确下一步应采取什么策略。波浪理论适用于整个股市的平均股价指数的预测，缺点在于形态形成途中划分浪型困难，事后解释波浪却很容易。难点在于浪的起始点不易辨认且浪型级别难以划分。

(2) 趋势分析。趋势分析的理论依据是一旦股价形成趋势，将沿某一方向惯性延续，除非发生意外。趋势的特点是：上升趋势中，低点逐步上移；下跌趋势中，高点不断下移。趋势分析的首要任务是趋势的确认，可以通过制作趋势线和通道线来完成。上升趋势线至少有两个低点(后一低点高于前一低点)才能画出，且要等第一高点被冲破后才有趋势意义；下跌趋势线至少有两个高点(后一高点低于前一高点)才能画出，且要等到第一低点被跌破时才有趋势意义。趋势角度接近 45 度，股价触及次数越多，维持时间越长，其有效性越长。上升通道以上升趋势为基准，在第一个或第三个高点处划出平行线。通道有上轨和下轨，只要股价在上下轨内波动，即可确认上升、下跌趋势未变。利用通道，可以观察趋势的加速、减速和逆转情况。走势出现加速度，表明上升、下跌趋势进入中后期；走势滞缓说明趋势进入后期或将要发生逆转。趋势逆转的标志在于重要趋势线被有效突破。有效突破的常见标准一般是收盘价的突破而不是盘中瞬间突破，并且突破时间超过两天，有成交量的配合，尤其是下降趋势线突破更强调成交量的放大。

趋势分析的意义在于：对中期投资者而言，一旦上升趋势确认，要顺势而为；对短线操作者而言，可以根据股价锯齿形波动特点，利用趋势线及通道上下轨做差价。

(3) 形态分析。股市涨跌交替，周而复始循环；久涨必跌，久跌必涨。价格呈现具体形态，即多空力量平衡时的整理形态、多空力量转化时的反转形态及多空非平衡时的单边上涨下跌形态。

整理形态的基本特点：一是股市上升、下跌趋势暂时停止，多空力量暂时平衡，消化掉浮动筹码后，股价维持原来的方向继续进行。二是整理形态维持的时间较短，因为时间过长则有转势之嫌疑。三是整理形态出现后，交投比较清淡，成交量变化较小，一旦突破，成交量放大，上升突破时成交量要求跟高。四是整理形态出现逆向走势不会突破重要趋势线。五是形态完成后上下突破之处先有一个回拉走势，一般无量的配合且回不到原图形内。六是整理形态完成后，向上向下移动的幅度与整理图形最宽处的幅度一般成正比。主要的整理形态见表 5 - 7。

**表 5-7　　整理形态归总表**

| 整理形态 | | 图形 | 说　明 |
|---|---|---|---|
| 三角形 | 对称三角形 | 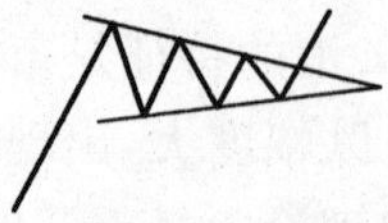 | 它是原有趋势运动的休整状态，时间不会太长。突破的位置一般应在三角形的横向宽度的 1/2—3/4 的某个位置，成交量因越来越小的股价波动而萎缩，而向上突破需有大成交量，向下突破也需有大成交量 |
| | 上升三角形 | 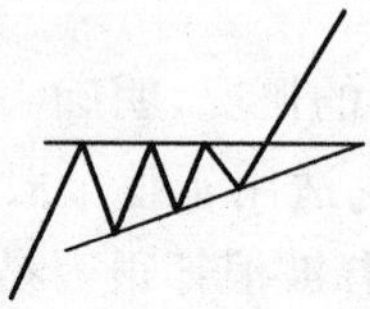 | 上升三角形的多方比空方更加积极，向上突破顶部阻力线时必须有大成交量的配合 |
| | 下跌三角形 | 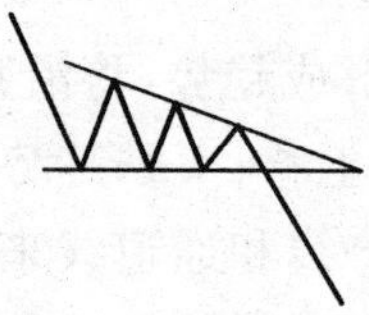 | 看跌，并且成交量萎缩 |
| 矩形 | | 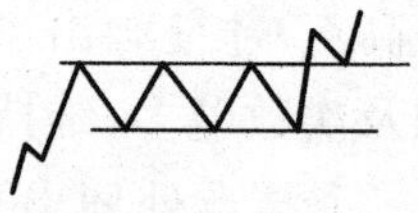 | 矩形的突破确认，股价向上突破必须配合大成交量，向下突破则未必 |
| 旗形 | | 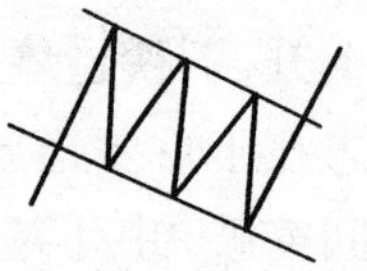 | 大多发生在市场极度活跃、股价运动几乎直线上升或下降的情况下。旗形出现前，应有一个旗杆。旗形持续时间不能太长，一般短于三周。旗形形成之前和被突破之后，成交量都很大；形成过程中，成交量从左到右逐渐减少 |
| 楔形 | | 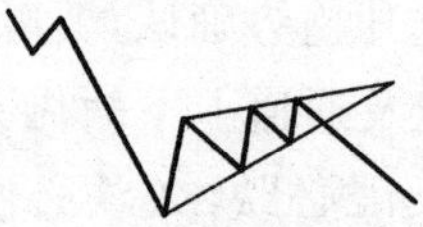 | 上升楔形在跌势回升阶段和技术性反弹减弱的情况中出现；下跌楔形在中长期升势的回落调整阶段出现。时间在两周以上，形成过程中成交量渐减，形成前和突破后成交量很大 |

资料来源：同表 5-4。

反转形态的基本特点：第一，在股价波动的原有趋势持续较长一段时间后，多空力量对比发生了变化，衰极必盛，盛极必衰；第二，反转形态出现在顶部，价格震荡幅度较大，维持时间较短；反转形态出现在底部，价格变化幅度较小，形成时间较长；第三，反转形态的确认一般伴随着底部放量、顶部缩量的成交量配合；第四，价格有效地突破重要趋势及颈线，并出现回拉无力回到原图形中，则可以确认出现了反转；第五，反转形态完成后产生的上冲下跌幅度与反转图形的价格震荡幅度和构造时间有关。通常，反转时间越长、振幅越大，则反转的力度也越大。具体的反转形态类型见表 5-8。

**表 5-8　　反转形态归总表**

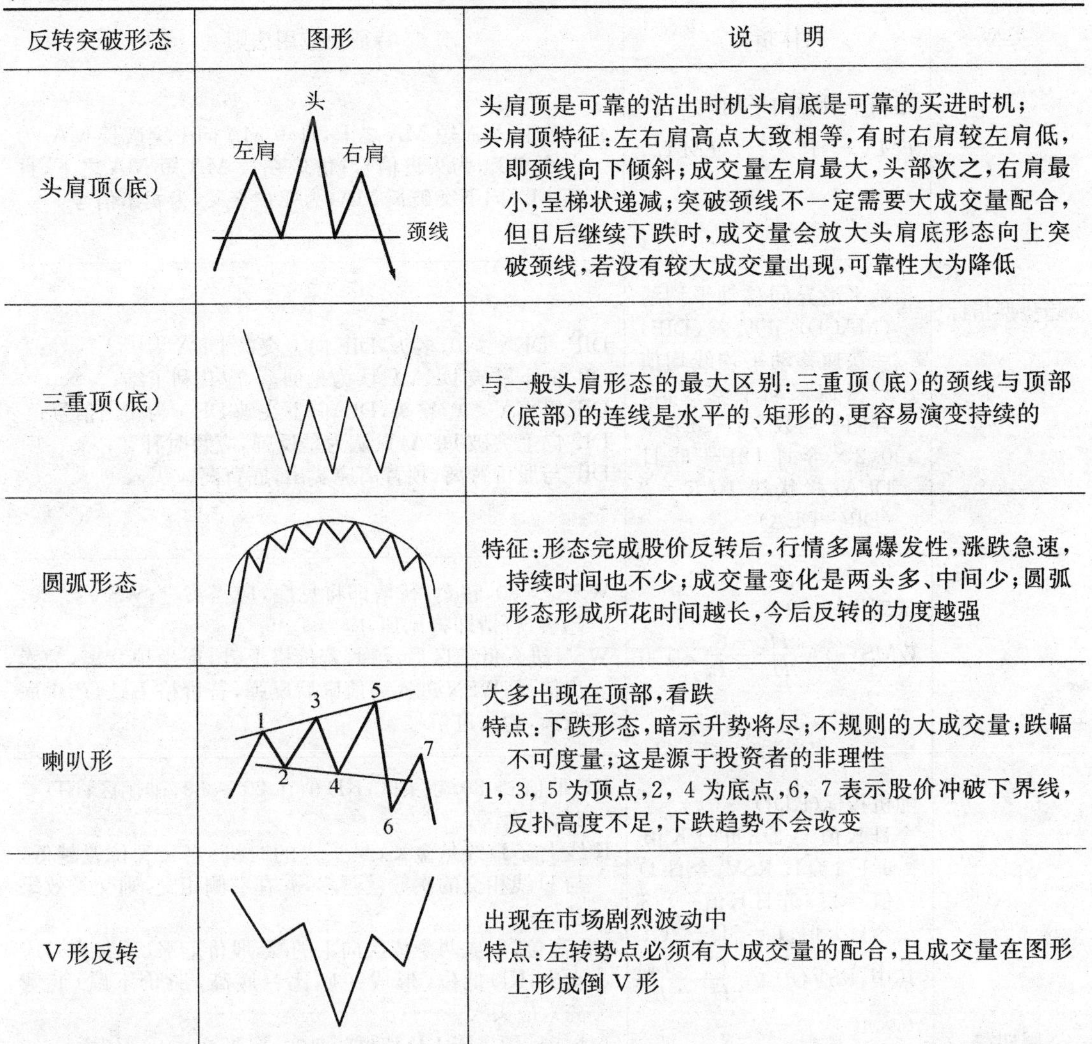

| 反转突破形态 | 图形 | 说　明 |
|---|---|---|
| 头肩顶(底) | 头　左肩　右肩　颈线 | 头肩顶是可靠的沽出时机头肩底是可靠的买进时机；<br>头肩顶特征：左右肩高点大致相等，有时右肩较左肩低，即颈线向下倾斜；成交量左肩最大，头部次之，右肩最小，呈梯状递减；突破颈线不一定需要大成交量配合，但日后继续下跌时，成交量会放大头肩底形态向上突破颈线，若没有较大成交量出现，可靠性大为降低 |
| 三重顶(底) |  | 与一般头肩形态的最大区别：三重顶(底)的颈线与顶部(底部)的连线是水平的、矩形的，更容易演变持续的 |
| 圆弧形态 |  | 特征：形态完成股价反转后，行情多属爆发性，涨跌急速，持续时间也不少；成交量变化是两头多、中间少；圆弧形态形成所花时间越长，今后反转的力度越强 |
| 喇叭形 | 1 3 5 2 4 7 6 | 大多出现在顶部，看跌<br>特点：下跌形态，暗示升势将尽；不规则的大成交量；跌幅不可度量；这是源于投资者的非理性<br>1，3，5 为顶点，2，4 为底点，6，7 表示股价冲破下界线，反扑高度不足，下跌趋势不会改变 |
| V 形反转 |  | 出现在市场剧烈波动中<br>特点：左转势点必须有大成交量的配合，且成交量在图形上形成倒 V 形 |

资料来源：同表 5-4。

(4) 指标分析。指标分析是以证券价格、成交量及时间周期等市场内在要素为分析统计对象的一种技术分析方法。根据不同指标可看出价格短期内的变动去向。其优点在于直观明了、简便易用。缺点就是在价格处于强烈的单边市时容易出现钝化，而在初涨初跌时指标反应过于敏感。具体的指标见表 5-9。

**表 5-9　　常用技术指标表**

| 类型 | 具体指标 | 特征及应用法则 |
|---|---|---|
| 趋势型指标 | 移动平均线<br>$MA_t = \frac{1}{N}\sum_{i=1}^{N} P_{t-i-1}$ | 它能够追踪趋势，具有支撑线和压力线的特性；稳定但是滞后；助涨助跌性；在盘整阶段或趋势形成后中途休整阶段，即局部反弹或回落阶段，易发出错误信号 |

续 表

| 类型 | 具体指标 | 特征及应用法则 |
| --- | --- | --- |
| 趋势型指标 | 指数平滑移动平均线<br>$EMA = P_t \frac{1}{N} + EMA_{t-1} \frac{N-1}{N}$ | 价位在长 MA 短 MA 之上，且短 MA 向上突破长 MA，为黄金交叉，为买进信号；价位在长 MA 短 MA 之下，且短 MA 向下突破长 MA，为死亡交叉，为卖出信号 |
| | 指数平滑异同移动平均线（MACD）：正负差（DIF）＝快速移动平均线均值－慢速移动平均线值；异同平均数今日 DEA＝0.2×今日 DIF＋昨日 DEA；柱状线 BAR＝2（DIF - DEA） | DIF，DEA＞0，多头，DIF 向上突破 DEA 为买入信号；<br>DIF 向下跌破 DEA 只认为是回落，应获利了结；<br>DIF，DEA＜0，空头，DIF 向下突破 DEA 为卖出信号；<br>DIF 向上突破 DEA，只认为是反弹，应暂时补空；<br>DIF 与股价背离，顶背离应卖出，底背离应买入 |
| 周期震荡指标 | 威廉指标<br>$WMS(n) = \frac{H_n - C_n}{H_n - L_n} \times 100$ | WSN＞80，超卖，行情即将见底，应当买进；WSN＜20，超买，行情即将见顶，应当卖出；<br>WSN 进入低值区后反弹，若价格上升，产生顶背离，为卖出信号；WSN 进入高值区后反弹，若价格下跌，产生底背离，为买进信号 |
| | 随机指标（KDJ）<br>今日 K 值＝2/3 昨日 K 值＋1/3 今日 RSV；今日 D 值＝2/3 昨日 K 值＋1/3 今日 k 值；J＝3D－2K；<br>其中，$RSV(n) = \frac{C_n - L_n}{H_n - L_n} \times 100$ | KD 取值＞80，超买区；KD 值在 20～80，徘徊区；KD＜20，超卖区；<br>K 线上穿 D 线是金叉，是买入的时机。当金叉位置越低，与 D 线相交的次数就越多，并在右侧相交，则交叉效果越好；<br>KD 高位，形成两个依次向下的峰，股价上涨（顶背离），应卖出；KD 低位，形成一底比一底高，股价下跌（底背离），应买入；<br>J 线指标领先于 KD 值，J＞100，超买；J＜0，超卖 |
| | 相对强弱指标（RSI）<br>$RSI(n) = \frac{A}{A+B} \times 100$<br>A 为 n 日收盘涨幅平均值，B 为 n 日收盘跌幅平均值 | RSI 在 80～100，极强市场，应卖出；RSI 在 50～80，强市场，应买入；RSI 在 20～50 弱市场，应卖出；RSI 在 0～20 极弱市场，应买入；<br>短期 RSI＞长期 RSI，为多头市场；短期 RSI＜长期 RSI，为空头市场；<br>RSI 高位，顶背离，应卖出；RSI 低位，底背离，应买入 |
| | 乖离率（BIAS）<br>$BIAS(n) = \frac{P_t - MA(n)}{MA(n)} \times 100\%$ | 正乖离率越大，短期获利大，回吐高；负乖离率越大，空头回补可能性越高；<br>对综合指数，通常，BIAS(10)＞30%，应卖出，BIAS(10)＜－10%，应买入；对个股，BIAS(10)＞35%，应卖出，BIAS(10)＜－15%，应买入；<br>短期 BIAS 在高位下穿长期 BIAS，应卖出；短期 BIAS 在上穿长期 BIAS，应买入 |

| 类型 | 具体指标 | 特征及应用法则 |
|---|---|---|
| | 心理性指标(PSY)<br>PSY＝A/N×100。其中,A为N天平均股价上涨的天数 | PSY＞50,多方占优;PSY＜50,空方占优;<br>PSY＜10,应买入;25＜PSY＜75,多空平衡;<br>PSY＞90,应卖出;<br>PSY第一次进入行动区域易错,要求两次以上才行动,并须配合股价曲线使用。 |
| | 能量潮指标(OBV)<br>今日OBV＝昨日OBV＋sgn×今日成交量。其中,当今日收盘价≥昨日收盘价,sgn＝1;当今日收盘价＜昨日收盘价,sgn＝－1 | OBV应当与股价曲线结合使用;<br>股价进入盘整区后,OBV曲线会率先显露出脱离盘整的信号,向上向下突破,成功率大 |
| 人气型指标 | 人气指标<br>$AR(n)=\frac{\sum(H-O)}{\sum(O-L)}\times 100$<br>买卖意愿指标<br>$BR(n)=\frac{\sum(H-YC)}{\sum(YC-L)}\times 100$<br>中间意愿指标<br>$CR(n)=\frac{\sum(H-YM)}{\sum(YM-L)}\times 100$<br>其中,H为今日最高价,L为今日最低价,O为开盘价,YC为昨日收盘价,YM为昨日中间价＝(2C＋H＋L)/4 | AR在80～100,为盘整阶段。AR走高,人气旺,AR＞150,随时可能反转;AR走低,人气散,AR＜70,可能反弹;AR具有先于价格到峰顶或跌入谷底的功能;<br>BR在70～150,为盘整观望阶段。BR＜40,反弹,应买入;BR＞300,回档,应卖出;<br>AR被BR从上往下突破,并处于低位,应逢低买进,CR＜80,应买入;CR＞250,应卖出;<br>三者的理论依据:收盘价(开盘价及中间价)与最高价距离越远,多方力量越强;最低价离收盘价(开盘价及中间价)越远,空方力量越强 |
| 大势型指标 | 腾落指数:今日ADL＝昨日ADL＋NA(当天上涨家数)－ND(当天下跌家数)<br>涨跌比指标:<br>$ADR(n)=\sum NA/\sum ND$<br>超买超卖指标:<br>$OBOS(n)=\sum NA-\sum ND$ | ADL重在相对走势,对多头比对空头应用效果好,必须结合股价曲线才能显示作用;<br>ADR从低到高,超过0.5来回移动,说明空头进入末期;ADR从高到低,降到0.75之下,短期反弹;<br>OBOS＞0,多方占优;OBOS＜0,空方占优 |

资料来源:同表5-4。

(5) 量价分析。因为成交量具有先行特点，所以，量价关系的分析在技术分析中占有很重要的地位。一般而言，量价配合时，出现“价升量增，股价继续上升”和“价跌量减，股价继续下跌”的两种现象。当量价出现背离时，一种情况是在上升趋势中，价格持续上涨，创新高，而成交量开始出现萎缩，则说明上涨源动力不足，股价涨不动了，将出现回调或是反转。第二种情况是在股价连续下跌后，在低档出现大量的成交量，而股价却没有进一步的下跌，仅出现小幅变动，出现了量价的背离，则此时表示投资者在进货，通常是上涨即将来临的信号。

在涨跌停板制度下，量价关系的分析要注意以下几点：一是涨(或跌)停量小，说明将继续上扬(或下跌)；二是涨(或跌)停中途被打开次数越多，时间越久，成交量越大，反转下跌(或上升)的可能性越大；三是涨(或跌)关门时间越早，次日涨(或跌)势可能性越大；四是封住涨停板时的卖盘数量大小和封住跌停板时的卖盘数量大小说明买卖盘力量大小。这个数量越大，继续当前走势的概率越大，后续涨跌幅也越大。

## □ 三、构建投资组合

### 1. 证券投资组合理论

(1) 证券投资组合收益率和风险的测度。用马柯维茨方法进行证券组合投资，投资者关心的是不同的投资组合方法将会对未来可以获得的财富水平产生怎样不同的影响，这可以用证券投资组合的预期收益率和风险进行测定。

第一，证券投资组合收益率的测定。投资者将资产按一定比例投资于不同证券时，就构成了一个证券组合，组合的预期收益率依赖于组合中每种证券的预期收益率和投资比例。

首先，单一证券收益率的测定。投资者一定时期内投资于某一证券的收益率测定公式为

$$R=\frac{W_1-W_0}{W_0} \tag{5-6}$$

其中，R 表示单一证券的收益率；$W_0$ 表示期初购买证券所投入的成本，一般是指期初证券市价；$W_1$ 表示期末财富数量，即期末证券市价及投资期内投资者所获收益的总和，所获收益包括股息和红利。

公式(5-6)所表示的是一定时期内投资者的收益状况已经确定后所计算出的投资收益率，当投资涉及现在对未来的决策时，证券未来的收益状况就变成了一个不确定的量，投资者更加需要对未来的收益率进行预测与估计，此时也可使用与式(5-6)近似的公式来计算未来可能发生的预期收益率 E(R)：

$$E(R)=\frac{E(W_1)-W_0}{W_0} \tag{5-7}$$

所不同的是，$E(W_1)$表示投资期初投资者对期末财富数量的估计。马柯维茨认为，正是由于未来收益率具有不确定性，其往往表现为一个随机变量，所以，可以将期望收益率

作为对未来收益率的最佳估计。投资者也可以通过估计投资期内可能出现的各种收益状况(事件)及每一种收益状况发生的可能性(概率),使用概率加权的方法来计算预期收益率状况:

$$E(R)=\sum_{i=1}^{n}P_iE(R_i) \tag{5-8}$$

其中,E(R)表示预期收益率;$E(R_i)$表示投资期内第i种可能出现的收益状况的期望收益率;$P_i$ 表示期望收益率 $E(R_i)$发生的概率。

其次,证券投资组合收益率的测定。证券投资组合的预期收益率是组成该组合的各种证券的预期收益率的加权平均数,权数是投资于各种证券的资产数占总投资额的比重:

$$E(R_p)=\sum_{i=1}^{n}w_iE(R_i)$$

其中,$E(R_P)$表示证券投资组合的预期收益率;E(Ri)表示证券投资组合中第i种证券的预期收益率;$w_i$ 表示投资于第i种证券的资产数占总投资额的比重。当全部资产被投资于不同证券品种时,不同证券上的投资比重之和 $\sum_{i=1}^{n}w_i=1$。

第二,证券投资组合风险的测定。风险是指投资者投资于某种证券后实际收益率的不确定性,实际收益率与预期收益率的偏差越大,投资于该证券的风险也就越大。

首先,单一证券风险的测定。证券的风险由该证券预期收益率的方差或标准差来衡量:

方差:

$$\sigma^2=\sum_{i=1}^{n}[R_i-E(R)]^2P_i \tag{5-9}$$

标准差:

$$\sigma=\sqrt{\sum_{i=1}^{n}[R_i-E(R)]^2P_i} \tag{5-10}$$

其次,双证券构成的组合风险的测定。证券投资组合的风险不是简单地等于单个证券风险以投资比重为权数的加权平均数,因为组合内部不同证券之间的风险可能具有相互抵消的特征。这就需要引入两个可以表征随机变量之间关系的变量——协方差和相关系数。

协方差反映了两个证券收益率之间的走向关系。以A、B两种证券为例,协方差可以记做 $Cov(R_A,R_B)$,也可记做 $\sigma_{AB}$,是用来确定证券投资组合收益率方差的关键性指标,其计算公式为

$$\sigma_{AB}=\frac{1}{n}\sum_{i=1}^{n}[R_{Ai}-E(R_A)][R_{Bi}-E(R_B)] \tag{5-11}$$

其中,$R_{Ai}$和$R_{Bi}$分别表示证券A和证券B所观察到的收益率;$E(R_A)$和$E(R_B)$分别表示证券A和证券B的预期收益率。

当两个证券的协方差为正值时,则表明证券A和证券B的收益率变动趋势一致,即

一种证券的收益率高于其预期收益率时，另一种证券的收益率也高于其预期收益率；当两个证券的协方差为负值时，则两种证券的收益率变动趋势相反。但是从协方差的符号仅能看出两个证券收益率之间是否相关，而不能很好地体现两者之间的相关程度。

相关系数是协方差的标准化，记作 $\rho_{AB}$，相关系数与协方差的关系可以用公式表示：

$$\rho_{AB}=\frac{\sigma_{AB}}{\sigma_A\sigma_B}$$

也即，

$$\sigma_{AB}=\rho_{AB}\sigma_A\sigma_B \tag{5-12}$$

在风险的衡量过程中，之所以引入协方差之后又引入相关系数来表征两个证券收益率之间的关系，是因为两个证券的协方差经各自的标准差进行标准化后，所得到的相关系数剔除了有名数的干扰，而且不再像协方差一样数值是无界的，相关系数的取值范围介于－1与1之间，这样既可以体现两者之间的相关程度，又便于同另外一对随机变量的相关性进行比较。

相关系数的值与两个证券收益率变动之间的关系为：$\rho_{AB}=-1$，表示两个证券收益率变动完全负相关；$\rho_{AB}=+1$，表示变动完全正相关；$\rho_{AB}=0$，表示变动完全不相关；$-1<\rho_{AB}<0$，表示变动负相关；$0<\rho_{AB}<1$，表示变动正相关。

值得注意的是，对某一证券而言，自身具有相关性，所以，$\rho_{AA}=1$，$\sigma_{AA}=(\sigma_A)^2$

由两种证券构成的双证券投资组合的风险依然由该证券投资组合预期收益率的方差或标准差来衡量：

$$\sigma_p^2=w_A^2\sigma_A^2+w_B^2\sigma_B^2+2w_Aw_B\sigma_{AB}=w_A^2\sigma_A^2+w_B^2\sigma_B^2+2w_Aw_B\rho_{AB}\sigma_A\sigma_B \tag{5-13}$$

相关系数的值（即两个证券之间的相关程度）会直接影响到整个组合的风险状况，下面将分别对相关系数为1，0和－1时的组合风险做更进一步的讨论。

当 $\rho_{AB}=1$ 时，两种证券收益率的变动完全正相关，此时：

$$\sigma_p^2=w_A^2\sigma_A^2+w_B^2\sigma_B^2+2w_Aw_B\rho_{AB}\sigma_A\sigma_B=(w_A\sigma_A+w_B\sigma_B)^2$$

当 $\rho_{AB}=0$ 时，两种证券收益率的变动完全不相关，此时：

$$\sigma_p^2=w_A^2\sigma_A^2+w_B^2\sigma_B^2+2w_Aw_B\rho_{AB}\sigma_A\sigma_B=w_A^2\sigma_A^2+w_B^2\sigma_B^2$$

当 $\rho_{AB}=-1$ 时，两种证券收益率的变动完全负相关，此时：

$$\sigma_p^2=w_A^2\sigma_A^2+w_B^2\sigma_B^2+2w_Aw_B\rho_{AB}\sigma_A\sigma_B=(w_A\sigma_A-w_B\sigma_B)^2$$

$$\sigma_p=|w_A\sigma_A-w_B\sigma_B|$$

由此可以看出，在完全负相关的情况下，风险可以大大降低，甚至可以通过改变投资比重 $w_A$ 和 $w_B$ 的值，完全消除风险使其为0。

证券组合中每种证券的比重和单个证券的风险会影响投资组合的风险，同时，证券收益率之间的相关性也会产生影响。将由A、B两只股票组成的投资组合的收益率和风险绘制在坐标图上，可以看出，当 $\rho_{AB}=1$ 时，表示证券组合预期收益率和风险关系的点会落在AB直线上（具体位置取决于投资比重 $w_A$ 和 $w_B$）；当 $-1<\rho_{AB}<1$ 时，代表组合预期收

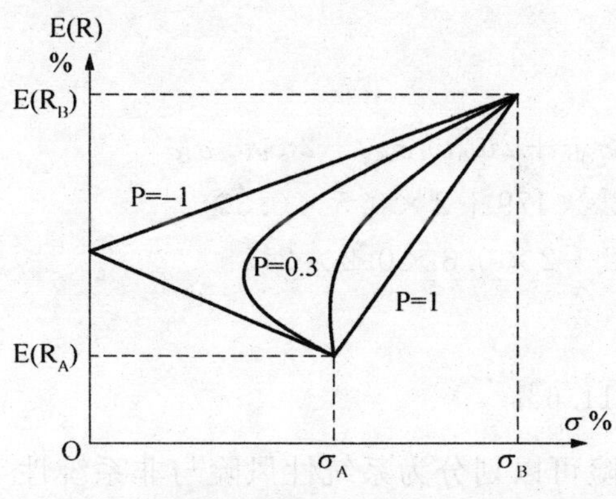


**图5－5　双证券投资组合收益率、风险与相关系数的关系**

益和风险的所有点的集合是一条向后弯的曲线，$\rho_{AB}$ 越小，向后弯的程度越大，表明在同等风险水平下收益更大，或者说在同等收益水平下风险更小；当 $\rho_{AB}=-1$ 时，所有点的集合是一条向后弯的折线。

第三，多种证券构成的组合风险的测定。多种证券构成的证券投资组合的预期收益率的方差可以用双和公式表示，也可以用矩阵的形式表示。

$$\sigma_p^2=\sum_{i=1}^{n}\sum_{j=1}^{n}w_iw_j\sigma_{ij}=\sum_{i=1}^{n}\sum_{j=1}^{n}w_iw_j\rho_{ij}\sigma_i\sigma_j \tag{5-14}$$

其中，$\sigma_P^2$ 表示证券投资组合的方差，以衡量风险；$\sigma_{ij}$ 表示证券投资组合中某两种证券的协方差；$\rho_{ij}$ 表示证券投资组合中某两种证券的相关系数；$\sigma_i$ 表示证券投资组合中某种证券的标准差，用来揭示组合中单一证券的风险。

用矩阵表示为

$$\sigma_p^2=w'\sum w \tag{5-15}$$

其中，$\sum$ 称为方差—协方差矩阵：

$$\sum=\begin{bmatrix}\sigma_1^2 & \sigma_{12} & \cdots & \cdots & \sigma_{1n}\\ \sigma_{21} & \sigma_2^2 & \cdots & \cdots & \sigma_{2n}\\ \cdots & \cdots & \cdots & \cdots & \cdots\\ \cdots & \cdots & \cdots & \ddots & \cdots\\ \sigma_{n1} & \sigma_{n1} & \cdots & \cdots & \sigma_n^2\end{bmatrix} \tag{5-16}$$

方差—协方差矩阵是一个方阵，组合中每种证券的方差出现在矩阵的对角线上，而且该矩阵是对称的，也就是说出现在第 j 列第 i 行的数一定会出现在第 i 列第 j 行，这是因为两种证券的协方差不会随组合中两种证券顺序的改变而发生变化。

假设某投资组合由 A、B、C 三种证券构成，三种证券占组合的投资比重分别为 $w_A=0.5$、$w_B=0.3$ 和 $w_C=0.2$，三种证券的方差—协方差矩阵为

$$\begin{bmatrix}459 & -211 & 112\\ -211 & 312 & 215\\ 112 & 215 & 179\end{bmatrix}$$

则该组合的方差为

$$\begin{aligned}\sigma_p^2 &= \sum_{i=1}^{n}\sum_{j=1}^{n} w_i w_j \sigma_{ij} \\ &= w_A^2\sigma_A^2 + w_B^2\sigma_B^2 + w_C^2\sigma_C^2 + 2w_A w_B \sigma_{AB} + 2w_A w_C \sigma_{AC} + 2w_B w_C \sigma_{BC} \\ &= 0.5^2 \times 459 + 0.3^2 \times 312 + 0.2^2 \times 179 + 2 \times 0.5 \times 0.3 \times \\ &\quad (-211) + 2 \times 0.5 \times 0.2 \times 112 + 2 \times 0.3 \times 0.2 \times 215 \\ &= 0.0135\end{aligned}$$

$$\sigma_p = \sqrt{0.0135} = 11.6\%$$

(2) 风险的种类及联系。金融投资的总体风险可以划分为系统性风险与非系统性风险。

第一,系统性风险。系统性风险是指由于某种全局性的因素而对所有证券的收益率都产生作用的风险。这种风险来源于宏观方面的变化,对金融市场总体产生影响,不可能通过证券投资组合的方式来加以分散,所以也称为宏观风险、不可分散性风险,有时也被称为广义的市场风险。

第二,非系统性风险。非系统性风险是由个别公司特殊状况造成的风险,这类风险只与公司本身有关,而与整个市场没有关联。投资者可以通过投资组合的方式弱化甚至完全消除这部分风险,所以也称微观风险、可分散性风险。非系统性风险具体包括财务风险、信用风险、经营风险、偶然事件风险等。

第三,系统性风险与非系统性风险的关系。

系统性风险与非系统性风险的关系可由图5-6表示。

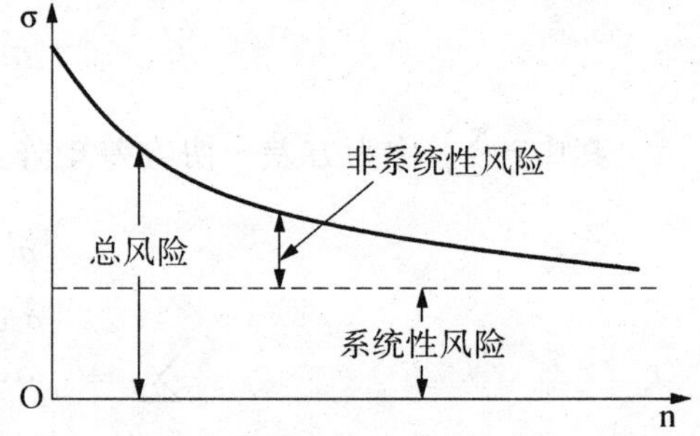


**图5-6　系统性风险与非系统性风险的关系**

从图中可以看出,证券投资组合的风险由两部分组成——不可分散的系统性风险和可分散的非系统性风险,其中,非系统性风险随证券投资组合中证券数量的增加而逐渐减小。证券投资组合的总风险通过组合收益率的标准差(或方差)来衡量。

(3) 无差异曲线。投资者的无差异曲线能够给投资者带来满足相同效用的预期收益与风险的不同组合。而投资者的效用与组合预期收益正相关,与组合风险负相关。一个常用的效用评分方法如下:

$$U = E(R) - \frac{1}{2}A\sigma^2 \tag{5-17}$$

式中,U表示效用值;A为投资者的风险厌恶系数。系数1/2只是一个约定俗成的分数相。该式包含这样一个观点,即认为效用随着期望收益率的增加和风险的减少而增长,投资对风险厌恶程度越高(A越大),风险投资组合带来的效用越低。

我们在投资分析过程中,主要针对理性投资者,即风险厌恶型的投资者。对一个特定风险厌恶的投资者而言,任意给定一个资产组合,根据他对风险的态度,按照期望收益率

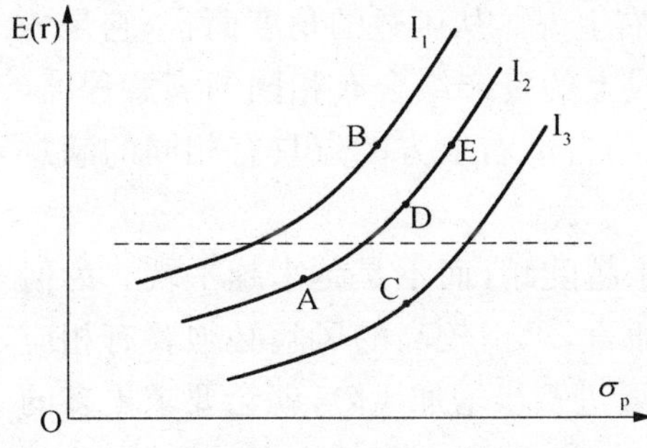

图 5-7 风险回避偏好的投资者无差异曲线

对风险补偿的要求，就可以得到一系列满意程度相同（无差异）的证券组合。

在图 5-7 中，如果某投资者认为经过 A 点的那一条曲线上的证券组合对他的满意程度都是无差异的，这条曲线就称为该投资者的一条无差异曲线(Non-diference Curve)。这条曲线表示特定投资者对资产风险和收益的偏好态度，因而可以画一个二维图，其中，横轴表示用标准差（记作 $\sigma_p$）测度的风险，纵轴表示用预期收益率（记作 rp）测度的回报。每一条弯曲的线表示该投资者的一条无差异曲线，代表所提供同一给定满意水平的组合整体。有了这条无差异曲线后，任何证券组合均可与证券组合 A 相比较。例如，按该投资者的偏好，资产组合 A，D，E 在一条曲线上，三者的效用是无差异的；组合 B 比组合 A 好，因为 B 在经过 A 点的无差异曲线的左上方，B 比该曲线上的任何组合要好；相反，C 则比 A 差，这是因为 C 点在这条无差异曲线的右下方。

同样，也有一系列资产组合与组合 C"同等地好"，从而形成一条无差异曲线。类似地，过 B 点也有一条无差异曲线。事实上，任何一个资产组合都落在某一条无差异曲线上，从而形成无差异曲线簇。

对于一簇无差异曲线而言，存在如下四个方面的特征。

第一，无差异曲线的一个基本特征就是无差异曲线不能相交。落在不同的无差异曲线上有不同的满意程度，因而一个组合不可能同时落在不同的无差异曲线上，也就是说，不同的无差异曲线不能相交。从这一点来看，对投资者而言，一条无差异曲线上的所有组合的效用程度都是等同的，即无差异曲线具有效用函数的特征。

第二，无差异曲线的弯曲程度因人而异，它反映了不同投资者的风险态度。无差异曲线的斜率不同，投资者的风险厌恶程度也就不同，曲线斜率越陡峭，表明投资者的风险厌恶程度越高。不同投资者的无差异曲线形成一个曲线簇，我们称之为无差异曲线簇（见图 5-8）。图 5-8(a)表示高度风险厌恶者的无差异曲线，图 5-8(b)表示中等风险厌恶者的无差异曲线，图 5-8(c)表示轻度风险厌恶者的无差异曲线。

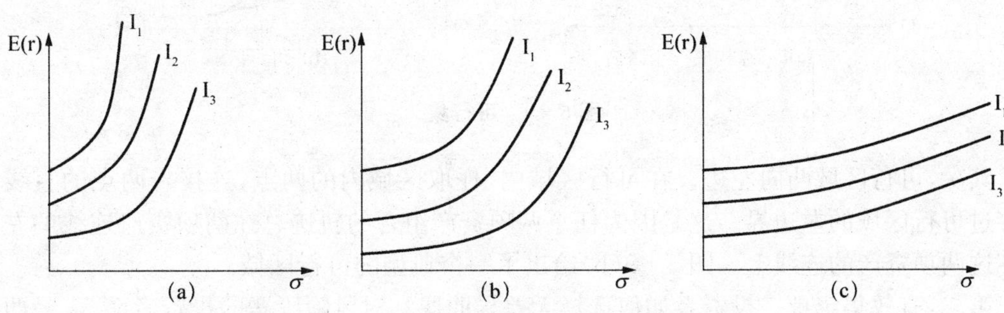

图 5-8 不同类型风险厌恶投资者的无差异曲线簇

第三，无差异曲线的变动方向一定是从左下方向右上方。从函数的角度而言，它是一个严格单调的上升函数。因为落在同一条无差异曲线上的资产组合有相同的满意程度，按照投资者对风险收益关系的基准，每一个点只可能与自己右上方的点具有相同的满意程度，否则，将有悖于这一公共基准。

第四，随着无差异曲线向右移动，曲线将变得越来越陡峭，而不是越来越平缓。为何无差异曲线是递增形状？因为对风险回避的投资者而言，承担较高的风险必须要有相应的高收益进行补偿。在已经承受较高风险的情况下，要进一步增加风险，就会要求更多的收益补偿；相反，若预期收益较低，要进一步降低收益水平，就要求降低更多的风险，这就是经济学上的边际效用递减原理，这就导致效用函数的凸性特征。

(4) 有效集。

第一，可行集。可行集又称为机会集，由它可以确定有效集。可行集代表一组证券所形成的所有组合，也就是说，所有可能的组合位于可行集的边界上或内部。一般而言，这一集合呈现伞形，具体形状依赖于所包含的特定证券，它可能更左或更右、更高或更低、更胖或更瘦。除非出现反常情况，可行集的形状看起来如图 5-9 所示。

通常，可行集满足以下两个重要特性。

首先，若至少有三种资产(非完全相关且均值不同)，则可行集是一个二维的实心区域。图 5-9(a)说明了为什么可行区域是实心的原因。我们在此假定存在 A、B 和 C 三种基础资产。由于任意两种资产构成资产组合的两资产之间的一条曲线，将 A、B 和 C 两两组合后，便可得到如图 5-9(a)中的三条曲线。若资产 D 是资产 B 和 C 的一个组合，则 D 可以与 A 进行组合得到一条连接 A 与 D 的曲线，当 D 在 B 和 C 之间移动时，连接 A 和 D 的曲线轨迹就是一个实心区域。

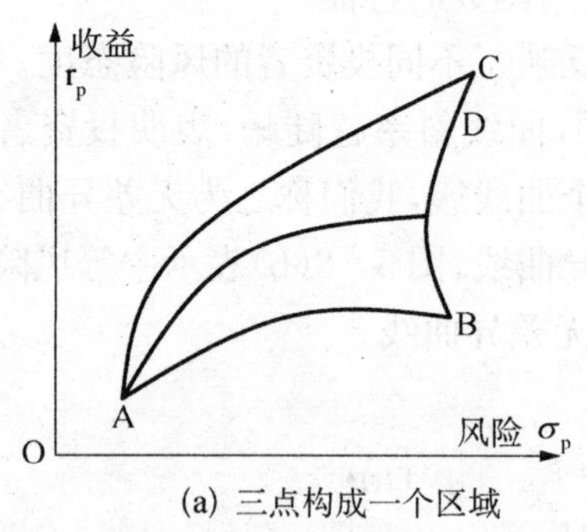

(a) 三点构成一个区域

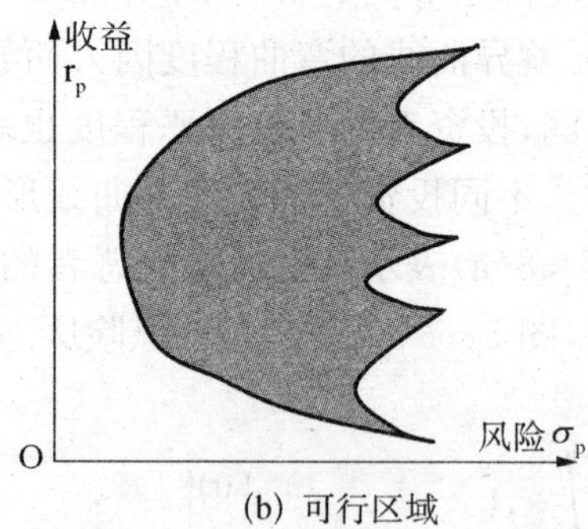

(b) 可行区域

**图 5-9 可行集**

其次，可行区域凸向左边。在可行区域内，任取区域内的两点，连接着两点的直线不会穿过可行区域的左边界。这是因为任意两项资产组合的轨迹总在两项资产连线的左边或在这两项资产的连线上。图 5-9(b)给出了一个典型的可行区域。

第二，有效集定理。投资者如何选择无差异曲线？对风险厌恶的投资者而言，最西北方向的无差异曲线将是最优组合。因为在特定风险条件下，投资者的无差异曲线所表示的效用函数值就越大，预期收益也越大。

尽管最西北方向的无差异曲线提供了最大的预期效用值，但这一效用函数是否对每一个投资者而言都是一个可行的资产组合呢？答案当然是否定的。因为对特定投资者而言，最优组合的选择必须按照均值—方差原则进行，最大的效用函数并不代表是可行的资产组合，而最小的风险约束同样也不一定是最大的预期效用，因此，必须将风险和效用这两个约束条件结合起来进行资产组合选择，才能挑选出符合一定风险—收益关系特征的特定投资者的最优组合。而这一问题的解决，就需要运用有效集定理。

在有效集定理中，投资者仅需要考虑那些可行组合的一个子集即可，因为投资者按照以下原则选择最优组合。

首先，对于同一风险水平，提供最大的预期回报率。

其次，对于同一预期回报率，风险水平最小。

满足这两个条件的组合集被称为有效集或有效前沿。

有效集是可行集的一个子集，位于可行集的左上方边界上，如图 5-10 所示，可行集边界上 F、G 两点间的部分为有效集。在图 5-10 中，对于各种风险水平而言，能提供最大预期收益率的组合集是可行集中所有点上方边界上的组合集；而对于各种预期收益率水平而言，能提供最小风险水平的组合集是可行集中介于 E、G 之间的左边界上的组合集，同时满足这两个条件的即为 F、G 两点之间可行集上方边界上的组合集。

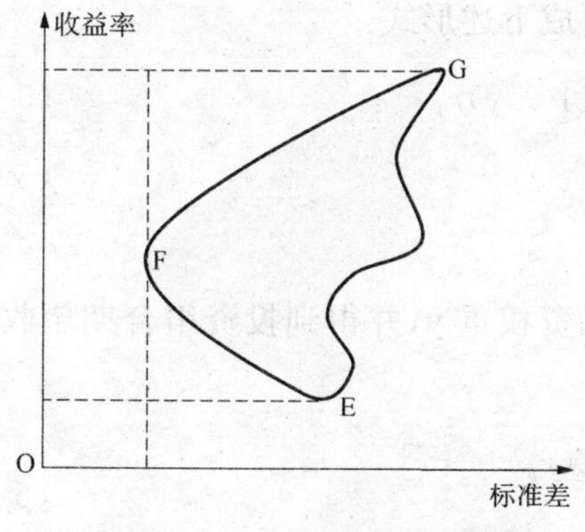


**图 5-10 可行集与有效集**

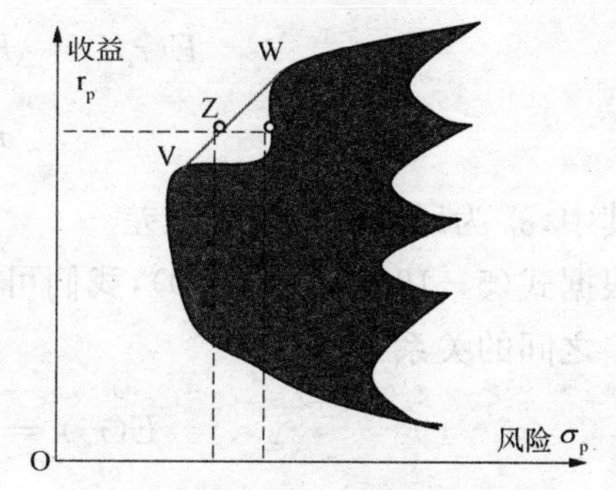


**图 5-11 有效集不可能存在凹陷**

从有效集的形状可以看出，有效集具有如下特点：①有效集是一条向右上方倾斜的曲线。这是因为它反映了证券投资“高收益、高风险”的原则。②有效集是一条上凸的曲线，不可能存在凹陷的地方。这是因为有效集是可行集的子集，有效集上任意两点再构成组合仍是可行的，也就是说，两点之间仍可以连线，如图 5-11 所示，V、W 两点之间如果存在凹陷，则 V、W 两点间仍可连线，这时，一定风险水平之下，VW 连线上的组合的预期收益率一定高于凹陷处的预期收益率，所以，不可能存在凹陷的地方。

第三，无风险借贷对有效集的影响。

首先，我们来看无风险资产的定义。无风险资产是预期收益率确定且方差为零的资产，也就是说，无风险资产的收益率在投资期初就是确定的，其收益率 $R_F = E(R_F)$，而且没有风险，$\sigma_F^2 = 0$（也即 $\sigma_F = 0$）。而后者同时意味着无风险资产的收益率变动情况与任何风险资产的收益率变动无关，即无风险资产的预期收益率与任何风险资产的预期收益率之间的协方差也为零，这是因为任何两种资产 i 和 j 之间的协方差都等于这两种资产之间的相关系数与两种资产各自的标准差的乘积，即 $\sigma_{ij} = \rho_{ij}\sigma_i\sigma_j$，如果 i 为无风险资产，则其标准差 $\sigma_i = 0$，所以，$\sigma_{ij} = 0$。

这种有固定收益而且没有风险的证券在现实中只可能是由政府发行的短期债券。但有一点需要明确，那就是如果投资者没有将自己手中的政府债券持有到期，而是在政府债券到期之前提前出售了，这时的政府债券也是有风险的。因为在投资者持有期内利率的变化是不可预测的，所以，政府债券没有到期而提前出售会面临利率风险（或称价格风险），而不能被视为无风险资产。只有投资者持有期限与债券到期期限相一致的短期政府债券才可以被作为无风险资产看待。这样，在一定的投资期限内，市场上就只会存在一种无风险资产。

其次，一个无风险资产与一个风险资产的组合。当市场中只有一个无风险资产和一个风险资产的时候，我们可以假设投资者投资到风险资产上的财富比例为 y，投资到无风险资产上的财富比例为 1 − y。这样，投资组合的收益就可以写为

$$r_c = yr_p + (1-y)r_f \tag{5-18}$$

其中，$r_c$ 为风险资产的收益，这是一个随机变量；$r_f$ 为无风险资产的收益，这是一个常数。这样，资产组合的期望收益和标准差就可以写成下述形式：

$$E(r_c) = yE(r_p) + (1-y)r_f \tag{5-19}$$

$$\sigma_c = y\sigma_p \tag{5-20}$$

其中，$\sigma_p$ 为风险资产的标准差。

根据式(5 - 19)和式(5 - 20)，我们可以消掉投资权重 y，并得到投资组合期望收益与标准差之间的关系：

$$\begin{aligned} E(r_c) &= r_f + y[E(r_p) - r_f] \\ &= r_f + \frac{\sigma_c}{\sigma_p}[E(r_p) - r_r] \end{aligned} \tag{5-21}$$

当市场中只有一个无风险资产和一个风险资产时，式(5 - 21)就是资产组合所有可能的风险—收益集合，又称投资组合可行集。该式在期望收益—标准差平面中是一条直线（见图 5 - 12），该直线通过代表无风险资产 $r_f$ 和风险资产 $r_p$ 的点，我们称这条直线为资本配置线。

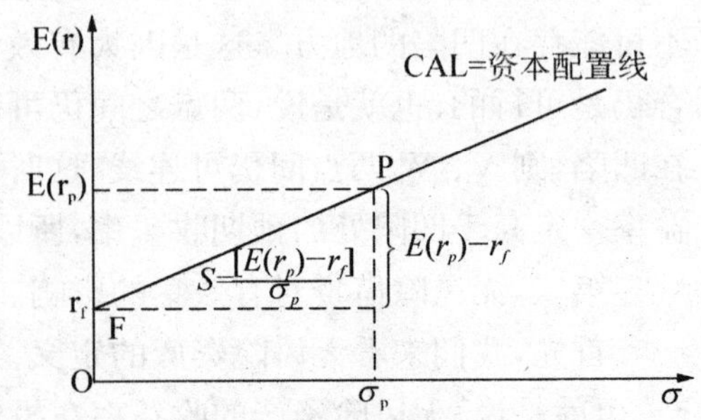

**图 5 - 12　一个无风险资产与一个风险资产构成的投资组合可行集**

随着投资者改变风险资产的投资权重 y，资产组合就落在资本配置线上的不同位置。具体来说，如果投资者将全部财富都投资到风险资产上（y = 1），资产组合的期望收益和方差就

是风险资产的期望收益和方差，资产组合与风险资产重合。如果投资者将全部财富都投资到无风险资产上($y=0$)，资产组合的期望收益和方差就是无风险资产的期望收益和方差，资产组合与无风险资产重合。风险资产 $r_p$ 和无风险资产 $r_f$ 将资本配置线分为三段，其中，无风险资产和风险资产之间的部分意味着投资者投资在风险资产和无风险资产上的财富都是正值；此时，$0<y<1$。风险资产 r 右侧的部分意味着投资者以无风险收益率借入部分资金，然后将其全部财富和借入的资金一起投资到风险资产中；此时，$y>1$。由于我们没有考虑卖空风险资产的问题，所以，不存在 $y<0$ 的情况。

资本配置线的斜率等于资产组合每增加一单位标准差所增加的期望收益，换句话说，就是每单位额外风险的额外收益。因此，我们有时也将这一斜率称为报酬与波动性比率。

在资本配置线的推导中，我们假设投资者能以无风险收益率借入资金。然而，在实际的资本市场中，投资者在银行的存贷款利率是不同的。一般来讲，存款利率要低于贷款利率。因此，如果把存款利率视为无风险收益率，投资者的贷款利率就要高于无风险资产收益率。在这种情况下，资本配置线就变为一条折线。我们可以假设无风险资产收益率为 $r_f$，投资者向银行贷款的利率为 $r_f'$，且 $r_f'>r_f$。在这种情况下，若投资者需要借入资金投资到风险资产时，资本配置线的斜率就应该等于 $\frac{[E(r_p)-r'_f]}{\sigma_p}$，该斜率值小于 $\frac{[E(r_p)-r_f]}{\sigma_p}$。此时，在期望收益－标准差平面上，资本配置线就变成了图 5-13 的形状。其中，资本配置线在风险资产右侧部分的斜率要低于其在左侧的部分。

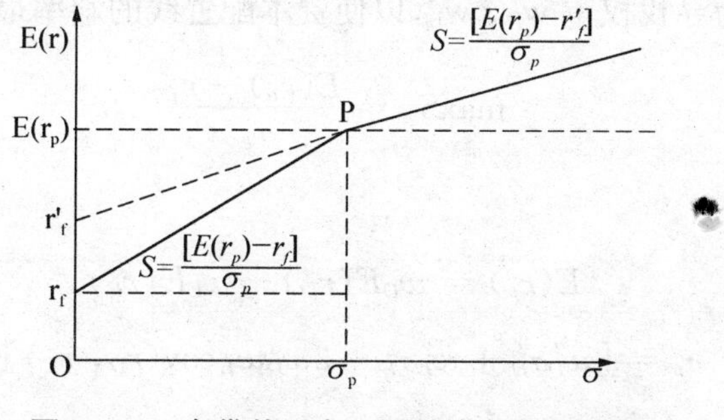


**图 5-13　存贷款利率不同时的资本配置线**

再次，一个无风险资产与两个风险资产的组合。前文分别考察了一个无风险资产和一个风险资产构成的资产组合以及两个风险资产构成的资产组合。在此基础上，我们将这两种情况进行融合，进而引入第三种资产组合，即一个无风险资产和两个风险资产构成的资产组合。下面，我们考察这种情况下投资组合可行集的状态。

我们首先假设两个风险资产在风险组合的投资权重分别为 $w_D$ 和 $w_E$，且 $w_D+w_E=1$。这样，无风险资产的投资权重就是 $1-y(w_D+w_E)$。由于我们可以将两个风险资产视为一个风险资产组合，因此，三个资产构成的投资组合可行集就等价于一个风险资产组合与一个无风险资产构成的可行集。但与前文的情况略有不同，随着 $w_D$ 和 $w_E$ 的变化，风险资产组合的期望收益和方差并不是确定的值，而是不断变化的。在期望收益－方差平面中，风险资产组合的位置也不再是图 5－14 中确定的一点，而是图 5－14 中的某一点。给定 $w_D$ 和 $w_E$ 的某一数值，在期望收益-方差平面中就对应着一个风险资产组合。该组合与无风险资产的连线形成了一条资本配置线(如图 5－14)，这条资本配置线就是在市场中存在三个资产时的投资组合可行集。随着我们改变投资比例 $w_D$ 和 $w_E$，风险资产组合的位置就会发生变化，资本配置线也相应地产生变化。

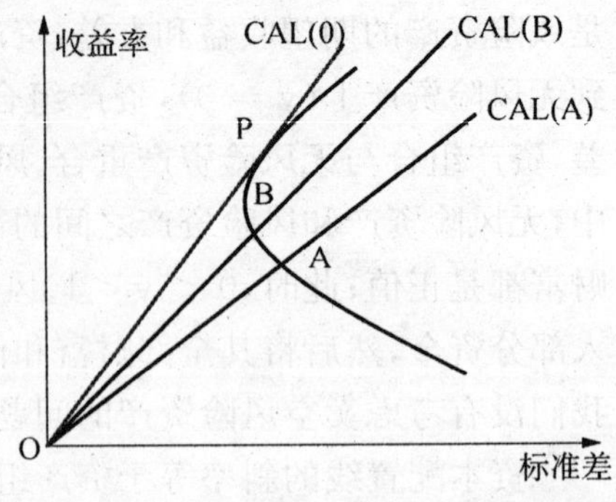


**图 5－14　无风险资产对组合形状的影响**

从图 5－14 可以看出，两个风险资产组成的效率边界上的任何一点与无风险资产的连线都能构成一条资本配置线。然而，比较图 5－14 中的两条资本配置线 CAL(0)和 CAL(A)可以发现，对于任一标准差，资本配置线 CAL(0)上资产组合的期望收益率都比 CAL(A)上的高。换句话说，相对于 CAL(0)上的资产组合，CAL(A)上的资产组合是无效率的。事实上，我们可以很容易发现，在所有的资本配置线中，斜率最高的资本配置线在相同标准差水平下拥有最大的期望收益率。从几何角度讲，这条资本配置线就是通过无风险资产并与风险资产组合的效率边界相切的一条线，我们称这条资本配置线为最优资本配置线。相应地，切点组合 P 被称为最优风险资产组合。因此，当市场中有一个无风险资产和两个风险资产的时候，有效的投资组合可行集就是通过无风险资产和风险资产组合，且斜率达到最大的资本配置线。

问题可以归结为寻找权重 $w_D$、$w_E$，以使资本配置线的斜率最大，即：

$$\max_{w_i} S_p = \frac{E(r_p) - r_f}{\sigma_p}$$

其中，

$$E(r_p) = w_D E(r_D) + w_E E(r_E)$$

$$\sigma_p = [w_D^2 \sigma_D^2 + w_E^2 \sigma_E^2 + 2 w_D w_E \mathrm{cov}(r_D,\ r_E)]^{1/2} \tag{5-22}$$

约束条件是：$\sum w_i = 1$

求 $S_p$ 的最大化问题，可以对 $S_p$ 求关于 $w_D$ 的导数，并令其为零：

$$\frac{\partial S_p}{\partial w_D} = 0$$

$$\Rightarrow w_D = \frac{(E(r_D) - r_f)\sigma_E^2 - (E(r_E) - r_f)\mathrm{cov}(r_D,\ r_E)}{(E(r_D) - r_f)\sigma_E^2 + (E(r_E) - r_f)\sigma_D^2 - (E(r_D) - r_f + E(r_E) - r_f)\mathrm{cov}(r_D,\ r_E)}$$

$$w_E = 1 - w_D \tag{5-23}$$

(5) 最优资产组合选择。

第一，两个风险资产。当市场中存在两个风险资产时，可供投资者选择的有效资产组合就是双曲线上半部分的效率边界(这里主要考虑 $-1 < \rho < 1$ 的情况)。由于效率边

界的上半部分是凸向 y 轴，而投资者无差异曲线是凸向 x 轴，因此，随着无差异曲线向左上方移动，两者就存在相切的可能，而切点正是我们要找的最优资产组合。同样，不同投资者的无差异曲线的形状不同，它们与效率边界的切点位置也不相同。对于风险规避程度较高的投资者而言，他们会选择效率边界左侧、风险较低的资产组合（如 $E_1$）；风险规避程度较低的投资者则会选择效率边界右侧、风险较高的资产组合（如 $E_2$），见图 5－15。

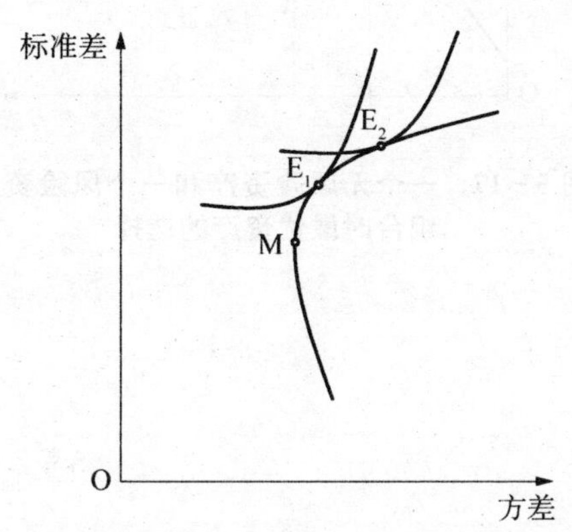


**图 5－15　两个风险资产时最优资产组合的选择**

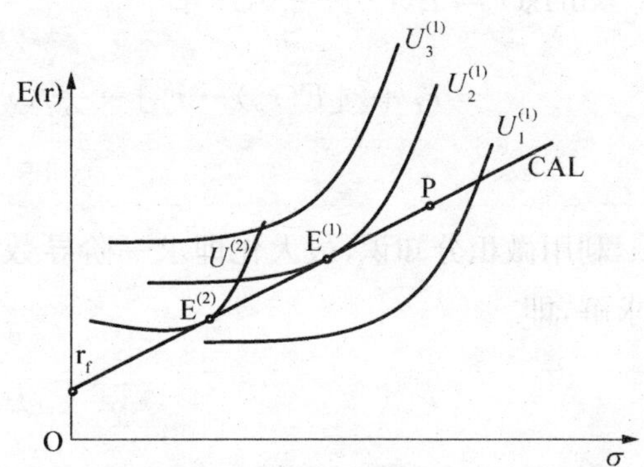


**图 5－16　一个无风险资产和一个风险资产时最优资产组合的选择**

第二，一个无风险资产和一个风险资产。此时，投资组合可行集就是通过无风险资产和风险资产的资本配置线（如图 5－16）。给定投资者 1 的效用函数，$U_1^{(1)}$—$U_3^{(1)}$ 对应着投资者三个效用水平下的无差异曲线。比较这三条无差异曲线可以发现，在给定风险水平的情况下，$U_3^{(1)}$ 上资产组合的期望收益最大，$U_1^{(1)}$ 上资产组合的期望收益最小。这意味着 $U_3^{(1)}$ 代表的效用水平最大，$U_1^{(1)}$ 代表的效用水平最小。在三条无差异曲线中，$U_1^{(1)}$ 与资本配置线相交，$U_2^{(1)}$ 与资本配置线相切，$U_3^{(1)}$ 与资本配置线没有任何交集。这意味着可行集中存在资产组合能够使投资者达到 $U_1^{(1)}$ 和 $U_2^{(1)}$ 的效用水平，而可行集中所有的资产组合都无法使投资者的效用达到 $U_3^{(1)}$。事实上，对于投资者 1 来说，在所有与资本配置线存在交集的无差异曲线中，由于 $U_2^{(1)}$ 与资本配置线相切，因而 $U_2^{(1)}$ 拥有最高的效用水平。因此，$U_2^{(1)}$ 和资本配置线的切点 $E^{(1)}$ 就是投资者 1 的最优投资组合。

不同投资者的风险规避程度是不同的，因而他们对风险和收益的权衡也存在差异。对于风险规避程度较高的投资者而言，他们会将财富更多地投入到无风险资产中，从而获得较低风险水平的资产组合。在图 5－16 中，投资者 2 的风险规避程度较高，在他选择的最优资产组合 $E^{(2)}$ 中，无风险资产所占的比例较高。与投资者 1 相比，他的最优资产组合的风险水平相对较低。

第三，一个无风险资产和两个风险资产。当市场中存在一个无风险资产和两个风险资产时，投资者会在两个风险资产构成的风险资产组合和无风险资产之间进行财富分配，也就是在风险资产组合和无风险资产构成的资本配置线上选择待投资的资产组合。由于在所有通过无风险资产的资本配置线中，与效率边界相切的资本配置线在相同的风险水平下拥有最大的期望收益，因此，对于所有的投资者来说，他们都会在这条资本配置线上进行最优资产组合的选择。最优资产组合就是无差异曲线与资本配置线的切点（如图 5－17）。通过给定风险厌恶系数 A，就可以计算出整个组合的最优风险资产比重。

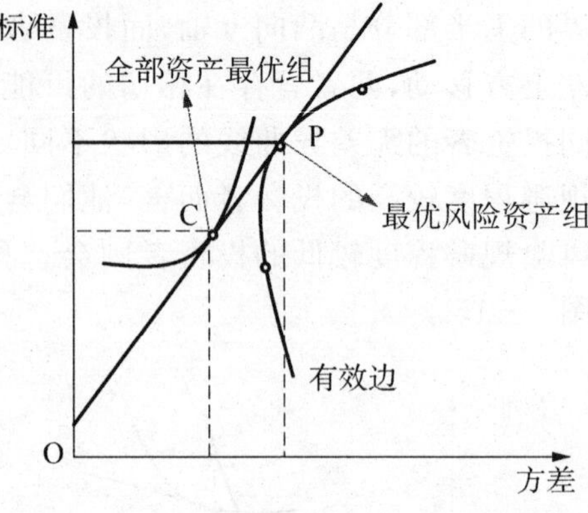


**图 5－17　一个无风险资产和一个风险资产组合时最优资产的选择**

$$\max_y U = E(r_c) - \frac{1}{2}A\sigma_c^2$$

$$= r_f + y[E(r_p) - r_f] - \frac{1}{2}Ay^2\sigma_p^2 \tag{5-24}$$

利用微积分知识，最大化即求一阶导数为零来求解，即

$$y^* = \frac{E(r_p) - r_f}{A\sigma_p^2} \tag{5-25}$$

（6）分离定理。

从图 5－17 可以看出，当市场中存在无风险资产和多个风险资产时，只要投资者是风险规避者，不管他具体的效用函数如何，他所选择的风险资产组合都是一样的，也就是过无风险资产与效率边界相切的 P 点。投资者的效用函数或者说风险规避程度决定了他持有的无风险资产和风险资产组合 P 的比例，这一性质就是所谓的分离定理（Separation Theorem）。

根据这一定理，投资组合的选择过程可以分为两个阶段，投资者先要根据各风险资产的期望收益、方差以及协方差确定最优的风险资产组合，这完全是一项技术性的工作。在这一阶段，投资者只需要考虑各个资产的风险收益特征，而不用涉及个人的风险偏好。事实上，所有的投资者在这一阶段选择的最优风险资产组合都是相同的。在确定了最优风险资产组合的基础上，投资者将根据自身的风险规避程度确定投资在最优风险资产组合和无风险资产上的比例，从而得到最优资产组合。

分离定理在资产组合管理过程中具有重要的意义。如果市场由一个无风险资产和众多风险资产构成，不管客户的风险规避程度有何差异，资产组合管理公司给所有客户提供的风险资产组合都是相同的。不同风险规避程度的客户可以通过选择分配在无风险资产上的财富比例来调节最优资产组合的风险水平，这就大大提高了资产组合的管理效率，并降低了管理的单位成本。

**2. 资本市场均衡模型**

（1）资本资产定价模型。资本资产定价模型（The Capital Asset Pricing Model，CAPM）是识别期望收益和风险值（β 系数）之间关系的模型。最初由美国的 William Sharpe 于 1964 年建立，后由美国的 J. Linter 和 J. Mossin 完善。运用这个模型既可以帮助我们在已知风险的前提下了解其投资的期望收益，又可以帮助我们确定那些没有市场交易的资产价值。

该理论的假设前提是：①所有投资者都处于同一单期投资期，即认为投资者行为短时，不考虑投资决策时之后的影响；②市场上存在一种收益大于零的无风险资产，所有投资者均可按无风险资产的收益率进行任何数量的资金借贷，从事证券买卖，并且每个资产都无限可分；③投资者使用预期收益率和标准差这两个指标来选择投资组合，遵循马柯维茨组合理论；④市场完全竞争，且没有税负和交易成本；⑤投资者永不满足和厌恶风险，在其他条件相同的情况下，选择高收益和低风险；⑥投资者一致性预期假设，即对证券的评价和经济形势的看法一致，因此，投资者收益的概率分布预期一致。

根据马柯维茨组合理论，证券组合的有效边界如图 5－18 所示，在 $R_{p-r}$ 坐标系中，根据投资者的共同偏好规则，即投资者永不满足和厌恶风险，则 B—C 为马克维兹有效边界，并且 B 为最小方差组合。在选择最优证券组合时，无差异曲线与有效边界的交点即为最佳组合。M 点代表市场证券组合，包含全部风险资产的最优组合。在 M 点左边的投资组合代表了风险资产和无风险投资的组合；M 点右边的投资组合代表了风险资产是用以无风险利率借入的资金购买的，为杠杆组合。A 点为无风险资产，连接的直线即为资本市场线。资本市场线的数学表达式为

$$R_p = R_f + \frac{R_m - R_f}{\sigma_m^2}\sigma_p \tag{5-26}$$

它表示：在市场均衡状态下，任何一种证券期望收益率由两部分组成，一部分为无风险利率，表示时间价值；另一部分代表投资者承担风险而得到的补偿，为风险报酬 $\frac{R_m - R_f}{\sigma_m^2}\sigma_p$，$\frac{R_m - R_f}{\sigma_m^2}$ 为单位风险回报率。令 $\frac{\sigma_p}{\sigma_m^2} = \beta$，则如图 5－19 所示，证券市场线 SML 的截距为 $R_f$，斜率为风险报酬 $R_m - R_f$，证券市场组合 M 的 β 值为 1，β＞1，说明投资者可以获得高于市场平均水平的期望收益率；β＜1，说明投资者可以获得低于市场平均水平的期望收益率。

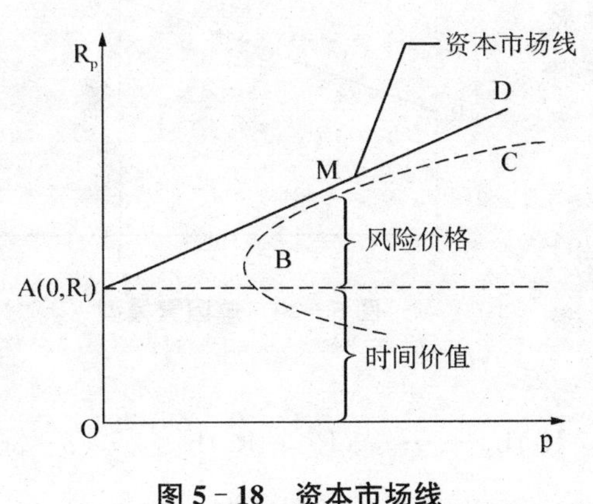

图 5－18　资本市场线

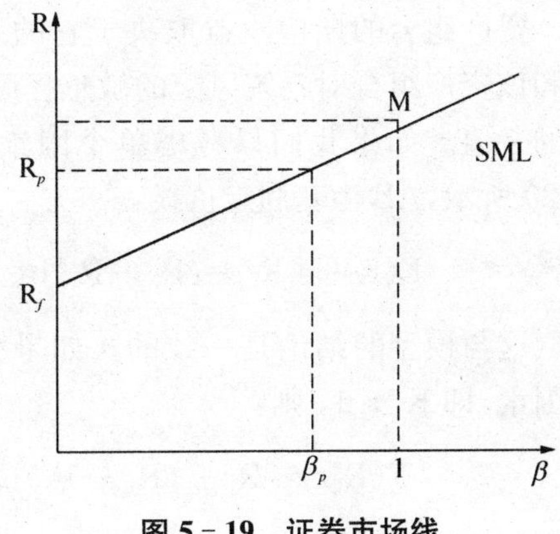

图 5－19　证券市场线

根据 CAPM 模型，可以得出证券的定价公式，推导如下：

因为 $r_i=\frac{x_i-p_i}{p_i}=\frac{x_i}{p_i}-1$，其中，$x_i$ 为证券收益和，在市场均衡时 $R_p=R_f+\frac{R_m-R_f}{\sigma_m^2}\sigma_p$，$r_i=\frac{x_i}{p_i}-1=\frac{R_m-R_f}{\sigma_m^2}\mathrm{cov}\left[\left(\frac{x_i}{p_i}-1\right),R_m\right]$，因为 $\mathrm{cov}\left[\left(\frac{x_i}{p_i}-1\right),R_m\right]=\frac{\mathrm{cov}(x_i,R_m)}{p_i}=\frac{\sigma_{im}}{p_i}$，所以，$\frac{x_i}{p_i}-1=R_f+\frac{R_m-R_f}{\sigma_m^2}\times\frac{\sigma_{im}}{p_i}$，即 $p_i=\frac{x_i-\frac{R_m-R_f}{\sigma_m^2}\sigma_{im}}{1+R_f}=\frac{x_i}{1+R_f+\beta(R_m-R_f)}$。 (5-27)

(2) 套利定价模型。套利定价理论(Arbitrage Pricing Theory)的核心是一价原则，最早由斯蒂芬·罗斯于 1976 年提出。与 CAPM 模型的结论相同，它也表明证券的风险与收益存在线性关系，证券的风险越大，收益就越高。但罗斯认为，期望收益与风险之间存在正比例关系，是因为套利行为使所有套利机会都消失，使投资者面临的只有高收益、高风险相匹配的投资局面。套利是在两个不同市场上以两种不同的价格同时买入和卖出，套利者就能在没有风险的情况下获利。通常，无风险套利的机会存续时间很短。

APT 的假设前提包括：存在一个完全竞争的资本市场；投资者是风险厌恶者，并追求效用最大化；投资者认为任何一种证券的收益率都是一个线性函数：

$$R=a_i+bF_k+L+bF_k+e_i \tag{5-28}$$

其中，a 指当时指数为 i 时的证券收益率的期望水平；b 表示 i 证券的收益对因素 k 的敏感度；$F_k$ 是第 k 个影响因素的指数，$e_i$ 为随机项；组合中的证券品种 n 必须远远超过模型中的影响因素种类等。

套利组合必须符合三个条件。一是不需要追加投资；二是组合的风险为 0；三是当市场达到均衡时，组合的收益为 0。所以，在充分分散化的资产组合中，非系统风险是相互抵消的。

资产组合的期望收益取决于它的系统风险水平和该资产组合对系统风险的敏感程度，即资产组合的 β 值。如果我们只考虑单个因素，则根据图 5-20 所示，AB 为套利定价线：

$$E(R)=R_f+(R_i-R_f)b_{ik} \tag{5-29}$$

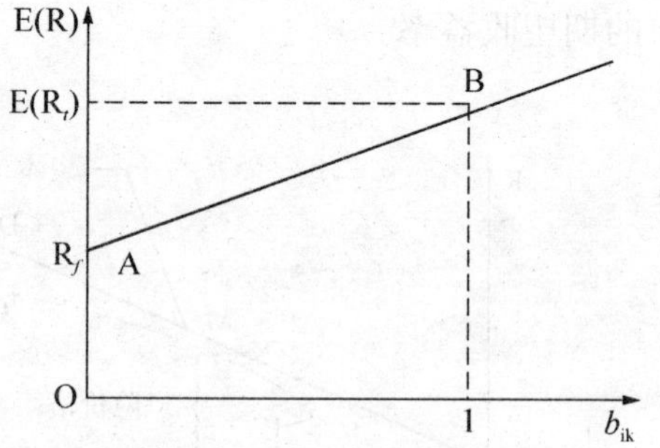

这与模型的结论是一致的。如果我们考虑多个因素，即 K > 1，则：

**图 5-20 单因素模型**

$$E(R_i)=R_f+(R_1-R_f)b_{i1}+(R_i-R_f)b_{i2}+\cdots+(R_k-R_f)b_{ik} \tag{5-30}$$

APT 模型的结论基本上与 CAPM 的结论相一致，其联系与区别见表 5-10。

表 5-10　　APT模型和CAPM模型的比较表

| 联系与区别 | | APT模型 | CAPM模型 |
|---|---|---|---|
| 联系 | | 两者都研究风险资产的定价问题，以有效市场为前提，在一定条件下可以转化：<br>$b_{ik}=\frac{\mathrm{cov}(R_i, R_k)}{\mathrm{var}(k)}=\beta$ | |
| 区别 | 基础不同 | 动态过程，建立在一价定理基础上 | 建立在马柯维茨的有效组合基础上，强调一定风险喜爱的收益最大化和一定收益下的风险最小化 |
| | 因素多少不同 | 到达均衡时，资产收益率取决于多种因素 | 只有一种市场组合因素 |
| | 假设前提不同 | 限制少，没有对证券收益分布作假设，只是假定收益产生是个因素模型，没有要求按收益风险准备选择方案 | 限制多，假定投资者仅以收益率和方差作为理性分析的基础；市场是有效的；等等 |
| | 形成均衡状态的机理不同 | 没有强调所有投资者的行为准则是一致的，只是说明面临不合理的定价，所有投资者会参与套利，最终市场恢复均衡 | 强调所有投资者的行为方式相同，出现定价不合理时，会在原有有效边界上改变投资策略、调整投资组合，使市场恢复均衡 |

## □ 四、证券投资组合的绩效评价

马柯维茨(Markowitz，1952)首次提出了投资组合理论，他的“均值—方差”分析框架奠定了此后证券投资理论发展的基础，成为资本资产定价模型的核心，从而推动了投资组合理论从简单的收益率计算发展到同时考虑收益率和风险的综合业绩度量。从20世纪60年代开始，投资组合业绩评价在学术界内引起了极大的兴趣，许多业绩评价方法应运而生。

在根据资产组合的风险来调整收益的诸多投资组合绩效评价方法中，最简单的方法莫过于直接与其他有类似风险的投资基金进行投资回报率的相互比较。在投资基金发达的欧美国家，有很多投资资讯机构都定期发布各基金投资组合的业绩排行榜，但这些排名并不十分可靠。这种方法忽视了管理者对资产组合中不同资产的重视程度，不同的资产组合特征弱化了组合间的可比性。例如，在资本市场中，某个管理者更关注高值的股票；类似地，在固定收益证券的情况下，久期因管理者的不同而各异。因此，寻求更精确的风险调整测度指标是相当有必要的。所谓风险调整测度指标，简单地说，就是通过一定的形式，用投资组合承担的风险对其收益率进行调整所得出的绩效评价测度指标。风险调整测度指标是评价一个投资组合管理者管理绩效或管理水平的科学标准。

早期的基金业绩衡量都是以单位资产净值和基金收益率来刻画的，而20世纪五六十年代以来的资产组合选择理论、资本资产定价模型、套利定价模型等一系列金融理论的出现为创造新的评估指标打下了基础。基于这些发展，投资管理咨询机构将风险调整方法纳入到对投资经理在其可比的总体内进行评价的体系中。

最近,共同基金业绩评价机构在给广大机构和个人投资者的关于共同基金业绩的评价报告中,也使用了基于资本市场的度量指标。就传统理论而言,基本上有三种方法可以针对上述目的进行风险调整后的业绩评价:①每单位风险回报率;②差异回报率;③业绩成分。这三种方法是相互关联的,我们将在风险和回报理论的基础上进一步分析各方法的联系和在不同情况下的优劣。

1. **证券投资组合业绩评估的内容和意义**

基金业绩评价是对基金经理投资能力的衡量,其基本目的就是将具有超凡投资能力的优秀基金经理鉴别出来。基金业绩评价主要包含两方面的内容:首先,确定基金是否实现了超额收益(Performance Evaluation)。我们在业绩评价中首先要考虑的问题是:如果一些基金经理具有超凡的投资能力,应如何加以确定?其次,通过分析投资组合的实际收益,从而分析收益实现的原因(Attribution Analysis)。由于基金组合本身的表现并不等同于基金经理的表现,如果基金经理的表现非常优异,是运气使然还是能力使然?管理能力差的经理可能因为市场价格普遍上涨而盈利;管理能力强的经理可能因为市场价格的普遍下跌而亏损。因此,不能将不同证券条件下证券资产的业绩作简单的横向比较,并由此判断管理者的能力,需要结合具体的市场条件,做出正确判断。

建立科学完备的基金业绩评价体系是促进基金业健康发展的重要环节。对基金业绩的正确衡量以及对业绩评价信息的恰当利用,无论对投资者、基金管理公司还是监管部门都具有非常重要的意义。首先,对投资者而言,公开的业绩评价信息可以给投资者提供选择基金的依据。另外,投资者可以根据基金的业绩来了解基金在多大程度上实现了投资目标,监测基金的投资策略。投资顾问也需要依据基金的投资表现来向投资者提供有价值的投资建议。其次,对基金管理公司而言,基金公司本身良好的基金业绩是其进行市场营销的重要手段;基金公司还可以根据基金业绩评价提供的反馈信息进行投资监控,发现公司投资管理中的不足,提高经营管理水平;对相应基金经理的投资才能进行评判,并据此制定合理的激励和约束机制;此外,通过公开的评价信息了解其他基金管理公司的业绩,也是了解同行业竞争对手的表现从而加强自身竞争力的重要途径。对于监管部门而言,则可以通过建立科学完备的基金业绩评价体系,对基金的业绩和运行状况进行客观评价,以此作为制定或完善监管规则的依据。总之,建立一套科学、完备的业绩评价体系,使市场各方能够对基金的业绩和投资效果进行客观评价,对基金业的健康发展具有重要意义。

2. **投资绩效评估方法**

(1) 传统单因素业绩评价方法。

第一,夏普比率。夏普比率(Sharp's Measure)是用资产组合的长期平均超额收益除以该时期收益的标准差,它测度了对总波动性权衡的回报,又称为收益与变异性比率。夏普比率是一个简单的收益比率,即所实现的投资组合收益率 $r_p$ 超过无风险利率的部分,除以用收益的标准差所衡量的收益变异性 $\sigma_p$。夏普比率是用所实现的投资组合收益率 $r_p$ 超过无风险利率的部分,除以用投资组合 p 值所表示的变异性,即

$$SR = \frac{r_p - r_f}{\delta_p} \tag{5-31}$$

在夏普测度之后，学者们很快就掌握了一批业绩评估方法，并出现了大量对共同基金业绩评估的研究成果。此后不久，市场上又出现了一些为资产组合经理提供评级服务并收取固定回报的代理。经风险调整的业绩评估指标出现后，其普及却一度滞后，对此现象的一种解释是因为统计数字对业绩呈现出普遍的负评价。在近似有效的市场上，投资者很难完全抵消他们主动投资所带来的研究费用和交易费用。事实上，无论是原始收益率指标还是经风险调整的收益率指标，大多数专业基金管理者的业绩表现都低于标准普尔500指数。均值—方差标准受阻的另一个原因是存在着测算的内部原因，后文将讨论这个问题，并探寻克服它们的创新方法。

第二，特雷诺比率。与夏普比率类似，由杰克·特雷诺(Jack Treynor)所建立的收益与变异性比率——特雷诺比率(TR)给出了单位风险的超额收益，但它用的是系统性风险而不是全部风险，即

$$TR = \frac{r_p - r_f}{\beta_p} \tag{5-32}$$

特雷诺比率和夏普比率的区别就在于一种使用了以标准差衡量的全部风险，而另一种只考虑了用β值表示的市场风险。如前所述，在对完全多样化的投资组合评价其风险和收益关系，以及对投资组合业绩进行排序时，以标准差作为风险的度量是合适的。

究竟采用哪种每单位风险回报率的度量方法，将取决于对有关风险测量的观念。当所要评价的投资组合构成了某投资者在特定资产类别中的主要投资或者全部投资时，以标准差来表示的收益变异性可以认为是对风险的适当度量。当所要评价的投资组合仅仅是某投资者在特定资产类别内投资的一个组成部分时，系数则被认为是适当的风险度量。例如，从一般意义上说，由于主要的养老金规模都比较大，其发起人在该养老金计划的一个资产类别内大多雇用好几个经理。对于像这样采用多经理战略的投资者，使用系数度量风险是适合的。

实际上，对于完全多样化的基金或高度多样化的基金，则不论使用哪种度量比较方法(如夏普比率或特雷诺比率)，所得到的排序结果都是一致的。但是，对于非高度多样化的基金，则可能出现不同的结果。例如，使用特雷诺比率，一个非高度多样化的基金可能会优于另一个高度多样化的基金。但当使用标准差计量风险时，非高度多样化的基金往往会比高度多样化的基金表现出更高的风险。所以，以夏普比率比较时，非高度多样化的基金又可能劣于高度多样化的基金。

第三，詹森比率。特雷诺比率和夏普比率都是业绩的相对度量，而作为绝对业绩衡量指标的詹森指标(Jensen's Measure)，是建立在CAPM测算基础上的资产组合的平均收益，它用到了资产组合的β值和平均市场收益，其结果就是资产组合的α值。他利用1945—1964年间115个基金的年收益率资料以及标准普尔计算的市场收益率进行了实证研究，定义了如下的詹森指标：

$$\alpha_p = \bar{r}_p - [r_f + \beta_p(r_m - r_f)] \tag{5-33}$$

詹森指标表示基金投资组合收益率与相同系统性风险水平下的市场基准组合收益率的差异。如果詹森指标大于零，表示基金业绩优于市场基准组合；反之，若詹森指标小于零，则基金业绩不及市场基准组合。詹森认为，从整体上说，基金经理为分析预测证券业绩表现所做的努力而获取的回报尚不能弥补其研究与交易成本，多数基金投资组合劣于市场平均表现就是由于基金运作中产生了太多的交易费用。在评价过程中，詹森指数假定基金的β系数是固定的，但在实际操作中，基金经理往往根据市场走势改变基金风险状况，如果基金经理预期市场高涨而提高基金的β系数，根据詹森指标的定义式，就会高估市场组合收益，进而低估能够准确预期市场走势的基金经理的技能。在形式上看，它与前文讨论的证券市场线很相近，区别仅在于式中的变量变成了已实现的回报率以及风险而不是事前值。当基金和基金进行比较时，詹森指数越高越好。

詹森模型奠定了基金绩效衡量的理论基础，也是迄今为止使用最广泛的模型之一。但是，詹森指数评估基金隐含了一个假设，即基金的非系统性风险已经通过投资组合彻底分散掉了。因此，该模型只反映了收益率和系统性风险因子之间的关系。如果基金没有完全消除掉非系统性风险，则詹森指数可能给出错误的信息。

上述三种方法都是考察每单位风险回报率，从而将所获得的回报率的绝对水平与所面临的风险联系起来，并建立一种经过风险调整后的业绩度量，最后根据业绩度量对基金业绩进行排序。每单位风险回报率最高的基金是业绩最好的基金，反之，每单位风险回报率最低的基金则被认为是业绩最差的基金。

总之，三大经典指标各具特色，其依赖的理论基础、风险衡量方法和适用性也各不相同，具体区别如表 5 - 11。

**表 5 - 11　夏普指数、特雷诺指数和詹森指数的比较**

| 比较项目 | 夏普指数 | 特雷诺指数 | 詹森指数 |
|---|---|---|---|
| 比较基准 | 无风险收益率 | 无风险收益率 | 正常收益率（无风险收益率＋对系统风险的补偿） |
| 理论基础 | 资本市场线 | 资本资产定价模型 | 资本资产定价模型 |
| 风险范围 | 总体风险 | 系统风险 | 系统风险 |
| 标准值 | 相对值 | 相对值 | 绝对值 |
| 适用性 | 评价的资产作为投资的整体或大部分 | 评价的资产是投资的一部分 | 评价的资产是投资的一部分 |

资料来源：于瑾，束景虹．投资分析[M]．对外经济贸易大学出版社，2009：271。

(2) 改进的绩效评估方法。

传统的单因素业绩评价方法由于经济意义不够直观明确、前提假设难以满足、业绩评价结果高度依赖基准组合的选择以及不能直观地反映基金经理的选股能力、择时能力等局限和不足，因此，学者们提出了股价比率、$M^2$ 测度和多因素模型等多种改进方法。

第一，估价比率——对詹森指数的改进。估价比率（Appraisal Ratio）是用资产组合的 $\alpha$ 值除以其非系统性风险，它测算的是每单位非系统性风险所带来的非常规收益。非系统性风险是指在原则上可以通过持有市场上全部资产组合而完全分散掉的那一部分风险。由于各种经风险调整收益的指标在本质上是不同的，因此，它们对某一基金业绩的评估并不完全一致。

第二，$M^2$ 测度指标——对夏普比率的改进。$M^2$ 测度是引入经改进的夏普比率后建立的测度标准，即莫迪利安尼的平方测度，用 $M^2$ 表示（Modigliani，1997）。与夏普比率类似，$M^2$ 测度也把总风险作为风险的度量，但这种收益调整方法很容易解释为什么相对于不同市场基准指数会有不同的收益水平。

$M^2$ 测度的计算方法如下：假定把一定量的无风险证券（如国库券）头寸加入某资产组合，这个经过调整的投资组合的风险就可以与市场组合的风险相等。例如，若投资组合 P 的标准差为 m/n（m/n＜1，卖空无风险资产；m/n＞1，买入无风险资产，经过风险调整的资产组合 $P^*$ 已包括 n/m 的投资组合 P 和（1—n/m）的无风险资产。因此，$M^2$ 测度就等于经调整的投资组合期望收益率 $E(r^*_p)$ 与市场组合的期望收益率 $E(r_m)$ 之差，它反映的是在同样市场组合风险下经调整的投资组合 P 的期望收益率 $E(r^*_p)$ 与市场组合的期望收益率 $E(r_m)$ 之间的比较。$M^2$ 测度与詹森比率在形式上一样，都以百分比形式表示，其方程式为

$$M^2 = E(r^*_p) - E(r_m) \tag{5-34}$$

如果 $M^2>0$，说明资产组合收益率领先市场指数；反之，如果 $M^2<0$，说明资产组合收益率落后于市场组合。

经风险调整后的三大经典单因素绩效评估指标出现以后，其普及应用一度滞后。对此现象的一种解释是因为统计数据对业绩呈现出普遍的负评价。但基金行业仍得到了长足的发展，投资者为什么还要交易基金？基于这些现象，很多学者开始研究传统绩效评价方法是否真正有效。在 Roll（1977，1978）和 Admati（1986）等人的研究基础上，研究者发现，若投资组合收益率受到多种因素的影响，我们在评价绩效的时候必须考虑哪些因素会对绩效产生作用，则使用多因素模型来代替单因素模型进行基金绩效的评估能够得到较好的估计效果，其中应用较多的是 APT 法和夏普风格指数方法。

第三，APT 法。Leman 和 Modest（1987）首次提出运用套利定价理论（APT）来确定基准进行基金业绩评价。他们认为影响证券收益的因素为市场平均指数收益、股票规模、公司的账面价值与市场价值比（BE/ME）、市盈率（P/E）、公司前期的销售增长等。Fama 和 French（1993）在此基础上提出了“三因素模型”。它是以市场组合的超额收益率、组合中小规模股票与大规模股票的收益率之差、高账面值与市值股票和低账面值与市值股票之差作为变量。这个模型认为投资组合的超额收益可以通过组合收益对三种因素的敏感性得到解释，而且可以改善 CAPM 的平均定价误差，很好地描述横截面平均股票收益率的变动。Carhart（1997）在三因素模型的基础上，增加了证券收益率的态势变量，建立了四因素模型，对美国 1962—1993 年基金业绩的持续性进行了检验，该模型显著地降低三

因素模型的平均定价误差，很好地描述了横截面平均收益率的变动。

以上多因素模型的基本假设是：各种证券剩余收益之间不相关；任意两个影响证券收益的因素之间以及任意影响因素和剩余收益之间不相关。多因素模型的一般数学表达式如下：

$$R_i = a_i + b_{i1}F_1 + b_{i2}F_2 + \cdots + b_{in}F_n + \varepsilon_i \quad (5-35)$$

式(5-35)中：$R_i$ 为证券 i 的收益率；$F_1$，$F_2$，…，$F_n$ 分别代表影响 i 证券收益的各个因素值；$b_{i1}$，$b_{i2}$，…，$b_{in}$分别代表各个因素对证券收益变化的敏感系数；$a_i$ 表示为证券收益率中独立于各种因素变化的部分。

第四，夏普风格指数方法。夏普风格指数方法首先是由夏普(Sharpe，1992)提出，是一种选取代表不同风格的基准投资组合对基金收益率进行拟合的方法。传统的基金业绩评估主要是通过构造风险调整指标进行的，但这种评估方法的缺陷是忽略了基金投资风格对基金业绩的影响。夏普(Sharpe，1988)最先使用投资风格指数进行基金投资风格的鉴别，夏普的风格分析根据基金主要资产收益率变化来决定基金的风险敞口分析，并使用二次编程的方法，目的是根据基金的投资策略的初步信息来构建最佳的资产分类风险敞口。他构建了一个有十二类资产的模型，将基金可投资的资产分为债券、国库券、公司债券、外国股票等，并确立了如下的资产分类因素模型：

$$R_i = [b_{i1}F_1 + b_{i2}F_2 + \cdots + b_{in}F_n] + e_i \quad (5-36)$$

式(5-36)中：$R_i$ 是第 i 只资产的收益率；$F_1$，$F_2$，…，$F_n$ 分别代表各种对资产有影响的因素的值；$b_{i1}$，$b_{i2}$，…，$b_{in}$分别代表各个因素对证券收益变化的敏感系数；$e_i$ 是资产收益不能被影响因素解释的部分，也就是第 i 只资产的非因素收益组成部分。

与一般的线性回归方法不同的是，该因子模型中敏感系数的估计采用的是约束条件下的二次规划方法，约束条件为：所有的敏感系数 $b_{ij}$之和为 1，并且 $b_{ij}$的值为非负。

$$b_{i1} + b_{i2} + \cdots + b_{in} = 1 \quad (5-37)$$

在所有的敏感系数中，最大的 $b_{ij}$所对应的资产风格就是该基金的投资风格。对资产 i 而言：

$$R^2 = 1 - \frac{\text{var}(e_i)}{\text{var}(R_i)} \quad (5-38)$$

$R^2$ 是基金投资风格对基金收益的贡献，$1-R^2$ 为基金经理管理能力对基金收益的贡献。夏普(1992)的研究发现，基金业绩中 90%以上的部分是由基金投资风格决定的，具有不同投资风格的基金在市场上的表现具有显著差异。所以，在基金业绩评估中，对影响基金业绩的共同因素进行调整时，对基金经理人的非主观因素(如资产的风险水平和资产的投资风格)都应该进行调整，只有这样，才能对基金业绩进行有效评估。

对资产分类因素模型方程变形如下：

$$e_i = R_i - [b_{i1}F_1 + b_{i2}F_2 + \cdots + b_{in}F_n] \quad (5-39)$$

上式中，$e_i$ 表示基金的收益率 $R_i$ 和一个相同风格的被动式资产组合的收益率 $[b_{i1}F_1+b_{i2}F_2+\cdots+b_{in}F_n]$ 之间的差异。风格分析的目的是为了选择这样一种风格使差异 ei 的方差（variance）最小化。这样的差异 $e_i$ 被夏普（1992）称为跟踪误差（tracking error），差异的方差被称为跟踪方差（Tracking Variance）。要注意的是，风格分析的目的并不是要最小化差异 $e_i$ 的平均值或者差异 $e_i$ 的平方值，这样的方法也不是为了挑选出一种投资风格使某只基金看起来更好或者更差。投资风格分析其实是为了发现更多的关于基金评估期间内由于基金主要资产收益率变化所带来基金的风险敞口问题的信息。

跟踪误差产生原因是由于目标投资组合事先确定了投资基准，投资管理者就要跟踪该基准投资组合，定期进行绩效对比。限于投资规模和投资管理者的能力，在投资组合存续期间，不可能达到实际投资组合和基准投资组合的完全一致，因而产生了跟踪误差。对被动性基金或称指数基金则努力减少对基准指数的跟踪误差，取得与基准指数相近的投资回报。

夏普风格指数方法在判断某一资产组合的投资风格时，其一个隐含的前提假设就是基金经理人在整个期间内的投资风格未发生变化。这一前提假设与市场的实际状况有较大的差异，特别是当基金经理人在这段期间内变化了其投资风格时，该方法计算的就是基金在 t 以前这段期间内投资风格的平均水平，而不是基金在 t 时刻的投资风格，这是夏普方法的一个重要缺陷。目前，针对夏普方法的这个缺陷进行改进的方法有很多，例如，晨星公司的“风格阵”就是针对基金投资风格变化的鉴别方法，但该方法对基金持股明细数据的要求比较高，由于我国证券投资基金仅公布持股前十位的股票，无法有效使用晨星公司的“风格阵”进行投资风格鉴别。因此，使用夏普的投资风格指数方法进行投资风格鉴别是目前比较可行的方法。

多因素模型部分地解决了单因素模型存在的问题，模型的解释能力也有所加强。尽管多因素模型的拟合效果要稍好于单因素模型，但由于前者在数据的获取上存在较大困难，而且所选择的回归因素之间存在相关性。从因素的选择及运算的简便性的角度看，单因素模型要比多因素模型好。在实证研究中，多因素模型要求能够识别所有的相关因素。而资产定价理论并没有给出风险资产定价所需要的全部因素或者因素的个数，所以，在实证中，因素的选择就受到个人主观判断的影响；并且多因素模型仍然没有办法解释资产收益的实质性差别，绩效评估的结果对于因素选择十分敏感。正是由于上述原因，单因素模型和多因素模型孰优孰劣至今在西方国家尚无定论。

**3. 时机选择能力评估**

投资组合总体业绩评价只能给出投资组合运行的整体结果，而不能说明投资组合业绩的成因。对于积极管理的投资组合而言，其业绩的好坏主要取决于两个方面：一个是它的证券选择能力（Stock Selection），即基金经理买入价格低估的股票、卖出价格高估的股票的能力；另一个是它的择时能力（Market Timing），即通过对市场走势的正确估计，据此进行投资组合权重的选择，即在风险资产和无风险资产之间转移资金，以及在什么时间买入或者卖出投资组合中所增加或减少的股票仓位，使投资成本最低或收益最高的能力。

选股能力和择时能力对投资组合的业绩来说至关重要，两者也是相辅相成的。如果基金经理不对市场实际进行判断从而改变股票仓位的轻重，而仅仅集中于股票选择的操作，投资组合的平均β值将是相当稳定的，在坐标轴上，投资组合的超额回报率（基金收益—无风险收益，$R_p—R_f$，纵轴）相对于市场超额回报率（市场收益—无风险收益，$R_m—R_f$，横轴）的散点分布将会表现出一种线性关系，也就是说，投资组合仅仅能够获取和与其选择的风险相匹配的收益。如果基金经理对市场时机进行了选择，但没有能正确地估计出市场的变动趋势，散点分布仍将表现出线性关系，只是散点的分布在拟合特征线(Characteristic Line)的周围更加分散而已。如果基金经理能够准确地判断出市场的走势，并据此改变投资组合中的资产配置，即在市场上升时，通过提高投资组合中的权益比例来增加投资组合和股票市场的相关度，投资组合的β值更高，其回报率的上升速度也要高于市场水平，而在市场下降时，可以降低投资组合中的权益比例，投资组合的β值会相应降低，投资组合回报率的下降要低于市场回报率的下降水平，在图形上表现为特征线是一条凹向原点的曲线。传统的投资组合业绩评价方法（主要是詹森模型）认为组合的β值是不变的，而且没有考虑基金经理人的市场时机选择能力。但事实上，β值是时变的，这是因为被动型策略的股票权重随相应价值而改变，主动型策略能积极控制组合的权重构成。因此，可以通过观察β值的变化来判断基金经理对市场时机的选择能力。

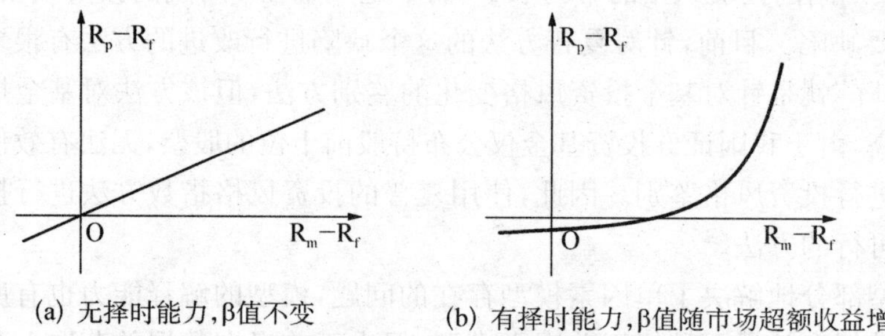


(a) 无择时能力，β值不变　　(b) 有择时能力，β值随市场超额收益增长

**图 5-21　选股择时**

在市场时机选择能力的评估中，根据詹森系数法，可以得知资产组合的平均收益率与其β值密切相关，同时也取决于市场组合收益率与无风险收益率的对比关系。据此，优秀的管理者在预期市场行情将上升时，$r_m > r_f$，则应选择β值相对较小的证券组合；相反，在预期市场行情将下跌时，$r_m < r_f$，应选择β值相对小的证券组合。调整β值有两种基本途径：一是改变投资组合中风险证券与固定收益证券的比例；二是改变风险证券中高β值证券和低β值证券的比例。

为了评估管理者的市场实际选择能力，可以采取二次回归方法。二次回归模型为

$$R_{pt} - r_{ft} = \alpha + b(r_{mt} - r_{ft}) + c(r_{mt} - r_{ft})^2 + \varepsilon_{pt} \quad (5-40)$$

上式中，$r_{pt}$为投资组合在t时期的收益率；$\varepsilon_{pt}$为随机误差项；α、b、c三个参数的值可以用标准的二次回归法计算获得，其中，b为投资组合承担的系统风险，c为市场时机选择评价指标。如果c为正，表明管理者正确地选择了市场时机。值得指出的是，这里的α已经不同于詹森系数法中的α，它反映的是管理者选择证券的能力。因为经过二次回归后，管

理者选择市场时机的能力已经通过 c 得到了反映。因此，二次回归法既能测度管理者的市场时机选择能力，又能测度管理者的证券选择能力。

## 第三节　资产配置与风险管理

### □ 一、资产配置

资产配置是投资决策的首要环节。首先必须有一个明确的或不太明确的资产配置的决策，投资者才能作出具体的证券选择和市场时机选择，例如，投资者应将资金投资在哪些资产类型上，各类资产的投资比例是多少，投资时机应该怎样选择。有关的研究表明，在不同的证券组合收益的差异中，资产配置决策起到 95%的解释作用[①]。资产配置是决定证券投资收益性、安全性的根本因素，资产配置越来越成为金融界关注的焦点。

资产配置包括资产类别的选择、投资组合中各类资产权重的确定以及对投资过程的管理。资产配置可以分为战略性资产配置(Strategic Asset Allocation, SAA)和战术性资产配置(Tactical Asset Allocation, TAA)。

#### 1. 战略置产配置

战略性资产配置是指根据投资者的风险——收益目标，对投资资产做出的一种事前的、整体性的规划和安排，即决定资产组合中大类资产的权重。战略性资产配置试图确定如何在不同类别的资产之间进行最优的长期投资组合，较少关注市场的短期波动。战略性资产配置很少发生变动，其变动主要基于以下因素的变化：一是投资者风险——收益目标的改变；二是对资产的潜在风险、收益预期发生改观；三是市场中出现新的资产类别或投资机会等。为了获得长期投资收益，战略性资产配置在投资期内并非一劳永逸，也需要根据市场行情适时调整，从而产生了与之相对应的战术性资产配置。

(1) 选择组合资产。在战略性资产配置的过程中，经济周期的变化、资产投资时间的长短等会影响股票、债券和现金等各类资产的相对收益率和风险水平，进而影响战略资产配置的结果。

第一，经济周期对战略性资产配置的影响。经济增长周期通常划分为四个阶段，即潜在水平之下的扩张、潜在水平之上的增长扩张、不可持续水平上的紧缩和潜在水平之下的紧缩，各个阶段对应于不同的资产收益率特征。

阶段一：股票和债券表现优于现金。阶段一是从经济活动的谷底开始的(如图 5-22)。在这个阶段，过剩的存货被出清，生产恢复到正常水平，就业机会增加、可支配收入和消费大幅增加。由于经济的低迷，短期利率远远低于长期利率。经济在潜在水平之下运行，不管是劳动力市场还是资本市场的生产能力都是过剩的，通货膨胀在可控范围内。

① Brinson, Gary P, Gilbert,, Beebower and L. Randolph Hood, Determinants Portfolio Performance. [J]. *Financial Analysts Journals*, 1986(7)。

固定资产利用率较高，边际成本较低，公司的边际收益倾向于急剧膨胀。巨大的利润和急剧上升的每股收益使股票市场业绩走强。股票和债券在这一阶段表现相对较好，且股票的表现比债券稍强。股票和债券的收益率都高于现金。商品收益率比股票和债券低，但比现金略高。

阶段二：股票收益率略高于现金，债券表现不佳。当经济增长在可持续水平之上加速时，产出缺口变成负值，通货膨胀压力上升。生产能力扩张，资本设备投资开始增加以满足市场不断上升的需求，资本品制造商的收益很好。潜在水平之上的增长导致了对通货膨胀的关注，一旦通货膨胀爆发，市场预期中央银行将提高利率，导致债券市场的低迷。

在这个阶段的初期，股票收入增长和对通货膨胀率和利率走高的预期之间展开了激烈的竞争。不断上升的利率加大了远期股息的贴现因子以及其他投资(包括现金等)的吸引力，股票因此开始疲软。

阶段三：现金和债券的表现优于股票。在第三阶段，增长从周期的顶峰向下挫，促使了产出缺口的缩小。在这个阶段，增长仍在潜在水平之上，通货膨胀压力仍然持续。这是周期中一个较为危险的阶段，因为此时政策致力于缓和过度的增长，但其反应却往往矫枉过正，最终导致经济的衰退。紧缩的货币政策和通胀共同导致股票的低收益率。小盘股相对大盘股节节失利。紧缩的货币政策和减速的经济增长为债券提供了一个良好的环境，由于与该阶段相适应的货币政策是低利率政策，因此，债券的收益率具有一定的保障，表现优于股票。

阶段四：股票和债券的表现优于现金。经济增长周期一般是由存货周期决定的。过多的存货会引起制造部门的大幅下滑。同时，投资活动需求和利润的降低引起资本过剩，资本投资进入萧条。这对就业、消费和信心构成影响，导致整体经济的下滑。全面衰退的主要标志是收益曲线的逆转，也即短期利率超过长期利率的时候。股票实际上在这个阶段获得最高收益，源于过度的流动性和对经济增长预期的好转(因为生产能力利用率和边际收益的提高)。这个阶段也是债券表现最好的一个阶段，因为此时通货膨胀处于螺旋下降期且有融通性的货币政策环境。现金收益率从高处下滑，比股票和债券的收益率都低。

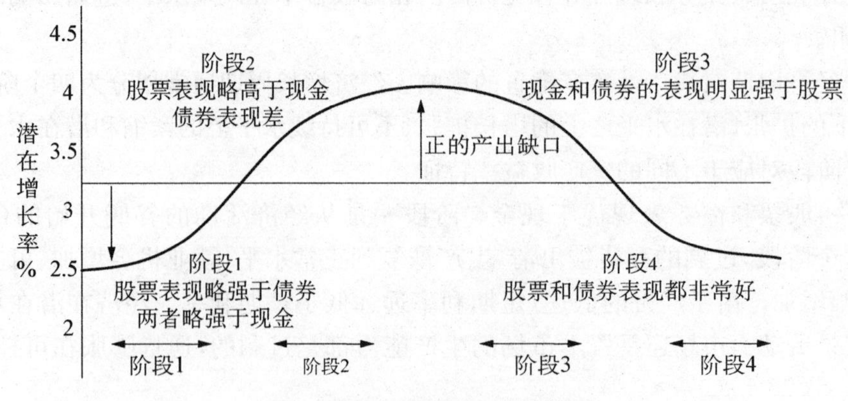


**图 5－22　经济周期与资产表现**

第二，资产投资期限对战略性资产配置的影响。当股票的期望收益率具有均值复归性质时，投资期限对资产配置结果具有决定性的作用。投资期限越长，投资者在股票上配置的比例就越高。股票均值回复的特性是指股票长期的高收益往往伴随着其后的低收益，反之亦然。债券由于长期受到通货膨胀率不确定性的影响而具有比股票更大的风险。

通常情况下，投资者关心的不仅仅是资产当前的期望收益率和风险，更重要的是它们如何随时间变化，因此，长期投资者对收益—风险的认识与短期投资者完全不同。对于长期投资者来说，他们关心的并不是资产价值在短期的变化。从长期来看，股票具有稳定的平均回报，所以，长期投资者会比短期投资者更多地将资产配置到股票。

(2) 选择最优投资组合。最优投资组合的首要评判标准即是否与投资者的投资目标相一致。通常，投资组合的目标有保本、收益、收益增长和资本增值四种。

保本，即投资者不能容忍任何本金的损失。因此，对于投资目标在于保本的投资组合，应该将所有资产投资于类似于无风险资产的短期国库券、银行大额存单或其他货币市场工具。这一类投资者对风险的容忍度很低，对收益率的要求也不高，因此，投资于低风险低收益的资产将是最好的选择。

收益目标与保本目标不同，没有强行规定本金的价值不能出现一定时期的下降。因此，对于投资目标在于收益的投资组合，应该将大部分资产配置于债券、部分配置于股票。此类投资者对风险的承受能力高于保本的投资者，对收益水平也有一定的要求。投资组合中可以配置小部分的股票资产和大部分的债券资产，但所投资的债券种类则不仅限于几乎无风险的短期债券，而且可以适当投资于公司债券、政府债券或长期国债等。

收益增长是指在收益目标的基础上考虑通货膨胀对投资者收益的影响，长期来看，这一类型的投资者要求更高的投资收益。对于投资目标在于收益增长的投资组合，投资者要求投资组合的收益率至少等于通货膨胀率，收益增长的目标牺牲了部分当前的收益来保持购买力。因此，投资者应该适当地将部分资产配置于股票以实现资产的增值。

对于投资目标在于资本增值的投资组合，该类投资者比较激进，应该将大部分资产配置于股票，少量资产配置于债券。这一类投资者对风险的容忍力很高，对收益的要求也很高。这类投资者对资本价值的持续增长比对从中获得额外的收益更感兴趣。因此，比较适宜投资于高风险、高收益的长期成长型资产。

**2. 战术资产配置**

战术性资产配置是指在根据战略性资产配置确定各个资产类别的基础上，基于短期的数据和资本市场环境及经济条件对资产配置状态进行动态调整从而增加投资组合价值的积极战略。战术资产配置也包括对最初设定好的资产类别的二次配置。战术性资产配置一般是建立在分析工具基础上的客观、量化的过程。这一过程主要受某种资产类别预期收益率的客观测度驱使，属于以价值为导向的过程。可能的驱动因素包括在现金收益、长期债券的到期收益率基础上计算股票的预期收益，或按照股票市场股息贴现模型评估股票实用收益变化等。投资者通过测度方法确定哪些资产已经失去吸引力以及哪些资产仍具有潜在的上升空间，从而调整资产配置的结构并从市场变动的过程中获得超额收益。影响战术性资产配置效果的主要因素取决于资产管理者的证券选择和市场时机选择能力

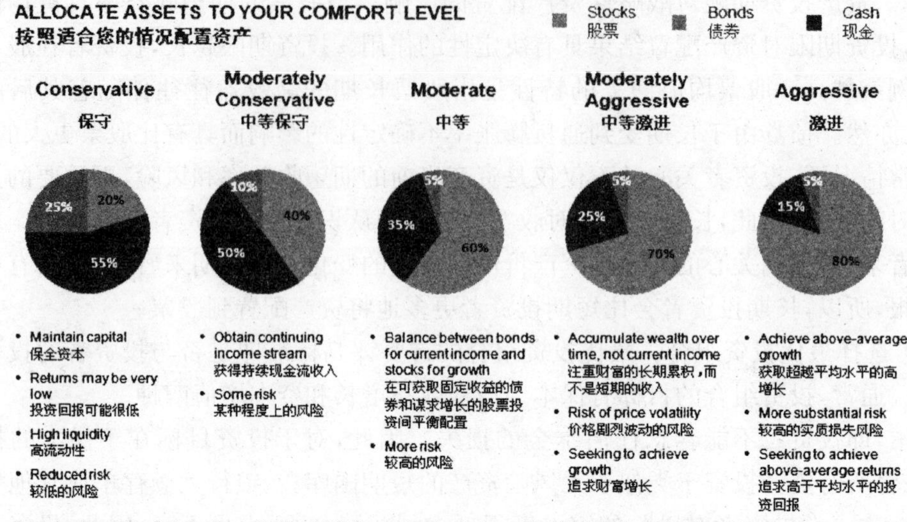


Asset allocation models reflect allocations for Merrill Lynch U.S. Research investment policy as of April 2007. Merrill Lynch has changed the allocations for each model in the past and may change the allocations in the future, depending on research and investment strategy recommendations.
资产配置模型基于美林证券美国研究部门在 2007 年 4 月的投资策略研究。根据投资研究成果和投资策略建议，美林证券在过去曾调整对每一个模型的配置，并可能在将来继续调整。

图 5－23　美林证券为客户提供的资产配置组合

资料来源：美林证券。

的高低。

战术资产配置对战略资产配置的调整方法主要有固定调整机制和主动调整机制两种。固定调整机制是指投资者根据市场行情的变化，按照某种固定的规则，对各类资产的比例进行机械性地调整，这种调整方式也称为动态资产配置。固定调整机制的基本策略是购买并持有策略、恒定混合策略以及投资组合保险策略。其中，购买并持有策略是消极的投资策略，而恒定混合策略和投资组合保险策略则是积极的投资策略。主动调整机制则是基于标的资产短期的风险—收益特征的预测数据来对资产配置进行“相机抉择”。

(1) 买入并持有策略。买入并持有策略是指按照确定的恰当的资产配置比例构造了整个资产组合后，在适当的持有期内不改变资产配置状态。买入并持有策略是消极性的长期再平衡方式，适用于具有长期规划的投资者，是一种消极的战术资产配置策略。一方面，应用买入并持有策略使投资组合完全暴露于市场风险之下，投资者放弃了从市场环境变动中获利的可能性，同时还放弃了因投资者的效用函数或风险承受能力的变化而改变资产配置状态，从而提高投资者效用的可能。另一方面，由于几乎不需要对投资组合进行再平衡调整，它具有交易成本和管理费用较小的优势。因此，买入并持有策略适用于资本市场环境和投资者的偏好变化不大或者改变资产配置状态的成本大于收益时的状态。

通常情况下，采取买入并持有策略的投资者会忽略市场的短期波动，而着眼于长期投资。由于投资者投资于风险资产的比例与其风险承受能力正相关，由于采取买入并持有策略的投资者的投资组合不随市场的变化而变化，因此，其风险承受能力也不随市场的变化而变化。买入并持有战略的投资组合价值与股票市场价值保持同方向、同比例地变动，并最终取决于最初的战略性资产配置所决定的资产构成。

买入并持有策略既能享受市场不断上涨所带来的收益，也要承担市场不断下跌所带来的风险。当市场行情有利时，投资于股票资产的百分比越大，则买入并持有策略的执行效果越好；当市场行情不利时，投资于股票资产的百分比越小，则买入并持有策略的执行效果越好。随着市场行情的好转，资产组合中股票资产的配置逐渐增加；随着市场行情的恶化，资产组合中股票资产的配置逐渐减少将是不进行投资组合过程调整的自然结果。

（2）恒定混合策略。恒定混合策略是指保持投资组合中各类资产的权重固定不变。其操作方式为：在投资期内，将投资组合中的风险资产和保守资产按照固定的比例分配。如果随着市场行情的变化，风险资产和保守资产的比例发生变化，则必须对两种资产的头寸进行调整以维持最初设定的资产组合的比例。因此，投资组合的总价值会随着风险资产价值的变化而发生变化。

恒定混合策略对资产配置的调整并非基于资产收益率的变动或者投资者的风险承受能力变动，而是假定资产的收益情况和投资者偏好没有大的改变，因而最优投资组合的配置比例不变。恒定混合策略适用于风险承受能力较稳定的投资者，在风险资产市场下跌时，他们的风险承受能力不像一般投资者那样下降，而是保持不变，因而其风险资产的比例反而上升，风险收益补偿也随之上升；反之，当风险资产市场价格上升时，投资者的风险承受能力仍然保持不变，其风险资产的比例将下降，风险收益补偿也下降。

假设投资者的资产组合是股票资产和现金的组合，其比例固定。当股价上涨时，资产组合中股票资产的价值将上升，为了保持资产组合中各类资产的比例固定，投资者需要卖出股票资产换取现金；反之，当股价下跌时，资产组合中股票资产的价值将下降，为了保持资产组合中各类资产的比例固定，投资者需要用现金去购买股票资产。

由于在股票市场整体上升时卖出股票，减少了高回报率资产在资产组合中的比重，因此，恒定混合策略的回报率在市场上升阶段低于购买并持有策略。由于采取恒定混合策略的投资者在股票市场整体下跌时买进股票，增加了资产回报率较低的资产的配置，因此，在市场行情下跌时，恒定混合策略的表现仍然低于购买并持有策略。总之，这种策略在市场上升阶段损失了一部分利润，在市场下跌的阶段增加了一部分损失。

为什么仍然有许多投资者选择这一策略呢？因为市场行情是瞬息万变的，上升和下降的行情更迭交替。例如，当市场行情下跌时，购买并持有策略中的资产配置不变，而恒定混合策略则增加了股票资产的配置。如果市场行情回升至原来的状态，则购买并持有策略的投资者处于和初始状态相同的位置，而恒定混合策略的投资者则通过在市场行情的变动中再平衡获得了收益。

（3）投资组合保险策略。投资组合保险策略是在将一部分资金投资于无风险资产从而确保资产组合最低价值的前提下，将其余资金投资于风险资产，并随着市场的变动调整风险资产和无风险资产的比例，同时不放弃资产升值潜力的动态性的资产调整策略。投资组合保险策略所需要的再平衡和交易的程度最高。当投资组合资产的价值随着风险资产收益率的提高而上升时，风险资产在资产配置中的比例也随之提高；当投资组合资产的价值随着风险资产收益率的下跌而下降时，风险资产在资产配置中的比例也随之下降。

投资组合保险的一种简化形式是恒定比例投资组合保险（Constant-proportion

Portfolio Insurance，CPPI)，这一投资组合保险策略的一般形式是：

$$A_t = D_t + E_t \tag{5-41}$$

$$E_t = mx(A_t - F_t) \tag{5-42}$$

其中，E 是应投资于主动性资产的仓位(Exposure)；A 是资产总值；F 为最低保险金额；而(A—F)是缓冲头寸；mx 为风险乘数，用来衡量恒定比例投资组合保险策略的风险偏好程度。这一策略假定投资者的风险承受能力随着投资组合价值的提高而上升，同时假定各类资产收益率不发生大的变化。

恒定比例投资组合保险策略的一般操作方法是：首先确定投资组合的最低价值，全部投资价值和最低价值之差表示对最低价值提供的有效保护。当股票价格上涨时，则买进股票以增加股票资产的配置；当股票价格下跌时，则卖出股票以减少股票资产的配置。

例如，我们假设投资组合的初始价值是 10 000 元，投资者期望的最低价值是7 500元，则最初的有效保护金额为 2 500 元。假设风险乘数为 2，最初在股票资产上的投资金额为 2×2 500 ＝ 5 000 元，同时投资于货币市场工具的金额为 5 000 元。假设由于股票市场行情下跌 20%，则股票资产的价值从 5 000 元下降到 4 000 元，投资组合总资产下降为 9 000 元。有效保护金额也随之下降为 9 000 － 7 500 ＝ 1 500 元，利用新的有效保护金额计算股票资产的当前配置金额应为 2×1 500 ＝ 3 000 元，比目前的 4 000 元下降了 1 000 元，因此，卖出价值 1 000 元的股票，用来购买货币市场工具。如果股票市场行情上涨 20%，则股票资产从 5 000 元上升为 6 000 元，投资组合总资产上升为 11 000 元。有效保护金额也随之上升 11 000 － 7 500 ＝ 3 500 元，利用新的有效保护金额计算股票资产的当前配置金额应为 2×3 500 ＝ 7 000 元，比目前的 6 000 元上升了 1 000 元，因此，卖出价值 1 000 元的货币市场工具，用来买入股票资产。

从上述例子可以看出，恒定比例投资组合保险策略相对于购买并持有策略在市场处于极端状况时运作得更好。在市场行情上升时，该策略通过增加股票资产的配置，有效地利用了杠杆效应增加了资产的增值；在市场行情下跌时，该策略通过降低股票资产的比重，有效地利用杠杆效应减少了市场下跌带来的损失。由于市场行情瞬息万变，在某些情况下，恒定比例投资组合保险策略也会造成较大的损失。当市场行情上升时，购买并持有策略中的资产配置不变，而恒定比例投资组合保险策略则增加了股票资产的配置。如果市场行情回升至原来的状态，则购买并持有策略的投资者处于和初始状态相同的位置，而采用恒定比例投资组合保险策略的投资者则通过卖出股票对资产进行再平衡，高买低卖使投资者产生一定的损失。

综上所述，购买并持有策略是一种消极的投资策略。无论市场处于上升状态还是下降状态，该策略的资产配置都不发生变化，在牛市或市场稳定状态时，其收益情况较好。恒定混合策略是一种积极的投资策略。当市场处于上升状态时，卖出股票资产；当市场处于下降状态时，买入股票资产。当市场行情瞬息万变时，投资者可以利用市场波动获得资产价值的增值，该投资策略会取得较高的收益。恒定比例投资组合保险策略也是一种积极的投资策略。当市场处于上升状态时，买入股票资产；当市场处于下降状态时，卖出股票资产。当市场环境处于极端状态(即持续增长或持续下降)时,投资者的收益将以杠杆倍数上升,损失也将以杠杆倍数减少,该策略会取得优于其他策略的收益。

3. 固定比例资产配置模型

(1) 固定比例资产配置模型的基本含义。所谓固定比例资产配置模型,是指组合中各个板块的资产占总资产的比例是固定的,并且是公开的。这是一个积极调整的过程,一般要求价格相对下跌时买进该板块资产,在价格相对上升时抛售该板块资产。这种在某一平衡点进行的调整是遵循某种决策法则的。与长期持有战略相比,固定的资产配置组合战略通常在市场略有震荡但并不明显地偏向同一个方向时较为有效。

固定的资产配置和期权相结合的组合技术是一种更为复杂的"买入组合保险"的过程。运用固定比例的资产配置战略会在资产价格相对下跌时卖出,而在相反的情况下买入。一个期权组合战略可以概括为获得在资产价格相对下跌时以某一固定价格卖出资产的权利,期权期满时的这种特性使资产组合的有效实施得到了跨时期的保障。长期资产投资者可能会发现这样的方法并不令人完全满意,因为对于期权的购置需要付出额外的管理成本。因此,在一个趋势不明显却又常常波动的市场里,固定比例的资产组合与期权相结合的战略表现得尚不如长期持有战略。

(2) 固定比例资产配置模型的基本方式。固定比例资产配置模型有两种基本方式,即固定周期调整型的资产配置模型和固定目标波动区调整型的资产配置模型。所谓固定周期调整型的资产配置模型,是指总资产中各类资产的投资比例在一定的周期内(如月度、季度、半年度或年度等)保持不变,而在周期届满时可进行调整的资产配置方式。所谓固定目标波动区调整型的资产配置模型,是指对总资产中的各类资产的投资比例预先设定一定的可允许的波动区域,当各类资产的组合价值波动幅度未超过预先设定的允许波动区域时,对各类资产的投资比例不进行调整,而当各类资产的组合价值超过预先设定的波动区域时,则对各类资产的投资比例进行调整的资产配置方式。

(3) 基于标准差的目标波动区域调整型资产配置模型。目标波动区域调整型资产配置模型认为,资产在不同形式之间(股权、债权)的配置与资产在同一形式下的二次配置,资产配置中组合之间价值波动的相关性是不一样的。对资产配置中的股权部分允许有±5%的波动和固定回报率的资产的市场价值发生±5%的波动的意义是完全不同的。这是建立在资产配置组合中有两种以上的资产的假设前提上的。例如,将等分的资产分配到股票和债券市场,股票市场自身运作的性质决定了股票市值波动±5%的几率要比债券市场大得多(股票市场是高风险、高预期回报的)。

由于资产配置战略的选择是建立在对回报、波动(标准差)、相关性的预期的基础上的,因此,如果将资产配置组合调整的决策建立在对波动的预测上,包括对不同资产及其二级配置的波动的预测,这样更容易被接受。换句话说,就是通过对波动的预测,规定一个波动可接受的极值点,超过这个点即进行资产配置的调整,这样,各种流动性资产或者是二级配置资产就会有相同的几率被合理调整。这种方法将使所有流动性较好的投资项目有均等的机会在有当期收益时被卖出或是在存在远期收益时被卖出,无论它的大小如何、预期收益如何、波动性如何。这类基于波动导向的调整方法中较好的是使用标准差统计值作为衡量标准。

标准差是对过去发生的一系列事件的波动程度的衡量标准，如历史的投资收益。这样的衡量波动性的标准假设波动是对称、均匀的分布在均值两边。由于这个衡量尺度是“标准化”的，因此可以被解释为根据观察得到的事件发生的几率。例如，当标准差在±1之间波动时，事情发生的几率是67%。当把区域放宽到±2的时候，则相对应的发生几率是95%。通常，这样的可能性大小被在一个钟形区域表现出来，如正态分布曲线。

与最好的周期性调节方法相比，通过使用标准差控制波动幅度，可以提高资产组合的总收益。每种组合的最大的年度收益率被用横线标画出来。对于两种资产的简单组合，在年度收益率最大化的问题上，以标准差为基础衡量波动大小的调整方法和按比例调整的方法是同样有效的。

在简单的两种资产的配置组合中，相同的效果的发生是因为比例调整法和等概率的以波动为基础的调整的方法的实际操作基本相同。这个结论建立在组合中的两种资产的变动是完全负相关的基础上。这种相关性是发生在两种资产之间的，而不管这种调整是由于哪种资产引起的。例如，如果一种资产从50%的比例上升到55%，另一种资产必然相应地下降到45%。因此，在两种资产的配置组合中，在比例大小的变化的问题上两种资产是完全负相关的，同样地，两种资产发生变化的几率也是一样的，因为一种资产的变化就会相应地引起另一种资产的变动。

在三种或三种以上的资产之间配置资产组合时，事情就不是这样的了。在一个更为复杂的资产配置结构中，一种资产的比例变动并不一定引起其他资产比例相应地向相反的方向变化。同样地，一种资产的变动也不意味着其他各种资产有均等的可能性发生变动。

与比例调整法相比，基于波动的调整技术对于各种资产在配置组合中所占的比例更为敏感。尽管最佳的目标波动区域被证明在±10%到±11%，而最佳的标准差范围则在±2.6到±3.6之间。在比例调整法中，收缩资本波动的目标区域会使调整频度增加，同样地，对于基于波动的调整方法，在较狭窄的标准差区间里，提高资产配置组合的收益的可能性增大。

从显示的累计资产回报优势可以看出，使用固定比例的资产配置方法(规定目标方差区域为±1.2)要比最好的周期调整法(季度调整)获得更高的收益。把各种方法的高于长期持有战略的超额增长的季度收益的方差进行比较，将方差控制在±1.2之内的固定比例调整法也要比季度调整法的方差小。因此，与周期调整法相比，基于波动的调整方法在更小的风险下增加了更多的收入。

## □ 二、风险管理

证券投资存在风险。作为理性投资者，必然希望收益最大化而风险最小化，因此，证券投资的风险管理非常重要。我们可以通过分散化和资产配置对自己最优的风险水平进行投资，也可以通过各种金融创新工具进行套期保值和套利活动。风险管理不仅对公司而言能够减少公司破产成本和财务危机成本，而且能够为公司创造价值，通过度量风险进行投资决策。本部分内容从机构投资者的角度，介绍风险管理的要求和程序以及其中极为重要的三个部分，即对股票、债券和衍生工具的风险组合策略进行分析。

1. **证券投资风险管理的要求和程序**

风险管理在间接投资管理中有着举足轻重的地位。因为通过风险管理可以对各种潜在的损失进行衡量、识别和处理，从而以较低的成本有效地规避损失，有效处理投资风险所产生的后果，防止连锁反应；其次，通过风险管理，可以减少投资的波动，提高投资效率，保障投资正常进行；再次，对实际收益率的准确预期可制定出合理的投资目标及选择最佳投资方案。

风险管理是一项复杂的工作，既要从机制上进行约束、从制度上进行控制，又必须有一套具体的策略、方法和技巧进行防范。风险管理的基本要求是：①必须健全决策、执行、监督互相制约的风险管理体制。机构投资者的风险管理应当建立责任制，重大决策集中管理，一般决策分级管理。它需要组织保证，必须按照工作特点及岗位，合理设置、分工明确，做到配合制约的内控机制。②必须完善多层次的风险管理体系。不仅需要投资风险管理的衡量体系衡量每项投资交易风险的大小及影响程度，为风险管理决策提供依据；而且也需要决策体系和预警系统来规范形成最佳策略和对不利局面的警报作用。在建立预警系统时，应当根据资金供求变化的趋势和财务指标变化，建立"头寸"变化警戒线和以正常财务比率为标准的严重偏离警报装置。在风险管理的过程中，监控系统应当随时监督投资者自身可承受风险的动态变化状况，监督各类人员遵守规章制度。一旦风险暴露，应当采取风险管理的补救措施，停损或用金融衍生工具进行对冲，转嫁风险以求保值。最后，投资风险管理的评估系统要求对内控系统经评估以改进业务流程的效果，对风险管理模型进行评估，检查模型的有用性和适用性，对风险管理的业绩进行考评，目的在于激励员工、限制盲目行为。③确定有效的投资风险管理策略，包括预防、规避、分散、转嫁、保值、补偿等。④建立风险准备金，以丰补歉，冲销坏呆账，保证投资活动正常进行。

风险管理的程序包括五个阶段(见图 5-24)。在其中的风险管理策略选择中，必须遵循三条基本原则：一是成本最低原则；二是效率最高原则；三是保护受益原则。对风险管理策略的选择不仅要考虑风险暴露的性质、期限，而且必须确定它的数额和时间，才能通过对风险策略的比较获得正确的决策。

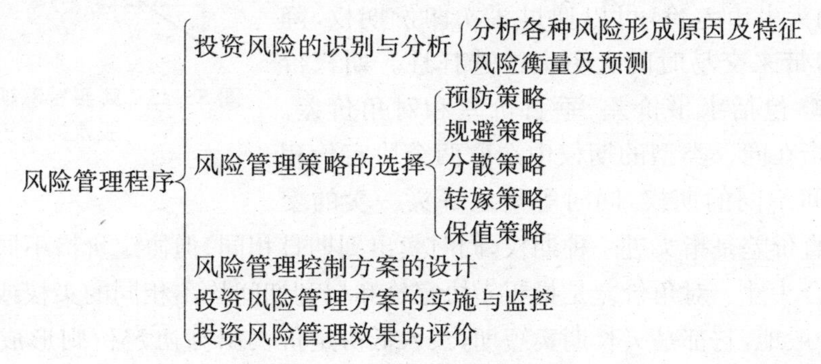


**图 5-24 风险管理程序图**

**2. 间接投资组合的管理策略**

(1) 股票投资管理策略。

股票组合管理的一般原则是超额收益和信息比率的最大化和最优化。如果给定两只股票，其对于基准收益的正(或负)预期相对收益相同，且预测收益值相同，则组合中股票权重相对于基准权重的额外值越大，组合风险就小于基准风险；如果其对于基准收益的正(或负)预期相对收益相同，且风险水平一致，则预测收益值越低的股票在组合中所占权重相对于额外值越小；如果两只股票的风险水平一致，且预期收益值相等，股票对于基准收益的正(或负)预期相对收益越大，则股票权重相对于基准权重的额外值越小。

在构建股票投资组合时，对应于给定投资管理者的目标基准，必须考虑四个主要因素：一是基准时机的选择，组合和基准之间β值的差异是产生投资收益的一个源泉。如果投资组合经理预测基准的收益为正，他就应当想办法使组合的β值大于基准的β值。二是风格因素选择。例如，风险爱好者比较激进投资于高风险资产，这种情况会给组合带来高的风险补偿。因此，如果投资管理者预测风格因素会呈现负的额外收益，他就应当将组合更少地暴露于风格因素。三是行业轮换。组合和基准之间行业权重的不平衡会带来积极的投资收益。因此，如果他预测到第 k 个行业因素将呈现出正的额外收益，他就应当加大第 k 个行业的股票权重。四是特定股票的选择。股票的特有收益即非系统性风险。如果投资管理者预测股票的特有收益大于 0，则应使股票在组合中所占比重提高。

股票风险主要指投资于某种股票或股票组合所面临的风险。单一股票的风险可以通过对股票价格的预期，使用期权等工具进行相应地管理。对于某一股票看涨，则可以直接购买该股，也可以通过购买看涨期权或牛市价差、“90：10”策略进行替代。这三种策略应用期权策略将投资风险锁定，即将损失控制在有限的范围内，而期权的杠杆作用和利润加速潜能也能为投资组合带来高收益。以下分别介绍这三种策略。

第一，购买看涨期权策略，可以防止标的的资产价格下跌带来的损失，又有机会从标的资产的价格上升中获利。如图 5-25 所示，买入看涨期权，则当标的资产价值小于执行价时，损失的只是期权费，但当股票价格上升时，则买入看涨期权策略要比直接购买股票获利。

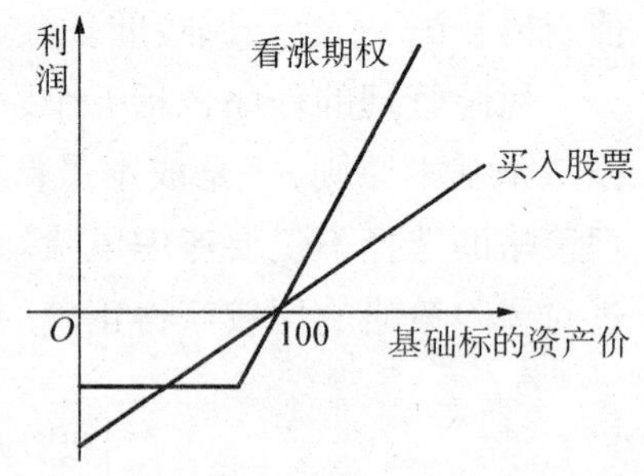


**图 5-25 购买看涨期权与直接买入股票的比较图**

第二，购买牛市差价，可以通过买卖两份期权，降低交易成本，带来交易时间上更大的选择性。期权价差的交易策略包括水平价差、垂直价差和对角价差。水平价差是指在同一类型的期权中选取两个协定价相同但权利期间不同的期权，同时等量地一买一卖的交易策略。垂直价差是指买进一种期权，同时卖出到期日相同、但协定价格不同的同种期权所形成的组合头寸。对角价差是指买卖协定价和权利期间均不相同的买权或卖权形成的期权组合，一般地，它都是买长期卖短期，买入低协定价卖出高协定价则形成了牛市对角价差；反之，“买高卖低”形成了熊市对角价差。假设一个牛市买权差价的组合：买入低

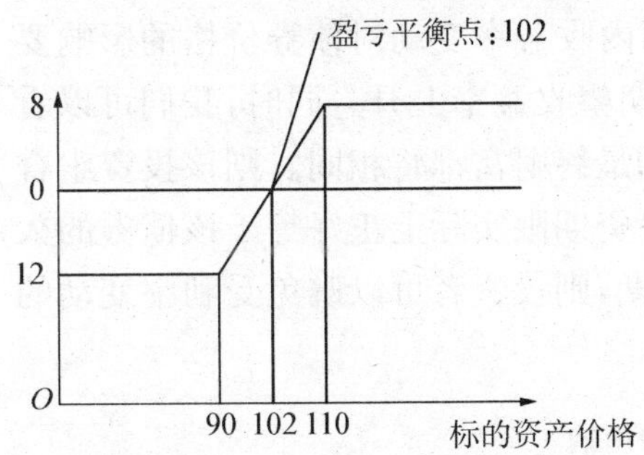


**图 5-26　牛市买卖差价的损益**

协定价 90 美元的买权,支付期权费 17 美元,卖出高协定价 110 美元的买权,得到期权费 5 美元,则净支付费用为 12 美元。牛市买卖价差的损益如图5-26 所示。潜在的最大风险为支付的期权费和收到的期权费之差为 12 美元;潜在的最大利润:较高的协定价 — 较低的协定价 — 净支付的期权费 =110−90−12 = 8(美元);盈亏平衡点:较低的协议价+净支付的期权费 = 90+12 = 102 美元。

第三,实行"90∶10"策略,即将 90%的资金投向以利息收入为主、风险较小的投资工具,以获取较低但安全的收益,而将 10%的资金投入如期权等衍生工具以获取高收益的策略组合。这种策略本质上属于保守型,但若股票大涨或大跌,由于期权投资的杠杆作用,可以规避风险,获取好于持股策略的投资收益。

(2) 债券投资管理策略。

第一,消极型管理。债券投资的消极方式主要有以下两种。

首先是债券指数投资。债券指数投资与股票指数投资方法相类似,其目的是为了获得与市场大体相同或相近的业绩。但债券指数投资有其自身的特点:一是要构造债券指数的资金量和交易成本很大,因为每个指数所包含的样本债券数量太多;二是包含在债券指数中的许多债券在市场中很少交易,持有者愿意持有它们,也不容易以公平的市场价格买到它们;三是由于债券有期限,一旦低于 1 年,就会离开指数,而那些新发行的债券又会不断地进入指数。因此,债券指数基金的管理者用分层抽样法进行替代。分层抽样法是一种分类投资的方法。它具有双重目的,一是限制指数投资组合中债券的数目,二是避免交易中债券头寸太小以及购入流动性差的债券。它的具体步骤如下:首先,将基准指数中的债券按一定规则分组,可以按债券的特性或息票利率,也可以按信用程度或期限,分类可粗可细;其次,计算各债券在样本中的权重,计算各组的权重;最后,从每一具有非零权重的组中选择有限数量的债券,构造价格加权投资组合。一般地,当资金量较小时,可以按较粗的分类进行投资;当资金量很大时,可以按较细的类别计算比重进行投资。这样获得的债券资产组合是一个接近债券指数的资产组合。检验债券指数投资的方法是检查实际投资组合与指数之间的轨迹差的绝对值,即观察或分析每个月的投资资产组合的业绩与指数业绩之差。一般而言,指数基金规模越大、资产组合的分类越细,轨迹差也越小。

其次是债券的免疫管理。1952 年,英国精算师 Redington 首次提出利率免疫技术用于帮助人寿保险公司平衡其资产债务。1971 年,Fisher 和 Weil 将其应用于债券组合管理。因为利率的上升会使债券组合价值下降,但债券的利息再投资收益会增加。组合免疫策略的机制就是投资组合采取恰当的结构,使投资期结束后的组合价值变动正好与息票收入再投资收益相抵消。因而,免疫是使价格风险和再投资风险相抵消的过程。

例如,某投资者持有 5 年期债券,息票利率为 8%,报价为 108.42 美元,收益率为 6%,如果市场收益率发生突然变化,并且假设此后市场收益率保持不变,则债券在不同投资期满时的最终财富如表 5－12 所示。根据图 5－27 可见，短期内收益率变动对债券价格的影响要大于对息票再投资的影响，所以，短期内投资者不会期望收益率上升。同时，我们可以看出，不管利率怎么变动，当投资期等于 4.34 年，所有的最终财富都将相同。则该投资组合就被称为对利率变动免疫。可以从理论上证明整个投资期限实际上正好等于该债券的久期。所以，只要满足债券组合投资期间正好等于其久期，则投资者可以避免受利率变动的影响。

**表 5－12　　收益率变动对最终财富的影响**

| 项目 | | 市场收益率 | | | | |
|---|---|---|---|---|---|---|
| | | 4% | 5% | 6% | 7% | 8% |
| 投资期间 | 1 年 | 122.52 | 118.64 | 114.93 | 111.39 | 108.00 |
| | 2 年 | 127.42 | 124.57 | 121.83 | 119.18 | 116.64 |
| | 3 年 | 132.52 | 130.80 | 129.14 | 127.53 | 125.97 |
| | 4 年 | 137.82 | 137.34 | 136.88 | 136.45 | 136.05 |
| | 5 年 | 143.33 | 144.21 | 145.10 | 146.01 | 146.93 |

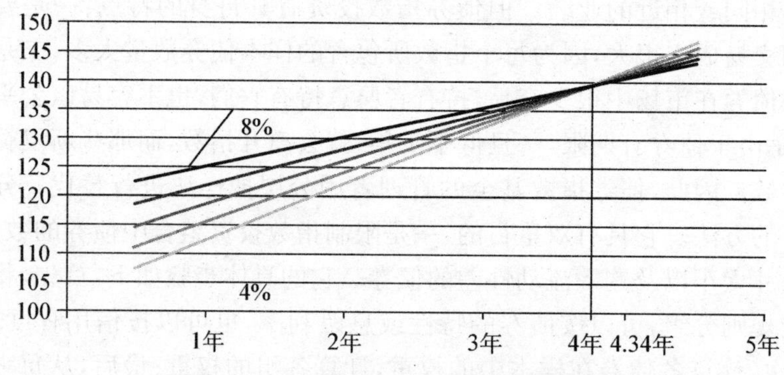


**图 5－27　收益率变动对最终财富的影响**

债券的久期是一种衡量债券风险的方法。久期可以理解为债券现金流的加权平均发生时间。零息债券的久期等于它的到期期间。一般的债券的久期公式为

$$w_t = \frac{CF_t/(1+y)^t}{\text{债券价格}}$$

$$D = \sum_{t=1}^{T} t \times w_t \qquad (5-43)$$

其中，$w_t$ 为计算久期的权重；$CF_t$ 为 $t$ 时支付的现金流的现值；$y$ 代表债券到期久期收益；$D$ 为债券的久期。

在债券投资组合时，随着到期债务的偿付和利率的变动，每一次都要对投资组合进行重新平衡，所以，免疫策略是一个动态过程，以使其资产组合的投资期限等于久期这个条件得以满足。

第二，积极型管理。积极型管理的前提是对所有可投资资产的收益率进行预测。债券组合管理中的常用预测包括收益曲线正向平移还是负向平移、收益曲线区域陡峭还是趋于平坦、行业利差变宽还是收窄、信用利差增大还是减小等。如果因素收益率能够明确预测，就可通过完整的最优化过程来构造投资组合；如果无法预测，则构造投资组合时应考虑收益曲线各种可能的变动情况，对风险敞口加以相应地限制。积极型管理的方式有如下三种。

首先在市场中寻找被低估的债券。市场中有两种条件（如债券的息票率、期限、信用等级、赎回安排等）均相同的债券，它们的风险状况相同，投资者应选择到期收益高的债券进行投资。同时，两种条件不同的债券之间存在利差。如果投资者认为利差过大或过小，这属于短期现象，将来会回到常规的利差水平上。所以，可以投资于利率相对被低估的债券，进行套利，但这种套利存在一定的风险。

其次是收益率利差策略。债券之间性质上的任何区别（如发行者类型、信用风险、票面利率等）都将导致债券收益率的差异。收益率利差策略是通过债券投资组合中各种债券头寸因债券市场中不同子市场之间的收益率利差的变动而获利。头寸调整的主要技术为债券置换，即从债券投资组合中置换出一种定价偏高的债券，换入另一种被市场低估的债券。一旦两种债券收益率收窄，即置换出的债券收益率上升，而买进的债券收益率下降，则因债券价差而获得资本利得。收益率的来源很多，重要的一个因素是信用风险。低信用等级债券的收益率比高信用等级债券（如国债）的收益率要高。一般地，低品质债券与高品质债券之间的收益率利差在经济衰退时会变宽，在经济繁荣时会收窄。因此，投资组合管理者应当在经济活动水平达到顶峰时卖出低品质债券，买入高品质债券；而在经济活动达到低谷时进行相反的操作。利差的另一个重要来源是赎回条款。一般利率水平上升，赎回执行的可能性降低。在其他条件相同时，赎回条款的价值会随着债券波动性增加而增加。所以，当投资组合管理人预期利率将下跌时，可以用可赎回债券换入不可赎回债券，因为两者的利差很可能会扩大（发行者很可能会执行赎回条款）。

再次是收益曲线策略。它的重点在于它是基于收益曲线变动（如平移、扭转等）的预测，根据债券的到期期限进行债券组合配置。它有子弹型策略、哑铃型策略和阶梯策略三种方式。在子弹型策略中，投资组合中的债券到期日集中在单一日期上。在哑铃型策略中，投资组合中的债券到期日分别集中在收益曲线的两个极端点，即极短点和极长点。阶梯化策略也称梯次到期法则，它要求将固定收益证券组合中各债券的投资额按到期日进行平均分配。如投资期间为10年，则在所构造的组合中，每年均有10%的债券到期。

（3）运用衍生工具的风险管理。

衍生工具的产生本身就是源于对风险的控制管理。通过对衍生工具（主要是期货期权）的应用有利于风险控制和利润最大化。金融工具的创新无非是为了实现套期保值、投机、套利和资本机构调整四个方面。套期保值主要指风险资产持有者为消除风险而利用一种或多种金融工具进行的反向对冲交易。它分为完全保值和兼有获利与避险的不完全保值。前者寻求损失和利润的完全抵消，后者则是限制不利风险而保留从有利波动中获利的机会。投资是指在利用对市场变化方向的正确预期而获利的交易行为。一般利用衍生工具能够创造出其他方式所不能产生的投机机会和效果，但其也导致了更大的风险。套利是人们利用暂时存在的不合理的价格关系，通过同时买进卖出相同或相关的商品或期货合约，以赚取其中价差收益的交易行为，它有助于促进有效市场均衡。资产结构调整主要是指利用金融工具的设计构造来改变资产、负债、交易和风险的结构。

下面主要介绍运用期货、期权的风险控制。

第一，期货主要用来对现货市场进行套期保值。在现货市场每一笔交易的基础上，在期货市场上作一笔价值相当、期限相同但方向相反的交易。通过这种方式可以规避现货市场的价格波动、锁定成本。以兼有获利的套期保值为例：日本一家公司在某年7月10日预计一个月后将收到一笔2 000 000加元的款项，预计加元将贬值。见表5－13的交叉套期保值。

**表5－13　交叉套期保值策略**

| 日期 | | 7月10日 | 8月10日 | 损益 |
|---|---|---|---|---|
| 汇率 | | USD0.800 0/CNY<br>USD0.008 2/JPY<br>CNY0.010 25/JPY | USD0.750 0/CNY<br>USD0.009 0/JPY<br>CNY0.012 00/JPY | |
| 现货市场 | | 预计收入2 000 000加元＝195 121 950日元 | 实际收入：2 000 000加元＝166 666 667日元 | －28 455 283日元 |
| 期货市场 | 日元期货 | 买进16张9月份日本期货合约，总值为1 640 000美元 | 卖出16张9月份日本期货合约，总值为1 800 000美元 | 160 000美元，折合17 777 778日元（8月10日汇率） |
| | 加元期货 | 卖出20张9月份日本期货合约，总值为1 600 000美元 | 买进20张9月份日本期货合约，总值为1 500 000美元 | 100 000美元，折合11 111 111日元（8月10日汇率） |
| 套期保值结果 | | | | 433 606日元 |

第二，使用期权组合的投资策略。期权为投资组合管理者提供了有效的调整战略，以更好地增加回报和控制风险。被广泛使用的战略主要包括以下三种。

首先是价差战略，包括买入一种期权和卖出与买入期权只有一个方面有差别的等量期权。两种主要的价差是水平价差和时间价差。这里以买权的水平价差为例。买权的水平价差通常是指买进长期买权的同时卖出协定价相同的短期买权。这一策略的损益如图5－28所示。当市场价等于最初的协定价时，有最大获利。所以，只有在认定市场价格在短期内不会出现很大波动时，该策略才会有效。

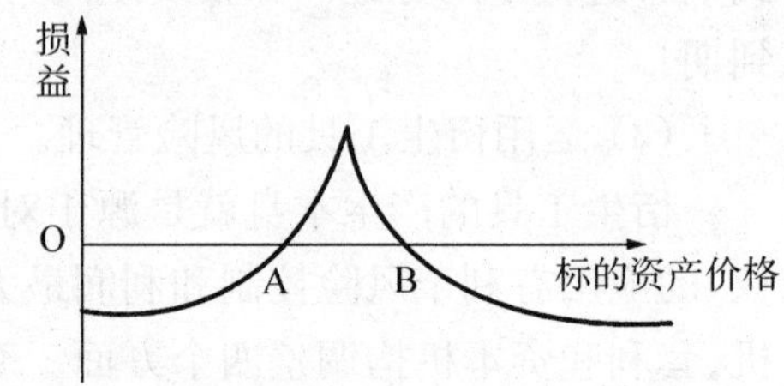

**图5－28　买权水平差价图的盈亏图**

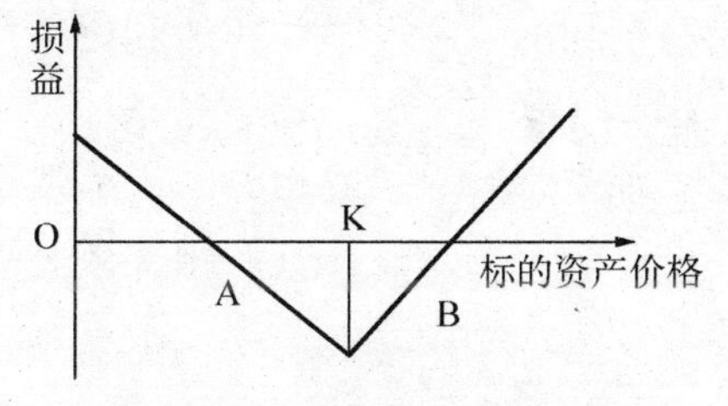

**图 5-29　双向期权的盈亏图**

其次是双向期权战略，是指同时买入执行价格和到期日都相同的买权和卖权。这也称为买入同价对敲。这个策略只有在预测标的资产价格将发生剧烈的波动时才适合。如果价格的波动幅度不大，或是在原来的价格上，则它的最大损失为两个期权的期权费。而它的利润却是无限的，价格涨得越高或跌得越深，带来的盈利都会越大(如图 5-29 所示)。

再次是根据“买权—卖权平价定理”确定的买权、卖权和标的资产之间的公平价格关系，一旦出现偏差，就可以进行无风险的套利活动。套利可以通过转换和逆转两种方式进行，前者是卖出买权、买入卖权合成的空头与买入标的资产构成的对冲操作；后者是买入买权、卖出卖权合成的多头与卖出基础资产的对冲操作。两者的目的都是从价差中获利。

## 阅读文献


[1] 李国平. 行为金融学[M]. 北京大学出版社，2006。
[2] 胡昌生. 证券投资学[M]. 武汉大学出版社，2002。
[3] 彭民，梁芳. 投资学基础[M]. 石油工业出版社，2008。
[4] 张宗新. 投资学(第二版)[M]. 复旦大学出版社，2009。
[5] 汪昌云，类承曜，谭松涛. 投资学(第二版)[M]. 中国人民大学出版社，2013。
[6] 于瑾，束景虹. 投资分析[M]. 对外经济贸易大学出版社，2009。
[7] 张元萍. 投资学(第二版)[M]. 中国金融出版社，2013。
[8] 郑木清. 证券投资资产配置决策[M]. 中国金融出版社，2003。
[9] 上海财经大学金融学院投资学教程编写组. 投资学教程[M]. 上海财经大学出版社，2010。
[10] 朱平辉. 投资风险管理[M]. 厦门大学出版社，2007。
[11] 杨大楷，王鹏. 盈余管理影响信用评级水平吗？[J]. 上海金融，2013(9)。
[12] 夏有为，杨大楷，乔健. 提高企业年金保值增值水平研究[J]. 新会计，2013(2)。
[13] 杨大楷，陈伟. 培育新公司、IPO 市场及投资回报[J]. 经济体制改革，2012(3)。
[15] 杨大楷，王劲松. 我国企业债券发行条件非市场化实证研究[J]. 经济问题，2011(2)。

## 习题与案例

### 一、名词解释

1. 理性人假设　　2. 过度自信　　3. 资本资产定价模型
4. 股票的有效市场理论　　5. 间接投资

### 二、简答题

1. 对于个人投资者而言，产生“羊群效应”的原因有哪些？
2. 请举出一个信息阶梯性传播的例子。
3. 比较基本分析和技术分析的区别。
4. 简述债券投资组合管理的方式。
5. 比较系统性风险和非系统性风险。

### 三、论述题

1. 如何使用无风险资产改进马柯维茨有效集？
2. 试述经济周期对战略性资产配置的影响。

### 四、计算题

1. A、B两种证券的期望收益率和标准差如下：

| 证券 | 期望收益(%) | 标准差(%) |
|---|---|---|
| A | 20% | 30% |
| B | 15% | 18% |

A、B两种证券之间的相关系数为0.1。短期国库券利率为8%。

(1) 计算最优风险组合下每种资产的比例以及期望收益和标准差。

(2) 计算资本配置线斜率。

(3) 假设某投资者的风险厌恶系数A=3，计算他如何投资。

2. 假设市场投资风险溢价的期望值为8%，标准差为20%。假设一个资产组合的50%投资于股票A，50%投资于股票B，它们各自的β值为1.2和1.5，该资产组合的风险溢价为多少？

### 五、案例分析题

**【案例5-1】　2013股基排名出炉，指数基金成最大亮点**

随着2013年基金收官之战的正式结束，2013年股票型基金排名也正式出炉。其中，中邮战略新兴产业基金经过激烈鏖战，以80.38%的成绩拔得头筹。而包括易方达创业板ETF及其联接基金、融通创业板指数基金在内的三只指数型基金在前十名中位列三席，成为2013年股票型基金排名的最大亮点。

数据显示，在2013年股票型基金排名前十中，易方达创业板ETF仅以不足2个百分点的微弱差距次于中邮战略新兴产业基金，位列第二名。融通创业板指数基金以75.62%的涨幅紧随其后，位列第三名。易方达创业板ETF联接基金以71.42%的涨幅也进入前十，位列第六名。除了前十排名之外，招商深证TMT50ETF全年涨幅也超过了50%，进入前十五名。

据了解，此次以易方达创业板ETF为代表的指数型基金之所以能够取得如此佳绩，其源头便在于指数基金的收益与所在市场走势具有高度相关性。在2013年，随着我国改革的不断深化和产业转型的进一步升级，以创业板块中的TMT产业、医药、消费等为代表的新兴产业取得了快速的发展，这也是易方达创业板ETF等指数基金表现优异的主要原因。

相比主动式投资，指数化投资具有诸多优势。首先，指数化投资成本较低，一般的指数基金成本只有同类基金的一半不到。其次，操作简单，管理透明。指数型基金只需要选择合适的指数，并且紧密复制指数即可，同时，跟踪指数的样本股都是公开的。最后，指数化投资具有长期投资优势，可以帮助投资者分享股市长期投资优势，可以帮助投资者分享股市长期投资成果。

(1) 根据案例，分析指数型基金的投资对象是什么？指数型基金是股票基金吗？

(2) 根据案例，分析指数型基金能战胜市场吗？

(3) 根据案例，分析指数型基金有哪些优点？

## 【案例5-2】 通货膨胀对股市的影响

自2007年第二季度以来，随着物价指数的节节攀升，有一个观点逐渐在股票市场流行，并成为很多投资者进入股票市场的思想指南，即通货膨胀是支持股市（或房市）持续上涨的基本动力。很多人认为，在物价不断上涨时，将钱存在银行不合算，应该投资股市、基金或房地产。

于是，每当统计局公布物价指数创新高的消息时，股市总是大涨。在2007年7月份的CPI公布后，新浪网做了网上调查，“面对CPI的上涨，你的资金投向那里”？58%以上的人选择把钱投向股市，而选择继续存在银行的只有13.9%，其他也是选择了楼市，“通货膨胀造就大牛市”的理论十分有市场。

但最近国家统计局公布的11月份CPI再创新高的消息并没有让股市重新涨起来。尤其值得一提的是，就在此后不久，美国劳工部也公布了美国的物价指数，美国11月的CPI上升0.8%，远超10月的0.3%，为2005年9月以来的最高涨幅。接着公布的欧盟及新兴市场的物价指数同样创10年新高。受此影响，欧美股市及亚洲股市跌声一遍，我国股市也未能幸免。

根据案例，分析通货膨胀对股市有什么影响？

# 习题答案

## 一、名词解释

1. 答:理性人假设是指市场中的投资者均是理性投资者,其行为均以个人效用最大化为原则,并且有能力对已知信息进行正确加工。

2. 答:过度自信表示大多数人总是在很多方面过于乐观地对自己的能力和未来的前景进行估计。

3. 答:资本资产定价模型(Capital Asset Pricing Model,简称 CAPM)是识别期望收益和风险值β值的模型,表示在均衡状态下,任何一种证券期望收益率由两部分构成,一部分为无风险利率,表示时间价值;另一部分代表投资者承担风险而得到的风险报酬。

公式为 $R_p = R_f + \frac{R_m - R_f}{\sigma_m^2}\sigma_p$

4. 答:股票的有效市场理论试图从市场运行态势角度分析信息与价格走势的关系,根据证券价格反映已知信息的内容及程度将市场分为弱有效市场、半强有效市场和强有效市场三种形式。

5. 答:间接投资是指在金融市场中通过买卖各种金融工具来获取收益、减低或转移风险,根据投资者对风险的厌恶程度组成并管理含有恰当收益—风险的资产管理活动。间接投资是资金所有者和资金使用者的分解,是资产所有权和资产经营权的分离,投资者对企业资产及其经营不具有直接的占有权和控制权。

## 二、简答题

1. 答:在个人投资者中产生"羊群效应"的原因包括信息的阶梯性传播、专业知识和投资经验不足、盲目服从权威和社会群体、个人投资者与机构投资者博弈。

2. 答:假设两个餐厅 A、B 刚刚开始营业,A 与 B 分别在街道的两旁,两家餐厅的菜系、规模、档次等都相差无几。由于餐厅刚刚开始营业,很少有人了解餐厅的质量究竟如何,经过的行人准备在两家餐厅之中进行选择时,他们可以通过观察在餐厅内的情况而做出判断。第一个人到达餐厅时,由于两家餐厅均空无一人,他只能随机地进行选择,如选择 A。之后到达的第二个人,既可以像第一个人一样根据自己的喜好随机地选择一家餐厅,也可以根据第一个人的判断而做出相同的判断。由于第二个人对餐厅没有任何了解,他很有可能认为第一个人做出这样的选择是由于其对餐厅有更多了解,知道 A 餐厅质量更好,因此,他很可能会模仿第一个人而选择 A 餐厅。而当第三个人进行选择时,他会发现 A 餐厅中有两位顾客而 B 餐厅空无一人,根据上述分析他也会有很大的可能选择 A。以此类推,这样的一组选择结果,其最初的根据是第一位顾客进行的随机选择,也许 A 餐厅的质量要比 B 差。之所以出现这样错误的决策结果,是因为所有的顾客都没有能够将其拥有的信息表达出来,众人之间没有任何有效的信息交流。

3. 答:对证券价格波动的解释不同;基本特征不同;理论基础不同;对待市场的态度和使用判断的本质不同;分析对象和决策基础不同;适合的领域不同。

4. 答:债券投资组合的方式包括消极型管理和积极型管理。

(1) 消极型管理包括债券的指数投资和免疫管理。指数投资是构建与指数相同的资产组合,为了获取和指数大体相同的收益回报。免疫管理是指构建持有期限正好为久期的资产组合,使其免受利率波动的影响。

(2) 积极型管理是以积极地态度提高组合的收益情况，可以通过在市场中寻找被低估的债券改善组合收益率。一是收益率利差策略，二是收益曲线策略。

5. 答：金融投资的总体风险可以划分为系统性风险与非系统性风险两个方面。

(1) 系统性风险。它是指由于某种全局性的因素而对所有证券的收益率都产生作用的风险。这种风险来源于宏观方面的变化，对金融市场总体产生影响，不可能通过证券投资组合的方式来加以分散，所以也称为宏观风险、不可分散性风险，有时也被称为广义的市场风险。

(2) 非系统性风险。它是由个别公司特殊状况造成的风险，这类风险只与公司本身有关，而与整个市场没有关联。投资者可以通过投资组合的方式弱化甚至完全消除这部分风险，所以也称微观风险、可分散性风险。非系统性风险具体包括财务风险、信用风险、经营风险、偶然事件风险等。

(3) 系统性风险与非系统性风险的关系。证券投资组合的风险由两部分组成——不可分散的系统性风险和可分散的非系统性风险，其中，非系统性风险随证券投资组合中证券数量的增加而逐渐减小。证券投资组合的总风险通过组合收益率的标准差(或方差)来衡量。

## 三、论述题

1. 答：当市场中仅存在一个风险资产组合时，可供投资者选择的有效资产组合就是该风险资产组合有效边界上的点。由于效率边界的上半部分凸向 y 轴，而投资者无差异曲线凸向 x 轴，因此，随着无差异曲线向左上方移动，两者就存在相切的可能，而切点正是我们要找的最优资产组合。同样，不同投资者无差异曲线的形状不同，它们与效率边界的切点位置也不相同。对于风险规避程度较高的投资者而言，他们会选择效率边界左侧、风险较低的资产组合；风险规避程度较低的投资者则会选择效率边界右侧、风险较高的资产组合。

当市场中存在一个无风险资产和两个风险资产时，投资者会在两个风险资产构成的风险资产组合和无风险资产之间进行财富分配，也就是在风险资产组合和无风险资产构成的资本配置线上选择待投资的资产组合。由于在所有通过无风险资产的资本配置线中，与效率边界相切的资本配置线在相同的风险水平下拥有最大的期望收益，因此，对于所有的投资者来说，他们都会在这条资本配置线上进行最优资产组合的选择。最优资产组合就是无差异曲线与资本配置线的切点。通过给定风险厌恶系数 A 就可以计算出整个组合的最优风险资产比重。

2. 答：经济增长周期通常划分为四个阶段，即潜在水平之下的扩张、潜在水平之上的增长扩张、不可持续水平上的紧缩和潜在水平之下的紧缩，各个阶段对应于不同的资产收益率特征。

阶段一：股票和债券表现优于现金。在这个阶段，经济在潜在水平之下运行，不管是劳动力市场还是资本市场的生产能力都是过剩的，通货膨胀在可控范围内。固定资产利用率较高，边际成本较低，公司的边际收益倾向于急剧膨胀。巨大的利润和急剧上升的每股收益使股票市场业绩走强。股票和债券在这一阶段表现相对较好，而股票的表现比债券稍强。股票和债券的收益率都高于现金。商品收益率比股票和债券低但比现金略高。

阶段二：股票收益率略高于现金，债券表现不佳。当经济增长在可持续水平之上加速时，产出缺口变成负值，通货膨胀压力上升，市场预期央行会提高利率。生产能力扩张，资本设备投资开始增加以满足市场不断上升的需求，资本品制造商的收益很好。在这个阶段的初期，股票收入增长和对通货膨胀率和利率走高的预期之间展开了激烈的竞争。不断上升的利率加大了远期股息的贴现因子以及其他投资(包括现金等)的吸引力，从而股票开始疲软。

阶段三：现金和债券的表现优于股票。在第三阶段，增长从周期的顶峰向下挫，促使了产出缺口的缩小。增长仍在潜在水平之上，通货膨胀压力仍然持续。紧缩的货币政策和通胀共同导致股票的低收益率。小盘股相对大盘股节节失利。紧缩的货币政策和减速的经济增长为债券提供了一个良好的环境，由于与该阶段相适应的货币政策是低利率政策，因此，债券的收益率具有一定的保障，表现优于股票。

阶段四：股票和债券的表现优于现金。全面衰退的主要标志是收益曲线的逆转，也即短期利率超过长期利率的时候。股票实际上在这个阶段获得最高收益，源于过度的流动性和对经济增长预期的好转(因为生产能力利用率和边际收益的提高)。这个阶段也是债券表现最好的一个阶段，因为此时通货膨胀处于螺旋下降期且有融通性的货币政策环境。现金收益率从高处下滑，比股票和债券都低。

## 四、计算题

1. 答：(1)证券A、B的协方差为

$$\mathrm{Cov}(r_A, r_B) = \rho \times \sigma_A \times \sigma_B = 0.1 \times 30 \times 18 = 54$$

最有风险组合的权重为

$$w_A = \frac{(E(r_D)-r_f)\sigma_E^2 - (E(r_E)-r_f)\mathrm{cov}(r_D, r_E)}{(E(r_D)-r_f)\sigma_E^2 + (E(r_E)-r_f)\sigma_D^2 - (E(r_D)-r_f+E(r_E)-r_f)\mathrm{cov}(r_D, r_E)}$$

$$= \frac{(20-8)\times 18^2 - (15-8)\times 54}{(20-8)\times 18^2 + (15-8)\times 30^2 - 19\times 54} = 38.31\%$$

$$w_B = 1 - w_A = 61.69\%$$

期望收益率 $E(r_p) = (0.383\,1\times 20) + (0.616\,9\times 15) = 16.92\%$

标准差 $\sigma_p = (0.383\,1^2\times 30^2 + 0.616\,9^2\times 18^2 + 2\times 0.383\,1\times 0.616\,9\times 54)^{1/2} = 16.76\%$

(2) 资本配置线的斜率为

$$S = \frac{E(r_p)-r_f}{\sigma_p} = \frac{16.92\% - 8\%}{16.76\%} = 0.53$$

(3) 风险资产所占的比重为

$$y = \frac{E(r_p)-r_f}{A\sigma_p^2} = \frac{16.92\% - 8\%}{3\times 16.76\%^2} = 105.85\%$$

无风险资产所占比重为 $1-y=-5.85\%$

A证券在资产组合中占的比重为 $y\times w_A = 40.55\%$

B证券在资产组合中占的比重为 $y\times w_B = 65.30\%$

2. 答：给定投资比例 $w_A$、$w_B$ 资产组合 $\beta$ 值为

$$\beta_P = w_A\beta_A + w_B\beta_B = (0.5\times 1.2) + (0.5\times 1.5) = 1.35$$

因为市场风险溢价，资产组合风险溢价为

$$E(r_P) - r_f = \beta_P[E(r_m) - r_f] = 1.35\times 8 = 10.8\%$$

## 五、案例分析

**案例5-1** 答：(1)指数型基金投资采取拟合目标指数收益率的投资策略，分散投资于目标指数的成分股。例如，50ETF基金的投资对象是上证50指数的50只成分股，每一只股票的投资比例基本上参考该股票在上证50指数中的权重。一旦上证50指数出现涨跌，50ETF也会出现相应地涨跌，这样，50ETF就完全复制了上证50指数。因为指数型基金的投资对象是股票，所以指数型基金是股票基金。

(2) 因为指数型基金是复制指数的，而指数又代表了市场的平均水平，所以，指数型基金的收益和市场是相当的，不能战胜市场。但是因为大部分人是无法战胜市场的，所以，投资指数型基金就相当于战胜了大部分投资者。

(3) 指数型基金的优点：一是投资指数型基金可以战胜大部分投资者；二是被动组合投资，有效规避个股风险；三是费用低廉。指数型基金因为是复制指数的，所以不需要频繁交易股票，也不需要投入太多的研究费用，可有效地降低投资者成本，这个差异有时达到了1%—3%，虽然从绝对额上看这是一个很小的数字，但由于复利效应的存在，在一个较长的时期里累积的结果将对基金收益产生巨大影响；四是运作简单透明；五是在牛市环境中，指数型股票基金的收益优于多数主动型基金。指数型基金一般是满仓操作，所以，在牛市买入指数型基金就可以充分享受牛市所带来的高收益。

**案例5-2** 答：通货膨胀对股票市场和股票价格既有刺激作用、又有抑制作用。通货膨胀主要是由于过多地增加货币供应量造成的。通货膨胀本身对股市是正面的刺激因素，但通货膨胀的恶化所带来的金融紧缩又会给股市带来负面影响。一般来说，通胀对股市的影响有三种表现：第一，货币供给量增加，促进股票市场的繁荣；第二，货币供给量增加引起社会商品的价格上涨，股份公司的销售收入及利润相应增加，从而使以货币形式表现的股利（即股票的名义收益）有一定幅度的上升，使股票需求增加，股票价格也相应上涨；第三，货币供给量持续增加引起通货膨胀，通货膨胀带来的往往是虚假的市场繁荣，造成一种企业利润普遍上升的假象。保值意识使人们倾向于将货币投向贵重金属、不动产和短期债券上，股票需求量也会增加，从而使股票价格相应地增加。

当产品的出厂价格涨幅加快，涨价范围扩大，多数行业的产品出现涨价行为时，整个社会的物价指数涨幅就将超过中央银行的忍耐范围（一般为3%—5%）。物价出现螺旋式上升，尤其是物价上涨超出市场预期时，中央银行便开始采取紧缩性的货币政策，股市便会出现逆转。

总之，当通货膨胀对股票市场的刺激作用大时，股票市场的趋势与通货膨胀的趋势一致；而当其抑制作用大时，股票市场的趋势与通货膨胀的趋势相反。

第六章

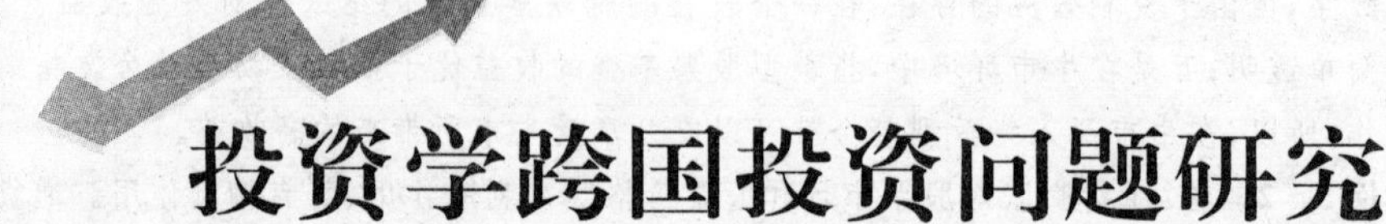

# 投资学跨国投资问题研究

跨国投资是国际货币资本和产业资本的跨国界应运行为,因此,又称为国际投资。它是各国官方机构、跨国公司、金融机构及居民个人等投资主体将其拥有的货币资本或产业资本经跨国界流动形成实物资产、无形资产或金融资产,并通过跨国营运以实现价值增值的经济行为。在实际理论研究中,根据投资者是否拥有海外企业的实际经营管理权,将跨国投资分为国际直接投资与国际间接投资。间接投资已在本书第五章中阐述,本章主要针对国际直接投资进行理论和实证上的分析。



## 第一节 跨国投资与全球经济发展

### 一、当代跨国投资的特征

*1. 发展中国家的作用在加强*

2008年金融危机以来,发达国家在FDI流动中的主导地位有所减弱。在2010年,发展中国家和转型经济国家流入的FDI首次超过了发达国家,发展中国家FDI流出达到了创纪录的水平,并主要进入到了南方地区的其他发展中国家。2011年,发展中国家和转型国家流入FDI占全球FDI流入量的比重继续超过50%,但略低于2010年的比重(见图6-1)。2011年,发展中国家和转型经济国家的FDI流入达到了7 550亿美元,以绿地投资为主[①]。

① 田素华,罗黎君.国际直接投资发展趋向、障碍与对策:2008—2012[J].财经科学,2012(7)。

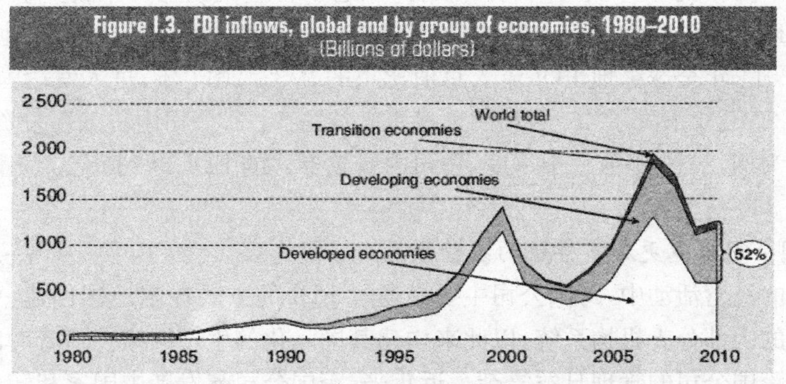


**图 6-1　1980—2010 年不同经济体外商直接投资流入量**

资料来源：(1)联合国贸易和发展组织. 世界投资发展报告 2011：国际生产和发展的非股权形式[R]. 经济管理出版社，2011。

2011 年，除西亚以外的亚洲发展中国家的 FDI 流入增长了 11%，中国的 FDI 流入增长了 8%，达到 1 240 亿美元，其中，非金融部门的 FDI 流入达到 1 160 亿美元[1]。2011 年，拉丁美洲和加纳比海地区的 FDI 流入增长了 35%。继 2009 年、2010 年的下降以后，2011 年流入非洲的 FDI 继续下降，下降速度相对减缓。2011 年，东南欧国家和独联体国家的 FDI 流入出现了强劲增长，增长幅度为 31%。

经过了三年持续下降以后，2011 年流入发达国家的 FDI 出现了强劲增长，达到 7 530 亿美元，比 2010 年增长了 18%，增长的部分以跨境并购 FDI 为主，部分并购 FDI 流入受公司重组动机推动，这一趋势在欧洲的发达国家尤其明显。2011 年流入欧洲的 FDI 增长了 23%，流入美国的 FDI 下降了 8%；在欧洲，丹麦、德国、意大利、瑞典、英国、爱尔兰等国家的 FDI 流入增长显著。而 2012 年流入发达经济体的 FDI 下降了 32%，为 5 610 美元，相当于 10 年前的水平。全球最大的 100 家跨国公司(其中的大部分来自发达经济体)的国际生产的增长陷入了停职。不过，位于发展中经济体或转型经济体的全球最大的 100 家跨国公司的海外资产增长了 20%，它们的国际生产网络继续扩大。

2. FDI 的进入形式发生变化

2009 年，FDI 流量中的股本投资、公司内借贷和收益再投资全面收缩；跨国并购交易量萎缩 34%，价值萎缩 65%，绿地投资项目数降幅为 15%，显示出并购相对于绿地项目对资金条件的较高敏感性；私募股权投资基金的 FDI 数额下降了 65%，但来自主权财富基金的 FDI 则增加了 15%，这两种基金约占全球 FDI 流量的 10%，远低于 2007 年的 22%。

2011 年，特别是 2011 年中期，并购形式的 FDI 流入急剧增长，许多并购项目都在 2010 年底宣布，在 2011 年被实施到位。FDI 并购活动主要集中在发达国家和转型经济国家，采掘业和制药行业的 FDI 并购活动很活跃。发展中国家的并购 FDI 进入略有下降。2011 年中期正式宣布的并购意向开始出现下降，2011 年底完成实施的并购 FDI 项目开始下降。

2011 年第一季度，全球绿地 FDI 投资金额继续保持增加以后，2011 年第 2、3、4 季度出现了持续下降。就2011年全年数据来看，绿地FDI金额比上一年减少了3%，其中，有3/4的绿地FDI减少发生在发达国家，而发展中国家和转型经济国家的绿地FDI进入略有增加，占2011年全球绿地FDI流入总值比重的2/3。2011年，进入发达国家的FDI中股权投资比2010年下降了40%，利润再投资大约占50%，公司内贷款等投资方式增长明显。以欧洲为例，2010年前三个季度，公司内贷款形式的FDI为250亿美元，2011年同期这一数值为360亿美元①。

**3. 跨国公司采取更加多样化的经营模式**

在以往的经营活动中，跨国公司主要是通过FDI的方式在东道国创建一个由母公司拥有并掌管的内部分支机构系统，以此来构建其国际化的生产网络。随着时间的推移，全球价值链与跨国公司的管理日益复杂。近年来，跨国公司与发展中国家和转型经济体(新兴市场经济国家)之间的合作进一步加强，其合作方式包括合同制造和农业耕作、服务业外包、特许经营、许可证转让等。国际生产的非股权形式允许跨国公司在其全球价值链管理中通过外部性的活动进入一个中间地带，但仍维持一定的控制力(见图6-2)，也即改善了外部化的成本与优势之间的权衡。此时，跨国公司的选择将不再局限于通过股权进行控制与非控制这两种形式②。这些都有助于发展中国家和转型经济体更好地融入全球经济，有助于提高这些国家的国内生产力水平，提高其国际竞争能力。跨国公司非股权活动的蓬勃发展是东道国利用跨国公司发展本国经济的新的途径和机制。

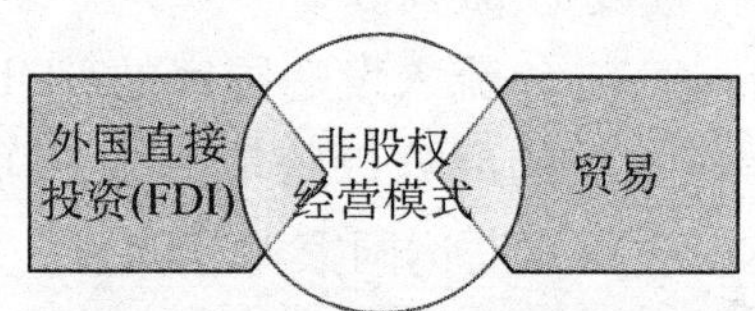


**图6-2 中间地带—非股权经营模式**

资料来源：联合国贸易和发展组织. 世界投资发展报告2011：国际生产和发展的非股权形式[R]. 经济管理出版社，2011。

**4. 国有企业和主权财富基金保持国际化步伐**

国有跨国公司的数量从2010年的650家增至2012年的845家，它们是外国直接投资的一个重要新兴来源。它们的8 500多家海外子公司遍布全球，使它们同许多东道国都有联系。虽然国有跨国公司在数量上相对较小(不到跨国公司总数的1%)，但它们的外国直接投资额却相当可观，大约占到了2010年全球外国直接投资流量的11%。在2010年世界100家最大的跨国公司中，国有跨国公司占据了19席就反映了这一点。国有跨国公司的构成多样，尽管发达国家继续保持相当数量的国有跨国公司，但超过一半(56%)的国有跨国公司来自发展中国家和转型期经济体。与国有跨国公司主要集中在初级部门的普遍观点不同，这些国有跨国公司分布广泛，并在服务业中也大量出现。

① 国际经济合作编辑部. 全球价值链：促进发展的投资和贸易——解读《2013年世界投资报告》[J]. 国际经济合作，2013(7)。

② 联合国贸易和发展组织. 世界投资发展报告2011：国际生产和发展的非股权形式[R]. 经济管理出版社，2011。

2012 年,来自主权财富基金(SWF)的 FDI 只有 200 亿美元,不过这个数字已经比上年翻了一番。主权财富基金的 FDI 存量预计为 1 270 亿美元,其中大部分流入了金融、房地产、建筑和公用事业领域。从地区分布来看,2012 年主权财富基金的 FDI 中有 70%以上是以发达经济体为投资目的地。2012 年,世界各地已知的 73 家主权财富基金的资产总额预计为 5.3 万亿美元,从促进发展的角度看,主权财富基金具有庞大的融资潜力。

## □ 二、跨国投资对世界经济发展的影响

### 1. 对外直接投资与世界经济增长

第二次世界大战后,国际直接投资迅猛发展,尤其是 20 世纪 80 年代以来全球化趋势的日益增强,使国际直接投资在促进全球经济增长中发挥着越来越重要的作用。国际直接投资的发展得益于科技进步和国际分工的深化;同时,现代跨国公司的出现和国际直接投资的发展,使资金、技术、劳动力、自然资源在全球范围内进行合理配置和利用成为可能,使国际分工在广度和深度上进一步扩展,导致现代生产的国际化。在生产国际化的过程中,需要庞大的国际资金的支持,从而推动了国际金融市场的发展和资本国际化的进程,跨国银行业应运而生。正是由于跨国公司和跨国银行的出现和发展,使世界经济日趋一体化,促进了全球的经济增长。到目前为止,尚无关于国际直接投资对促进世界经济增长的理论分析。但是,20 世纪 80 年代以来,随着世界经济一体化趋势的不断增强和全球国际直接投资迅速增长,一些相关学科从特定的角度对国际直接投资促进经济增长的作用进行了研究。P·罗默和 R·卢卡斯等人在批评和修正新古典增长理论的基础上,创立了新增长理论,从技术传递的角度分析了国际直接投资对经济增长的作用。与新古典增长理论相比,新增长理论将技术和知识内生化,作为经济增长的第三项生产要素。它认为,技术和知识的增加能提高投资的收益率,使经济具有递增的收益率,人均产出可以无限增长。罗默等人强调一国的经济增长率主要决定于其知识积累、技术进步和人力资本的水平。各国间的对外直接投资能够产生"外溢效应",加速先进科学技术、知识和人力资本在各国间的传递,促进投资国和东道国双方的经济增长,从而促进全球经济的增长。

### 2. 非股权形式加强发展中国家长期产业能力建设

首先,非股权形式在发展中国家创造大量的就业机会和工作条件。据估计,全世界共有约 1 800—2 100 万人直接受雇于在非股权安排下运营的企业,大多数从事合约制造、服务外包和特许经营活动。而非股权形式创造的就业中约有 80%是在发展中和转型期经济体,合约制造和服务外包产生的就业主要集中于发展中国家。但是,以低成本劳动力为基础的非股权形式企业中的工作条件常常是一个令人关切的问题,而且还因非股权形式公司的模式和其运营所在国家的法律、社会和经济结构的不同差异显著。产业的季节性、跨国公司波动的需求格局、它们可以轻易将非股权形式生产转移至其他地点等因素可以对非股权形式企业的工作条件和就业稳定性产生强烈影响。

其次,非股权形式是一种重要的技术技能建设途径。非股权形式本质上是在合约的保护下向东道国公司转让知识产权。许可证是跨国公司准许非股权伙伴获得知识产权,通常附有合约条件,但常常包含培训或技能转让。国际特许经营转让是一种商业模式,而

且为了正确建立新的特许经营单位，通常向本地伙伴提供广泛的培训和支持，对技术传播具有广泛影响。特别是在东亚、东南亚，还有东欧、拉美和南亚的一些经济体，电子、服装、制药、信息技术服务和业务流程外包等部门的非股权形式公司已经通过获取和吸收技术技能，凭借自身力量成长为跨国公司和技术领袖。

综合上述影响，非股权形式能够支持发展中国家加速发展本地现代生产能力。非股权形式尤其能够鼓励本国企业发展，刺激投资生产性资产，并鼓励将此类本国经济活动融入全球价值链。非股权形式对本地产能建设和长期产业发展前景所做的贡献主要通过影响企业发展来实现，因为它需要本地创业和本国投资。非股权形式常常促进此类本国投资和获取本地或国际融资的机会，或者由跨国公司直接为本地非股权伙伴提供支持，或者是通过与大型跨国公司合作而带来间接保障①。

3. 对外直接投资促进国际分工深化

第二次世界大战后，国际对外直接投资的发展成为促进国际分工深化的重要因素。跨国公司作为国际对外直接投资的主要载体，促成了战后世界范围内生产力的配置、国际贸易的扩大以及生产要素的流动。跨国公司通过对外直接投资将资本、技术、管理经验与不同国家和地区的生产要素禀赋结合起来，形成一种全新的更大的生产能力，并将国家间的生产分工与协作在一定程度上转变为企业内部的分工和协作。跨国公司的全球性经营活动使各要素流动渗透到国际再生产的各个领域，加强世界各国在生产、交换、分配等各方面的联系和国际分工的不断深化。

跨国公司在传统的垂直型国际分工向现代水平型国际分工的发展过程中发挥了主导性作用。在当代产业内分工模式之下，原在一个企业内部进行的设计、研发、零部件的加工和采购、组装、营销等一系列环节，通过跨国公司的对外直接投资分散到世界不同的地区进行，企业的各个部门、工厂、车间以总公司分支机构的形式在全球范围内定位。在这种产业内分工模式之下，跨国公司充分利用东道国当地的区位优势进行生产，而最终产品往往是多国合作的结果，成为名副其实的“国际产品”。当代信息技术的发展和电子计算机的使用及其网络化，极大地方便了跨国公司在全球范围内协调其国内外分支机构的生产和销售活动，从而使跨国公司代替主权国家成为国际分工的主要实施者和承担者，产业内的分工模式在全球范围内得以推广。

4. 对外直接投资与世界经济一体化的交互作用

国际直接投资是世界经济一体化的重要载体，是各国经济在更高层次上的融合。世界经济一体化的深化消除或减弱了生产要素跨国流动的障碍，使国际直接投资流量进一步扩大或改变流动方向。美国学者金德尔伯格在对第二次世界大战后经济一体化浪潮和主要发达国家跨国经营战略调整实践考察的基础上，提出了世界经济一体化产生的投资创造效应和投资转移效应。

(1) 投资创造效应。投资创造效应是指区域经济一体化的实施刺激其他国家对一体化区域内国家的直接投资和区域内成员之间直接投资的净增加。经济一体化的宏观环境

---

① 联合国贸易和发展组织. 世界投资发展报告 2011：国际生产和发展的非股权形式[R]. 经济管理出版社，2011。

和跨国公司的微观投资动机相结合会带来一国或地区的国际直接投资流量的变动，产生投资创造效应。

第一，理论分析。经济一体化实施后，区域经济集团内部成员国之间降低或取消关税，使区域集团之外的非成员国处于竞争劣势。为维护原有市场份额和降低经济成本，外国跨国公司将会以直接投资的方式取代原有的产品出口方式，进入一体化区域经济体内。通过在一体化区域内建立企业，绕过关税和非关税壁垒，享受国民待遇，以提高自身的竞争力。这种防御性出口替代投资动机是外国跨国公司增加直接投资的主要动机之一。

相对于防御性出口替代动机，进攻性出口替代动机源自经济一体化区域内市场空间容量的扩展。为了开拓经济一体化引起的区域内市场规模扩大和需求增加所带来的市场机会，跨国公司以建立生产基地为抢占市场的主要策略将比传统的产品出口策略更为有效。

此外，经济一体化会给生产企业带来规模经济效益和范围经济效益，跨国公司追逐投资效益提高则会产生合理化投资的动机。

第二，欧盟的投资创造效应的实证分析。欧共体向欧盟发展的过程中，一体化程度不断提高，成员国不断增加，其产生的投资创造效应十分显著，表现在两个方面。

一方面，美国对欧洲的直接投资急剧增长。美国是世界上最大的投资国，其对外直接投资的数量和流向对世界经济和地区经济的发展起着重要作用。从第二次世界大战后初期到欧共体成立初期，美国对外直接投资的重点一直在拉美和加拿大，欧洲始终位居第三。而在1957—1967年欧共体成立后的10年中，美国对欧共体直接投资的平均增长率高达37%，对其他欧洲国家、发展中国家和地区的直接投资增长率远低于这个比例。1969年，欧共体关税同盟成立的第一年，美国对西欧的直接投资的比重达30.5%，超过加拿大和拉美国家跃居首位。在此之后，西欧一直是美国对外直接投资的最重要的区域。美国对欧共体的直接投资存量占其对外直接投资总存量的比重由1950年的5.4%增加到1972年的17.1%，1998年上升为54%。欧共体已成为美国对外直接投资的最大东道地区（见表6-1）。

**表6-1　美国对外直接投资存量的地区分布（1950—1991年）　单位：亿美元**

| 项目/年份 | 欧共体 | | 其他欧洲国家 | | 发展中国家 | | 其他国家 | |
|---|---|---|---|---|---|---|---|---|
| | 存量 | 年增长率(%) | 存量 | 年增长率(%) | 存量 | 年增长率(%) | 存量 | 年增长率(%) |
| 1950 | 6 | — | 11 | — | 57 | — | 43 | — |
| 1957 | 17 | 26.2 | 25 | 18.1 | 103 | 11.5 | 109 | 21.9 |
| 1967 | 81 | 37.6 | 101 | 30.4 | 149 | 4.5 | 234 | 11.5 |
| 1972 | 25(153) | 17.8 | 164(60) | 12.5 | 198 | 6.6 | 359 | 10.7 |
| 1977 | 492 | 18.3 | 134 | 24.7 | 219 | 2.1 | 615 | 14.3 |
| 1985 | 813 | 8.1 | 240 | 9.9 | 527 | 17.5 | 723 | 2.2 |
| 1991 | 1887 | 22.0 | 358 | 8.2 | 1116 | 18.6 | 1141 | 9.6 |

注：在1952—1972年，欧共体指联邦德国、法国、意大利、比利时、卢森堡、荷兰；1972年加上英国、丹麦和爱尔兰，括号内数据为原六国的存量；1981年后加上希腊；1986年再加上葡萄牙和西班牙。

资料来源：(1) UNCTC, Regional Integration and Transnational Corporation in the 1990s, UNCTC Current Series A, No15, 1990, p9. (2) US Department of Commerce, Survey of Current Business, June 1990, p61; June 1992, p55.

另一方面，欧盟成员间的直接投资迅猛增长。欧洲统计局资料表明，1984—1989年，欧共体所有成员国对外直接投资总额年平均增长率为26%，从214.52亿欧洲货币单位增长到684.96亿欧洲货币单位，其中，各成员国之间的相互直接投资增长速度更快。从表6-2可以看到，成员国之间直接投资和对非成员国直接投资的比例由1984年的18.9%猛增到1989年的51.6%。直接投资流向的变化说明，在内部关税消除的条件下，各成员国更乐于在区域内区位优势强的国家建立生产基地，区域内部市场的重要性在加强。

**表6-2　　欧共体成员国对外直接投资的流向趋势　　单位：百万欧洲货币单位**

| 年份项目 | 1984 | 1985 | 1986 | 1987 | 1988 | 1989 |
|---|---|---|---|---|---|---|
| 对外直接投资总额 | 21 452 | 21 352 | 33 277 | 43 328 | 510 908 | 68 496 |
| 对非成员国的投资① | 17 399 | 15 119 | 21 941 | 30 694 | 31 612 | 33 152 |
| 对成员国的投资② | 4 053 | 6 233 | 11 336 | 12 634 | 20 296 | 35 344 |
| ②/① | 18.9 | 29.2 | 34.1 | 29.2 | 39.1 | 51.6 |

注：为统计上的可比性，将当时并不是欧共体成员国的西班牙和葡萄牙包括在内。
资料来源：高乐咏.欧共体投资创造与投资转移浅析[J].南开经济研究，1994(3)。

(2) 投资转移效应。投资转移效应是指区域经济一体化的实施刺激区域外有关国家和区域内成员国直接投资的流向发生变化。区域经济一体化在广度和深度上的发展会改变成员国之间的区位优势结构，并由此产生区域内投资布局的重新调整和资源的重新配置，同时能够吸引更多区域外的直接投资。

第一，理论分析。一体化区域内部投资布局的重新调整或资源重新配置表现为某一成员国的外国直接投资流入增加和另一成员国的外国直接投资流入减少。外国直接投资存量和增量从区位优势较小的成员国向区位优势较大的成员国转移。区域内部市场在空间上和层次上得到扩展和提高。如果流入区域内部的投资来源于非成员国，则一体化区域内的外国直接投资增加，产生世界范围内的投资转移效应。

应当指出的是，区域经济一体化的实施有可能导致外国跨国公司对该区域直接投资总量的减少。当原有外国跨国公司在多个成员国投资呈水平型分工时，区域经济一体化必然导致外国跨国公司对其分支机构进行重新调整和组合，使其在最具区位优势和最有经济条件的某个或某些成员国进行规模生产，满足整个区域市场的需要。在这种情况下，有可能减少其在区域内的分支机构数量和投资总量，出现外国跨国公司对该区域直接投资总量减少的现象。

第二，欧共体和北美自由贸易区的实证分析。欧共体于1986年吸纳葡萄牙和西班牙作为成员国。由于葡萄牙和西班牙在生产低技术和劳动密集型产品方面具有比其他成员国更大的区位优势，欧共体其他成员国纷纷将此类生产基地转到这两个国家，使这两个国家的外国直接投资流入量迅速增长。1980—1985年，流入葡萄牙、西班牙的外国直接投资分别为1.78亿美元、17.24亿美元，到1990年分别增长到21.23亿美元、138.41亿美元①，

① 联合国跨国公司中心.1992世界投资报告[M].对外经济贸易大学出版社，1993:305。

分别增长了10.93倍、7.03倍，其中的相当大一部分是由区域内投资转移引致的。

北美自由贸易区的建立，给墨西哥带来了外国直接投资的迅猛增长，使其成为以美国为代表的西方发达国家跨国公司对外直接投资的热点地区。1987—1992年，平均每年流入墨西哥的外国直接投资为43.10亿美元，1994年猛增为123.62亿美元。尽管后来发生了金融危机，但外国直接投资仍保持在相当大的规模，1997年、1998年分别为128.31亿美元和102.38亿美元①。经过实证分析，美国等西方发达国家对墨西哥的投资很大一部分是从亚洲发展中国家投资转移过来的。

## □ 三、跨国投资对投资国经济的影响

### 1. 跨国投资对投资国国民收入的贡献

关于国际资本流动对母国国民收入影响的理论基础，麦克杜格尔的国际资本流动理论进行了论证。在各国资本的边际生产率相同的条件下，开放经济系统里的资本利用效益远比封闭经济系统里的高，并且总资本能得到最佳的利用，在开放经济系统里，资本流动可以为资本充裕国带来最高收益；同时，资本短缺国也因输入资本使总产出增加而获得新增收益。由于上述两个原因，最后也因为资本可自由流动，结果在世界范围内可重新进行资本资源配置，使世界总产值增加并达到最大化。也就是说，跨国投资是开放经济系统下的资金流动，它能为资金流出国和流入国同时带来福利，增加收益②。

促使跨国直接投资拉动投资国经济增长的三个主要机制是回波效应、回流效应和扩散效应。对外直接投资的回波效应是指产业链的国际化，带来上下游环节以跨国投资为纽带的国际价值增值链，这种国际分工链的形成，意味着对外直接投资会产生回波的拉动作用，因为产业的增长必然带动要素收入的提高。跨国直接投资的回流效应是指携带有新技术、新管理经验等无形资产的利润的汇回增加了母公司的经济实力，从而拉动国内投资需求的扩张，促进投资国经济增长。对外直接投资的扩散效应表现为产业的境外投资会拉动相关产业的成长，增长的动力会扩散到更大的经济空间。上述三种机制越通畅、效果越好，对外直接投资对国内收入的拉动能力就越大，拉动经济增长的能力就越强。

### 2. 跨国投资对投资国就业的影响

我们可以用替代效应和刺激效应之净额来衡量跨国公司海外直接投资对母国就业的影响。替代效应是指因从事海外生产而使本土进行的生产活动减少并导致的就业机会的丧失。贾塞认为，在母国资本资源有限的情况下，对外投资将替代国内投资或国内消费，如果资金流出并没有出口增加或进口减少来匹配，就会产生对就业的负效应。它包括海外子公司在国外市场销售本可以在国内生产而后出口的商品所导致的就业机会损失，也包括海外子公司将商品返销到母国所引起的母国工作机会的牺牲，现在还有人考虑海外子公司对第三国的出口会替代母国对第三国的出口从而使母国的就业进一步受到影响。刺激效应是指海外直接投资所导致的国内就业机会的增加。它包括向海外子公司出口资

① 联合国跨国公司与投资司. 1999世界投资报告[M]. 中国财政经济出版社，2000：508。

② 卢平. 对外直接投资母国效应及对中国的启示[J]. 商场现代化，2009(5)。

本货物、中间产品及辅助产品的额外的就业机会、母公司向海外子公司提供服务所产生的工作机会、跨国公司本土机构的人员需求所带来的就业机会以及国内其他公司向跨国公司及其子公司提供服务所提供的新的就业机会。显然，当替代效应大于刺激效应时，海外直接投资将导致投资国就业机会的减少；反之，则会导致就业机会的增加①。

表 6-3　　跨国投资对投资国就业的潜在效应

| 影响表现 | | 影响领域 | | |
|---|---|---|---|---|
| | | 就业数量 | 就业质量 | 就业区位 |
| 直接效应 | 积极 | 创造或维持母国就业，如那些服务于国外附属企业的领域 | 产业重构时技能提高，生产价值也提高 | 有些工作可移至国外，但也可能被高技能所弥补，从而改善劳动市场状况 |
| | 消极 | 创造或维持母国就业，如那些服务于国外附属企业的领域 | 为了维持母国就业，保持或降低工资 | "工作出口"可能恶化地区劳动力市场状况 |
| 间接效应 | 积极 | 为承揽国外附属企业任务的母国供应商或国内服务型产业创造和维持就业 | 刺激多种产业发展 | "蓝领"工作减少被当地劳动力市场对出口或国际生产领域高附加值工作的更大需求所弥补 |
| | 消极 | 与被重新定位的生产或活动有关的企业和产业就业损失 | 供应商受到工资和就业标准方面的压力 | 暂时解雇工人引起当地劳动力市场需求连锁性下降，从而导致母国工厂的裁员 |

资料来源：杨建清. 对外直接投资对母国就业的影响[J]. 商业时代 · 理论，2004(35)。

**3. 跨国投资对投资国技术的外溢效应**

对外直接投资可以促使母国加大技术创新的投入力度，这一作用机理是通过以下三种效应实现的。

(1) 市场规模效应。跨国公司进行对外直接投资往往会扩大其在世界范围内的市场份额，市场规模的扩大会给跨国公司带来诸多好处，其中之一便是利润的大幅提升。首先，市场规模的扩大会增加跨国公司产品的销售数量进而提升销售收入。其次，市场规模的扩大通过规模经济效应降低了单位产品的平均成本，这一作用尤其适用于那些高科技产品，因为现代高科技产品的前期研发投入都很大，产品销售数量的扩大可以有效地降低单位产品的研发成本。销售收入的上升和单位产品平均成本的下降会增加跨国公司的利润，而利润的上升大大增强了跨国公司加大创新投入力度的能力，面对国际市场激烈的竞争，跨国公司必定会利用这种能力，加大技术创新的投入力度进而促进母国的技术进步。

(2) 竞争效应。跨国公司进行对外直接投资使其不但要面对国内企业的竞争，而且还要面对国外企业的竞争，从而使竞争程度由国家级上升到国际级，因此，必将面临比在国内更多、更激烈的竞争。跨国公司要想在更加激烈的国际环境中立于不败之地，就必须加大对技术研发的投入力度来确保其一直拥有领先于竞争对手的技术垄断优势，这尤其

① 杨建清. 对外直接投资对母国就业的影响[J]. 商业时代 · 理论，2004(35)。

适用于那些技术更新换代迅速的行业(如软件和计算机行业)。另外,当跨国公司在东道国进行投资时,为了与当地企业竞争,它的产品必须适应当地消费者的习惯和特殊偏好等,因此,跨国公司为了满足消费者的需要会进行相应的“适应性”方面的研发,并且当母国消费者与东道国消费者的消费习惯和偏好差异越大时,这种“适应性”方面的研发投入就会越大。基于以上两点,对外直接投资必将促使跨国公司进行更多的研发投入。

(3) 边际产业转移效应。按照日本学者小岛清(K. Kojima)的边际产业转移理论,那些在国内即将丧失比较优势而在东道国又具有比较优势的产业(边际产业)将通过对外直接投资的方式进行对外转移。通常来讲,即将丧失比较优势的边际产业由于其发展前景不被看好,厂商不愿意再进行技术研发方面的投入,这使得边际产业的研发投入较低。具有比较优势的朝阳产业恰恰相反,由于发展前景被看好,厂商愿意加大技术研发的投入力度以期获得先机,这导致朝阳产业的研发投入较高。这样,即将丧失比较优势的边际产业转移出母国为朝阳产业的发展腾出相应的资源,进而促进了朝阳产业的发展,又因为朝阳产业研发投入相对较高,所以,边际产业的萎缩和朝阳产业的发展必将导致母国技术研发投入的增加①。

**4. 跨国投资对投资国结构调整的影响**

已有的研究成果表明,跨国公司的对外直接投资引发母国产业结构的调整,进而导致就业结构的变动。不论是发达投资母国还是发展中投资母国,海外直接投资在促进母国产业结构调整与升级上都具有积极的作用,尤其是对发展中国家来说,将有效地推动本国产业升级,提升国际竞争力。从产业部类调整看,第二次世界大战后,跨国公司海外直接投资的产业结构经历了由第一产业为主向第二产业为主、再向第三产业为主转移的发展过程,这无疑顺应和强化了世界各国尤其是发达国家产业部类由初级产业向制造业、再向服务业调整的总体趋势。另一方面,从产业内部调整与升级看,第二次世界大战后,跨国公司海外直接投资在各大产业内部投向的调整趋势是从低生产率、劳动密集型行业向高生产率、高智能行业调整,从低技术含量、低附加值商品和劳务向高技术含量、高附加值商品和劳务生产调整。显然,上述类型的海外直接投资缩小了投资国境内已经或正在失去竞争优势产业的生产规模,但却为国内有竞争优势的产业让出了资源,从而使投资国原有的产业结构得以不断调整和升级。例如,20 世纪 60 年代以来,随着劳工成本的上升,以美国为首的西方发达国家的劳动密集型产业和传统工业的比较优势相对丧失乃至绝对丧失。于是,发达国家一方面致力于产业结构的不断调整与升级,并运用最新科技成果对传统产业进行技术改造;另一方面充分利用各国的比较优势,将劳动密集型的、低技术、低增值工序转移海外,而将高技术含量、高增值工序留在国内,致力于产业结构的不断调整和优化。在发展中国家,那些大型的拥有垄断优势的发展中国家跨国公司,在对外直接投资之后的盈利能力同样得到提高,并且在母国国内的垄断地位也进一步得到加强。例如,随着中国香港企业的对外直接投资,其劳动力密集型产业逐渐转移到中国和东南亚等国。中国香港对外直接投资后的产业结构发生了巨大的变化,在保留的原有产业中,逐步向高附加值的资本密集型和技术密集型产业转换。所以,香港的对外直接投资加强了香港的



① 张嘉,张元庆.对外直接投资母国技术进步效应作用机理研究[J].经济研究参考,2012(20)。

跨国公司在香港的垄断地位。由于缺乏国际化经营的经验，绝大多数发展中国家的中小型企业的盈利能力反而低于母国国内的企业，例如，1980—1981 年，印度跨国公司汇回的股息仅占其对外直接投资总额的 1.7%。如果考虑专利权费等其他投资收益，印度对外直接投资的收益率也只有 8.7%。而同期，印度国内大型企业的股息则高达 12.9%。

产业结构的调整必然带来就业结构的相应变化。实证研究表明，海外直接投资产生的替代效应可能造成了投资国就业机会的丧失。替代效应是指本可以在母国本土进行的与海外生产活动相联系的就业机会的丧失。值得注意的是，替代效应所导致的投资国就业机会的丧失大多发生在传统工业部门。1977—1986 年，美国海外直接投资使美国制造业的工人失去了约 270 万个就业机会。从长期看，对外直接投资的刺激效应（刺激效应是指海外直接投资所导致的国内就业机会的增加）增加了新兴工业部门和第三产业部门的就业机会，提高了科技人员和企业管理人员在就业人数中所占的比重。据估计，20 世纪 60 年代末，美国跨国公司海外直接投资为本国所创造的非生产性就业机会与出口刺激就业机会两项之和达 50—60 万个，海外直接投资对就业的替代效应和刺激效应接近于相互抵消。从进一步的意义上讲，任何有关就业效应的衡量均须考虑到，一旦没有海外直接投资的机会成本（如会导致国内企业竞争力的下降等），海外直接投资作为国内生产扩张的主要力量，是企业竞争力增强和企业技术及其他专有资产积累的表现，这些优势不仅通过增加收入，而且通过乘数效应与间接就业效应的方式反馈给母国经济。据此，跨国公司海外直接投资更可能是增加而不是减少了母国的就业机会。因此，跨国公司海外直接投资对投资国的就业效应不在于就业数量的增减，而在于就业结构的改进以及相应的就业质量的提高。正如邓宁教授所说："内引和外流直接投资对就业的最基本影响似乎都不在于就业数量，而在于就业的产业构成、技术组合及其生产力。"

## □ 四、跨国投资对东道国经济的影响

### 1. 跨国投资对东道国资金形成的效应

从发达国家经济发展的过程来看，外资在其发展初期都曾发挥过重要作用。1870—1914 年，加拿大国内总资本形成中外国资本约占 40%，1861—1900 年，澳大利亚的该比例约为 37%，1920—1929 年，挪威的该比例为 29%。对发展中国家来说，它们目前正处于经济发展的成长阶段，流入的外国资本直接形成生产能力，对促进东道国的资本形成和 GDP 增长有直接贡献。从对经济增长贡献的角度来考察，外国直接投资大多集中在少数几个经济增长中意义重大的产业，其实际贡献度要比总体资料所显示的大。

(1) 直接效应。外国直接投资的进入，增加了东道国可用于投资的储蓄，有利于弥补现实存在的储蓄缺口。另外，以外汇形式流入的外国资本还能增加东道国的外汇收入，有效弥补外汇缺口。这一作用对发展中国家来说意义尤为重大。外国直接投资产生的正效应通常会受到利润回流负效应的抵减，但一般来说，抵减后仍会产生正效应。这是由于外国直接投资流入在前，利润回流在后，有时滞，利润汇回使东道国的储蓄水平较前有所提高，储蓄缺口较前相对缩小，东道国的投资能力也在一定程度上得以提高。如果说利润汇回对东道国储蓄是一种扣除的话，那也是一种较高水平上的扣除，因此，负效应相对降低。

此外，在投资流入与利润汇回的过程中，东道国有可能抓住机会增强区位优势，吸引更多的外国直接投资投入，使流入额超过利润汇出额，从而表现出正效应。

需要关注的是外国直接投资的资金来源问题。实证研究的结果表明，在直接投资的初始阶段，跨国公司主要利用自有资本；随着投资在东道国的扩展，跨国公司倾向于利用外部资金，多数跨国公司更倾向于在东道国当地筹资。这可能挤占一部分原属于东道国当地企业的资金资源。跨国公司国外分支机构的利润再投资对东道国的资本形成产生双重效应：一方面，虽然没有直接带来及时的资本流入，但却一定程度上减弱或消除了资本流出的负效应；另一方面，收益的最终流出具有一种乘数效应，使外国跨国公司仅以较少的原始资本获得较大的所有权和收益流量，对东道国的资本形成产生负效应。

(2) 间接效应。理论分析和实证分析均证明间接效应的存在。首先，看理论分析。外国直接投资对东道国的资本形成产生的间接效应表现在产业连锁效应和示范牵动效应。

产业连锁效应主要表现在外国直接投资带动当地产业链辅助性投资而产生的投资乘数效应。外资企业在东道国的采购过程中，与上游企业建立连锁关系；为拓展市场渠道而选择当地分销商或其中间产品被当地企业购买时，与下游企业建立了连锁关系。外资企业对当地企业的前后项连锁关系在一定程度上推动了相关产业的繁荣，并带动相关产业进行相应的辅助性投资。实证分析表明，外资企业越来越意识到当地生产者的作用，并与之建立起越来越多的联系，当地资源在外资企业投入物中的比例随着时间的推移而呈现出上升的趋势。例如，1981 年，日本跨国公司在亚洲各国的分支机构所需投入物中的当地采购比例为 29%，1988 年的该比例上升为 44%。另一项关于墨西哥制造业 63 家大型外国公司的调查发现，采取当地分包形式的公司占到了 2/3[①]。

示范与牵动效应主要表现为由于外国直接投资的进入而带来的市场竞争加剧，迫使当地企业进行技术革新、提高生产效率，从而使东道国原来因缺少资本和竞争而形成的分散、小规模的低效率生产发展成为较高效率的大规模生产。同时，大型跨国公司的连带效应很强，由其所进行的直接投资通常会带动或促进投资国其他跨国公司的投资和政府的援助性贷款。

不应忽略的是，外国直接投资也可能对东道国的资本供给与外汇收支产生间接负效应。外资企业的资本密集型投资活动会连带当地企业转向资本密集型产业，从而使发展中东道国资本更加匮乏。当外资企业投资于东道国的空白或薄弱产业，在起到进口替代作用的同时，有可能刺激东道国此类产业发展过快，导致生产更多地依赖进口，进而对东道国的外汇收支平衡产生不利。

其次，看实证分析。从实证研究的结果看，外国直接投资对大多数发展中东道国的资本形成是有所贡献的，其作用要大于发达国家。根据联合国跨国公司中心的调查结果，1986—1989 年，89 个发达国家中只有 35 个国家的外国直接投资与国内资本形成之比超过 5%；而同期 16 个发展中国家有 63%的国家这一比例超过 5%。

**2. 跨国投资对母国产业结构的影响**

随着经济全球化的进程加快，资本的国际流动日益加强。在新经济时代，国际直接投

---

① 联合国跨国公司中心. 1992 世界投资报告[M]. 对外经济贸易大学出版社，1993。

资正以前所未有的速度迅猛增长，成为推动世界经济发展的重要力量。跨国投资不仅能够促进东道国产业结构的升级，而且对母国产业结构调整也发生着深刻的影响。

(1) 获取境外资源，支持产业“进入”。现代经济可以在国际范围内合理配置资源，对外投资就是获取境外资源、支持产业进入的重要途径。通过跨国投资带动产业进入，体现了从比较优势到竞争优势的国际经济发展规律。按照大卫·李嘉图的观点，比较优势就是一个国家生产某种产品的机会成本优势。因此，只有依托本国的比较优势来发展那些具有比较优势的产业，才会有利于产业的升级和持续发展。赫克歇尔·俄林提出的“资源禀赋说”，从要素禀赋结构的差异以及由此导致的要素相对价格的国际间差异来寻求国际贸易发生的原因，并且要求按照资源禀赋来培植优势产业。这种认识的局限是从静止的角度看问题，即仅仅看到资源对经济发展和产业构造的重要作用，而没有看到资源在国际范围的流动和利用。迈克尔·波特提出“国家竞争优势论”，强调政府在培植优势产业方面的能动作用。特别是在经济全球化条件下，可以超越本国的资源禀赋，而通过利用他国的资源禀赋，去培植优势产业和形成竞争优势。

利用他国的资源禀赋需要两个条件：一是在技术、资金、劳动力要素方面优于别的国家，从而在总体上保持成本优势；二是进入到别的国家境内，平等地享用他们的资源禀赋。跨国投资就是通过第二个条件。现代经济有两个显著特点，即知识化和全球化，它们为开展跨国经营与投资、获取境外资源、支持新的产业或培植取向的产业进入提供了完全的可能性。日本为弥补资源的匮乏而到国外投资开发机械产业，就是典型的例证。

(2) 转移边际产业，支持产业“退出”。跨国投资可以排除退出壁垒，即来自生产设备、人力资本的专用性和沉没成本等方面的阻力。向海外转移传统产业生产能力是转移边际产业、支持产业退出的有效办法。日本学者小岛清提出的“日本型海外直接投资”，其核心观点就是“边际产业转移论”。他主张从投资国已经处于或者即将陷于劣势的“边际产业”，依次进行对外直接投资。用这个理论指导产业结构的调整，可以得出符合逻辑的结论：①退出“传统产业”是优化产业结构的必要条件。优化产业结构就是要对有限的生产要素进行最佳的配置，它必然会提出双重的要求，即有进有退、进优退劣，将生产要素从丧失比较优势的产业退出，使之进入到具有比较优势的产业。②转移“边际产业”是退出“传统产业”的合理办法。当一个产业在本国丧失比较优势时，将它转移到具有比较优势的东道国，即通过产业地点的转移和要素的部分替换使优势延续，这就在退出中保持了经济效益和稳定持续发展。③跨国投资是优化产业结构的有效途径。投资国按顺序扶植边际产业的对外直接投资，既可以绕过退出壁垒而放弃相对劣势的产业，又可以腾出生产要素的空间发展新兴产业，将使母国的产业实现从低技术、低附加值到高技术、高附加值结构的转换，逐步走向高级化。

这种边际产业的退出属于“理性的转移”，它既可以维护和发展投资国的利益，又不至于损害东道国的利益。当然，政府和企业都必须重视跨国投资的社会责任。在考虑边际产业转移时，要科学地论证它的综合效应，选择那些对母国和东道国的产业结构都能产生积极影响的“中性产业”，约束那些损害东道国利益和放弃社会责任的对外投资，实现经济效益和社会责任的统一、国家利益和全球利益的统一。

(3) 开拓国际市场,支持产业"扩张"。跨国投资既可以绕过贸易壁垒,又可以节约综合费用,它是开拓国际市场、支持产业扩张的有效途径。调整和优化产业结构的基本目标就是劣势产业"压缩"、"退出"和优势产业"进入"、"扩张",三次产业协调发展并逐步升级。其中的一个重要任务,就是对优势产业、支柱产业进行扶植、扩张,形成"垄断"优势。在这里,技术是核心,市场是关键,技术垄断必然向市场垄断发展。国内需求总是有限的,因而开拓国外市场成为跨国投资的重要动因。但传统的出口贸易有两个缺陷:一是综合费用较高。运输和销售环节的费用明显增加,还有不可预测的费用。二是招致国外抵制,很容易受到反倾销的抵制。开展跨国投资,直接在东道国生产和销售,可解决这两个矛盾。一方面,它可以绕开贸易保护壁垒,避免反倾销的限制,凭借自身的竞争优势扩大产品的市场份额;另一方面,它可以利用廉价的原料、劳动力等要素,降低生产成本,加上运输、营销等费用的减少,使综合费用有所降低,为占领市场创造成本和价格的优势。而市场的扩大将促进支柱产业的形成,进而形成有特色、有重点、有效率、有优势的产业结构。

跨国投资是扩大国际市场,以市场扩张带动产业扩张的一种好形式。美国的对外直接投资多数是为了推进它的全球经济战略,通过在国外建立基地,扩大生产和销售规模,培植具有竞争优势的骨干产业,从而使本国的产业结构趋于优化状态。现在,发达国家对发展中国家的直接投资,越来越多地变成了这种形式。而且,发展中国家出于接受"技术外溢"、提升产业结构、形成"后发优势"、实施"赶超战略"的考虑,也比较欢迎这种高技术、高附加值产业的直接投资①。

**3. 跨国投资对东道国技术进步的效应**

相关理论研究与实践表明,先进技术往往通过示范效应、关联效应、培训效应,竞争效应四种渠道扩散到东道国企业,并为东道国企业内部消化、吸收、改造、再应用,从而形成技术溢出(如图 6-3 所示)。

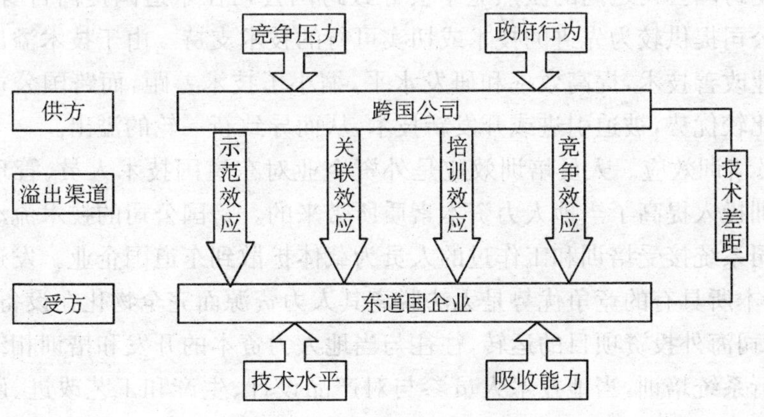


**图 6-3 技术溢出作用机理**

资料来源:张津. 外商直接投资技术溢出效应研究[J]. 中国科技投资,2013(Z4)。

① 欧阳峣. 跨国投资对母国产业结构的影响[N]. 光明日报,2005 年 11 月 16 日。

(1) 示范—模仿效应。跨国公司的示范和当地企业的模仿通常被认为是最明显的技术溢出渠道,这也是新产品或新技术的一种经典传播机制。由于跨国公司拥有先进的技术和生产工艺,而且母公司转移给子公司的技术一般要比卖出的技术更为先进,并且外资企业与内资企业存在技术差距,内资企业可以通过学习、模仿其行为提高自身技术和生产力水平。外资企业不仅将新设备、新产品或新的加工方法引入国内市场,还带来了产品选择、销售策略以及管理理念等非物化技术,从而对当地企业产生示范作用。这种技术示范使发展中的东道国企业利用各种方法,如通过对产品进行逆向工程的研究和开发或雇佣在跨国公司工作过、接受过培训的员工间接获取该产品的生产技术和工艺,并在边干边学中进行经验和能力的积累,从而提高本企业的生产效率。示范—模仿通常有以下两种途径:一是直接模仿和学习。主要是通过直接采用和仿照跨国公司的生产技术、产品的特征、包装、口味以及跨国企业的先进管理经验,即"看中学"和"干中学",达到提高东道国企业技术水平的目的。二是"逆向工程"。是指在直接模仿和学习的基础上,研究和揭示跨国企业的内在技术,并占为己用。例如,把跨国公司的高技术产品拆开来研究它是如何制造、如何工作的,从而揭示并得到这一新技术,技术溢出也就产生了。

(2) 市场竞争效应。除非引进的企业处于垄断状态,否则,它将会与当地企业进行竞争。竞争效应是一种间接的技术溢出途径,主要体现在以下四个方面:一是当众多的外资企业采用了一种附加值更高、更能吸引消费者的产品时,其他企业的产品就会受到威胁,为生存下去,国内的企业就必须提高研发力度,借以增强产品的科技含量或降低产品的成本。其手段包括:改进企业组织和管理效率,扩大生产规模,在模仿的基础上进行产品和工艺创新,通过自主创新实行技术进步。二是跨国公司的进入,打破了东道国的行业垄断,资源配置得到改善,有利于竞争的形成。三是充分的市场竞争使当地企业对该商品的市场发展前景、技术水平有更深的认识,当地企业会在与外商进行技术谈判时提高对技术的要求。四是跨国公司之间的激烈竞争会导致跨国公司在东道国提高自身的技术水平,并且向合资公司提供较为先进的技术或切实可行的技术支持。由于技术溢出激励和刺激东道国的企业改善技术,提高效率和研发水平,缩小了技术差距,而跨国公司为在竞争中维护其技术比较优势,被迫引进或开发新技术,从而导致新一轮的溢出。

(3) 人员培训效应。人员培训效应是外资企业对东道国技术人员、管理人员以及研发人员的培训投入提高了当地人力资本素质所带来的。跨国公司的技术流动和技术溢出往往以该公司系统接受培训和工作过的人员为载体扩散到东道国企业。发达国家的经验证实,国外资本所具有的竞争优势是无法脱离其人力资源而完全物化在设备和技术上的。因此,跨国公司海外投资项目的运转,往往与当地人力资本的开发和培训相结合,例如,对当地雇员进行系统培训,当地技术人员参与对产品设计、生产和工艺改进、研究和开发活动,当地技术人员及管理人员和跨国公司总部的专家一起工作,高级管理人员轮换受训、了解并参与到跨国公司全球网络的运作过程。随着系统受训的技术和管理人员流动到本土企业或自创企业时,其在跨国公司所学的技能和经营管理理念进一步扩散,并通过模仿对本土企业的技术、现有设备和工艺流程、管理模式和理念等进行改革,对本地企业产生溢出效应。国内外许多实证研究结果支持人员培训效应,Parente 和 Prescott(1994)运用投资理论模型对亚洲四小龙经济体做检验，结果表明跨国投资的技能培训对当地企业生产率有显著的影响。Aw 和 Tan(1995)采用横截面数据以全要素生产率为解释变量进行研究，也得出相同结论，外资对公司雇员进行培训带来了正溢出效应。有调查表明，目前我国的私营企业或国有企业的经理人员中，很多曾供职于跨国公司，他们在跨国公司得到了良好的培训，提升了自身能力，为以后在本土企业开展工作积累了丰富的经验。

(4) 前后向关联效应。关联效应也称为链接效应，主要是通过跨国公司分支机构与当地供应商和客户等之间的联系所产生的，一般可分为前向关联和后向关联，被视为一种行业间溢出效应。东道国企业在与跨国公司前后关联的过程中，通过技术、管理、信息等要素的流动，产生 FDI 技术溢出效应。

第一，前向关联。这是指产业链中处于跨国公司下游的东道国厂商为跨国公司提供成品市场营销，或半成品、零部件、原材料的再加工和各种维修服务等。当地企业通过加工和出售跨国公司的高质量产品，促进了自身生产工艺和服务质量的提高。跨国公司再经过售后服务和培训产生技术的扩散和营销示范效果等都将提高当地相关产业的技术水平。

第二，后向关联。这是指在产业链中处于跨国公司上游的东道国厂商为跨国公司提供所需的原材料、零部件和相关服务时建立的联系。结合 Lall(1980)的研究，认为跨国公司在后向关联中产生的溢出效应主要有以下六种方式：一是通过帮助有潜力的供应商建立生产性设施；二是为改善供应商产品的质量或促进其创新活动提供技术帮助或相关信息服务；三是提高或帮助供应商购买原材料和中间产品；四是提供组织管理上的培训和帮助；五是帮助供应商发掘新客户，实现多样化经营。在必要的时候，跨国公司主动向当地后向产业的供应商提供技术支持、人员培训，这对促进当地技术发展的意义巨大；六是大批东道国的本土企业会进入跨国公司的国际分工体系，从而使其生产经营方向同跨国公司引导的产业结构变动保持高度的相关性①。

**4. 跨国投资对东道国国际收支平衡的效应**

从短期来看，外国直接投资对东道国国际收支状况的改善具有正效应。尤其是在外国直接投资最初进入时期，这种效应很明显。然而，从长期来看，存在这种多因素可能导致资本汇出，从而产生消极影响。这些因素包括：原材料、设备的进口；消费误导引致的超前奢侈性消费促使高档消费品的进口；跨国公司总公司与子公司以及子公司之间的内部贸易由于采取了转移价格定价，使其在东道国子公司的利润得以转移并有可能逃避税收。虽然外国直接投资的连续性有可能使这种消极影响不明显，但如果选取较长一个时间段来观察，这一结论的正确性则毋庸置疑。大量实证研究的结果证实了这一论断。

S·劳尔和 P·斯特里顿(1977)对外国直接投资的国际收支效应提出以下模型②：

$$Bd = (X + I) - (Ck + Cr + R + D) \quad (6-1)$$

① 张津.外商直接投资技术溢出效应研究[J].中国科技投资，2013(Z4)。

② Lall, S. and Streeten P., *Foreign Investment, Transnational and Developing Countries*, Macmillan, 1997.

上式中:Bd 为国际收支效应程度;X 为出口税(以离岸价格计算);I 为来自国外的股权资本和贷款;Ck 为设备进口额(以到岸价格计算);Cr 为原材料和中间产品进口额;R 为支付给国外的专利费和技术使用费;D 为支付给国外的红利和利息。

根据这一模型,劳尔和斯特里顿系统调查了肯尼亚、牙买加、印度、伊朗、哥伦比亚、马来西亚等 6 个发展中国家的 159 家企业。研究结果表明,外国直接投资对除肯尼亚以外的其他 5 个国家的国际收支有消极影响,而肯尼亚之所以例外,是由于其为东非共同体成员,能以优惠条件向其他成员国出口(见表 6-4)。

**表 6-4　外国直接投资对 6 个东道国国际收支的影响**

| 项目 | 肯尼亚 | 牙买加 | 印度 | 伊朗 | 哥伦比亚 | 马来西亚 |
|---|---|---|---|---|---|---|
| 对国际收支的影响(%) | 2.7 | −25.5 | −11.7 | −55.0 | −35.3 | −37.6 |
| 投入资本(%) | 12.5 | 1.1 | 3.3 | 3.4 | 5.0 | 5.3 |
| 获取利润(%) | 17.2 | 10.7 | 3.1 | 2.7 | 8.6 | 5.2 |
| 出口倾向(%) | 42.9 | 24.9 | 3.2 | 0.3 | 4.3 | 8.5 |
| 进口倾向(%) | 32.8 | 57.7 | 14.5 | 54.6 | 32.9 | 44.6 |

资料来源:Lall, S. and Streeten P., *Foreign Investment*, *Transnational and Developing Countries*, Macmillan 1997, p135.

外国直接投资之所以对发展中东道国产生普遍的负效应是由于跨国公司的原始投入少、利润和技术转让费高、出口倾向低和进口倾向高造成的。

实践证明,长期总体上,外国直接投资对发展中东道国国际收支平衡的效应呈现负效应;而对发达东道国国际收支的影响效应并不大。

## 第二节　跨国投资决策

### □ 一、投资环境评价模型

在我们已经出版的全国普通高等教育“十一五”国家级规划教材——《国际投资学》中,详细介绍了当前跨国投资环境评价通常采用的罗氏登记评分法、闵氏评估法、F-M 矩阵评估模型、三菱环境评估法,以及道氏公司动态分析法等。这里,主要采用一种新的方法来研究投资环境评估模型——类神经网络分析法。

**1. 类神经网络方法**

类神经网络是对生理学上的真实人脑神经网络的结构、功能,以及若干基本特征在一定理论基础上的抽象、简化和模拟而完成的一种信息处理系统。它具有以下四种功能。

(1) 联想记忆功能。在网络中,知识的获取采用“联想”的方式获得最优匹配解,信息的输出能经过对记忆的处理获得正确的完整信息,网络的这种联想记忆功能,自然呈现了较强的容错性。

(2) 自学习功能。类神经网络是一个开放的系统，通过结构的变换调整，完成对环境的适应和对外界事物的学习。神经元之间的连接具有较强的弹性，网络可以通过学习和训练进行自我组织以适应不同信息处理的要求，表现出较强的适应性。

(3) 非线性动态处理功能。类神经网络适宜处理环境十分复杂、知识背景不清楚、推理规划不明确，甚至是数学模型都难以描述的问题。例如，信息源数据含糊不清，有的甚至相互矛盾，而判断决策又无规则可循，通过类神经网络按照规则学习，从典型事例中学会处理具体事例给出比较满意的解答。

(4) 并行处理功能。类神经网络在结构上是并行的，信息处理是在大量单元中平行又有层次地进行，运算速度快，效率高。

2. 类神经网络海外投资环境评估

(1) 类神经网络基本原理。类神经网络模型是由大量简单处理单元(一般称为神经元或节点)按某种方式互连而成的复杂网络，由输入层、隐含层和输出层构成，其结构模型如图 6-4 所示。

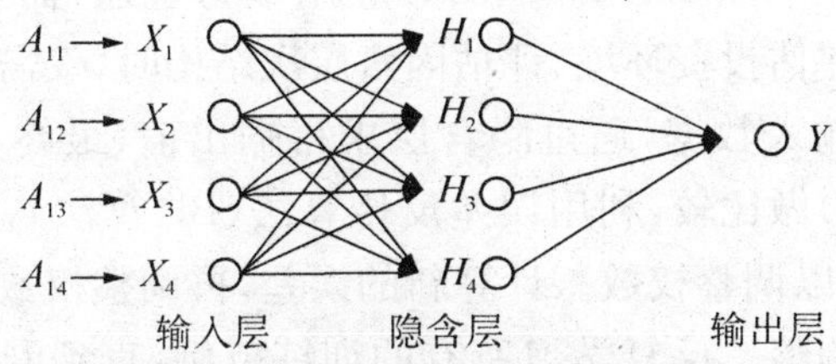


**图 6-4 类神经网络结构模型**

图 6-4 中，$A_i$ 表示信息源经过处理后的第 1 层数据，$X_i$、$H_j$ 为每一节点的状态变量，从 $X_i$ 到 $H_j$ 的连接权数为 $W_{ij}$，从 $H_j$ 到 Y 的连接权数为 $W_j$。就整个模型而言，关键点就在于权数 $W_{ij}$、$W_j$ 以及神经元之间的连接方式，两者决定了网络的行为，从而最终决定评估模型的质量与效率。

(2) 评估程序。

第一，确定投资环境评估因素。各种不同行业在进行跨国投资时所考虑的环境因素不尽相同，因此，首先必须确定适当的投资评估因素。这对投资者的专业理论和行业敏感度提出了较高的要求。除了参考相关文献的研究外，需要投资者依据行业性质、战略规划、价值链分布等目标整理统计出合理的投资环境因素。本书根据已有的研究经验筛选出影响国际投资环境的 30 个子因素，建立一个评估因素层次结构。实际建立模型时可根据需要有所选择。

第二，评估因素处理。国际投资环境评估因素可分为定性和定量两类。为了能够将其输入类神经网络模型进行计算，要利用模糊评价法对输入信息进行处理，将定性的文字描述转化为定量的数据，将定量的数据进行归一化处理，使其量纲与优劣趋向统一起来，指标具备了可公度性，从而可以在网络中进行运算。①对定性因素的处理。为定性因素建立评价指标体系及评价指标集 U 与评价等级集 V，可以通过专家打分，利用模糊统计法确立 U 中任一指标在 V 上的隶属度 Uv∈[0, 1]。由此可得指标的模糊评价矩阵 R，再由指标权重向量 W 经过数学运算(模糊集运算-有界积运算),可得出评价指标体系最高层指标在 V 上的隶属度,即定性因素的量化结果。②对定量因素的处理。定量因素的指标因优劣趋向不同可分为三类:一类是正向指标,该指标值越大越好(如市场需求增长率)。第二类是负向指标,该指标值越小越好,如突发事件概率。第三类是适中指标,该指标值大了或小了都不好,趋于某理想值最好,如经济增长率。

第三,案例研究汇集实际经验。以某行业若干厂商在某地区的投资实例建立案例分析库,通过案例研究,提取决策者所关心的投资环境因素,将其经过步骤 2 的处理后得到“输入值”,同时可以通过调查问卷的形式获得那些实际做决策的人的现实感受和经验教训,从而汇集得到环境评估的“真实值”。

第四,构建评估模型。根据以上对类神经网络的研究可知,在此基础上建立起来的决策架构将具有非常好的效果。为建立最适合的监督式学习网络模式,必须设定所需的处理参数,如学习法则、学习率、惯性因子、转换函数、学习周期、学习次数、收敛标准等。一般参数的设立或改变对网络学习与测试的影响也不一样。在监督式学习网络中,倒传讯神经网络(Backpropagatjon Neural Network)应用最为普遍,而且在电脑上执行最为方便。倒传讯神经网络在评估投资环境、评估因素层次结构时,仅需将最底层的投资因素指标值经过步骤 2 处理后输入数据,通过隐含层求得输出值(最终目标),再将“输出值”与“真实值”(由步骤 3 获得)做比较,利用误差反传算法(BP 算法),可以得到类神经网络参数调整的学习算法,回馈以调整权数。计算新的误差,再调整权数。整个学习过程即以一次一个训练的方式进行调整。反复学习所有的训练范例,直到网络收敛为止。其过程如图 6-5 所示。“训练”的目的在于求得最佳的网络模型。

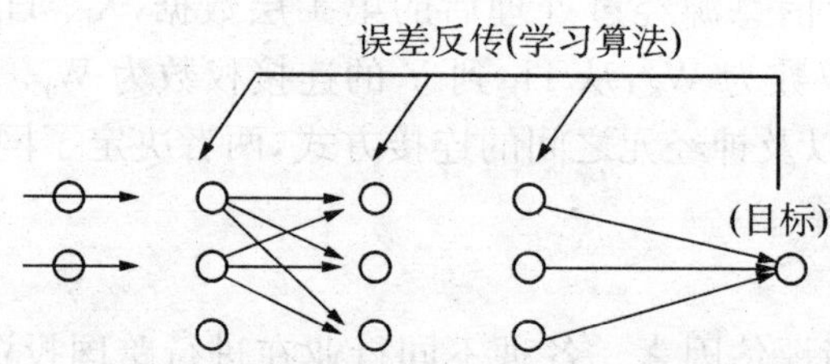


**图 6-5 基于 BP 算法的倒传讯神经网络结构**

第五,运用、分析及决策。模型确定后,即可运用此模型对海外投资环境进行评估,这时投资者只需要完成该程序的步骤 1、2,将所得数据输入已训练好的评估模型,通过层层信息整合,其输出值便是对东道国投资环境的评价结果。在决策过程中,决策者可以将该结果作为最终决策的依据。

## □ 二、目标市场进入方式决策模型

### 1. 不同进入策略的风险与收益

按照邓宁的国际生产折衷理论,当企业的所有权优势、内部化优势和区位优势三要素齐备时,就有了跨国投资的可能。当这种可能转变为现实时,企业首先需要正确选择进入策略，不同的策略将带来不同的收益与风险。如果将企业实施的各种策略的风险性由低到高排序（见图 6-6），处于最高层策略的风险最小，越往下的策略风险越高。这是因为企业所冒的风险程度与其所获得的控制程度（即收益）成正比，市场进入方式的控制程度越大，收益越高，企业以低成本转变经营方式，迅速改变跨国经营的市场进入方式或地理区位的能力也就越小（见图 6-7）。

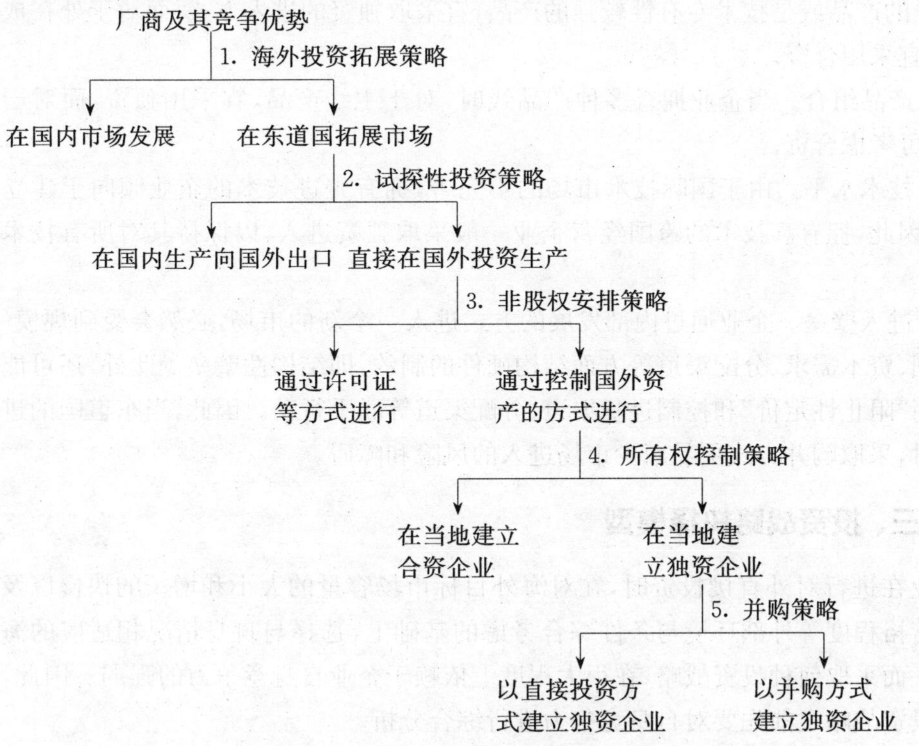


**图 6-6　MNC 资产运作模式与投资策略的选择**

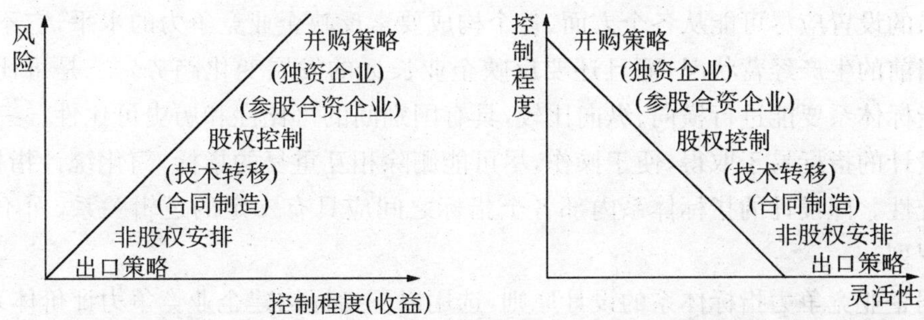


**图 6-7　不同进入策略的控制程度与风险性、灵活性关系**

企业在进行对外直接投资时，要慎重选择市场进入策略，在看到高收益的同时保持风险意识，综合东道国市场结构、竞争强度以及自身竞争实力、国际贸易与国际投资环境优势等客观实际因素进行选择。

2. 进入方式的选择

企业对外直接投资采取合资还是独资、并购还是新建，取决于以下五种因素。

(1) 产品差异性。在投资方式中，对于差异性较大的商品(如医药等)，宜采取独资；对于差异性较小的产品，则宜采用合资的进入方式。

(2) 产品的市场生命周期。企业进行跨国经营时，对于处于投入期的产品，即那些相对不成熟的产品或是技术专有性较强的产品，宜采取独资的进入方式；而对于处在成熟期的产品，宜采用合资。

(3) 产品组合。当企业拥有多种产品线时，对于主线产品，宜采用独资，而对于非主线产品，可考虑合资。

(4) 技术水平。由于国际技术市场的不完善，拥有先进技术的企业倾向于建立外部化市场，因此，拥有高技术的跨国经营企业一般采取独资进入，以保持其对所有技术的高度控制。

(5) 进入壁垒。企业通过内部发展的方式进入一个新的市场，必然会受到规模经济、品牌识别、资本需求、分配渠道等方面结构硬件的制约，即结构性壁垒。此外，还可能遭遇原有厂商"阻止性定价"和控制进货渠道、分配渠道等联手行动。因此，当东道国的进入壁垒较高时，采取购并方式更易减少市场进入的风险和障碍。

## □ 三、投资战略抉择模型

企业在进行对外直接投资时，在对海外目标市场容量的大小和增长的快慢以及经济资源的富裕程度等外部环境与条件综合考虑的基础上，选择与自身情况相适应的海外投资战略。而采取何种投资战略，在很大程度上依赖于企业自身竞争力的强弱。因此，企业在选择投资战略之前先要对自身竞争力进行综合分析。

1. 竞争力评价体系

企业竞争力指标体系应反映企业竞争力的真实内涵，遵循以下原则：一是全面性。即指标体系的设置应尽可能从各个方面、各个构成要素反映企业竞争力的水平，它不仅要反映企业当前的生产经营状况，而且还要反映企业长远的发展变化趋势。二是可比性。即设计的指标体系要能进行横向、纵向比较，具有国别间的可比性和历史可比性。三是可行性。即设计的指标易于取得，便于操作，尽可能删除相互重复的指标，简化统计指标体系。四是系统性。即设计的指标体系内部各个指标之间应具有一定的逻辑关系，而不是杂乱无章地罗列。

根据企业竞争力指标体系的设计原则，选用以下指标构建企业竞争力评价体系。

(1) 人力资源。

各类人员的专业化水准＝学历权重×学历分数＋能力权重×工作能力分数

$$\text{后续教育水平} = \frac{\text{职工教育、职工技术培训费}}{\text{企业销售额}} \times 100\% \qquad (6-2)$$

(2) 核心技术。

$$专利拥有状况 = \frac{本年度企业专利拥有数}{本年度同行业平均专利拥有数} \times 100\% \tag{6-3}$$

(3) 研究开发能力。

$$新产品投产率 = \frac{已投产的新产品}{已开发的新产品} \times 100\% \tag{6-4}$$

$$新产品产值率 = \frac{新产品产值}{同期所有产品产值} \times 100\% \tag{6-5}$$

$$R\&D人员比重 = \frac{研发人员人数}{企业职工总数} \times 100\% \tag{6-6}$$

$$R\&D投入强度 = \frac{本企业科研经费投入}{同行业平均科研经费投入} \times 100\% \tag{6-7}$$

$$R\&D费用比重 = \frac{研发费用}{企业销售收入} \times 100\% \tag{6-8}$$

(4) 管理能力。

管理能力 = 管理者学历权重 × 学历水平 + 能力权重 ×(决策能力 + 组织能力 + 协调能力)

(5) 营销网络。

$$市场占有率 = \sum_{i=1}^{n} S_i \tag{6-9}$$

式中:$S_i$ 为企业第 i 种战略产品的市场占有率,其值等于该产品或服务的销售收入与同行业产品或服务的销售收入总额之比;n 为企业的战略产品(服务)数。

$$产品国际市场占有率 = \frac{企业产品在国际市场上的销售额}{国际市场上同类产品销售额} \times 100\% \tag{6-10}$$

$$产品出口增长率 = \frac{报告期产品出口额 - 基期产品出口额}{基期产品出口额} \times 100\% \tag{6-11}$$

(6) 营销技术。

$$用户满意度 = \frac{感到满意的消费者人数}{抽查的消费者人数} \times 100\% \tag{6-12}$$

$$售后服务完善程度 = \frac{配套服务人员}{企业总人数} \times 100\% \tag{6-13}$$

(7) 资本运作能力。

$$资产负债率 = \frac{负债总额}{资产总额} \times 100\% \tag{6-14}$$

$$加权平均资本成本 = \sum_{j=1}^{n} K_j W_j \tag{6-15}$$

式中：$K_j$ 为第 j 种个别资本成本；$W_j$ 为第 j 种个别资本成本占全部资本的比重。

(8) 企业信誉。

$$合同履约率=\frac{履约合同额}{合同订货额}\times 100\% \tag{6-16}$$

$$贷款逾期率=\frac{贷款逾期额}{贷款总额}\times 100\% \tag{6-17}$$

(9) 企业文化。

$$企业凝聚力=\frac{企业流出人数}{企业总人数}\times 100\% \tag{6-18}$$

$$企业知名度=\frac{熟知品牌人数}{可能消费者人数}\times 100\% \tag{6-19}$$

(10) 要素禀赋。

第一，物质基础设施水平。主要衡量企业所在国家交通运输、能源供应和通讯设施的基本水平。

第二，信息基础设施水平。衡量企业的商业信息拥有量、信息设备的使用水平和财务状况的披露程度。

第三，资本拥有状况。衡量企业所在国家金融市场的开放度和成熟度以及企业融资的难易程度。

第四，科技基础设施水平。主要衡量企业所在国家政府及企业的科研开发水平、科研院所和大学的质量以及这些机构与企业的科研合作状况。

(11) 需求状况。主要衡量企业所在国家的需求水平，包括消费者成熟度、监管水平和公共部门合同的开放度等。

(12) 相关和辅助性产业状况。主要衡量企业所在国家中支持企业运作和战略升级的供应方及辅助产业群的数量和质量。

(13) 竞争情况。衡量企业所在国家知识产权保护、关贸壁垒、国内竞争激烈程度和政府反垄断政策的状况，包括国内市场竞争程度和国内竞争者数量指标、知识产权保护、非法支付(行贿、受贿)和隐性贸易壁垒情况等。

(14) 政府工作水平。衡量企业所在国家政府的行政管理水平、司法和行业监管对企业运作的保障或限制程度。

通过综合指标法处理以上指标数据。第一步，确定各大要素的下属数据指标和各要素的权数。第二步，计算各子系统(即各大要素)的综合分数。第三步，对各大要素分数加权综合，所得结果即为企业竞争力的分数。通过此方法，各企业能够依据分数的大小进行企业间的比较，确定本企业在同行业中的地位，并根据企业现有竞争优势对要素禀赋或能力要素的不同依赖程度制定自己的海外投资战略。

2. 投资战略选择模型

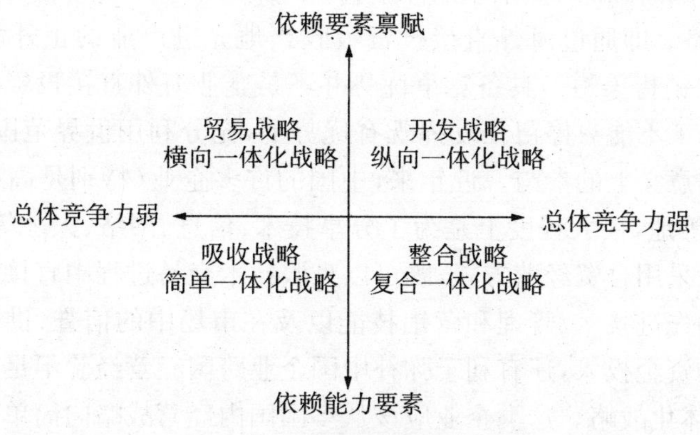


**图 6-8 投资战略决策模型**

该模型用企业竞争力的强弱和企业竞争力的性质(即依赖于要素禀赋还是依赖于能力要素)两条轴线,区分成四个象限。位于不同象限的企业,选择与之相应的投资战略。

(1) 左上象限。企业竞争力依赖于要素禀赋,总体竞争力弱,说明企业在本国拥有良好的要素禀赋,产品成本较低,但企业能力要素较差,导致企业对本国的微观经济环境依赖过重,从而不适宜在海外投资设厂。此时,企业可选择的战略有贸易战略和横向一体化战略。

第一,贸易战略即以产品的低成本优势打入国际市场。如果目标市场容量大,宜采用海外销售分部的形式;如果目标市场容量小,宜采用代理出口的形式。

第二,横向一体化战略。企业可以与处于同一经营领域的企业进行整合,即企业在具有同类工艺、技术、技能的基础上进行整合,企业实行横向整合可以扩大资源,增加熟练的技能,降低成本,提高市场占有率。同时,企业要集中力量经营现有业务,开发市场,增加销售,开发产品,提高能力要素的竞争力。

(2) 右上象限。企业竞争力依赖于要素禀赋,总体竞争力较强。在这种情况下,企业竞争力虽然主要来自要素禀赋,但能力要素也不弱,此时,企业可选择的战略有开发战略和纵向一体化战备。

第一,开发战略。在国外采取资源开发型的投资,既可以利用别国的资源优势,又可以降低通过市场转移资源的交易成本。位于此象限的企业应该选择劳动密集型产业作为国际化经营的起点。具有良好的要素禀赋、市场容量大的地区是这类企业海外投资设厂的首选。

第二,纵向一体化战略。即企业自行生产其生产链上的上游产品或下游产品,或两者兼而为之。从世界跨国公司对外扩张战略由“资源—劳动密集型”产业转向“资本—技术密集型”产业的趋势以及这类企业在国际竞争力中的比较优势来看,企业应该在劳动密集型产业内形成梯度优势,并逐渐推进其产业高度化,向劳动、资本和技术相结合的产品过渡。这就需要实行纵向一体化战略,推动发展中国家市场的产品销售和发达国家市场的扩张。

(3) 左下象限。企业竞争力依赖于能力要素，总体竞争力弱。在这种情况下，企业可选择的战略有吸收战略和简单一体化战略。

第一，吸收战略。即通过海外直接投资吸收当地先进产业的正外部化效应，广纳人才，摄取信息，拓展销售渠道。具备竞争优势并不是企业海外直接投资必不可少的条件，广泛地参与国际分工不能只停留在发挥既有优势上，充分利用世界范围内的生产要素和资源是一种更主动意义上的参与。近年来，中国的许多企业（特别是高科技产业）在海外投资，多选择欧美等地，很大程度上是为了分享技术、信息、网络、人才等能力要素。位于此象限的企业可以采用合资经营方式，既可以克服技术交易过程中直接定价的困难，吸收和利用合资伙伴的先进技术、管理和营销技能以及在市场中的信誉、供货的销售渠道，又有利于减少企业的资金投入，还有利于弥补中国企业跨国经营经验不足的缺陷。

第二，简单一体化战略。这类企业应该从多国国内经营战略向简单一体化战略发展。在多国国内经营战略中，各子公司针对不同的市场在当地组织生产和销售，子公司具有高度自主权，作为独立的经营实体，采取行动对自己价值链上的行为负责。随着国际竞争的加剧，企业要实行简单一体化的经营战略，要加强与海外子公司的联系，更有效地利用外部资源服务于自身的价值增值。贸易壁垒的减少和通讯技术的进步为企业实行简单一体化提供了有利条件。

(4) 右下象限。企业竞争力依赖于能力要素，总体竞争力强，这类企业在发达国家的市场上也是具有相当竞争实力的。在这种情况下，企业可选择的战略有整合战略和复合一体化战略。

第一，整合战略。即整合企业的要素禀赋和能力要素，以大规模生产的劳动、资本和技术相结合的产品和高技术含量的劳动密集型产品在国际市场中占一席之地。位于此象限的企业，在海外市场的经营活动已经具有不短的时间和拥有相对丰富的经验，并确立了一定的地位。这些企业直接投资的重点应该是可以绕开贸易壁垒，确保出口市场的进口替代型和获取并向国内转移先进技术、管理经验和知识的领域。

第二，复合一体化战略。即企业根据整体利益最大化原则，重新安排自己的职能布局和生产布局，使母公司与子公司以及联盟企业之间加强联系和协调，采取一致的行动。随着各国市场需求结构的趋同，越来越多的产品以相同或类似的面孔和方式销往不同国家，竞争迫使企业寻求其整体价值链的成本节约和利润最大化，所有这些都要求企业把子公司的经营活动纳为其整体价值链的组成部分。通讯和信息技术方面的突破使跨国公司得以在更广阔的区域内及时协调更多子公司的行动。这一阶段的企业要超越简单一体化战略，上升到更为高级的复合一体化战略，不再依据其在东道国获得的利润来衡量不同国际区位独立行为的价值，而是根据其对企业整体目标作出的贡献来判断，即跨国公司全球经营战略。

## □ 四、对外投资的适度规模预测模型

### 1. 对外直接投资规模与影响因素的相关检验

影响对外直接投资的因素主要包括人均 GDP、外汇储备、汇率、企业投资利润率、进出口额、国家政策等，其中，前五项是可以量化的。这五项与对外直接投资额之间的相关

性如表 6－5 所示，其中，利润率与对外直接投资之间的相关系数最大，表明随着利润率的下降，对外直接投资快速发展。其他几项与对外直接投资都是正相关关系。外汇储备、利润率、汇率、进出口额之间具有较为明显的线性关系，说明随着经济的发展，各项经济指标同步变化，共同促进了对外直接投资的发展。

表 6－5　各影响因素与对外直接投资之间的相关系数

| 项　目 | 外汇储备 | 利润率 | 汇率 | 进出口额 | 人均 GDP | 对外直接投资额 |
|---|---|---|---|---|---|---|
| 外汇储备 | 1 | | | | | |
| 利润率 | −0.721 8 | 1 | | | | |
| 汇率 | 0.837 936 | −0.92 | 1 | | | |
| 进出口额 | 0.888 735 | −0.675 67 | 0.804 246 | 1 | | |
| 人均 GDP | 0.984 112 | −0.801 12 | 0.903 754 | 0.902 798 | 1 | |
| 对外直接投资额 | 0.498 274 | −0.732 | 0.689 731 | 0.537 578 | 0.599 577 | 1 |

2. 利用灰色系统建立预测模型

灰色系统理论经过多年的发展，已形成以灰色关联空间为基础的分析体系以及以灰色模型 GM 为主体的模型体系。利用灰色系统进行的预测具有很好的性质。其主要是数据建模，目标是建立微分方程模型。微分方程要求函数具有连续的性质，而时间序列明显不满足这一性质，数列近似满足微分方程的条件，故可利用灰微分方程来建模。

这里，我们拟用我国 1982—2001 年数据进行预测分析。我国对外直接投资规模的统计口径有由外经贸部统计的我国每年对外直接投资额、世界投资报告公布的数据和国际收支平衡表公布的对外直接投资的数据三种。国际收支平衡表的数据基本与世界投资报告的数据相当，外经贸部发布的数据远远小于世界投资报告的数据。据分析，这是由于：①外经贸部统计的数据只包括国有企业的对外投资，不包括非国有企业的资金流出以及海外企业的利润再投资；②一部分企业的对外投资并没有报外经贸部批准，形成直接的资金流出，即资本外逃。

本模型采用《世界投资报告》的数据，其中，1982—1990 年的数据来自 International Financial Statistics Yearbook；1991—2000 年的对外直接投资数据来自《世界投资报告》；其他数据来自《中国统计年鉴》1980—2001 年版和《中国经济景气月报》2001 年各期。

首先，令 x(0)为 n 元数列，即

$$x(0) = [x(0)(1), \cdots, x(0)(n)]$$

x(1)为 x(0)的 AGO 生成，

$$x(1)(k) = \sum_{m=1}^{n} x(0)(m)$$

$$x(1) = (x(1)(1), x(1)(2), \cdots, x(1)(n))$$

x(1)与 x(0)满足灰微分条件，这些 x(0)与 x(1)中各时刻数据满足关系：

$$YN = B\alpha'$$

$$z(1)(k) = 0.5x(1)(k) + 0.5x(1)(k-1),$$

$$YN = \begin{bmatrix} x^{(0)}(2) \\ x^{(0)}(3) \\ M \\ x^{(0)}(n) \end{bmatrix}, B = \begin{bmatrix} -z^{(1)}(2), 1 \\ -z^{(1)}(3), 1 \\ M \\ -z^{(1)}(n), 1 \end{bmatrix}, a' = \begin{bmatrix} a \\ b \end{bmatrix}。$$

$$a' = (BTB) - 1BTYN$$

$$x'(1)(k+1) = (x(0)(1) - b/a)e - ak + b/a$$

$$x'(0)(k+1) = x'(1)(k+1) - x'(1)(k)$$

其次，将 1982—2000 年的数据代入模型，得出灰微分方程的解为

$$x'(1)(k+1) = 46.245e0.107\,38k - 45.805$$

最后，根据上述解的方程，预测未来四年我国对外直接投资规模。见表 6－6。

**表 6－6　　利用灰微分方程预测的对外直接投资规模**　　单位：亿美元

| 年　份 | 2001 | 2002 | 2003 | 2004 | 2005 |
|---|---|---|---|---|---|
| 预测值 | 30.498 4 | 36.219 | 40.324 8 | 49.985 1 | 55.651 3 |

**3. 对预测结果的分析**

我国对外直接投资的发展与国家政策的关联度很高。而利用历史数据进行的预测，只能说明未来对外直接投资的趋势。随着我国加入 WTO 后对外经济活动的活跃，未来几年对外直接投资可能会有加速增长的趋势。我国经济水平的提高和未来发展的需要也要求对外直接投资规模要有一个较大的提高，达到一定的规模。综合其他因素，考虑到国家政策的鼓励，未来几年的对外直接投资在原有预测的基础上应有一定的向上浮动，即每年保持在 50—70 亿美元左右的规模，能较好地满足经济增长的要求。

## 第三节　资产配置与风险管理

跨国资产配置的方式主要有国际直接投资、国际间接投资和国际灵活投资。跨国投资的风险相较国内投资更难以预测管理，无论是政治风险、外汇风险还是经营风险，跨国投资者都应认真对待，在做出投资决策前要仔细分析。产生投资风险的各因素不是单个在起作用，而是互相交错，共同影响投资者的投资决策。因此，跨国投资者应全面综合考虑各风险因素的影响，对其进行相应的管理。

## 一、跨国公司投资资产配置

1. 国际直接投资

国际直接投资(International Direct Investment)是指一国的自然人、法人或其他经济组织单独或共同出资,在其他国家的境内创立新企业、增加资本扩展原有企业或收购现有企业,并且拥有有效管理控制权的投资行为。国际直接投资的主要方式如表 6 - 7 所示。

表 6 - 7 国际直接投资的主要方式

| 项 目 | 简 述 |
|---|---|
| 新建投资 | 又称绿地投资(Green-field Investment),是国际直接投资的两种重要方式是之一,指某一个外国投资主体(包括自然人和法人)依照东道国的法律或相关政策,在东道国设立的全部或部分资产所有权归该外国投资主体所有的企业,也可以由外国投资者与东道国投资者共同出资,在东道国新设立一个合资企业 |
| 跨国并购 | 是指跨国兼并和跨国收购的总称,是指并购企业为了达到某种目标,通过一定的渠道和支付手段,将被并购企业的所有资产或足以行使运营活动的股份收买下来,从而对另一国企业的经营管理实施实际的或完全的控制行为 |

资料来源:王科.并购边界的理论研究[D].北京交通大学硕士论文,2006。

国际直接投资一般可采取新建投资或跨国并购两种方式进行。跨国公司采取何种方式进行投资取决于东道国的经济发展水平、投资行业的规模、技术水平和管理等方面的因素。例如,由于最不发达国家不具备最基本的工业和生产技术,跨国公司对其只能采取绿地投资的方式,根本谈不上企业并购。此外,跨国并购也受到一些条件的限制,如东道国必须具备并购的条件和投资环境,具有可以并购的目标企业,具备能够确保投资商从事有效生产和经营的条件和政策。通过并购,跨国公司可以达到优势互补,增强其竞争力的目的。否则,跨国公司只能采取绿地投资的方式进行投资。上述这些条件的限制使跨国并购交易活动往往更集中在发达国家。因此,采取绿地投资还是跨国并购进行投资主要取决于东道国的具体国情、行业及投资环境等因素。

2. 国际间接投资

国际间接投资(International Indirect Investment)是指以资本增值为目的,以取得利息或股息等为形式,以被投资国的证券为对象的跨国投资,即在国际债券市场购买中长期债券或在外国股票市场上购买企业股票的一种投资活动。国际间接投资者并不直接参与国外企业的经营管理活动,其投资活动主要通过国际资本市场或国际金融证券市场进行。国际间接投资也称为对外间接投资(Foreign Indirect Investment)。国际间接投资的主要方式有国际信贷投资和国际证券投资。

(1) 国际信贷投资。国际信贷(International Credit)是指国际间资金的借贷活动,是一国的银行、其他金融机构、政府、公司企业以及国际金融机构在国际金融市场上向另一国的银行、其他金融机构、政府、公司企业以及国际机构提供的贷款。

(2) 国际证券投资。国际证券投资是在国际金融市场上买卖债券和股票的一种经济活动。所谓国际证券，是相对于国内证券而言的。国内证券的发行和流通仅限于国内市场，而国际证券则是指所有以某种国际通货为面额的货币，在发行者所在国以外的市场发行和交易的证券。国际证券投资主要分为国际股票投资和国际债券投资两大类。

第一，国际股票是指在国际证券市场上发行和参加市场交易的股票。企业发行国际股票的动机主要有三点：一是为了在更具深度和广度的国际市场上筹集资金，降低筹资成本，提高筹资额；二是为了扩大投资者的分布范围，分散股权，提供股票的流动性；三是为了在世界范围内提高公司的知名度，利于企业发展。国际股票市场又称国际股权市场，是指在国际范围内发行并交易股票的市场。国际股票市场的主要交易品种有股票现货、股票期货、股票指数期货、股票期权和存托凭证。目前，国际股票市场主要有纽约证券交易所、东京证券交易所、伦敦证券交易所、香港联合证券交易所和纳斯达克。

第二，国际债券是一国政府及其金融机构、企业或国际金融机构在国际证券市场上发行的以国外货币为面值的可自由转让的债权证券，具备如下基本特征：国际证券的发行人与投资人分属于不同的国家或地区，其发行、交易与债务清偿受到不同国家法律的支配；国际债券本质上是债权凭证，它体现了债券发行人与债券持有人之间的债权债务关系。

### 3. 国际租赁

国际租赁(International Letting and Hiring)又称租赁贸易、租赁信贷、国际金融租赁或购买性租赁。是指出租人通过签订租赁合同将设备等物品较长期地租给承租人，承租人将其用于生产经营活动的一种经济合作方式。在租赁期内，出租人享有租赁物的所有权，承租人拥有租赁物的使用权，并定期向出租人缴纳租金，租赁期满后租赁物按双方约定的方式处理。租赁业务主要包括融资性租赁和经营性租赁两种方式。

国际租赁从利用租赁的目的和收回投资的角度，可分为金融租赁、经营租赁、维修租赁和组合租赁；按照出租人(租赁机构)设备贷款的资金来源和付款对象，可分为直接租赁、转租赁和回租租赁。

### 4. 国际工程承包

国际工程承包是指一个国家的政府部门、公司、企业或项目所有人(一般称工程业主或发包人)委托国外的工程承包人负责按规定的条件承担完成某项工程任务。国际工程承包是一种综合性的国际经济合作方式，是国际技术贸易的一种方式，也是国际劳务合作的一种方式。之所以将这种方式作为国际技术贸易的一种方式，是因为在国际承包工程项目的建设过程中，包含有大量的技术转让内容，特别是在项目建设的后期，承包人要培训业主的技术人员和提供所需的技术知识(专利技术、专有技术)，以保证项目的正常运行。

国际工程承包的成交方式包括国际招标和国际投标。所谓招标，就是业主邀请承包商对其拟建的工程提出报价，以便业主择优选定承包商。所谓投标，是指承包人应招标人的邀请，对招标工程提出报价，以争取该工程的承包权。

### 5. 国际信托投资

国际信托投资是指一个国家的投资者将其资本(包括资金、机器设备、技术秘密、专利等)委托另外一个国家的信托投资机构投放经营，从而获取一定利益的经济行为。

## □ 二、跨国公司营运资产管理

**1. 跨国公司内部信贷与现金管理**

(1) 跨国公司内部信贷。由于跨国公司内部母子公司之间、子公司与子公司之间存在着资金转移的渠道,使跨国公司具有在全球筹资的可能。当一个子公司需要资金时,也可以通过内部贷款的方式来解决。贷款的方式如表6-8所示。

表6-8 跨国公司内部贷款方式

| 项 目 | 简 述 |
| --- | --- |
| 子公司直接贷款 | 在那些资金转移很少受到限制的世界主要金融市场上,跨国公司的一家子公司可以通过直接贷款这一简单的机制为另一子公司提供所需要的资金。这些贷款有明确的利率,可以用任何一个子公司所在地的货币或第三国货币作为贷款的面值货币。如果东道国外汇管理当局允许的话,这种贷款还有固定的偿还计划。由于把直接贷款的利率作为资金的转移价格,母公司很难对这些子公司间的贷款再制定过高或过低的利率 |
| 存款保证贷款 | 这种贷款的方式是利用国际金融市场的商业银行或其他金融机构作为保证贷款中介,母公司(或者是其他提供资金来源的子公司)在中介银行里存入一定数额的款项,中介银行或通过它在子公司所在地的分行向子公司贷出或存入款项相等数额的资金。其贷款的面值货币可以是当地货币,也可以是外国货币。银行按商定的利率向存款的母公司支付存款利息,同时,子公司以较高的利率向银行支付贷款利息,银行则赚取付给母公司的利息和从子公司收到利息的差额,并收取安排这一贷款的手续费。在这项贷款业务中,银行没有任何风险,因为有母公司的存款作为贷款的抵押。跨国公司之所以采用这种贷款方式是因为直接向子公司提供贷款可能受到严格的限制,尤其是在实行外汇管制的国家里,或者受到差额税率,特别是预扣税的影响。有些发展中国家依靠银行从国外筹集资金,它允许子公司向国外银行偿还贷款,而不允许向国外的母(子)公司偿还贷款 |
| 平行贷款 | 向子公司进行间接贷款的第二种方式叫平行贷款。某子公司需要资金,其母公司通过银行或其他机构和其母公司订立合同,该母公司的子公司有盈余资金。例如,A公司在墨西哥的子公司需要一笔相当于10万美元的资金,与此同时,B公司在墨西哥的子公司具有相同数量的墨西哥比索盈余,因受到外汇管制无法汇出。此时,A公司可以和B公司签订合同,A公司按商定的利率向B公司贷出10万美元,同时,B公司在墨西哥的子公司以相同的期限按当地的利率向A公司在墨西哥的子公司贷出这笔墨西哥比索。当借款到期时,A公司在墨西哥的子公司偿付比索本金,B公司向A公司偿还10万美元。其结果是,A公司向其子公司提供了需要的资金而没有承担风险,B公司的子公司也暂时把比索汇出国外,其母公司利用了美元,双方都没有承担风险。安排平行贷款的金融中介向双方收取手续费。这种平行贷款的方式是跨国公司利用无法回到母公司或其他子公司的资金的一种方法,也是一种减少累积冻结资金的策略 |

资料来源:张明明,陈玉菁.国际理财[M].百家出版社,2000。

(2) 全球性现金管理。现金管理要求企业的资金得到最优使用,并从闲置的资金中获取报酬或利息收入。在跨国企业中,用于投资和融资的短期资金包括现金、活期或定期存款、到期票据以及各种有价证券。

跨国企业正常的生产经营随时发生现金收入和现金支出，通常在一段时间内现金收入量(流入量)与现金支出量(流出量)不平衡，其差额称为现金净额。现金净额等于现金流入量减现金流出量。现金净额有正、负之分，正值为净流入额，负值为净流出额。

财务经理在安排现金流动时，往往将现金流入和流出配对成1：1的比例，对现金净流量作出最佳安排，当资金余裕时，要作适当的证券投资；当资金不足时，要选择最佳的筹资方式。预测现金和决定现金状况时需要考虑的因素如表6-9所示。

**表6-9　　预测现金时需要考虑的因素**

| 项　目 | 简　　述 |
|---|---|
| 安全性 | 这是决定国际现金状况中最重要的因素，主要表现在对东道国汇率、政治风险的关心 |
| 流动性 | 即将资金尽快地从相对成本较低的地方转移到迫切需要的地方，可以起到避免政治风险、减少交易成本的作用。跨国公司的资金策略规定，如果海外经营的分公司有超额现金，即流动资金超过了所需的营运资本，超额资金要立即补偿母公司，或转移到一个货币中心，或转移到跨国公司其他地方的一个财务公司。这种策略在不同程度上可使汇率风险、政治风险最小化 |
| 税收 | (1)东道国税率。财务经理喜欢把资金安放在避税港，因为那里的币值较稳定，税率很低，金融、信息服务设施较完善，有利于资金的有效流动；(2)东道国征税的规定，母国和东道国有无税收条约；(3)母国补偿收入的应缴税额，关于国外税务支付或提取税收减免的规定 |
| 收益率 | 许多财务经理把资金安置在收益率完全保值的地方，即没有外汇风险的地方。在这个意义上，不同收益率反映了套期机会，在外汇、货币市场不完善的地方，财务经理时常会利用这种机会。但是，多数发展中国家没有远期货币市场，在这种环境下，要对收益率完全保值是不可行的 |
| 现金需要量 | 母公司的现金需要和分公司对资金的要求 |

资料来源：陈建梁.跨国公司投资管理[M].复旦大学出版社，1995。

现金安置的决策是相当复杂的，不仅这些因素之间经常会冲突，而且同一因素内部也会经常冲突。例如，安全性和流动性要求将资金转移到母公司，但这可能和收益最大化、税收负担最小化以及满足分公司要求等因素发生冲突；实行流动性要包括大量交易成本，这会减少营运资金总额；交易成本最小化要求资金保留在原生产国和地区，迅速流动意味着将资金安置在急需的地方。

*2. 跨国公司短期有价证券管理*

跨国公司为了维持资产的流动性，除需保留适当的现金余额外，还要保持一定数额的短期有价证券。本节介绍跨国公司短期有价证券的选择以及现金和有价证券持有量比例的确定方法。

跨国公司在预算中决定最优化现金余额以后，暂时多余的资金便用于购买有价证券作为短期投资。短期有价证券的种类如表6-10所示。

有专家将短期有价证券划入现金类内，作为“准现金”，不单独作为一个流动资产项目处理。事实上，证券转换为现金不是转瞬即逝的，需延续一定的时间；证券与现金转换会

表 6-10　　　　短期有价证券的种类

| 类　别 | 特　点 |
| --- | --- |
| 国家财政部门发行的各种国库证券，如国库券、预付税债券等 | 这类短期债券发行量大，期限短，风险小，利率低，市场交易活跃 |
| 国家政府代理机构发行的各种证券 | 风险稍大，利率稍高，畅销性较弱 |
| 商业银行发行的可流通的“存单”，或称“定期存款证券” | 期限较短，风险较大，畅销性好，利率高 |
| 信誉卓著的产业机构、金融机构发行的商业票据 | 期限短，风险大，利率较高，投资时需格外谨慎 |

资料来源：陈建樑.跨国公司投资管理[M].复旦大学出版社，1995。

发生费用；证券兑现的价格是变化的。

(1) 短期有价证券的选择。短期有价证券一般在短期内到期并可随时兑换成现金，短期证券的流动性仅次于现金。

投资短期证券的主要目的有三个：一是用暂时的余裕现金购买短期证券，获取高于银行存款利息的收益；二是替代现金，当现金流出量大于现金流入量时，短期证券兑换成现金以保证现金支付的需要；三是为将来某一时刻特定现金需要的货币积蓄做准备，如交纳所得税前、公司债务到期前、更新改造方案实施前、股利发放前都需持有较大数额的短期证券。

短期证券的特点决定了短期证券投资选择时应考虑以下因素：

首先，风险问题。投资风险是指债务人到期不履行还本(付息)义务。通常，政府公债与国库券都作为无风险证券，其他证券由于有风险，其报酬(即利率)也相应提高。这一提高部分称为风险报酬或风险加成。证券风险越大，风险报酬也越高，因此，证券利率也高，企业期望得到高报酬，就必须承担高风险，在报酬与风险两者之间作出权衡。

其次，证券的易销性。短期证券可以在市场上出售、转让，具有较强的流通性。某种短期证券在市场上易于兑现，畅销性好，流动性强，呆账风险小，该种证券就可以用较低的利率发行，以较高的市价出售(兑现额高)；反之，某种畅销性不好的证券，就要以较高的利率吸引投资者，其市价也较低(兑现额低)。

选择短期证券投资必须考虑现金支付情况，现金支付不急需的，可用畅销性不强的证券做准备，可获较高的报酬率；现金支出急需的，用畅销性好的证券做准备，虽然投资收益较低，但可减少机会成本。

如果能较准确地预计证券市场价格的升降变化，做买卖证券投机获利也是一种极好的投资。

再次，证券的期限。不同种类的短期证券的期限长短不等，短至几天或一个月，最长为一年。短期证券投资尽可能使投资证券的到期日与现金支付日期相配合。证券不到期虽然可以贴现，但贴现率总要高于报酬率(即利率)，这使贴现人(即投资者)蒙受损失。

最后，证券的多样化。如果投资金额较大，应分散购买不同行业、不同地区、不同期限的各类证券，包括国库券，公司债券，优先股票，普通股票等，要求结成最优化的有价证券投资组合，以分散风险，少受意外损失。

(2) 现金与短期有价证券的持有比例。现金和短期有价证券都有支付能力。因此，在确定的现金持有量中部分余额可以用短期证券形式持有。这就产生了持有货币形态资金和持有证券形态资金的比例问题。

公司可以百分之百地持有货币形式现金而不持有证券形态的准现金。这样做，虽然现金流动资产的流动性最大，但失去了获取证券投资利息的收益机会，产生了机会成本。假如证券瞬即兑换成现金，而且兑换成现金不需任何费用，公司就可以百分之百地持有证券形式的准现金而不持有货币形态现金。这样做，虽然公司可获取最大的证券投资收益，但实际上证券兑现成现金需要一段时间，又要损失费用。当获得的证券投资收益不能抵补转兑成现金的业务费支出时，百分之百地持有短期证券就不是良策了。现金和短期有价证券的最佳持有比例可用两种模式来计算和确定。

首先，统计模式。根据过去历史实际数确定一个价值量 Z：

$$Z=\sqrt[3]{\frac{3b\sigma^2}{4i}} \tag{6-20}$$

式中：b 代表证券与现金相互转兑时每转兑一笔发生的固定费用；i 是证券投资日利率；$\sigma^2$ 是每天现金净流量方差。

再利用经验统计 Z 值，确定未来货币形态现金最高保有量 H。H = 3Z。根据经验统计，确定货币形式现金最低持有量为零，或者是一个正值数额 M。

当持有现金余额等于最高限额 H 或高于最高限额 H 时，即刻用现金购买(H－Z)额短期有价证券；当持有现金余额等于最低限额(M 或零)时，即刻出售短期证券(Z－M)额转兑成现金；当持有现金余额在最高限 H 与最低限 M 之间时，不买卖短期证券，不做转兑业务。

这样做的结果，使持有的现金余额始终在 H 与 M 之间，并集中在 Z 的上下波动。如图6－9所示。

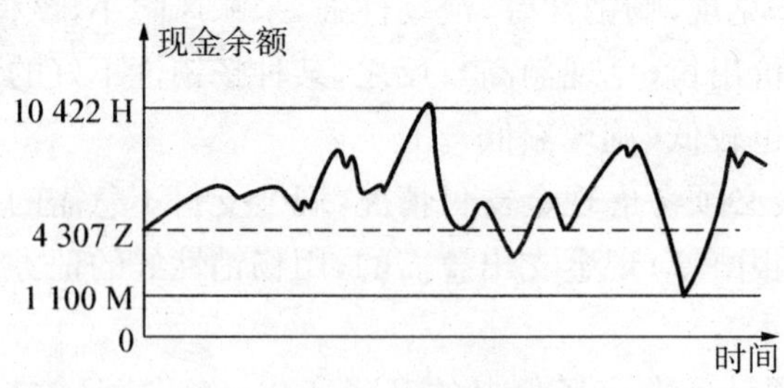


图 6－9　现金余额

根据历史数据并利用统计模式计算确定的价值量 Z、H、M 与未来现金保有额的预测值不能完全相等。实际管理中，要对统计模式计算出的 H、Z 值加以修正，修正为符合本预算期情况的 H、Z 值。

确定 Z 点在坐标轴上的位置时，先以 M=0 为假定，确定 Z、H 点在坐标轴上的位置。

然后再将M点、Z点和H点平行上移，直至M点由0最低限上移至预定值的位置为止。若M最低限假定为0，M点，Z点和H点不做平行上移。

**案例6.1** 假设b代表现金与证券每次转兑固定费用26.5元，i是证券年利率10.95%；年内单利计算，日利率为0.03%；σ是每日现金净流量标准差1 000元；M代表最低持有现金余额1 200元。

$$Z=\left(\frac{3b\sigma}{4i}\right)^{\frac{1}{3}}=\left(\frac{3\times 25.6\times 1\,000^2}{4\times 0.03\%}\right)^{\frac{1}{3}}=4\,000\rightarrow 5\,200(\text{元})$$

$$\text{H}=3\text{Z}=3\times 4\,000=12\,000(\text{元})\rightarrow 13\,200(\text{元})$$

$$\text{M}=1\,200(\text{元})$$

$$\begin{aligned}\text{平均现金余额(统计公式)}&=(\text{Z}+\text{H})/3+\text{M}\\&=(4*4\,000)/3+1\,200=6\,533.3(\text{元})\end{aligned}$$

其次，概率模式。用概率计算方法做出货币形态现金持有量与证券形式准现金保有量最佳分割。

利用概率模式的先决条件是：公司有历史实际数据供预测参考，具有可统计性，并且具有可预测性，能够预测出未来结果及各种结果出现的概率。

**案例6.2** 假设根据有关现金余额及概率资料可以较为准确地预测出：

- 短期有价证券每周利率为0.09%；每周第二天出售的证券到周末损失的利率为0.07%；
- 现金与有价证券转兑瞬息完成；
- 每转兑一次发生的费用包括两项：证券买卖佣金为转兑额0.04%；转兑一次固定费用40元/次；
- 本周初保有证券180万元，有足够的证券出售来补充现金余额，无需借款；
- 根据某些规定，周末现金余额最低额为300万元；持有证券最低标准为170万元，周内每天(任何一时点上)都要维持300万元以上现金额。因此，在一定条件下，不仅在周末转兑现金，而且在周内也有转兑现金的必要；
- 周内出售证券可能出现的概率随证券出售总额的增加而“逆增”。

| 出售证券总额(万元) | 周末出售额(万元) | 周初出售额(万元) | 周内出售概率(%) |
|---|---|---|---|
| 40 | 20 | 20 | 45 |
| 30 | 15 | 15 | 25 |
| 20 | 10 | 10 | 10 |
| 10 | 10 | 0 | 0 |

本周内可能出现的现金余额预测值如下：

第六章 投资学跨国投资问题研究

| 余额(万元) | 概率(%) | 余额(万元) | 概率(%) |
|---|---|---|---|
| 290 | 10 | 320 | 30 |
| 300 | 10 | 330 | 20 |
| 310 | 20 | 340 | 10 |

本周开始之初拥有现金 320 万元,持有证券 180 万元。

根据上述假设和要求,确定持有短期有价证券的最佳数额。所谓最佳,是指持有该数额的短期证券所获得的净收益最高。

[A 方案] 平时持有短期有价证券标准定为 170 万元。

本周一持有证券 180 万元,周二出售 10 万元证券就达到平时持有证券 170 万元标准;也满足周末最低持有 170 万元证券的要求。

周内证券投资利息收益额 170 万元 $*0.09\%=1\,530$ 元;

周一出售证券费用 10 万元 $*0.04\%+40$ 元 $=80$ 元;

本周净收益 $1\,530-80=1\,450$(元)

[B 方案] 平时持有短期有价证券标准定为 180 万元。

为了补充周末现金余额的不足,出售证券 10 万元的可能性为 10%。

周内证券投资利息收益额 180 万元 $*0.09\%=1\,620$ 元;

周末出售证券费用(10 万元 $*0.04\%+40$ 元)$*10\%=8$ 元;

本周净收益 $1\,620-8=1\,612$(元)

同理,可依次计算平时持有短期有价证券标准为 190 万元、200 万元、210 万元等情况下的净收益,通过比较可得出初步结论:在满足题目要求前提下,平时持有 210 万元短期证券的净收益最高,为最佳证券持有量。应该指出,采用这种概率模式测试最佳短期证券持有量及现金余额,要求参与计算的有关各数据是根据过去的统计资料、工作经验及未来变动因素得到的较为准确的预测。

**3. 跨国公司应收账款管理**

在当今的国际贸易中,许多国家为了扩大出口和加速商品周转,对本国出口给予利息补贴,提供信贷担保以及商品赊销和提供赊账服务,由此产生了应收账款。在跨国公司中,应收账款主要由母公司与子公司、子公司与子公司之间的记账交易、装船、寄销装运以及商品和劳务的运输引起的。此外,分公司及其附属单位赊账出口销售、赊账就地销售创造的赊销应收账款也是整个跨国公司的应收账款。在应收账款结算中,各公司的财务经理对应收账款要进行归类和分析,对每一类账户要找出存在的问题并制定计划进行解决,对不同的问题采取不同的解决办法,以求获取最大利润。下面分别介绍国际企业经常采用的应收账款管理办法。

(1) 福弗廷(Forfaiting)。福弗廷是从 1965 年起始于西欧的一种新的对外贸易融资方式,对中长期出口特别是出口到东欧国家和不发达国家的资本技术商品提供融资。其过程是福弗廷公司(一般是一家欧洲银行的子公司)购买并贴现进口商(一般是进口国的政府或企业)寄发给出口商的无追索权汇票。根据协议,出口公司对交易中的政治风险、商业风险不负责任，因为这些损失由福弗廷承担，但它要负责同贸易有关的其他风险，如商品质量。

期票由进口商签发，由进口商银行担保，该银行是期票的原始负债人。出口商收到这些票据时，票据上已记有“无追索权”的背书，福弗廷按预先约定的条件贴现票据。贴现票据收益＝面值－贴现费（贴现率＊未到期的天数）＋0.1％（合约中每月未使用部分增收10％左右费用）。福弗廷通常将印有两个名字（进口商银行和福弗廷公司）的票据推销给欧洲货币市场上的投资者，以筹措另一轮福弗廷资金。购买这些期票主要依据是福弗廷的背书。假定该公司已仔细地评估了商业、国别风险，就可以承担进口公司或银行到期支付的风险。

（2）保付代理（Factoring）。子公司或孙公司的出口赊销商品或信用销售产生的应收账款可以无追索权代理保收，经纪人承担所有的信贷和政治风险，除非合同双方在商品和劳务交易中出现缺陷或不能按合同完成交易。应收账款代理保收对那些全球贸易比例不大的外贸销售活动来说是相当重要的。

大多数应收账款的国际代理通过国际代理组织，国际代理组织在大多数工业国家有广泛的联络机构。在许多发展中国家，该组织没有设置机构，在这些国家开展活动就受到了限制。尽管工业国家出口经营企业有代理服务，但也不要求每一个出口企业都去办理代理业务，对那些不能承担信贷核对和风险评估费用的小企业，或者只是偶然出口到许多不同国家的公司，采用应收账款代理业务是很合适的。经常向许多国家出口的公司可以用各种应收账款的证券来节省费用，减少损失。

应收账款代理在许多方面类似于前面讨论过的福弗廷，不同的是，后者通常有一个进口方的政府机构，政府银行或金融机构一起担保进口部门签发给福弗廷公司的票据。

应收账款代理对出口商或跨国公司有许多好处。出口商可以用往来账户进行货运，而不一定用现收现付或信用证行货运。出口公司不承担信用调查和托收的成本，也不承担评估政治风险的成本。代理公司持有不同国家的多种证券，更便于评估这些风险，它所消耗的费用可能要比出口公司自行托收的费用更低。

但是，国际应收款代理的费用仍是很大的。根据应收账款的数量、质量和年周转速度的不同，出口应收账款的代理费用也不同。主要费用包括约2％的赊销加上比伦敦同业银行拆放利率（LIBOR）高1％—2％的贴现率。

（3）延期信贷（Credit Extension）。跨国企业为了增加销售量，经常采用延期信贷的办法。信贷期限越长，销售量可能越大。但延期信贷并不是最好的策略，它有不还债的风险，增加了大规模投资应收账款的利息费用。由于所用货币要贬值，其应收账款价值的损失必定要用较高的收益加以平衡。如果延期信贷可以提高商品的价格，这些增加的成本就可以部分地抵消。

一个企业可以通过下列途径比较预期收益和成本：

- 计算延期信贷的现行成本；
- 计算信贷政策修改后的展期信贷成本；
- 根据第一步和第二步，计算信贷策略修改后增加的信贷成本；

■ 不考虑信贷成本，计算新的信贷政策增加的利润；

■ 只有当增加的利润超过增加的成本时，才选择新的贷款策略。

在一般条件下，延期信贷增加的销售额和销售成本为$\triangle S$和$\triangle C$。预期每单位销售收益的贷款成本 R 增加到 $R+\triangle R$，只要增加的利润大于增加的成本，延期信贷是可行的，即

$$\triangle S - \triangle C > S\triangle R + \triangle S(R + \triangle R)$$

$\triangle R$ 表示预期货币的变动率。

这种分析方法也可用于是否要紧缩信贷，减少销售，同时减少信贷成本。在评估延期信贷扩大销售时，一个潜在的问题是竞争对手的反应。如果一个寡头垄断或一家企业提供延期来降低价格时，竞争对手也被迫采取同样的措施来保持市场份额。虽然应收账款增加了，但没有增加任何销售和利润。

#### 4. 跨国公司国际存货管理

存货管理决策就是决定现有制成品、加工品、原材料和零部件等最佳存货水平。这对国内、国际企业是一样的，决定安全库存水平也可采用同样的技术。跨国公司要控制基本变量的困难较大，这些复杂的因素包括不同地方的存货水平不同、漫长而多变的货物运输时间、繁琐的海关诉讼程序、频繁变动的进口控制和关税、罢工和政治动乱会引起存货霉烂等，而最重要的因素是汇率波动的风险。下面讨论怎样决定最佳存货量、存货保证量和增加库存的水平。

为说明这些复杂因素对基本存货量的影响，现假定一个纯粹国内企业，有下列数据：

■ 最佳订货量(EOQ) = 1 200 单位 = 每月销售

■ 存货的保证量=100 单位

■ 备运时间=10 天

根据这些资料决定再订购点：再订购点=存货保证量+(日销售量 * 备运时间)

当存货水平达到 500 单位时，就要重新订购 1 200 单位。由于每天的销售率可能发生变化，重新订购存货又需要时间，需要用存货保证量来补充。在这个简单的模型中，开始订购 1 300 单位来满足每月的需求，并设立存货保证量，以后订购 1 200 单位(如图6 -10)。

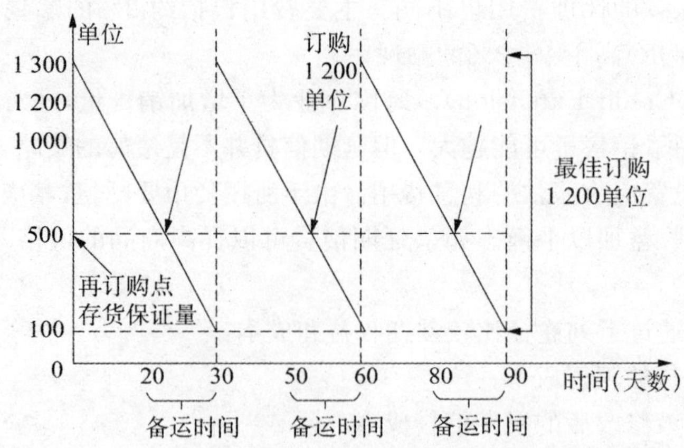


图 6-10 基本存货计算图

假定一家跨国公司的分公司的制成品和零部件来自母公司或另一子公司。供应单位和销售地点位置不同,运输时间和海关手续可能延迟。由于这方面的影响,就需有一定的存货保证量和备运时间。最佳存货量的成本等于缺货成本加上存货保证量的成本。由于预计缺货的频率较高,存货保证量可能要呈上升趋势;同样,预计到运输时间或通过海关的时间可能要延迟时,只得延长备运时间来抵消。重新计算的存货保证量 150 单位,修订的备运时间 15 天时,重新订购点 750 单位[150+(40*15)]。

应该指出,由于基本假设条件的改变,图 6-11 不反映原来最佳存货量的水平由于跨国公司的存货量受到多种因素的影响,每年的总销售量、订购成本、运输成本和单位价格也随之发生变动。因此,原来决定的最佳存货量要重新修订以反映投入品的新价值。

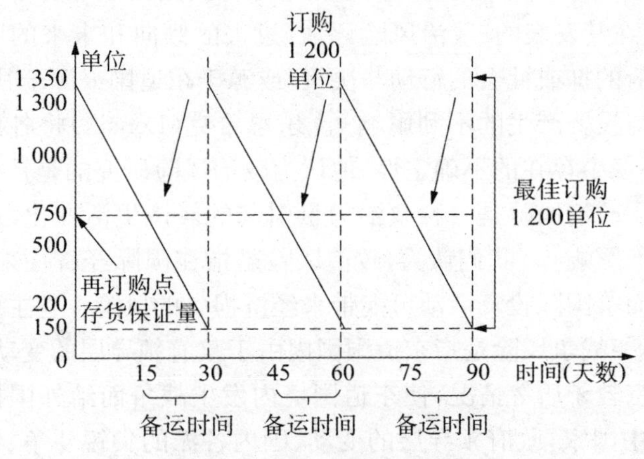


**图 6-11 修正存货计算图**

关于增加库存情况。跨国公司不仅在许多国家销售产品和提供服务,而且经常从世界各地获取原材料和零部件,预计到罢工、政治动乱或其他不稳定因素,可能影响原材料和零部件的供给,这时就要增加库存。同样,一个分公司在一个国家经营,预计该国要限制该公司的资金转移或其他货币可能要贬值,就要预先购进进口品和零部件。

跨国公司通过增加所需的原材料和零部件的储存来防止转让限制和货币贬值,这种存货保值政策必须运用对冲变量,其中,最重要的变量是:

- 预计当地货币对本国货币(母公司所在国货币)的贬值率;
- 预计按供应货币计算的进口品价格上升幅度;
- 存货储存费用,包括资本(投资成本)、保险、抵押和损耗。
- 地方资金的机会成本,即如果这些资金不作为进口零部件存货的融通资金,而用作流动资金,其短期投资收益率是多少。

## □ 三、跨国投资风险管理

### 1. 跨国投资风险的含义和种类

国际投资风险是指由于国际上的不确定因素致使投资报酬率达不到预期之目标而发生的风险。投资风险是相对于投资收益来说的,任何一项国际投资活动,其收益都与风险并存，从而形成投资的不确定性。跨国公司在跨国经营方面可能遇到的不确定情况，反映在财务上就是要正确处理跨国公司在国际投资经营过程中的资金运动和正确处理资金运动过程的国际经济关系。跨国公司通过国内和国际的筹资活动取得资金后，进行投资的类型有三种：一是投资生产项目，二是投资证券市场，三是投资商贸活动。然而，跨国公司所投资的项目并不都能产生预期收益，从而引起跨国公司盈利能力和偿债能力降低的不确定性。这些不确定性就构成了跨国公司的国际投资风险。

跨国公司所面临的投资风险主要有政治风险、利率风险、经营风险和法律风险。

(1) 政治风险。"政治风险"的概念是从众多的历史事件中总结出来的。在 20 世纪 60 年代的美国商务著作中首次出现了"政治风险"这一词。"政治"之后加上"风险"，反映了美国企业对政治干预的不信任以及外国政府当时试图控制国际企业[①]。夫利·西蒙(Jeffrey D. Simon)在其发表的《政治风险评估：过去的倾向和未来的展望》一文中认为，政治风险可视为政府的抑或社会的行动与决策，或源于东道国或源于其外，对有选择的或者大多数国外经营与投资产生的不利影响[②]。乐恩希克(Lensik)将各种政治风险定义为政治、社会和经济环境中存在的不确定性，他认为政治风险研究的是社会中政治和经济实体关系的不确定性。政治风险是一种政治力量引起的经济生活变化，这些变化会对企业的经济活动产生负面影响[③]。我们认为，政治风险是指在国际经济往来中，由于未能预期到的政治因素变化而给国际投资活动可能带来经济损失的风险。它主要包括：

第一，战争风险。战争风险是指东道国国内由于政府领导层的变动、社会各阶层的利益冲突、民族纠纷、宗教矛盾等情况，使东道国境内发生战争而给外国投资者造成的经济损失。在一些发展中国家，政府领导层的变动、国内各派的尖锐斗争、各阶层集团的不同利益要求、不同民族间的矛盾纠纷、复杂的宗教派别冲突等都有可能引起局势动荡，甚至造成动乱和内战，从而严重影响国际投资者的经济利益。

第二，征用风险。传统的征用风险(Expropriation Risk)是指一国政府对本地的外资企业进行征用(Expropriation)、没收(Confiscation)或国有化(Nationalization)的风险。这种风险对投资者来说是政治风险中最严重的一类，因为它带来的损失巨大。国有化风险是指东道国对外国资本实行国有化、征用或没收政策而给外国投资者造成的经济损失。国有化是东道国政府接管某个行业中所有私有企业，征用是东道国政府对某个行业的个别外国企业实行接管，没收是在没有任何补偿条件下东道国政府占有外国企业的全部资产。这种风险主要发生在政治不稳定和政策易变的国家和地区。第二次世界大战后，曾经出现过民族独立国家对本土外国企业实施国有化的浪潮。随着 20 世纪 80 年代全球化的兴起，国有化逐渐淡出人们的视野。但在资源日益紧张、要素价格攀升的当今，国有化又以间接、渐进式的新形态而呈回归之势。例如，2006 年 4 月，厄瓜多尔议会通过一项石

---

① 张海涛. 国际企业的政治风险研究[D]. 大连海事大学硕士学位论文，2000。

② Simon D. Jeffrey, Political Risk Assessment: Past Trends and Future Prospects. Columbia Journal of the World Business, Fall 62, 1982, P. 24.

③ 胡承志. 中国资本海外投资的政治风险及其管理研究——以非洲为例[D]. 对外经济贸易大学硕士学位论文，2010。

油改革法案，规定包括中国企业在内的所有外国公司必须将利润的50%交给厄瓜多尔政府，政府根据修改后的《石油法》同外国公司重新进行石油合同的谈判。目前，在委内瑞拉、秘鲁、厄瓜多尔、巴西、古巴等拉美国家进行的能源项目投资中，容易遇到"温和"国有化风险的情况。

第三，政策变动风险。政策变动风险是指由于东道国有意或无意地变动政策而给外国投资者造成的经济损失。投资者进行对外投资活动必须遵循东道国的各项经济政策。东道国的土地、税收、市场、产业规划等方面具体政策的变化将影响投资者的决策。例如，土地政策中涉及土地的购买、拥有使用权时间的长短、土地税的内容均会影响投资者的利益；税收政策中计税基数、税率和征税方法关系到投资者的收益。东道国市场的开放程度以及在投资区域和行业等实行的限制或鼓励政策也是投资者所关注的问题。

第四，转移风险。转移风险也称汇兑限制风险，是指在跨国经济往来中所获得的经济收益，由于受到东道国政府的外汇管制政策或歧视性行为而无法汇回投资国而给外国投资者带来的经济损失。例如，外国投资者在进行投资活动中所取得的经营收入，包括政策营业收入、出售专利和商标收入、股权转让收入等，一般应转移回投资国，但这与东道国引进外资的目的有一定的矛盾性。有的东道国对跨国企业的收入在政策上规定一个在东道国再投资的比例。这个比例的变化则被看作是对外投资的一种风险。

政治风险的其他分类见表6-7。

**表6-11　政治风险的风险程度分类**

| 方式 | 项目 | 说　明 |
|---|---|---|
| 根据风险的程度分类 | 非区别性干预 | 非区别性干预是指东道国政府为了实现其既定的经济和社会发展等目标而采取控制在本国的外资企业的干预措施。比较而言，非区别性干预是一种干预程度最低的措施，并且通常不会特别地针对某一特定的外资企业。这些干预措施具体表现为：(1)要求外资企业建立某些基础设施；(2)规定在其国内的外资企业的领导人或管理人员由本国公民担任；(3)确定有利于东道国税收的转移定价政策；(4)要求外资企业产品在当地的销价不能高于某一水平；(5)规定外资企业使用东道国当地的零部件；(6)要求外资企业支付社会和经济上的附加费等 |
| | 区别性干预 | 区别性干预是指东道国政府为削弱外资企业对本国同行业的竞争，维持国内企业保持一些优势而采取的一系列措施。区别性干预措施较为严格，并且目的很明确。其表现形式有：(1)仅允许合资经营，且合资企业中外国投资所占比重不得超过规定的限度；(2)对外资企业征收附加税和附加的公共产品使用费；(3)在法律上歧视外资企业，公开或半公开地支持国民对外资企业的抵制活动；(4)误导外商投资效率不高的产业等 |
| | 歧视性惩罚 | 歧视性惩罚是指东道国政府采取强烈的干预措施，使外资企业处于无法盈利的状态，迫使其破产。其形式有：(1)东道国政府冻结外资企业的资金汇出，并逐渐蚕食其资产；(2)征收高额税收或其他费用，使其根本无利可图；(3)有意拖欠合资款项资金到位时间，延误工期；(4)宣称前届领导人签订了不公平的特许协议而拒不执行协议，从而给企业带来损失 |

续表

| 方式 | 项目 | 说明 |
|---|---|---|
| | 剥夺财产 | 剥夺财产是指东道国政府对外资企业的资产实行征用或国有化。按照国际法，征用是主权国家的正当权利，但它必须以公平的市场价格、可自由兑换的方式给予被征用企业的投资者及时地补偿。然而，在具体的实施过程中，充分、有效和及时地补偿通常是不可能实现的。一旦企业被征用，投资者将遭受无法换回的损失。国有化则指东道国政府对某一行业的所有外资企业进行有偿接管或无偿接管 |
| 按风险源分类 | 政治的不稳定性 | 通常同东道国政体的剧变或政府的稳定性相关联，如发生在东道国境内的战争、革命、暴动、抗议及其他政治动荡事件 |
| | 政策的不稳定性 | 是指有关东道国政府因种种原因可能会改变其既定的经济政策，如应民族保护主义要求而限制外国投资者进入某些领域，或因外交关系中断改变同一些国家的经贸政策，或是对外汇实施管制等 |

资料来源：(1)郭帅. 非洲国家军人政治研究[D]. 中国社会科学院研究院硕士学位论文，2007；(2)李琛. 跨国经营政治风险及其管理研究[D]. 复旦大学博士论文 2005。

(2) 外汇风险。外汇风险又称汇率风险，是指在国际经济活动中，由于未能预期到的汇率变动而给跨国企业可能带来的经济损失风险。企业在跨国经营中遇到的汇率风险可以分为交易上的汇率风险、折算上的汇率风险和经济上的汇率风险三种。

第一，交易风险。交易风险是指已经达成而尚未完成的用外币表示的经济业务因汇率变动而可能发生的损益的风险。交易风险涉及两类项目：一是已经列入资产负债表中的应收和应付账款的项目，如进出口贸易应收应付款、外汇借贷款等；二是资产负债表外的会引起未来的应收和应付账款的项目，如远期购售合同、应付租赁费用、尚未履行的客户订单等。

第二，折算风险。折算风险是指由于汇率变动使分支公司和母公司的资产价值在进行会计结算时可能发生的损益。在国际投资活动中，跨国公司在每一个会计年度期末，需要将各分支公司的财务报表合并成汇总报表。在将分支公司以东道国货币计价的会计科目折算成母国货币的过程中，由于汇率变动可能给跨国企业带来损失。折算风险带来的收益和损失只是一种会计概念，并不表示该跨国公司实际的或已经发生的收益和损失。折算风险反映在会计报表的资产、负债和权益等各个科目上。

第三，经济风险。经济风险是指由于汇率变动引起跨国公司的经营环境发生变化，导致业务现金流发生变更而产生经济损益的风险。经济风险存在于跨国经营的各个方面，因为汇率变动意味着各国同种商品之间的比价和一国不同种类商品之间的比价都要发生变化，这种价格体系的变化会改变国内以及国际市场上的生产条件和需求结构，从而影响跨国公司的经营活动。

与交易风险不同，经济风险侧重于企业的全局，从企业的整体预测将来一定时间内发生的现金流量变化。因此，经济风险的来源不是会计程序，而是经济分析。经济风险的避免与否很大程度上取决于企业预测能力的高低。预测的准确程度直接影响企业在生产、销售和融资等方面的战略决策。此外,折算风险和交易风险的影响是一次性的,而经济风险的影响是长期的,它不仅影响企业在国内的经济行为与效益,而且直接影响企业在海外的经营效果和投资收益。因此,经济风险一般被认为是三种外汇风险中最重要的。但由于经济风险跨度较长,对其测量存在着很大的主观性和不确定性,要准确地计量企业的经济风险存在很大的难度,所以,企业的经营者通常更重视对交易风险和折算风险的管理。

虽然交易风险、折算风险与经济风险都是由于未预期的汇率变动引起的企业或个人外汇资产或负债在价值上的变动,但它们的侧重点各有不同。

**表 6-12　　交易、折算、经济风险的差异**

| 项目 | 差　异 |
| --- | --- |
| 损益结果的计量 | 交易风险可以从会计程序中体现,使用一个明确的具体数字表示,可以从单笔独立的交易,也可以从子公司或母公司经营的角度来测量其损益结果,具有客观性和静态性的特点。而经济风险的测量需要经济分析,从企业整体经济上预测、规划和分析,涉及企业财务、生产、价格、市场等各方面,因而带有一定的动态性和主观性 |
| 测量时间 | 交易风险与折算风险的损益结果只突出了企业过去已经发生交易在某一时间点的外汇风险的受险程度;而经济风险则要测量将来某一时间段出现的外汇风险。不同时间段的汇率波动对各期的现金流量、经济风险受险程度以及企业资产价值的变动将产生不同的影响 |

资料来源:杜玉兰.国际金融[M].科学出版社,2010。

(3) 经营风险。经营风险是指企业在跨国经营时,由于市场条件和生产技术等条件的变化而给企业可能带来损失的风险。经营风险有广义和狭义之分,广义上的经营风险表现为跨国公司在生产经营过程中遇到的所有风险,包括政治风险和经济风险。狭义上的经营风险是指跨国公司在以市场为中心的生产经营活动中所能遇到的经济风险,也即市场风险。这里主要指的是狭义上的经营风险,又可分为宏观市场经营风险和微观市场经营风险。其中,宏观市场经营风险主要有以下几种具体表现形式:一是市场供求风险;二是市场竞争风险;三是市场开放度风险;四是市场秩序风险等。跨国公司的经营风险主要表现为微观市场经营风险。因为跨国公司的生产经营活动是在特定的市场上进行的,每个特定的市场都有其特殊的风险因素,从而形成不同种类的市场风险。跨国公司面临的微观市场经营风险主要有:

第一,价格风险。价格风险是指由于国际市场上行情变动引起的价格波动而使企业蒙受损失的可能性。因为引起价格变动的因素很多,所以价格风险是经常性和普遍性的。

第二,销售风险。销售风险是指由于产品销售发生困难而给企业带来的风险。销售风险产生的原因主要有:市场预测失误,预测量与实际需求量差距过大;生产的产品品种、样式、质量不适应消费者的需求;产品价格不合理或竞争对手低价倾销;广告宣传不好,影响购销双方的信息沟通;销售渠道不适应或不通畅。

第三,财务风险。财务风险是指整个企业经营中遇到入不敷出、现金周转不灵、债台高筑而不能按期偿还的风险。

第四,人事风险。人事风险是指企业在员工招聘、经理任命过程中存在的风险。它产生的原因有:任人唯亲、排挤贤良;提拔过头,难以胜任;环境变化,原有人员不能胜任。

第五,技术风险。技术风险是指开发新技术的高昂费用、新技术与企业原有技术的相容性以及新技术的实用性如何都可能给企业带来一定的风险。

2. 政治风险的评估与防范

政治风险是跨国经营的企业要面对的特殊风险。由于政治风险极难预测、具有损失巨大的特点,因此,评估企业对外投资可能遇到的政治风险,是为企业管理者提供决策的直接依据,是风险管理中的关键因素。

(1) 政治风险的评估。

第一,政治体制稳定性指数。政治体制稳定性指数(The Political System Stability Index,PSSI)是由丹·亨德尔(Dan Haendel)、杰罗尔德·维斯特(Gerald T-West)及罗伯特·金迈德(Robert G Meadow)提出的。该模型由国家的社会经济特征指数、社会冲突指数和政治干预指数构成,其中,社会冲突指数有政治不稳定指数、内部骚扰指数和暴力指数三个分量。三个重要的指数可以通过以下 15 种因素来衡量:人口异质指数、人均 GDP、增长速度、人均能源消耗;骚乱、游行、政府危机;武装冲突、暗杀、游击战;每一百人的内部安全人员;政治竞争指标、法律效应、每年法律变动、不规则的领导人变动。

PSSI 模型较为完满地解决了"如何衡量一国的政治稳定性"这一问题,但该模型也存在不足,主要缺点是 PSSI 只能当作是一种政治风险评估的方法,而并不能分析政治风险为什么会产生以及产生后的结果是什么,从而没有回答在衡量一国政治是否稳定后会发生什么变化或决策者应当如何应用这一模型①。

第二,经营环境指数。经营环境指数(Business Environment Risk Index, BERI)是一种包括了经济、社会和政治在内的各因素的指标。由美国 BERI 公司在《经营环境风险资料》中出具的世界各个国家和地区经营风险指数是国际上普遍公认的极具权威性的风险指数。

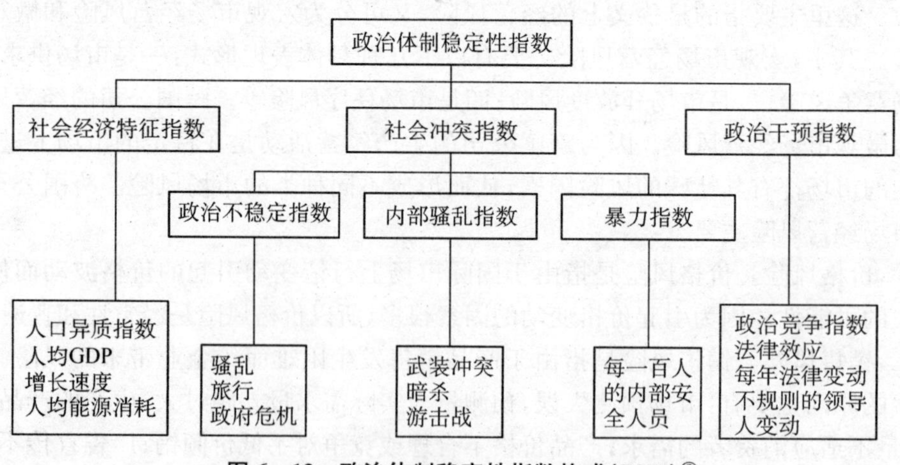


**图 6-12 政治体制稳定性指数构成(PSSI)②**

① 赵曙明. 国际企业风险管理[M]. 南京大学出版社,1998。

② Dan Haeldel and Gerard T-West, *Overseas Investment and Political Risk*, Lexington Books, 1975.

这个指数从动态的角度考察了不同国家和地区在未来 5 到 10 年之内的经营环境情况。

这个指数使用了一套可以灵活加权关键要素的方法，首先通过基本分的计算，而后再由那些专长于政治学而非商务领域的专家，对被评估国家的多项因素和情况，以跨国公司经营的视角而非个别私营企业的视角加以评分，最后综合各方面的得分，来确定某国的政治风险指数。

评估使用百分制量度，70 分以上为政治风险较低，即该国的政治变化不会对企业经营造成不利影响，也不会引发社会动乱；55—69 为中度的政治风险，说明该国有对企业严重不利的政治变化，或者有可能发生动乱；40—54 分为高度风险，也就是说已经存在或者在不远的将来会发生严重影响企业经营的政治趋势，或者周期性地出现大的政治动乱；39 分以下为风险极高，这种情形下的政治环境严重限制企业的经营，直接导致财产损失，应该被归为不可接受投资的国家①。

第三，失衡发展与国家实力模型。该模型（Uneven Development / National Power Model）是由霍华德·约翰逊（Howard C. Johnson，1981）基于以下前提提出的：政治风险（没收）是某国发展失衡和该国实力相互作用的结果。衡量一个国家是否发展失衡的因素有政治发展、社会成绩、技术进步、资源丰富、国内秩序。非均衡发展是源于五个方面的非持续性和差异性。国家实力包括经济、军事和科技实力。可以根据一个国家的实力和平衡发展的状况，将世界各国分为失衡强大国家、平衡强大国家、失衡弱小国家和平衡弱小国家四种类型。在这四种类型的国家中，两个平衡国家的没收发生几率很低，失衡小国存在中度的几率，而失衡强大国家的没收几率相对最高。在这个模型中，非均衡发展是与政治不稳定相关的因素。

第四，宏观社会政治模型。该模型（The Macro—sociopolitical Models，MSP）的主要内容是试图解释政治不稳定包括了各种经济的、意识形态的和社会力量的综合作用。此模型抽象但全面地阐释了由宏观环境因素产生以及由此导致的政治不稳定性之间的作用过程（图 6－13）。这个模型的一大优点是构建了宏观层面风险的分析构架，并且着重考察了东道国大范围的社会力量、意识形态力量、社会力量及其与政治不稳定的动态变化之间的因果关系内涵。此模型的不足之处在于它无法判定政治不稳定性和实际投资项目或者企业的联系，也不能精确地描述各种风险事件对外资投资项目的直接影响②。

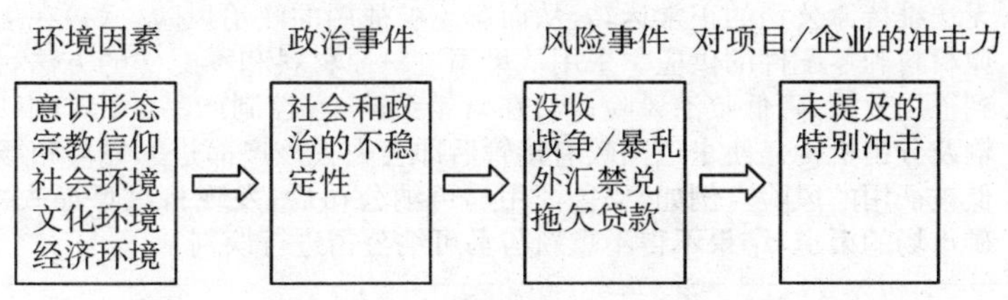


**图 6－13　MPS 模型的总体结构**

① 张素芳. 跨国公司与跨国经营[M]. 经济管理出版社，2008。

② 赵曙明，杨忠. 国际企业风险管理[M]，南京大学出版社，1998。

第五，国家征收倾向模型。哈罗德·克鲁德森(Harold Knudeth 1979)基于拉丁美洲国家样本统计分析资料提出了国家征收倾向模型(The National Propensity to Expropriate Model)。其基本内涵是：某个国家的受挫折水平和外资大量涌入的相互作用可以解释该国的没收倾向。因为某个国家的挫折水平形成于这个国家的抱负程度、社会福利水平、期望值。假定这些水平揭示了某国的生态结构。如果国家的福利或经济预期低于抱负水平时，该国的挫折水平就高，而此时若有大量的外国投资，这些外国投资就可能成为国家挫折的替罪羊而遭没收。

(2) 政治风险的防范策略。既然国际投资活动面临着政治风险，在对政治风险进行评估后，如何有效地采取措施防范和规避政治风险，最大限度地降低损失，这对国际投资者来说尤为重要。

第一，投资前期的政治风险防范，见表6-13。

**表6-13　投资前期的政治风险防范**

| 项目 | 说　明 |
|---|---|
| 办理海外投资保险 | 在许多工业化国家，都设有专门的官方机构对私人的海外投资提供政治风险的保险，这些保险承保的范围包括国有化风险、战争风险和转移风险三类。一般做法是：投资者向保险机构提出申请保险，保险机构经调查认可后接受申请并与之签订保险单。投资者有义务不断报告其投资的变更状况和损失发生状况，并且每年定期支付费用。当风险发生并给投资者造成经济损失后，保险机构按合同支付保险赔偿金 |
| 与东道国政府谈判 | 投资者在投资前与东道国政府谈判，并达成协议，以尽量减少政治风险发生的可能。这类协议要明确：一是公司可以自由地将股息、红利、专利费等本金利息汇回母公司；二是划拨价格的制定方法，以免日后双方在划拨价格上产生争议；三是公司缴纳所得税和财产税参照的法律和法规；四是发生争议时采用的仲裁法和仲裁地点 |

资料来源：杨大楷.投资学(第二版)[M].上海财经大学出版社，2006。

第二，投资中的政治风险防范，见表6-14。

**表6-14　投资中的政治风险防范**

| 项目 | 说　明 |
|---|---|
| 生产和经营战略 | 这种战略是投资者通过生产和经营方面的安排，使东道国征用、国有化或没收政策后，无法维持原公司的正常运转，从而避免被征用的政治风险。(1)在生产策略上，控制原材料和零配件的供应。采用从母国进口原材料和零配件的方法，使东道国无法收到征用效果，降低政治风险；(2)在营销策略上，控制产品的出口市场和产品出口运输及分销机构。使东道国政府接管后即会失去该产品进入国际市场的渠道，从而降低被征用的风险。例如，秘鲁征用马可纳公司后，发现自己反而失去了进入国际铁矿市场的渠道，结果不得不重新与马可纳公司进行谈判 |
| 融资战略 | 这种战略是投资者通过对公司融资渠道的有效管理，达到降低政治风险的目的。其中的一种方式是积极争取在东道国金融市场上融资。因为东道国政府对该公司实行歧视性的政策或者经营上的限制，会影响东道国本身金融机构的利益，因而在采取征用措施时，东道国不得不慎之又慎 |

资料来源：同表6-13。

**3. 外汇风险的评估与防范**

(1) 汇率的预测。

汇率预测的关键是把握导致汇率波动的最基本因素，洞察汇率的变化趋势。汇率预测的方法多种多样，选用哪种方法预测汇率也见仁见智，但总体上可分为基本预测法、市场预测法、技术预测法和混合预测法四种。

第一，基本预测法。基本预测法(Fundamental Forecasting)是根据经济变量同汇率间的基本关系进行预测。这些经济变量可能包括利率、经济增长率、国际收支、货币供应量、通货膨胀率、资本利用率、市场预期、产量以及投机因素等，它们都是影响汇率长期和短期变动的因素。

第二，市场预测法。市场预测法(Market-based Forecasting)是一种建立在即期汇率、远期汇率和利率间存在一系列平价关系的假设基础上的汇率预测方法。市场预测法认同市场有效性假说，即在一个强势有效的市场上，所有公开和非公开的信息都可以反映在当天的汇率当中。市场预测法包括即期汇率预测法和远期汇率预测法(表6-15)。

**表6-15　市场预测法**

| 项目 | 说　明 |
| --- | --- |
| 即期汇率预测法 | 如果某种货币的汇率波动比较小，外汇市场比较平稳，在预测该货币的短期汇率时，可以认为当期的即期汇率就是下一期的即期汇率，即 $ESt+1=St$<br>式中，$Est+1$ 表示预期的第 $t+1$ 期的即期汇率；$St$ 表示第 $t$ 期的即期汇率 |
| 远期汇率预测法 | 主要的国际货币通常都有发达的远期外汇市场或者期货市场，对货币的未来即期汇率的一致看法，在国际金融市场套利机制的作用下，远期汇率就是未来即期汇率的无偏估计，即 $ESt+1=Ft$<br>式中，$Est+1$ 表示预期的第 $t+1$ 期的即期汇率；$Ft$ 表示第 $t$ 期市场标志的第 $t+1$ 期的远期汇率 |

资料来源：綦建红. 国际投资学教程[M]. 清华大学出版社，2005。

第三，技术预测法。技术预测法(Technical Forecasting)是用历史的汇率数据来预测未来的汇率。例如，1987年10月19日的"黑色星期一"(即纽约股市道琼斯指数狂跌500多点)就使股市投资者联想起引发危机的1929年纽约股市的崩溃。正因为历史不断再现，人们才能将过去获得的正确认识用于指导未来，并获得同样正确的结论。技术预测首先需要收集研究对象的历史资料，其次要分析这些历史资料，最后判断哪些形态会稳定地重复发生。使用技术分析来预测汇率的方法有很多，但主要以价格分析为主，大体上可将其归为图表技术分析法和计量经济分析法。

首先来看图表技术分析法。汇率的图表技术分析是根据汇率过去的表现，有条理地做出图表记录，通过过去到现在汇率的波动情况，借助图表和曲线来预测将来汇率的可能性趋势(表6-16)。

表 6-16　　图表技术分析法

| 项目 | 说　明 |
| --- | --- |
| 曲线图分析法 | 就是把每个价位按次序连接起来,成为一条连续的曲线。大多数的曲线图是以时间和价格为坐标。一般横坐标是时间,纵坐标是价格。曲线图的优势是直观 |
| 点形图分析法 | 是指一段时间内汇率波动发生趋势转变的次数及幅度,预测者可以清楚地看到汇率波动的频率及幅度,而不关心何时发生这种转变。一般情况下,点形图用"X"和"0"表示一单位汇率的升降,该汇率波动单位由预测者自行决定 |
| K线图分析法 | K线图又称阴阳图或蜡烛图,阳烛中空,表示该时段中收盘价高于开盘价;阴烛有一段实心的阴影,表示收盘价低于开盘价。国外专家已经证明,K线图中的某种图形组合可能代表着某种市场行情,预测新的价格走向。在外汇市场,从K线图中人们可以比较明显地看出买卖双方力量的消长、市场主力的动向以及外汇涨、跌、盘等三种基本行情变化 |
| 移动平均线法 | 是把每天汇率的移动线和移动平均线之间的相对位置加以比较,再结合移动平均线的位置和方向加以分析,用以预测今后的汇市行情。其最基本的思想是消除偶然因素对市场价格的影响,另外,还稍微有一点平均成本的含义。由于移动平均线具有追踪价格变动趋势、滞后性、稳定性和助涨助跌性等特点,因此,在汇率技术分析中起着不可替代的作用。移动平均线分析法也有许多不同的表现形式,但总体可分为分析买入信号和分析卖出信号两种情况 |

资料来源:綦建红.国际投资学教程[M].清华大学出版社,2005。

其次来看计量经济分析法。技术分析的最新发展是在传统的图表分析基础上增加了许多数量化方法。运用计量经济学法预测汇率,一般按以下四个步骤进行:第一步,根据预测目标,搜集和调查有关资料;第二步,分析资料,判断各变量之间的相互关系,并经过数据运算,确定有关参数,建立计量经济模型;第三步,检验模型,把历史资料代入计量经济模型,将运算结果与已发生的经济现象进行比较,测定该模型的误差;第四步,利用已确定的模型对汇率进行预测。

随着数理统计分析方法的不断发展和完善以及现代计算机技术在外汇业务中的普及和深入,计量经济分析法利用不同的经济计量模型,在预测汇率上日益显出及时、准确等特征。

第四,混合预测法。混合预测法(Mixed Forecasting)是综合使用以上各种汇率预测法的方法。汇率预测者们发现如果将上述方法结合起来预测时,先运用不同预测方法得出某一外币的不同预测值,然后给不同方法分配权重,总权重为100%,更可靠的方法给予较高的权重,这样一来,跨国公司的实际预测值便成了各种预测值的加权平均值。

(2) 外汇风险的度量。

自从中国外汇制度开始实行以市场供求为基础、参考一篮子货币进行调节、有管理的浮动汇率制度以来,中国的外汇风险环境越来越严峻。如何有效地度量外汇风险成为整个金融风险度量过程的重要环节,也是外汇市场经济主体合理规避风险的重要前提。

第一,外汇风险的直接度量。外汇风险的直接度量法是指衡量由于汇率的波动给有关外汇市场经济主体的外汇资产价值带来影响的度量方法。通过这类金融风险度量方法，外汇市场经济主体的管理者可以直接掌握汇率发生变动的情况下外汇投资组合的损失。

在这些方法中，外汇敞口分析可以衡量经济主体因其外币资产和负债组合的不相匹配或外汇买卖的不相匹配而可能产生的外汇亏损或盈利所形成的外汇风险。这种方法具有计算简便、清晰易懂的优点，但它忽略了各币种汇率变动的相关性，难以揭示由于各币种汇率变动的相关性所带来的外汇风险。目前，为大多学者所使用的外汇风险直接度量方法主要是 VaR 度量法以及在极端情况下所使用的各种直接度量方法。

首先来看 VaR 度量法。可以将不同市场因子、不同市场的风险集成一个数，较准确地测量由不同风险来源及其相互作用而产生的潜在损失的风险。该方法又可以分为参数分析法、非参数分析法以及情景分析等（表 6－17）。

**表 6－17　VaR 度量法**

| 项目 | 说　明 |
| --- | --- |
| 参数分析法 | 参数分析法是 VaR 计算中最为常用的方法，一般是建立在汇率波动是正态分布假设之上的，能正确地估计外汇资产价值变动的分布函数，并且在得出该分布函数后准确地计算出该分布函数的参数值。但它没有考虑到在现实汇率的时间序列波动中表现出来的厚尾现象和非正态汇率波动现象 |
| 非参数的测量法 | 非参数的测量法包括历史数据模拟法和蒙特卡罗模拟法。历史数据模拟法所需数据从历史的收益率序列中取样，在应用过程中不需对外汇市场的复杂结构作出任何假设和考虑汇率波动分布非正态的问题。但当波动率在短期内变化较大时，历史模拟法估计不准，并且选取的历史数据对 VaR 值的预测有很大影响。另一种非参数方法为蒙特卡罗模拟法，可以用来观测那些人们认为将要发生、但历史观测值中没有出现的事件。该方法考虑到波动性的时变性、厚尾和极端事件，在解决数据的非正态分布等复杂问题上表现出了极大的灵活性 |
| 情景分析 | 情景分析是测量外币资产与负债组合在汇率发生极大的变化时的敏感度，优点是通过计算资产组合面临的潜在的最大损失找出较为脆弱且容易发生问题的部分，便于经济主体对汇率风险的度量与控制。缺点在于其效果很大程度上依赖于有效情景的构造和选择。一旦预期的各种组合变动与实际情况存在较大的差距，对汇率风险分析的结果就会失去实践意义，甚至会引发错误的套利政策从而导致不必要的损失 |

资料来源：谢赤，王雅瑜，孙柏．外汇风险度量：方法与评述[J]．金融经济，2007(22)。

其次来看极端情形度量法。虽然 VaR 较为准确地测量了金融市场在正常波动情形下资产组合的外汇风险，但在实际金融市场中，极端波动情景和事件时有发生。如果这些事件发生，经济变量间和金融市场因子间的一些稳定关系就会被破坏，原有外汇市场因子之间的相关性、价格关系以及波动性都会发生很大改变，而 VaR 在这种极端市场情景下存在较大的估计误差。为此，人们引入了 EVT、ES 等方法来测量极端金融市场情景下的外汇风险（表 6－18）。

**表 6-18　　极端情形度量法**

| 项目 | 说　明 |
| --- | --- |
| 极值理论 | 极值理论(EVT)是可以用来测量外汇风险极端情景下风险损失的一种参数估计方法,是研究分布的尾部状态的强有力的工具,其优点主要有两点:首先,不会像历史模拟法受到历史观测个数的限制,即使对于较小显著水平的样本外 VaR 值也可方便求得;其次,该理论没有对收益率分布强加某个特定模型,而是由数据本身来说明尾部分布,这样就降低了模型风险。该方法的局限性在于其只适合描述尾部的分布,对于较大的显著水平有可能导致大量的数据浪费。并且估计的 VaR 的精确性并不是很好,计算方法不易掌握,统计量的分析和估计方法比较困难 |
| ES 模型 | ES(ExpectedShortfall)模型是在 VaR 基础上进行改进的一致性风险度量模型。ESp 定义为在一定的置信水平 p 下,某一资产或投资组合在未来特定时间内的损失超过 VaRp 的条件期望。假设 X 为某金融资产的损失,其分布函数为 F(x),则 ESp(X)可以表示为<br>$$ES_p(X)=\frac{1}{1-p}\int_p^1 F^{-1}(\alpha)dF(F^{-1}(\alpha))$$<br>其中,$F^{-1}(\alpha)=\inf\{xF(x)\geqslant\alpha\}$。<br>当损失 X 的密度函数连续时,ESp 可以简单地表示为:<br>$$ES_p=E\{X\mid F(X)\geqslant p\}$$<br>一般化的 ES 模型对于损失 X 的分布没有特殊的要求,在分布函数连续和不连续的情况下都能保持一致性风险度量。该模型不仅可以应用到任何金融工具的风险度量和风险控制,也可以保证在给定风险量的约束条件下最大化预期收益组合的唯一性 |

资料来源:谢赤、王雅瑜、孙柏.外汇风险度量:方法与评述[J].金融经济,2007(22)。

第二,外汇风险的间接度量。由于汇率的变动对宏观经济变量发生作用,从而又通过种种经济的传导机制最终使企业的价值发生改变。这种未预期到的汇率变动所引起的公司价值的变化也叫外汇风险暴露,企业通常使用回归的方法来度量汇率波动与公司价值变动之间的关系,从而间接描述外汇风险。

外汇风险能影响企业的股票价格,因此,外汇风险暴露可以由股票收益率对汇率波动的敏感度来度量,一单位汇率变动造成股票价值变动的大小就是该资产的外汇暴露。因此,外汇暴露是一个包括了以上因素的倾斜的回归方程,可以表示为

$$P=\alpha+bS+e \tag{6-21}$$

其中,P 是公司的股票价值,a 是常数项;b 是暴露的回归系数,表示为 b = Cov(P, S)/Var(S);S 是汇率的波动;e 是残差项,E(e) = Cov(e, S)。

国外许多学者在上述模型上进行了发展,构建了一个两因素模型:

$$Rit=\alpha i+\beta iRmt+\gamma iXt+\varepsilon it \tag{6-22}$$

其中,Rit 为 i 公司 t 期的股价报酬率;Rmt 为市场大盘指数报酬率;Xt 是 t 期末预期汇率变动率。

(3) 外汇风险的防范策略。

首先是交易和折算风险的防范策略。在发达国家，跨国企业利用衍生金融市场的金融工具进行保值操作是规避跨国投资中汇率风险最常用的方法。跨国企业应当积极、主动地学习和掌握外汇避险工具。在逐渐扩大的汇率波动幅度下，培养外汇专业人才，不断积累自己的外汇风险管理能力，以便在汇率发生波动时采取适当的措施保全自己的利润。汇率保值操作的主要种类如表 6 - 19 所示。

**表 6 - 19　　汇率保值操作的主要种类**

| 项目 | 说　明 |
| --- | --- |
| 外汇期货 | 外汇期货是交易双方约定在未来某一时间，依据现在约定的比例，以一种货币交换另一种货币的标准化合约的交易。是指以汇率为标的物的期货合约，用来回避外贸汇率风险。随着国际贸易的发展和世界经济一体化进程的快速发展，外贸汇率期货交易一直保持着旺盛的发展势头。它不仅为广大投资者和金融机构等经济主体提供了有效的套期保值工具，而且也为套利者和投机者提供了新的获利手段 |
| 外汇期权 | 外汇期权是国际外汇市场上应用最广泛的一种工具，它不仅可以规避外贸汇率风险，还存在着使投资者盈利的机会。外汇期权分买入期权和卖出期权。买入期权的特点是可以锁定风险，在先付出一笔期权费后，便没有任何风险可言，而收益则可以无穷大；卖出期权的特点是得到的收益是固定的，而风险是无穷的。外汇期权工具的使用会使企业的应收或实收外汇所产生的风险得到主动规避 |
| 远期结售汇 | 远期结售汇是指银行与客户签订远期结售汇合约，约定将来办理结汇或售汇的外汇币种、金额、汇率和期限，在到期日外汇收入或支出发生时，再按照该远期结售汇合同约定的币种、金额、汇率办理的结汇或售汇业务。其目的是将未来汇率锁定在一个固定的水平上，防止汇率下跌幅度超出预期而发生汇率风险。在人民币升值的大趋势下，企业可以通过做远期结汇来锁定未来收汇的汇率风险，其核心在于贴水的幅度小于人民币升值的实际速度。实践证明，这是一种比较稳妥的避免汇率风险的方法，而且这种方法也越来越得到企业的选择 |
| 货币掉期 | 货币掉期交易是指客户与银行签订货币掉期协议，约定在一定期限内将以一种货币计价的债务（或资产）转化为以另一种货币计价的债务（或资产）。本金在期初和期末以事先约定的汇率交换，避免了外汇波动的不确定性 |

资料来源：杨桠超．中小型外贸企业的外汇风险管理研究[D]．湖南大学硕士学位论文，2013。

其次是其他消除汇率波动影响的方法（见表 6 - 20）。

**表 6 - 20　　其他消除汇率波动影响的方法**

| 项目 | 说　明 |
| --- | --- |
| 合同约定法 | 第一，可以采取合同订立保值条款方法来消除汇率波动对企业外汇收益产生的影响。合同中订立保值条款实际上就是在交易时考虑汇率变动的风险，合同中除了计价货币以外，再选择另外币值稳定的非合同货币，保值货币与计价货币的汇价要先在合同中约定好，如果在结算或清偿时，合同中约定的计价货币与保值货币的汇价与现行汇率不一样，或是两个汇率的差额超过一定的幅度，双方则按约定的汇率调整合同金额。在实际操作中，订立保值条款有很多方式，如“一篮子”货币（特别提款权 SDR）保值、硬货币保值、黄金保值等方法 |

续 表

| 项目 | 说 明 |
| --- | --- |
| | 第二,可以采取合同约定价格调整法来部分消除汇率波动产生的影响。合同约定价格调整法实际就是订立价格调整条款,将汇率风险考虑进去。货值较大的合同,可以考虑在合同中约定价格调整法。此种方法是在签约时就将汇率固定下来,在交易发生到结算日这段时间内汇率发生变动时,再按相应比例调整结算的价格,由进口商即付款方承担外汇风险,保护了出口方的利益,保证其收到的货款的人民币总值不变,汇率变化造成的风险就转移到进口商(即付款方) |
| 提前或延迟收付汇 | 提前或延迟收付的前提也是企业能够对汇率进行准确的预测,此方法改变的是汇率在波动时的时间结构,不能完全消除汇率波动时产生的风险,当汇率变动对企业有利时,相关企业可以推迟收付汇;而当汇率的变动对企业不利时,企业应尽量选择提前收付汇。这样可以在一定程度上减小汇率波动的影响。提前结汇的方法有贸易融资、LSI和BSI等,这些方法灵活性较强,手续相对简单,融资成本相对较低,既可达到规避外汇风险的目的,也可融通资金,提高资金的使用效率。一般而言,即期L/C最符合安全及时收汇的原则,远期L/C、D/P、D/A的安全性依次减弱 |
| 灵活搭配结算货币 | 虽然自从2005年汇率改革由原来的固定汇率制度变成了现在的"一篮子"货币的汇率制度,但由于美元的国际地位一直很强,美元在进出口结算中所占比重非常大,因此,汇率的波动最主要表现为人民币对美元汇率的波动。其次,欧元、日元在国际贸易中是除美元外使用的货币,而人民币兑欧元、日元的汇率变动趋势未必完全和美元的变化趋势一样,可采取多种结算货币。若条件允许,在与周边国家开展的边境贸易中选择人民币计价也未尝不可。一个折中的方式是兼顾双方的利益,如经过协商按照一定的比例来进行软币计价,剩下的部分采用硬币计价 |
| 合理使用结算方式 | 我国常用的结算方式有很多,如托收(D/P、D/A)、汇付和信用证(L/C)。在考虑结算方式时,要将及时和安全性考虑在内,根据实际情况,尽可能多地选用有利于企业自己的结算方式。相比以上结算方式,信用证在中小型外贸企业中是使用得较多的一种结算方式,因为此方式是基于银行信用,凭单据可以收汇,在信用证方式下,还可以采取打包贷款,有利于企业进行融资。信用证结算方式中,远期L/C比即期L/C的外汇风险又高一些。实际上,信用证结算也会存在很大的风险,一个是信用证付款会造成时间上的一个延迟,在整个信用证结算的期间汇率会发生变化,其次,信用证是可以伪造的,另外,信用证的开证行的资信是否值得信任也是个不确定的因素,开具信用证只是一个付款承诺,在很多落后、经济环境不够完善的国家都发生过一些进口商和进口商所在国家的开证行联合诈骗的案例 |
| 平行贷款 | 指两个不同母国的跨国企业之间分别向对方子公司提供当地货币贷款。双方贷款按约定期限用当地货币偿还,并按预先达成的贷款利率分别向对方支付利息 |

资料来源:(1)杨桠超.中小型外贸企业的外汇风险管理研究[D].湖南大学硕士学位论文,2013;(2)陈平,谷永芬.外贸企业防范汇率风险的措施[J].国际商务研究,2008(2)。

(4) 经济风险的防范策略。

经济风险防范的目的是为了减少由于汇率的意外变动给企业的业务现金流造成的损失。经济风险的最佳防范模式是通过调整销售收入和投入品的币种组合,使未来销售收入的变化与投入品成本变化两者可以互相抵消。防范经济风险的对策如表6-21所示。

**表 6-21　经济风险的防范策略**

| 项目 | 说　明 |
|---|---|
| 分散经营 | 在这种战略指导下，跨国公司的经营业务深入到各个不同国家和不相关联的各个行业中，通过分散化经营降低汇率变动所带来的经济损失，使整个公司业务现金流的波动较小。因为汇率变动会使母公司下的部分子公司在生产和销售上的不利影响部分地抵消其他子公司在生产和销售上的有利影响，从而降低对整个公司经营活动的影响。这种战略的依据是：一种货币升值带来的收益可以部分地弥补另一种货币贬值所带来的损失。 |
| 营销管理 | 1. 市场选择。涉外企业首先要决定在哪些市场销售自己的产品以及在不同的市场上各自花费多少成本进行市场营销。如果本币对外升值，通常国内产品在国际市场上将处于不利的竞争地位，应当更加注重国内市场。如果本币对外贬值，国内企业不仅在国外市场上占有优势，在国内市场上也拥有优势，企业应同时大力拓展货币升值国市场和本国市场。<br>2. 定价策略。企业在面对汇率风险进行产品定价时，要考虑两个关键性的问题：一是保持市场份额还是保持利润率的两难选择；二是价格调整以怎样的频率合适。另一个需要考虑的因素是价格以何种频率调整。频繁的价格调整不仅增加企业自身的交易成本，更会使上游的供应商和下游的经销商感到无所适从，所以，企业宁可承担一定的损失，也要保持价格相对的固定性，以维护企业的声誉。<br>3. 促销策略。企业的促销需要考虑广告、零售和批发的成本预算，企业在做预算时应该对未来汇率走势有一个预期，据此将预算在各个国家和地区进行合理地分配。基本原则是在货币升值国家加大促销力度，扩大促销预算，因为出口企业可以在本币贬值时（即提高出口商利润时）提高他们对广告促销所花费成本的回报率，而减少在货币贬值国家的促销，因为本币升值不利于企业利润的增加。<br>4. 产品策略。在产品策略方面应对汇率波动的方法有：一是选择新产品推出的时机，例如，当本币升值时，跨国公司可以扩展海外经营、提高产出的有利时机；二是要更新生产线，如果本币贬值，公司应尽量扩大生产线，以适应市场需求的增加。 |
| 生产管理 | 1. 要素组合策略。从世界不同的地方，以不同的货币购买原料投入，可以减轻汇率冲击对成本的影响。如当以某种外币定价的原料成本上升时，在贬值地区重新寻找新的原料供应来源，则可以避免损失。<br>2. 海外建厂策略。从长远看，如果公司的销售预计有大幅度的增长，可以考虑在海外直接建立工厂，因为低廉的劳动力对成本的节省是十分关键的。跨国公司承担的汇率风险往往比国内的出口商要小，因为跨国公司可以根据汇率走势在全球调整生产以及销售活动，也就是说，将更多的生产转移到货币贬值的国家。<br>3. 提高生产效率。这是降低成本、提高企业的持续盈利能力和市场竞争力的根本途径。跨国公司要提高自身竞争力，需要提高自动化生产程度，严格管理产品质量，对员工采取有效的激励机制，关闭效率低下的工厂等，这些都对提高公司的整体生产效率有重要的作用。<br>4. 增强应变能力。规避经济风险不仅是在汇率波动已经发生或形势已经十分明朗时才采取行动。前面所说的诸如要素组合和海外建厂策略，不是等到汇率变化之后才去寻找合适的供应商和地点，而是应该早有准备。即使有些投入现在看来是不经济的，但在未来却会真正体现出它的作用，所以，它符合公司财富最大化的原则。 |
| 财务管理 | 一是资产债务匹配。也就是企业将融资的来源与未来将要获得的收益进行搭配，以消除因为汇率变动可能造成的损失。例如，一个企业拥有以美元计价的大量出口业务，该企业就应该将其部分债务也以美元计价表示。<br>二是营运资本管理。跨国公司可以通过转移定价在母公司和子公司之间、子公司与子公司之间转移资金与利润。当预期某个子公司所在国货币将发生贬值时，应当通过转移定价及早将子公司以当地货币表示的利润转到母公司所在国或其他子公司；相反，当某个子公司所在国货币发生升值时，应当通过转移定价及早将母公司或其他子公司的利润转到该子公司。<br>三是融资分散化。各种债务计价货币汇率的变动可以通过分散化相互抵消，减少债务成本的不确定性。 |

资料来源：綦建红.国际投资学教程[M].清华大学出版社，2005。

**4. 经营风险的评估与防范**

(1) 经营风险的评估方法。

第一,德尔菲法。这是美国著名咨询机构兰德公司于20世纪50年代初发明的。它具有以下特点:一是参与者之间相互匿名,对各种反应进行统计处理,反复进行意见测验;二是提意见的专家来自不同专业,各专家之间没有密切关系,不考虑个人的权威、资历、口才、劝说压力等因素。这种方法强调集中众人智慧,可使预测更为准确。一般地讲,专家越多,预测所需要的时间越长,风险识别的可信度就越高(见表6-22)。

**表6-22　德尔菲法的实施步骤**

| 步骤 | 内　容 |
| --- | --- |
| 1 | 确定可以明确回答的问题,问题条目可由组织者或参与者单方面决定,也可由双方共同商定 |
| 2 | 将问题以通讯方式寄给参与者,或在会议上发给与会者,但要保证参与者不能面对面 |
| 3 | 问询分为两轮或多轮进行,每一轮反复都带有对每一条目的统计反馈,它包括中位值或一些离散度的测量数值,必要时提供全部回答的概率分布 |
| 4 | 随着每次反复所得信息量的减少,由组织者决定在某一轮停止反复 |

资料来源:杨大楷. 投资学(第二版)[M]. 上海财经大学出版社,2006。

第二,幕景分析法。由于影响国际投资经营风险的因素很多,实践中需要有一种能够识别关键因素以及其影响的方法。幕景分析法就是为了适应这种需要而产生出来的以识别风险关键因素及影响程度为特点的方法。一个幕景就是一项国际投资活动未来某种状态的描绘或者按年代的梗概进行的描绘。幕景分析法的重点是:当某种因素变化时,整个情况会怎么样,会有什么风险,会给投资者的资产价值带来何种程度的损失。幕景分析的结果是以易懂的方式表示出来的。一种方式是对未来某种状态的描述,另一种方式是描述一个发展过程,即未来若干年某种情况的变化链。幕景分析要经过一个筛选、鉴测和评判的过程,即先要用某种程序将具有潜在风险的对象进行分类选择,再对某种风险情况及其后果进行观测、记录和分析,最后要根据症状或后果与可能起因的关系进行评价和判断,找出可疑的风险因素,并进行仔细检查。

(2) 经营风险的防范策略。跨国公司在生产经营中面临的主要是经营风险,跨国公司必须要对其加以特别地关注。投资者必须有充分的心理准备以便采取一些有针对性的防范措施,以对经营风险进行管理。跨国公司可采取以下风险管理策略规避经营风险:

第一,风险适应策略。经济政策的变动属跨国公司不可控因素,一般指适应政策的变化。跨国公司不但要注意国内企业政策的变化,更应该研究国际的政策走向,以便用好、用活、用足政策,发挥本土优势,为跨国公司的生产经营服务。

第二,风险控制策略。主要针对人才流失风险、营销渠道风险、火灾等意外风险。跨国公司应重视人力资源的管理,制定明确的员工行为标准和工作规范,各岗位明确职责,日常管理做到细致到位,使员工养成良好的工作习惯及工作态度。跨国公司还应注重培训工作,塑造良好的公司文化,使有些人才进得来、留得住、用得好。意外风险的防范在于安全工作得力而且坚持不懈，树立安全是最大的效益思想。在防止营销渠道风险、保证资金回笼方面要做到：保证产品质量，避免质量事故，如发现产品质量问题应及时、有效地处理；对代理商的资金信用进行考察、核定及跟踪监督，保证资金能安全、按时回笼。

第三，风险分散策略。风险分散是跨国公司通过开展多种风险活动，或将高风险活动与低风险活动进行恰当组合，以使总体风险分散到各个项目的策略。跨国公司具有一定的人、财、物等资源优势，通过多种经营活动的优化组合，在资源优化配置的同时，有效地分散风险，使多项经营活动的风险总和小于单一经营活动或经营形成的总体风险。

第四，风险回避策略。主要针对竞争实力风险、价格风险等。在市场竞争条件下，如何保持和壮大实力，防范实力竞争的风险，关键在于对本公司的实力要有正确的评价，知可以战与不可以战者胜。有了正确的实力评价，就可以决定是采取放手战略还是采取攻击战略。公司对自己及对手有了正确的实力评价后，在某些情况下也可以弱制强。面对竞争对手，要充分运用 SWOT 的模式进行分析，即优势、劣势、机会、威胁。首先，要认真分析双方的优势和劣势，如产品质量、成本、市场占有率等，然后再根据对手的情况及预期目标提出公司的行动方案与战略，如低价格战略、集中营销战略、服务第一战略。其次，在分析外部环境中的机会和威胁时，要注重加高行业壁垒，以减少竞争对手，抑制行业内部的激烈竞争环境。在对其他企业实施攻击战略时，还要具备及时处理异常情况的能力，必要时，要进行战略调整。

## 阅读文献


[1] 葛亮，梁蓓. 国际投资学[M]. 对外经济贸易大学出版社，1996。

[2] 何文炯. 风险管理[M]. 东北财经大学出版社，1999。

[3] 任淮秀，汪昌云. 国际投资学(第二版)[M]. 中国人民大学出版社，2005。

[4] 杨大楷. 投资学(第二版)[M]. 上海财经大学出版社，2006。

[5] 吕向敏，杨建立，张惠兰. 跨国公司国际投资风险的成因及管理分析[J]. 山东省青年管理干部学院学报，2006(5)。

[6] 中国出口信用保险公司. 国家风险分析报告[R]. 2007。

[7] 汤传玉. 跨国经营财务风险管理及其规避研究[J]. 技术与市场，2003(5)。

[8] 杨大楷，刘庆生，蒋萍. 国际投资学(第四版)[M]. 上海财经大学出版社，2010。

[9] 张明明，陈玉菁. 国际理财[M]. 百家出版社，2000。

[10] 陈建樑. 跨国公司投资管理[M]. 复旦大学出版社，1995。

[11] 杨大楷. 新形势下上海引进外资研究[J]. 科学发展，2013(8)。

## 习题与案例

### 一、名词解释

1. 国际直接投资　2. 国际间接投资　3. 国际租赁
4. 国际工程承包　5. 国际信托投资　6. 政治风险
7. 外汇风险　8. 经营风险

### 二、简答题

1. 简述当代跨国投资的特征。
2. 简述国际直接投资与间接投资的区别。
3. 政治风险包括哪些?
4. 外汇风险包括哪些?
5. 经营风险包括哪些?

### 三、论述题

1. 论述跨国投资对世界经济发展的影响。
2. 论述跨国投资对东道国经济的影响。
3. 论述交易和折算风险的防范策略。
4. 论述经济风险的防范策略。
5. 论述经营风险的防范策略。

### 四、计算题

1. 假定某公司有价证券的年利率为9%,每次固定转换成本为50元,公司认为任何时候其银行活期存款及现金余额均不能低于1 000元,又根据以往经验测算出每日现金流变动的标准差为800元。计算回归线与最高控制线。

2. 试验证第三节例2中平时持有短期有价证券标准定为190万元、200万元不是最优选择。

3. 我国某公司与日商谈判,进口日方商品总金额5亿日元,3个月后付款,由于该公司预测付款到期日时日元升值的可能性极大,所以在合同中加入了保值条款。双方商定以日元、美元、瑞士法郎和英镑4种货币进行保值,这4种货币权重均为25%,签约时到期汇率为:1美元 = 1.5瑞士法郎,1美元 = 120日元,1英镑 = 1.47美元。付款到期日的即期汇率为:1美元 = 1.46瑞士法郎,1美元 = 84日元,1英镑 = 1.49美元。进口商现应支付多少日元?

4. 某日香港外汇市场,美元存款利率为10%,日元贷款利率为7.5%,日元对美元的即期汇率为1美元 = 140日元,远期6个月汇率为1美元 = 139.40日元。根据上述条件,套利者做套利交易有无可能?若有可能,套利者以1.4亿日元进行套利,利润多少?

## 五、案例分析题

### 案例 6-1　中华集团的外汇策略分析

2007 年 1 月，中华集团公司与美国某公司签订出口订单 1000 万美元，当时美元/人民币汇率为 7.20，6 个月后交货时，人民币已经大大升值，美元/人民币汇率为 7.00，由于人民币汇率的变动，该公司损失了 200 万元人民币。这一事件发生后，该公司准备调整外汇风险管理对策。主要高管纷纷提出一系列建议。

总经理陈某提出：(1)加强外汇风险管理工作十分重要，对于这一问题必须引起高度重视；(2)外汇风险管理应当抓住重点，尤其是对于交易风险和折算风险的管理，必须制定切实的措施，防止汇率变化造成对公司利润的侵蚀。

常务副总经理吴某提出：在人民币汇率比较稳定的背景下，只要抓好生产，完成订单，利润就能够实现，而目前我国人民币汇率的形成机制发生了变化，本公司不能再固守以往的管理方式，漠视汇率风险，必须对所有的外汇资产和外汇负债采取必要的保值措施。另外，加强折算风险管理也十分重要，本公司建立的海外子公司即将投入运营，应当采取必要的措施对于折算风险进行套期保值，避免出现账面损失。

总会计师李某认为：进行外汇风险管理的金融工具还是比较多的，采取任何一种金融工具进行避险的同时，也就失去了汇率向有利方面变动带来的收益，外汇的损失和收益主要取决于汇率变动的时间和幅度，因此强化外汇风险管理，首先必须重视对于汇率变动趋势的研究，根据汇率的不同变动趋势，采取不同的对策。

董事长张某提出：(1)思想认识要到位。自 2005 年 7 月 21 日起，我国开始实行以市场供求为基础、参考一篮子货币进行调节、有管理的浮动汇率制度。人民币汇率不再盯住单一美元，形成了更富弹性的人民币汇率机制。在此宏观背景下，采取措施加强外汇风险管理十分必要；(2)建议财务部成立外汇风险管理的小组，由财务部经理担任组长，具体负责外汇风险管理的日常工作。

请问：

(1)题目中给出的汇率是采用的是直接标价法还是间接标价法？

(2)题目中的举例体现的是哪一种风险？

(3)从外汇风险管理基本原理的角度，指出总经理陈某、常务副总经理吴某、总会计师李某以及董事长张某在会议发言中的观点有何不当之处？并分别简要说明理由。

### 案例 6-2　中石油海外并购风险

2009 年 2 月，中石油提出高额收购加拿大 Verenex 能源公司在叙利亚的业务，之后叙利亚政府却宣布其开采权的获得违反了当地的规定，而使此项收购搁浅。同年，中石油与哈萨克斯坦国家石油股份公司签署了扩大石油天然气领域合作以及 50 亿美元融资支持框架协议，欲收购曼格什套油气公司，但后来哈政府宣布这一计划推迟。同年 7 月，中石油计划出资170亿美元收购西班牙Repsol YPF公司在阿根廷的75%股权，但由于政治原因而无法达成。

试分析中石油在海外并购中遇到的风险以及相应的风险防范策略。

### 案例6-3　日本某出口企业的风险策略

日本某出口商向美国出口一笔价值1亿美元的货物，以美元计价，两年后结算货款。日本出口商为避免两年后结算时美元贬值造成损失，提出在合同中列入外汇保值条款。以瑞士法郎为保值货币，并约定美元与瑞郎的固定比价为1美元=2瑞士法郎。

试对这一外汇保值条款加以分析。

## 习题答案

一、名词解释

1. 答：国际直接投资是指一国的自然人、法人或其他经济组织单独或共同出资，在其他国家的境内创立新企业，或增加资本扩展原有企业，或收购现有企业，并且拥有有效管理控制权的投资行为。

2. 答：国际间接投资是指以资本增值为目的，以取得利息或股息等为形式，以被投资国的证券为对象的跨国投资，即在国际债券市场购买中长期债券，或在外国股票市场上购买企业股票的一种投资活动。国际间接投资者并不直接参与国外企业的经营管理活动，其投资活动主要通过国际资本市场(或国际金融证券市场)进行。国际间接投资也称为对外间接投资。

3. 答：国际租赁又称租赁贸易或租赁信贷，也称为国际金融租赁或购买性租赁。是指出租人通过签订租赁合同将设备等物品较长期地租给承租人，承租人将其用于生产经营活动的一种经济合作方式。

4. 答：国际工程承包是指一个国家的政府部门、公司、企业或项目所有人(一般称工程业主或发包人)委托国外的工程承包人负责按规定的条件承担完成某项工程任务。国际工程承包是一种综合性的国际经济合作方式，是国际技术贸易的一种方式，也是国际劳务合作的一种方式。

5. 答：国际信托投资是指一个国家的投资者将其资本(包括资金、机器设备、技术秘密、专利等)委托另外一个国家的信托投资机构投放经营，从而获取一定利益的经济行为。

6. 答：政治风险是指在国际经济往来中，由于未能预期到的政治因素变化而给国际投资活动可能带来经济损失的风险。

7. 答：外汇风险又称汇率风险，是指在国际经济活动中，由于未能预期到的汇率变动而给跨国企业可能带来经济损失的风险。

8. 答：经营风险是指企业在跨国经营时，由于市场条件和生产技术等条件的变化而给企业可能带来损失的风险。经营风险有广义和狭义之分，广义上的经营风险表现为跨国公司在生产经营过程中遇到的所有风险，包括政治风险和经济风险。

二、简答题

1. 答：当代跨国投资的特征有：发展中国家作用在加强；FDI的进入形式发生变化；跨国公司采取更加多样化的经营模式；国有企业和主权财富基金保持国际化步伐。

2. 答:国际直接投资与间接投资的区别有控制权的区别、流动性和风险性不同、投资内涵不同、自发性和投机性不同、获取的收益不同、投资渠道不同。

3. 答:政治风险主要包括战争风险、征用风险、政策变动风险、转移风险。

4. 答:外汇风险主要包括交易风险、折算风险、经济风险。

5. 答:经营风险主要包括价格风险、销售风险、财务风险、人事风险、技术风险。

## 三、论述题

1. 答:跨国投资对世界经济发展的影响有以下四个方面:一是对外直接投资促进世界经济增长;二是非股权形式加强发展中国家长期产业能力建设;三是对外直接投资促进国际分工深化;四是对外直接投资与世界经济一体化的交互作用。

2. 答:跨国投资对东道国经济的影响有以下四个方面:一是跨国投资对东道国资金形成的效应;二是跨国投资对母国产业结构的影响;三是跨国投资对东道国技术进步的效应;四是跨国投资对东道国国际收支平衡的效应。

3. 答:交易和折算风险的防范策略有:一是积极利用衍生金融工具,如外汇期货、外汇期权、远期结售汇、货币掉期等,二是适用其他防范方式,如合同约定法、提前或延迟收付汇、灵活搭配结算货币、合理使用结算方式、平行贷款等。

4. 答:防范经济风险的对策有分散经营策略、营销管理策略(包括市场选择、定价策略、促销策略、产品策略)、生产管理策略(包括要素组合策略、海外建厂策略、提高生产效率、增强应变能力)、财务管理(包括资产债务匹配、营运资本管理、融资分散化)。

5. 答:经营风险的防范策略有风险适应策略、风险控制策略、风险分散策略、风险回避策略。

## 四、计算题

1. 提示性答案:有价证券日利率为 0.025%,依据公式

$$Z=\sqrt[3]{\frac{3b\sigma^2}{4i}}$$

计算得回归线为 5 579,最高控制线为 14 737。

2. 提示性答案:平时持有短期有价证券标准定为 190 万元、200 万元时的收益分别为 1 608.1 元和 1 551.275元,低于标准定为 180 万元时的 1 612 元,因此不是最优选择。

3. 提示性答案: JPY 5 亿 × 25%/120; JPY 5 亿 × 25%/120 × 84; JPY 5 亿 × 25%/120 × 1.5/1.46 ×84; JPY 5 亿 × 25%/120/1.47 × 1.49 × 84。应支付 JPY 为以上结果相加。

4. 提示性答案:根据升贴水率判断套利有无可能,计算得出升贴水率为 0.85%,有套利可能。套利者以年息 7.5%借 1.4 亿日元,兑换美元。1.4 亿日元 ÷ 140 = 100 万美元。购买即期美元的同时,应签订远期卖出美元的合同,即掉期交易。将 100 万美元按年息 10% 投资存款 6 个月,半年后本利和为 100 万美元 ×(1 + 5%) = 105 万美元。将 105 万美元按远期汇率兑换成日元:105 万美元 × 139.40 = 14 637 万日元。扣除成本,利息和费用为 1.4 亿日元 ×(1 + 7.5% ÷ 12 × 6) = 1.4525 亿日元 = 14525 万日元。获利:14 637 万日元 − 14 525 万日元 = 112 万日元。

## 五、案例分析

**案例6-1** 答:(1) 直接标价法。

(2) 交易风险。

(3) 总经理陈某有关外汇风险管理重点的观点不恰当。理由:对于一个企业来说,经济风险比折算风险和交易风险更为重要,因为其影响是长期性的,而折算风险和交易风险的影响是一次性的。

常务副总经理吴某对所有的外汇资产和外汇负债采取保值措施的观点不恰当。理由:外汇资产和

负债由于汇率变动可能出现增值或减值，这种增值或减值可能自然抵消，因此不需要对所有外汇资产和外汇负债采取保值措施。此外，对于折算风险进行套期保值的观点不恰当。理由：减少折算风险的同时可能会增加交易风险，因此，如果折算风险不对现金流量产生影响，就不必对折算风险进行套期保值。

总会计师李某关于"采取任何一种金融工具进行避险的同时，也就失去了汇率向有利方面变动带来的收益"的观点不恰当。理由：采取远期外汇交易、外汇期货等金融工具避险，通过锁定汇率，可以回避汇率不利变化带来的损失，但同时也失去了汇率有利变化带来的收益，而采取外汇期权金融工具避险，既可以回避汇率不利变化带来的损失，又可以享受汇率有利变化带来的收益。此外，李某关于"外汇的损失和收益主要取决于汇率变动的时间和幅度"的观点也不恰当。理由：外汇的损失和收益取决于三个因素：受汇率变动影响的外汇敞口、汇率变动对外汇资产和负债的影响程度、汇率变动时间和幅度。

董事长张某"建议财务部成立外汇风险管理的小组，由财务部经理担任组长，具体负责外汇风险管理的日常工作"的观点不恰当。理由：外汇风险包括经济风险、交易风险和折算风险，其中经济风险涉及生产、销售、原材料供应以及区位等经营管理的各方面，因此，经济风险的管理超出了财务部门的职责，需要各部门共同努力，通过调整企业经营策略和采取内部管理办法来达到管理经济风险的目的。

**案例6-2** 答：中石油在跨国投资中遇到的风险有政治风险和经营风险。政治风险的防范有投资前期的风险防范和投资中的风险防范。经营风险的防范分为风险适应策略、风险控制策略、风险分散策略和风险回避策略。

**案例6-3** 答：若两年后美元稳定或升值，则美国进口商仍可支付1亿美元；若两年后美元贬值了，即1美元＝1.8瑞士法郎，则日本出口商则可根据外汇保值条款要求对方支付相当于2亿瑞郎的美元，以保证其实际的美元收入不变，也就是说，美元进口商这时应向日本出口商支付2亿瑞郎÷1.8＝1.11亿美元。

可见，虽然美元贬值了，但日本出口商却因外汇保值多得到1 100万美元而避免了贬值的损失。

# 附　录

## 各章节学习课时安排

本教材课时安排拟设两套方案：甲方案为 54 课时(3 课时/周×18 周)；乙方案为 36 课时(2 课时/周×18 周)，以满足不同高校对课程教学安排的要求。两套方案均分别含课堂讨论 8 课时和 5 课时。具体安排见下表。

| 章　节 | 课时安排 | |
|---|---|---|
| | 甲方案 | 乙方案 |
| 总课时 | 54 | 36 |
| 第一章　投资学基础理论问题研究 | 4 | 3 |
| 　第一节　投资学的内涵与研究方向 | 1 | 1 |
| 　第二节　投资学的理论基础 | 2 | 1 |
| 　第三节　投资学与相关学科的关系 | 1 | 1 |
| 第二章　投资学宏观领域问题研究 | 10 | 7 |
| 　第一节　资本投资与社会经济发展 | 3 | 2 |
| 　第二节　人力资本投资与社会经济发展 | 3 | 2 |
| 　第三节　技术投资与社会经济发展 | 3 | 2 |
| 　课堂讨论(案例分析) | 1 | 1 |
| 第三章　投资学中观领域问题研究 | 10 | 7 |
| 　第一节　产业投资与社会经济发展 | 3 | 2 |
| 　第二节　区域投资与社会经济发展 | 3 | 2 |
| 　第三节　环保投资与社会经济发展 | 3 | 2 |
| 　课堂讨论(案例分析) | 1 | 1 |
| 第四章　投资学微观领域问题研究 | 10 | 7 |
| 　第一节　厂商投资行为 | 3 | 2 |

续 表

| 章 节 | 课时安排 | |
|---|---|---|
| | 甲方案 | 乙方案 |
| 第二节 厂商投资决策 | 3 | 2 |
| 第三节 资产配置与风险管理 | 3 | 2 |
| 课堂讨论(案例分析) | 1 | 1 |
| 第五章 投资学间接投资问题研究 | 10 | 7 |
| 第一节 行为金融学 | 3 | 2 |
| 第二节 间接投资决策 | 3 | 2 |
| 第三节 资产配置与风险管理 | 3 | 2 |
| 课堂讨论(案例分析) | 1 | 1 |
| 第六章 投资学跨国投资问题研究 | 10 | 5 |
| 第一节 跨国投资与全球经济发展 | 3 | 1 |
| 第二节 跨国投资决策 | 3 | 1 |
| 第三节 资产配置与风险管理 | 3 | 2 |
| 课堂讨论(案例分析) | 1 | 1 |

**图书在版编目(CIP)数据**

中级投资学/杨晔,杨大楷主编.—上海:复旦大学出版社,2014.10
(公共经济与管理·投资学系列)
ISBN 978-7-309-10949-8

Ⅰ.中… Ⅱ.①杨…②杨… Ⅲ.投资学 Ⅳ.F830.59

中国版本图书馆 CIP 数据核字(2014)第 199783 号

**中级投资学**
杨 晔 杨大楷 主编
责任编辑/鲍雯妍

复旦大学出版社有限公司出版发行
上海市国权路 579 号 邮编:200433
网址:fupnet@fudanpress.com http://www.fudanpress.com
门市零售:86-21-65642857 团体订购:86-21-65118853
外埠邮购:86-21-65109143
大丰市科星印刷有限责任公司

开本 787×1092 1/16 印张 19 字数 406 千
2014 年 10 月第 1 版第 1 次印刷

ISBN 978-7-309-10949-8/F·2075
定价:38.80 元